江本弘

歴史の建設

アメリカ近代建築論壇とラスキン受容

東京大学出版会

本書は第８回東京大学南原繁記念出版賞を受けて刊行された.
This volume is the eighth recipient of the University of Tokyo
Nambara Shigeru Publication Prize.

HISTORY BUILDS:
American Architecture and John Ruskin 1839-1968
Hiroshi Emoto
University of Tokyo Press
ISBN978-4-13-066858-3

歴史の建設　目　次

扉の図版――ジョン・ラスキン（『自然、芸術、道徳と信仰のなかの真実と美』一八五八年頃より、図2-17参照）

凡例

（一）引用文の和訳はすべて著者による。書名・記事名は原則として既往訳に則る。

（二）書名には二重括弧『 』、論考名には単括弧「 」、絵画名、船舶名には二重山形括弧《 》を用いる。

（三）原文のイタリックや大文字等の強調箇所は和訳では適宜傍点あるいは二重括弧に改め、長文のイタリックは和訳では無処理とする。また引用文中、著者による補足には亀甲括弧〔 〕を用いる。

（四）登場人物の英語表記はすべて人名索引を参照のこと。生没年は本文初出箇所のほか、人名索引に再言及している。協会等の英語正式名称は適宜本文の初出箇所で指示。

（五）建物名に付された年号は建設期間を表す。

（六）ラスキン原文への参照は原則、ラスキンの没後イギリスで編纂された定本全集、通称「ライブラリ・エディション」(John Ruskin, *The Works of John Ruskin*, Edward Tyas Cook and Alexander Wedderburn, eds., 39 vols., London, George Allen and New York, Green, 1903-1912）にて指示。

（七）本文では雑誌名は原則として片仮名表記とし、定冠詞は省略。注・参考文献内での誌名略称は以下の通り。

AA&BN: *The American Architect and Building News*

IA&BN: *The Inland Architect and Building News*

IA&NR: *The Inland Architect and News Record*

VNEEM: *Van Nostrand's Eclectic Engineering Magazine*

緒論　聞き伝えの歴史

また私はこのように考えた。書物の科学、少なくともその論拠が蓋然的でしかなく何の実証も行っていない、雑多な人間の意見で成り立ち徐々に肥大していく科学にくらべれば、一人の良識ある人間が目の前のものごとに触れて当たり前にできる単純な推理のほうがよほど真理に近いのだと。

ルネ・デカルト『方法序説』、一六三七年(1)

近代建築史論の開闢以来、ラスキンぬきにそれは書けない。本書はこの既成事実に対する、方法的諧謔とでも呼べる発想のもとに書かれた。

現代にもよく知られた近代建築史の名著、たとえばニコラウス・ペヴスナーの『モダン・デザインの先駆者たち(2)』(一九三六)、ジークフリート・ギーディオンの『空間・時間・建築(3)』(一九四一)、あるいはレイナー・バナムによる『第一機械時代の理論とデザイン(4)』(一九六〇)など。これらの著者となった建築史家は、それぞれの理解においてラスキンの建築理論の出現を近代建築思想のメルクマールとし、ラスキン以前と以後、あるいはラスキンの「影響」以前と以後を論じた。

同様の言及例は枚挙にいとまがない。ラスキンの建築論をいかに解釈し、それを歴史上にいかに位置づけるかには複数の線があろうとも、これ以後に書かれたおよそいかなる近代建築史書にも、「ラスキン」の名は、あるときには守護神のごとく座し、またあるときには亡霊のように取り憑いている。そうして、近代建築思想にまつわる通史や世界史が積極的に書かれなくなった現代、これら二〇世紀中葉の歴史認識は、変奏が加えられながらも踏襲され続けている。

ラスキンは実際、歴史的に重要な建築論を発表したのである。そうであるからには、その建築論が歴史記述に組み込まれるのは当然のことだ。そのような言い分もあるだろう。

しかし、その実ラスキンは一体何を語っていたのか。あえて言うならば、この根本的な問題そのものが、いわば今日まで未決にとどまり、特に建築分野では収束の気配がない。それには、いまや一大分野となったいわゆるラスキニアン・スタディーズ[5]が限りない原典批判研究を生産し続けていることに加えて、あまたの史書に語られるラスキン像がそれぞれ、ときに真逆にも振れて異なっていたことが一つの大きな要因となっている。そのなかのどれを定説とすべきか、われわれにはその確としたクライテリアが実はない。「これがラスキンだ」と誰かが言えば、そのことばはすぐさま別の誰かの反論にあうだろう。「ラスキン」は無定形であり、掴んだと思っては逃げ続ける、煙のような存在である。われわれは、その煙がいつのまにかわれわれの手をすり抜け、紫雲の高みで笑っていることにも気づかずに、浮世の口喧嘩に躍起になっている。

それでもなお、なぜわれわれはこの煙、この雲の正体について語らざるを得ないのか。その答えの一端を言いあてていると思われるのは、鈴木博之の次の一言である。

> これまでもラスキン、モリスについては非常に多くが語られてきた。彼らの芸術論、社会思想論、そして実践論

について。しかしジョン・ラスキンとウィリアム・モリスの説の占める位置は、いまだに説明しつくされていない。何故なら、彼らの位置はまだまだわれわれにとっては歴史上のものではなく、われわれ自身の立場に絡みあっており、今後もその位置は変わり得るからである。(6)

つまり、ラスキンに何を見いだし、それをいかに語るかは、現代に生きるわれわれが、現代にどう生きるかを決意表明することに等しいのである。ゆえにラスキンの建築思想は、説明しつくされることを根本的に拒否している。近代建築史論の開闢以来、ラスキンぬきにそれは書けない。それは、ラスキンを語ることが、それぞれの現代を生きる歴史家自身の、死生の問題に対するおのおのの答えだからである。

本書はこの既成事実に対する、方法的諧謔とでも呼べる発想のもとに書かれた。つまり、ラスキンを語ることが死生の問題であった歴史的経緯自体を、「受容史」として歴史学の俎上に載せるのである。こうした無数の言説の後押しによって伝説となりおおせた近代建築史の物語、ときに「聞き伝えの歴史」とも揶揄されることのあるそれを、歴史上の聞き伝えそのものをかき集めて、もう一つの意味での「聞き伝えの歴史学」として組みなおすのである。そこから浮かびあがってくるのは、そうした聞き伝えの当事者たちの、生命の問題の群像劇だ。ラスキンに関する歴史上の論客たちの発話を辿ってゆくことは、その群像劇――論壇史――を鑑賞するための、見通しのよい客席へとつながる裏口だと捉えてほしい。

ラスキン没後百周年にあたり『ニューヨーク・タイムズ』紙で紹介されたラスキン像
原図はイギリス人建築家 R. ブラムフィールドによって 1877 年に作成された.

繰り返すが、「合衆国のラスキン受容」を銘うつ本書が主眼としているのは、ラスキン受容の実態を通じて見えてくる、論壇史の活写である。主たる史料はラスキンに対する膨大な言及の山だが、ひるがえって、本論の語りのなかにはラスキン本人はほとんど登場しない。『建築の七燈』(「ライブラリ・エディション」第八巻)や『ヴェネツィアの石』(第九—一一巻)、『二つの道』(第一六巻)、『アミアンの聖書』(第三三巻)などラスキンの有名な建築論の出番も、話が進むにつれ無くなっていく。それればかりか、ラスキンの建築論に関する著者からの解説となれば全くなく、史料に語られた情報が正しいか、間違っているかの判断すらも、限られた条件のもとでしか行われない。本書で問われるべきなのは、どのような環境がその語りを生ぜしめたか——それだけだからである。

ここで予備知識として書きうるのは、このヴィクトリア朝時代のイギリス人批評家ジョン・ラスキン(一八一九—一九〇〇)が、右に挙げた建築論のほか、『モダン・ペインターズ』(第三—七巻)をはじめとする絵画論や、『芸術経済論』(第一六巻)、『この最後の者にも』(第一七巻)や『ムネラ・プルウェリス』(同)などの経済学・政治学論考、あるいは読書論『ごまとゆり』(第一八巻)や神話学『大気の女王』(第一九巻)など容易なジャンル分けを許さないものまで、膨大な著作を残した多面的な著述家であったこと、また、こうした執筆活動に加えたさまざまな要因を通じて、文壇デビュー以降、自身が没してのちもなお、建築界に限らない、さまざまな分野で世界的受容の対象となっていた(いる)ことである。(7)

この事情を反映して、本書で語られる建築論壇のラスキン受容もしぜん、その特定の分野を越境した情報ネットワークの一部として描かれることとなる。このネットワークを司る単位は国でもあろうが、本書では、情報集積地としての都市や、情報伝達主体としての個人の動向をより重視する。ボストン、シカゴ、ニューヨークといった大都市を中心地とし、それぞれが半自律的な出版文化と論壇の気風を有していたのがアメリカの特徴である。それらの地域的差異を無視しては、知識生産にまつわる歴史的実態の大部分はとりこぼれる。本書はこの意味で、時間軸のみを考慮した「線＝アメリカ」の歴史ではなく、地理的な制約も加味した「面＝合衆（州）国」の歴史を描こうと努めている。そして当然ながら、これらの都市は、それぞれの仕方で外国諸都市にも情報ネットワークの腕をのばしていた。「アメリカの建築論壇史」は、この狭い呼び名以上の広がりを本質的にもっている。

以上の方法論が見据える先は、近代建築史の世界史そのものの組みなおしである。その上で、本書で対象としたアメリカの例は、大きく二つの意味で、この目標のための第一歩としての条件をみたしている。

その一つは、「ラスキン」という問題に対してアメリカの論壇が歴史的にみせた、異常なまでの執着である。アメリカの著名な近代建築史家であり、ラスキン受容史研究の開祖の一人であるヘンリー＝ラッセル・ヒッチコックは、この事実に気づいた最も早い一人だった。彼は早くも「アメリカの建築書」[8]（一九三八―三九）の編纂作業のなかで、ラスキンの著作のアメリカ海賊版が濫造されていたことに注目している。そうしてヒッチコックはその後、さまざまな自著のなかで自国のラスキン受容の熱烈さにふれ、「アメリカには一九世紀中葉から一九〇〇年にいたるまで熱心な読者が広く存在した[9]」ことを指摘した。

そうしてヒッチコックがアメリカのラスキン受容にかけていた歴史学的関心は、一九六八年に「ラスキンとアメリカ建築、あるいは遅れすぎた再建[10]」として結実する。

一九世紀アメリカのラスキン受容にまつわる基礎史料調査は、このヒッチコックの研究と、奇しくもその直前に出版されたロジャー・スタイン『ジョン・ラスキンとアメリカの美学思想[11]』という二つの研究だけで、すでにかなりの部分が網羅された。現在まで各国を対象として研究の蓄積のある建築界のラスキン受容史研究のなかでも、これらの業績は群を抜いて質が高い[12]。それは、当時六〇代半ばのヒッチコックが生きた、いわゆるポスト・モダンの黎明期である。その時期に、近年の情報検索技術の発達でもなければ塗り替えられないほどの執拗なリサーチが行われた。それもまた、アメリカの建築文化がラスキンに対してみせた、歴史的偏執の一場面であると言えるだろう。

彼らアメリカを母国とし、あるいはその国を拠点として活動した歴史上の論客たちは、当地のラスキン受容の始まり、遡れば一八三〇年代末からその存在を強く意識していた。しかし——というより、だからこそ、と言うべきか。それは決して好奇心や尊敬や憧れ、つまり「肯定的・積極的な」受容にとどまらない複雑さをもっていた。それはしばしば、疑念や反感、ときに怨嗟や憎悪のかたちさえとるものだったのである。

本書が「受容」と定義しているのは、こうした感情の全円を含んださまざまな情報伝達の道筋、その清濁併呑でしかありえない歴史的過程である。

ラスキンの幻影とのこの奇妙な腐れ縁を背景に、アメリカの建築論壇では一八四〇年代後半から一九六〇年代末までの一と四半世紀のあいだ、およそいかなる議論や論争も「ラスキン」の名と無関係ではありえなかった。本書の立場からすれば、ここで論客たちがラスキンを「正しく」理解していたかどうかは不問である。重要なのは、とにかく彼らが何がしかの建築観を胸にし、ラスキン批判を媒介にそれを表現し続けたことである。だからこそ本書はまず、膨大数の史料をもとに、この対象年代の全幅をラスキン受容の通史として稠密に描きえた。そしてそれが同時に、アメリカ建築界の論壇史としても、輻輳する重要なトピックを束ねた通史となりえたのである。

アメリカのラスキン受容を見なおすことで生じる好都合はもう一つある。それは、これからわれわれが近代建築史をどのように考え、構想し、実現していくかという、われわれ自身の現在と未来の生の問題につながっている。

二〇世紀中葉までにさまざまな近代建築史論が生まれているなか、それらには、アメリカ人によるものか、アメリカとのかかわりのなかで成立したものが多く含まれている。そもそもアメリカでは、近代建築の世界史を試みる動きは一九世紀末と早かった。それはさておいても、その後のヒッチコックによる『モダン・アーキテクチャー——ロマンティシズムと再統合』[13]（一九二九）や、フィリップ・ジョンソンとの共著『インターナショナル・スタイル』[14]（一九三二）といった、世界的ムーブメントとしての近代建築運動史を描いた成果はあまりに有名である。一方、国外の論客がアメリカで発表した近代建築史論として最も有名なのは、先のスイス人建築史家ギーディオンによる『空間・時間・建築』だろう。これらは明確に、あらかじめ合衆国外の読者も想定した、国際的（Inter-National）世界史としての一面をもっている。

　ところがこれらの史論とじっくり差し向かってみると、国際的をよそおいながら、実際はアメリカ独自の論壇の経緯が色濃く反映された、国内的（Intra-National）世界史でもあるという側面が立ち現れてくる。

　たしかにその側面は、こうした「外向き」の史書にはさほど表立っていない。そこで目を向けるのは、いまやその影の薄れてしまった「内向き」の史書である。そうした、主に国内で消費されることを想定した近代建築史書が、二〇世紀前半のアメリカでは数多く出版されている。それらはしばしば明示的に「アメリカ」を題に冠し、近代建築の世界史的展開のために自国が果たした役割を示した。

葉巻「ジョン・ラスキン」の新聞広告（1931年）「真実が勝つ！」――アメリカで受容されたラスキン像．A. リンカーンと肩を並べ実直の美徳を説く．

　しかしその世界史的展開に関する理解そのもの、近代建築史の大局観には、アメリカ国内で長年の懸案となっていた軋轢があった。それを背景に、これらの国内向けの史書のなかでは、近代建築史観の覇権をめぐる「内向き」の戦略と、その内紛を戦う威勢がほぼむき出しのままに提示されることとなる。この国の建築的伝統の最良の部分はいかに世界の主潮流と共同歩調をとってきたか――そんな「外向き」の理屈だけでは収まらない、アメリカ建築の出自と伝統を問う、熾烈な派閥争いがあったのである。それはまさしく、アメリカ国内の建築史家の多くが立ち向かわざるを得なかった、切迫した問題だった。そうして、その内紛の渦中に「ラスキン」はやはり巻き込まれていたのだった。

こうしたアメリカ国内向けの近代建築史書のプレゼンスはいま、史書としてみるならばほとんど霞んでしまっている。しかし、それらの成立を司った歴史学的想像力は、本来、その成立過程からみても国際的名著と裏表の関係にある。それらを新たに史料として読み込んだとき、そこに透かしみることができるのは、単にアメリカの近代建築史学史だけではない。いまわれわれ——日本人に限らない——が常識としている近代建築の世界史観が依って立つ土台そのものが、近代建築史学の発生はるか以前のアメリカに理解されてくるのである。

地域史はいかに世界史にひらかれ、世界にひらかれながら、かつ地域史のパースペクティブに縛られ、研究者をとりまく地域的伝統に縛られるものだろうか。本書はこうした問いを、近代建築史論の一大生産地であったアメリカに断面をとって解き明かしていく試みでもある。この次元ではまた、この著者自身も自らの歴史家としての立ち位置に自覚的でなければならない。

整理しよう。本書はまず、①アメリカを対象としたラスキン受容の通史として、広範囲の一次史料の情報をカバーしている。それに加えて、②アメリカ建築論壇史の通史ともなっている。かつ、その論壇史は③近代建築史論の発達史の前史・本史を含みながら、最終的には先にも触れた、④ラスキン受容史研究の先行研究批判へと回帰する。これらのテーマ群はたがいに有意に、有機的に繋がりあいながら、こうして織られた帳の奥に、「建築の近代」の立体的なすがたを浮かび上がらせる。

本論の章だては、複線をなすサブ・テーマ群の展開をもとに区切った、おおよそ編年的なものである。

第一章は一八四〇年代半ばから六〇年代初頭までの約一五年間を主に扱い、アメリカ版『モダン・ペインターズ』

および『建築の七燈』の出版背景、その受容様態の分析を端緒に、以後のラスキン受容の前提条件を素描する。ここで問題提起されるのは、当時の建築論壇と社会一般の思潮がいかに相互に関連し、ラスキンの解釈を方向づけたかという点である。またここでは、のちのラスキン受容に影響を及ぼすこととなる諸種の兆候についても言及される。

第二章は一八六〇年代初頭から七五年前後までの約一五年間を主に扱うが、ここでの論題は二つある。その一つは、当時ラスキン受容と並行して行われた、フランスの建築家・建築理論家ウジェーヌ・エマニュエル・ヴィオレ＝ル＝デュク受容のアメリカ建築界独自の性格である。同時にここでは、当時新たな読者層となった、エンジニアによるラスキン受容も扱われる。これらの二つの過程は時おりの相互干渉の跡をみせながら、第三章の焦点となる建国百年博覧会（一八七六）までに、ラスキンの理論の解釈についておのおの完成をみた。

第三章、第四章はどちらも、一八七六年にフィラデルフィアで行われた建国百年博覧会の前後の時期、一八六〇年代から一八九〇年代までを取り上げ、そのテーマも相補的である。

第三章では、第二章で扱ったヴィオレ＝ル＝デュク受容を、一八六〇年代には傍流だったゴシック・リバイバルの文脈から再び辿りなおす。この傍流が主流に転じたという点で、建国百年博覧会は本章の議論の中間点にあたる。前章と同様、このヴィオレ＝ル＝デュク受容はラスキン受容との相関のなかで捉えられる。

第四章ではこれまでの議論を踏まえ、建国百年博覧会前後にイギリスからもたらされたクイーン・アン受容および、それに関する同時代的議論のアメリカ独自の出自と展開が論じられる。

第五章では、アメリカ最後のゴシック・リバイバルであるカレジエイト・ゴシックを中心的な話題とし、同時代的議論のなかからその成立・変容過程を辿る。また、この動向がもたらした論争を通じて、二〇世紀初頭における、現代建築観と様式観念の相関を問う。ここで主に対象とされる年代は、カレジエイト・ゴシックに関する言説空間が生まれた一八九〇年代初頭から、フランク・ロイド・ライトのラーキン・ビルディング（一九〇六年竣工）の様式性をめぐる世代間の認識のずれが顕在化した一九〇〇年代末までの、約二〇年間である。

第六章では一九〇〇年代初頭から三〇年頃までを扱い、アメリカの建築論壇のなかで機能主義《ファンクショナリズム》がいかに語られだしたかという問題と、ラスキンの建築論の否定を一つの契機にもつ近代建築プロパガンダの背景を跡づける。

そして終章では、それまでに語られた論壇史を背景に、アメリカのラスキン受容と、アメリカ近代建築史の成立との相関を問う。

（1）René Descartes, *Discours de la méthode pour bien conduire sa raison, et chercher la vérité dans les sciences. Plus la Dioptrique, les Météores et la Géométrie, qui sont des essais de cette méthode*, Leiden, Ian Maire, 1637, p.14.

（2）Nikolaus Pevsner, *Pioneers of the Modern Movement from William Morris to Walter Gropius*, London, Faber & Faber, 1936. ニコラウス・ペヴスナー著、白石博三訳『モダン・デザインの展開――モリスからグロピウスまで』みすず書房、一九五七年。

（3）Sigfried Giedion, *Space, Time and Architecture*, Cambridge, Mass., Harvard University Press, 1941. ジークフリート・ギーディオン著、太田實訳『空間・時間・建築』丸善出版、一九五五年。新版一九六九年、復刻版二〇〇九年。

（4）Reyner Banham, *Theory and Design in the First Machine Age*, New York, Praeger, 1960. レイナー・バンハム著、石原達二・増成隆士訳、原広司校閲『第一機械時代の理論とデザイン』鹿島出版会、一九七六年。

（5）英ランカスター大学のラスキン・ライブラリが二〇一〇年にまとめた『ラスキン関連文献目録』には、一九三九年以降のものだけでも、ラスキン関連の研究論文や記事が、英語を中心にイタリア語、ロシア語なども含めて二三〇〇点以上掲載されている。*A Ruskin Bibliography*, Stephen Wildman, ed., The Ruskin Library, 2010.

（6）鈴木博之『建築の世紀末』晶文社、一九七七年、二八七頁。

（7）日本でも、ラスキンは明治維新以降に受容され今日にいたる。日本のラスキン受容に関しては研究が充実しているが、その概要は拙稿「日本の戦前建築界におけるジョン・ラスキン受容に関する研究」(『建築史学』第六三号、二〇一四年九月、二―二九頁)にまとめられている。ラスキンの著作は大正時代以降にさまざまに邦訳されているが、ここでは現在でも入手が容易なものを参考に挙げておく。

建築関係では、『ヴェネツィアの石』には多数の邦訳がある。最新の訳として井上義夫訳(みすず書房、二〇一九年)があるほか、内藤史朗の訳により『ヴェネツィアの石――建築・装飾とゴシック精神』(法藏館、二〇〇六年)および『続ヴェネツィアの石――ルネサンスとグロテスク精神』(同、二〇一七年)が刊行されている。全訳としては福田晴虔訳(中央公論美術出版、一九九四―六年)があり、ウィリアム・モリスによる抄録『ゴシックの本質』には川端康雄訳(みすず書房、二〇一一年)がある。『建築の七燈』には杉山真紀子訳(鹿島出版会、一九九七年)および、岩波文庫の復刻版(高橋枀川訳『建築の七灯』、一九九七年)がある。ほか、『クリスタル・パレス開場』には拙訳(「J・ラスキン著『クリスタル・パレス開場』解題および訳」『建築史学』第五三号、二〇〇九年九月、九五―一〇八頁)がある。

建築関係以外では、美術論『モダン・ペインターズ』に内藤史朗による訳本で『風景の思想とモラル――近代画家論・風景編』(法藏館、二〇〇二年)、『芸術の真実と教育――近代画家論・原理編I』(同、二〇〇三年)、『構想力の芸術思想――近代画家論・原理編II』(同)がある。経済論・修身論に『芸術経済論――永遠の歓び』(宇井丑之助、宇井邦夫訳、巌松堂出版、一九九八年)、『この最後の者にも・ごまとゆり』(飯塚一郎、木村正身訳、中央公論新社、二〇〇八年)、神話論に『空の女皇』(御木本隆三訳、松村一男、平藤喜久子監修、ゆまに書房、二〇〇五年)。

なお、現在日本ではラスキンを「評論家」とする慣例があるが、前掲「日本の戦前建築界におけるジョン・ラスキン受容に関する研究」では、時事問題をこえた、美術・建築にかんする原理原則の議論の参照点となっていた日本のラスキン受容の実態をかんがみ、「美術批評家・建築理論家」としている。本書が扱うアメリカのラスキン受容も同様であるため、この表記を踏襲する。また本書では、ラスキンが建築について書いた文章(広義の「建築論」)とは別に、ラスキン以外の論客によってラスキンのものと解釈された建築理論、およびその内容を、鍵括弧つきで「ラスキンの建築理論」とする。

(8) Henry-Russell Hitchcock, *American Architectural Books: A List of Books, Portfolios and Pamphlets Published in America before 1895 on Architecture and Related Subjects*, Middletown, Conn., 1938–39; second edition, 1939–40; third edition,

Minneaplis, University of Minnesota Press, 1946.

（9） Idem, *Architecture: Nineteenth and Twentieth Centuries*, 4th edition, New Haven and London, Yale University Press, 1977, p. 601, n. 33; first published in 1958 from Penguin Books (Baltimore).

（10） Idem, "Ruskin and American Architecture, or Regeneration Long Delayed," *Concerning Architecture: Essays on Architectural Writers and Writing Presented to Nikolaus Pevsner*, J. Summerson, ed., London, Allen Lane, 1968, pp. 166–208.

（11） Roger Breed Stein, *John Ruskin and Aesthetic Thought in America, 1840-1900*, Cambridge, Mass., Harvard University Press, 1967.

（12） 建築界のラスキン受容史研究史の全貌および批判的検討については、拙稿「〈学会展望〉建築史学におけるラスキン受容史」（『建築史学』第七一号、二〇一八年九月、一〇七—一三三頁）を参照のこと。

（13） Henry-Russell Hitchcock, *Modern Architecture: Romanticism and Reintegration*, New York, Payson & Clarke, 1929; New York, Da Capo Press, 1993.

（14） Henry-Russell Hitchcock and Philip Johnson, *The International Style: Architecture Since 1922*, New York, W. W. Norton & Company, 1932. H－R・ヒッチコック、P・ジョンソン著、武澤秀一訳『インターナショナル・スタイル』鹿島出版会、一九七八年。なお、以降本論では用いた原語資料を掲げるにとどめ、邦訳が存在する場合でも逐次指定は行わない。「あとがき」参照。

第一章　超越的工業――人間が神になりかわるとき

遠回しになったが、われわれはカタ・ピュシンの「建築の詩法」のことを言っているのである。これらの論は、ただの建設業者や、慣例以外に指導原理をもたない建築家にはほとんど何の気晴らしにもならない。というのも、それらが対象とするのはそうした読者ではなく、若く偏見のない芸術家だからだ。彼をして思考さしめ理性を働かしめること、それが大目標なのである。〔……〕クラシカルであろうがゴシックであろうが、特定の古建築を支持する偏見は捨ててしまうか、いずれにせよ引き下げなければならない。

ジョン・ラウドン「建築の進歩」『フランクリン協会雑誌』、一八三九年(1)

1　プロローグ　［一八三九―一八五五］

プロメテウスの火

一八〇年前のフィラデルフィアから聞こえてくる声。しかしそれは一体誰のものなのか。わかることはわかっている。それはたしかに、イギリスの造園家ジョン・ラウドン（一七八三―一八四三）が自身の雑誌『アーキテクチュラル・マガジン』で、すなわちロンドンで発した言葉の反射なのだ。しかし声音が違うようである。訳合いも違って響く。ラウドンの原題を「一八三八年英国における建築の進歩(2)」とするその記事の、それはたしかに全文転載である。

しかし『フランクリン協会雑誌』の頁の柱からは「一八三八年英国」の文言が消えている。些細なことだが、これで略題の「建築の進歩」（Progress of Architecture）は、「土木工学の進歩」（Progress of Civil Engineering、図1-1）という大見出しと対になる。

加えて、『フランクリン協会雑誌』はラウドンの記事をただ大人しく転載していたわけでもなかった。ここで「G」なる人物は、その記事が触れたイギリス式ストーブに対して、アメリカ式の機構と燃費の良さを滔々と誇った。「イギリスではそれで良いのかもしれないが、アメリカではそうはいかない」と。見開きで、ゆうに原記事の三分の一の紙幅を割いている。

しかし、その記事の中心的話題である「建築の詩法」評には無言であれば、「精神的観点からも大変興味深い重要作だ」という、フィラデルフィアに目下建設中のジラード・カレッジ（一八三三―四八、図1-2）に対する激賞にすら反応を示さない。先の雄弁に対するこの沈黙は何だろう。それはあたかも、承服をあらわす雄弁な沈黙である。ラウドンは書いた。しかし、それを朗々と黙読する声の主が違うのである。それらの語りはアメリカ建築界の問題として読まれたはずであり、「一八三八年英国」の省略は、そう読まれるための心理操作であったとみられる。

この雑誌の発行者であるフランクリン協会は、一八二四年、当時有数の大都市であったフィラデルフィアに「機械技能《メカニック・アーツ》」の振興を目的に設立された、アメリカ最古の科学研究・教育センターの一つである。その分科としての建築学は、第一に建設の学だった。それは美術に属するものではなかったのである。ラウドンの「建築の進歩」もやはり、「土木工学の進歩」中の一記事として転載された。

しかし様式なき建設は建築たり得ない。一八四〇年前後のアメリカ建築界の趨勢をよく表しているのは、アメリカ人建築家トーマス・ウォルター（一八〇四―一八八七）による右のジラード・カレッジと、イギリス移民の建築家リチャード・アップジョン（一八〇二―一八七八）によるトリニティ教会（一八三九―四六、図1―3）である。この二作に

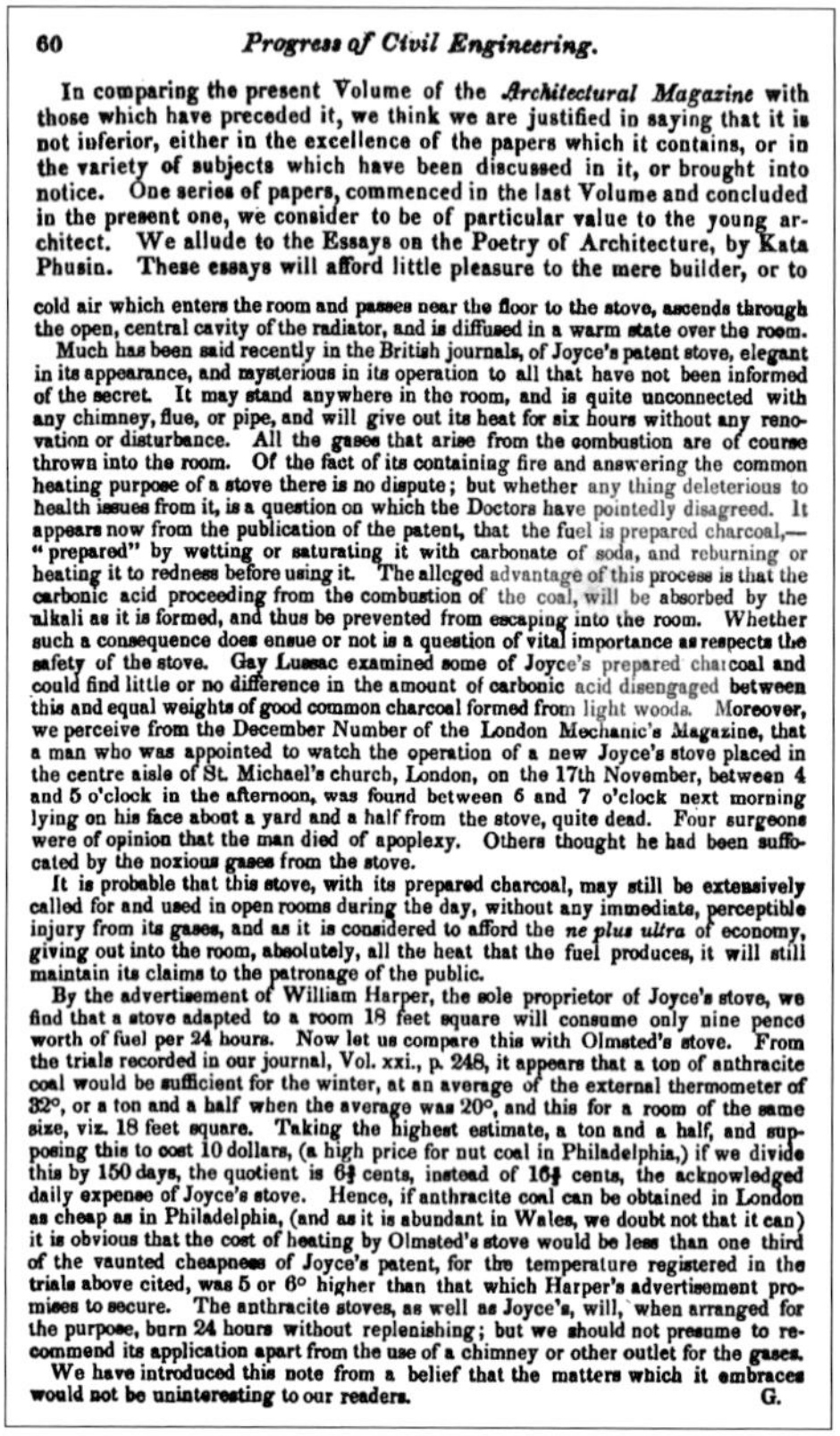

60 *Progress of Civil Engineering.*

In comparing the present Volume of the *Architectural Magazine* with those which have preceded it, we think we are justified in saying that it is not inferior, either in the excellence of the papers which it contains, or in the variety of subjects which have been discussed in it, or brought into notice. One series of papers, commenced in the last Volume and concluded in the present one, we consider to be of particular value to the young architect. We allude to the Essays on the Poetry of Architecture, by Kata Phusin. These essays will afford little pleasure to the mere builder, or to

cold air which enters the room and passes near the floor to the stove, ascends through the open, central cavity of the radiator, and is diffused in a warm state over the room.

Much has been said recently in the British journals, of Joyce's patent stove, elegant in its appearance, and mysterious in its operation to all that have not been informed of the secret. It may stand anywhere in the room, and is quite unconnected with any chimney, flue, or pipe, and will give out its heat for six hours without any renovation or disturbance. All the gases that arise from the combustion are of course thrown into the room. Of the fact of its containing fire and answering the common heating purpose of a stove there is no dispute; but whether any thing deleterious to health issues from it, is a question on which the Doctors have pointedly disagreed. It appears now from the publication of the patent, that the fuel is prepared charcoal,—"prepared" by wetting or saturating it with carbonate of soda, and reburning or heating it to redness before using it. The alleged advantage of this process is that the carbonic acid proceeding from the combustion of the coal, will be absorbed by the alkali as it is formed, and thus be prevented from escaping into the room. Whether such a consequence does ensue or not is a question of vital importance as respects the safety of the stove. Gay Lussac examined some of Joyce's prepared charcoal and could find little or no difference in the amount of carbonic acid disengaged between this and equal weights of good common charcoal formed from light woods. Moreover, we perceive from the December Number of the London Mechanic's Magazine, that a man who was appointed to watch the operation of a new Joyce's stove placed in the centre aisle of St. Michael's church, London, on the 17th November, between 4 and 5 o'clock in the afternoon, was found between 6 and 7 o'clock next morning lying on his face about a yard and a half from the stove, quite dead. Four surgeons were of opinion that the man died of apoplexy. Others thought he had been suffocated by the noxious gases from the stove.

It is probable that this stove, with its prepared charcoal, may still be extensively called for and used in open rooms during the day, without any immediate, perceptible injury from its gases, and as it is considered to afford the *ne plus ultra* of economy, giving out into the room, absolutely, all the heat that the fuel produces, it will still maintain its claims to the patronage of the public.

By the advertisement of William Harper, the sole proprietor of Joyce's stove, we find that a stove adapted to a room 18 feet square will consume only nine pence worth of fuel per 24 hours. Now let us compare this with Olmsted's stove. From the trials recorded in our journal, Vol. xxi., p. 248, it appears that a ton of anthracite coal would be sufficient for the winter, at an average of the external thermometer of 32°, or a ton and a half when the average was 20°, and this for a room of the same size, viz. 18 feet square. Taking the highest estimate, a ton and a half, and supposing this to cost 10 dollars, (a high price for nut coal in Philadelphia,) if we divide this by 150 days, the quotient is 6⅔ cents, instead of 16⅔ cents, the acknowledged daily expense of Joyce's stove. Hence, if anthracite coal can be obtained in London as cheap as in Philadelphia, (and as it is abundant in Wales, we doubt not that it can) it is obvious that the cost of heating by Olmsted's stove would be less than one third of the vaunted cheapness of Joyce's patent, for the temperature registered in the trials above cited, was 5 or 6° higher than that which Harper's advertisement promises to secure. The anthracite stoves, as well as Joyce's, will, when arranged for the purpose, burn 24 hours without replenishing; but we should not presume to recommend its application apart from the use of a chimney or other outlet for the gases.

We have introduced this note from a belief that the matters which it embraces would not be uninteresting to our readers. G.

図 1-1　J. ラウドン「建築の進歩」（『フランクリン協会雑誌』1839 年）

カタ・ピュシン「建築の詩法」評（エピグラフ参照）への導入部．大見出し「土木工学の進歩」は次頁の柱「建築の進歩」と対をなす．なお，本頁の上 1/5 がラウドンの記事の転載であり，下 4/5 では「G」なる人物が英米のストーブの性能を比較しラウドンに反論している．

象徴されるように、当時のアメリカ建築はヨーロッパの歴史様式を典拠とし、クラシック（古代、そして近世）とゴシック（中世）にはっきりと二分していた。ただし国会議事堂（W・ソーントン、ワシントンD・C、一七九三―一八〇〇）、ペンシルバニア銀行（B・H・ラトローブ、一七九八―一八〇一、図1－4）、ヴァージニア大学（T・ジェファーソン、一八一七―二六、図1－5）など、教会を除く重要作品に古代ギリシャ建築を範としたクラシック建築が採用される場合が多かった、一九世紀半ばまでのアメリカ建築界は一般に、「グリーク・リバイバル」期であるとされている。

そのような時代状況のなか、ラウドンの「建築の進歩」に語られた「カタ・ピュシン」なる人物こそ、のちにわれわれがジョン・ラスキンの名で知ることとなる建築理論家その人である。ただし、このときにはアメリカはおろか、本国イギリスの読者でさえ、この「建築の詩法」の著者の正体を知る者はほぼ皆無だった。なにしろラスキンは当時

図 1-2　ジラード・カレッジ（T. ウォルター，フィラデルフィア，1833-48 年）
アメリカ建築の「グリーク・リバイバル」期の最後期にあたる巨大建造物．古代ギリシャの神殿建築を範とし，三角破風，列柱，白色単彩，左右対称を特徴とする．

図 1-3　トリニティ教会（R. アップジョン，NYC，1839-46 年）
イギリス移民建築家による，アメリカ建築の「ゴシック・リバイバル」期の画期とされる大教会．ヨーロッパ中世の建築を範とする．開口部アーチ上端を尖らせる（尖頭アーチ）ことがゴシック・リバイバルの明示的な符丁．

図 1-4　ペンシルバニア銀行（B. H. ラトローブ，フィラデルフィア，1798-1801 年）

図 1-5　ヴァージニア大学（T. ジェファーソン，ヴァージニア州シャーロッツヴィル，1817-26 年）

一八歳のオックスフォード大学生であり、筆名で発表した「建築の詩法」も、彼が公にした初めての建築論だった。

『フランクリン協会雑誌』に「建築の進歩」が掲載されたその当時、その記事が批評の対象とした「建築の詩法」そのものを、アメリカの読者がいかなる実感のもとに読んだかは定かではない。カタ・ピュシンの元記事はたしかに、ラウドンの批評記事と同じ『アーキテクチュラル・マガジン』に連載されたものだった[3]。このことから推せば、アメリカの地に「建築の詩法」が読める環境はたしかに存在したのだと言える。しかし当時のアメリカの公刊物に「建築の詩法」の転載がないことは、ときのアメリカの読者に訴えたのが、むしろラウドンの批評記事のほうだったことを伝える。

そこにはアメリカ建築界の「進歩」の見取り図が示されていた。歴史様式に縛られたプロメテウスの夢である。「建築の進歩」の引用を通じて語られた、「様式的偏向は捨て去らなければならない」という展望。そうして、その展望とは裏腹の表現上の二派分裂こそ、これ以後のアメリカ建築論壇史を揺さぶり続ける巨大なうねりにほかならない。

そうしてそこには、その波の動静を絶えず司っていたリバイアサンの存在があった。工業という名のその怪物は一九世紀半ばに海面から頭をもたげ、その圧倒的な「進歩」の姿を論壇に示威し続ける。

様式的対立と工業の跋扈。本章の時代設定である一八四〇、五〇年代にこの二線を束ねていたものこそ、「コンコードの賢人」ラルフ・ワルド・エマーソン（一八〇三―一八八二）の言説に象徴される超越論的世界観である。一八三六年発表の『自然』[4]に示されるのは、「理性と信仰」に立脚し、「透明な眼球」として宇宙の理解を志向する自然観と、芸術を「世界の摘要あるいは梗概」、「縮小模型における自然の結末あるいは自然の表現」とみる創作観である。「芸術とは人間という蒸留器を通った自然なのである」。人間（芸術）と自然（神＝「大霊《オーバーソウル》」）の相互関係を言い表したこの金言が、建築論壇だけでなく、制作にかかわる広い論壇に通奏低音として響きわたる。

様式的対立、工業の跋扈、超越論的世界観――この鼎立する要因のなかで、ラスキンの建築論がいかにアメリカの地に受容され根づいていったか。その発端を解き明かすことが本章の目的である。

実名での処女出版である一八四九年の『建築の七燈』[5]の出版以降、ラスキンはアメリカの建築論壇のなかでさまざまな形をとって参照され続けた。のちにラスキンの友人となるアメリカ人美術史家チャールズ・エリオット・ノートン（一八二七―一九〇八、図1-6）が回顧しているように、初期のそれはまさしく桁外れのブームとして、ラスキンを「存命の散文作家のなかでもおそらくアメリカで最も読者が多い[6]」位置へと押し上げた。しかし、ことラスキンに限って、ことアメリカの地で、なぜそのようなことが起こり得たのだろうか。

図1-6　C. E. ノートン（1891-96年頃）

「有り難いことに、アメリカはイギリスとは違い、私が何者で何を言いたいのかを好意的に受けとめ、よりよく理解してくれている[7]」。――一八五五年、ラスキンはこのブームをうけ、アメリカの読者にそう謝辞を投げかけた。しかしその「よりよい理解」すら、必ずしもラスキンがたたえた通りのものとは限らない。

2　『建築の七燈』の衝撃　〔一八四七―一八五二〕

前史としての『モダン・ペインターズ』受容――芸術科学の黎明

しかし一八四九年の『建築の七燈』受容にはさらに前史がある。すなわち、一八四七年にアメリカの海賊版が出版された、ラスキンの出世作『モダン・ペインターズ』の受容である。[8]

そのロンドン正規版の出版は一八四三年、すなわちアメリカに海賊版が現れるまでには四年という無視できないタイムラグがある。その間、「或るオックスフォード学士」(a Graduate of Oxford) によって書かれたその絵画論の世評は次第にアメリカにも伝わっていった。かくして、海賊版出版の翌年にはついに、当時の主力文芸誌であるボストンの『ノース・アメリカン・レビュー』に三〇頁超の書評が掲載される運びとなった。[9] この書評は『モダン・ペインターズ』の言説を国内の自然論と接続して語っており、その後のラスキン受容の方向性を先触れしている。

いまだ本名では知られていないこの著者は、書評者の推測によれば「教養のある人間で、綿密かつ知的な自然の観察者であり、おそらく、プロフェッショナルではないが自身も実践的芸術家である」。そしてこの書評をひもとくと、その彼のことばがアメリカの読者に訴えかけたのが、特に二番目に挙げられた、「綿密かつ知的な自然の観察者」としての性質によることがわかる。その愛好の作法が「自然科学」であるとはいまだ明言されていないながら、この『モダン・ペインターズ』評のなかにあらわれた次の一文には、世俗から離れた知の独立が高らかに宣言されている。

われわれは、先立つ時代に必ずしも劣っているわけではない。ことの成否はわれわれの制御の範疇にある生活習慣にかかっている。われわれの精神は今でもやはり、自然美や、詩的・心的連想に感動しやすい。そのためには、自然のことをよりよく知るようになり、浮ついた趣味や世間の腹立たしい言い争いから離れるようにさえすればよい。

あるいは、匿名の「実践的芸術家」が書いた書籍として、『モダン・ペインターズ』は当時のアメリカにやはり欠けていた、風景画の実践知識の問題も扱っていた。本国イギリスでは巨匠をこきおろした論争書として物議を醸したこの書籍に対して、たしかにこの『ノース・アメリカン・レビュー』の評者も同様の不満を漏らしはした。しかしアメリカの読者にとって、この書籍にはその程度の不和など無化するだけの、実践論としての魅力があった。だからこそアメリカの読者は、この著者の言説を難なく受け入れたどころか、『建築の七燈』出版の時点までに、彼の「雄弁な熱意の魔法にかけられる」までになっていたのである。

かくして一八五〇年代初頭には、ラスキンの美術論はアメリカ人の目からみて「イギリスのほうではアメリカほど高く評価されていない」[10]（『アメリカン・アート＝ユニオン会報』、一八五一）という事態にすら発展している。一八五四年、ロンドンではイギリスでの「流れが反ラスキンになりはじめ、彼の人気の波が今すばやく引いている」[11]ことが報告された。しかし本国イギリスとはうってかわり、一八五〇年代半ばになってもアメリカではそのようなことはほとんどなく、むしろ熱烈なフォロワーの数はさらに増えていた。

図1-7　W.スティルマン（1857年頃）

そのなかでも、アメリカ初の視覚芸術批評誌『クレヨン』（一八五五―六一）と、その創刊者のひとりウィリアム・スティルマン〔一八二八―一九〇一、図1-7〕の動向は重要である。スティルマンはこのラスキン・ブームのさなか、早くも一八五〇年にロンドンへと渡りラスキン本人との知己を得た人物だが、彼がハドソンリバー派の画家アッシャー・デュランド〔一七九六―一八八六〕と立ち上げた

図 1-8　アメリカ版『建築の七燈』（1849 年）
19 世紀末まで，アメリカでは粗製のラスキン海賊版が大量流通した．（上）正規版と異なる表紙．ゴシックの尖頭アーチの箔押しがあしらわれている．（下）開くと造本の甘さが目立つ．図は横を向き，見開きのために折れ目がつく．

『クレヨン』の表紙には、自身が編集を退く一八五七年まで、標語として『モダン・ペインターズ』中の一文が掲げられていた。――「有機的自然界全体を見回してみると、その美を遍く享受するにはまず感受性、次に道徳的判断の精度と、その基準となる誠実さがなければならないことに気づかされるのである[12]」。

『建築の七燈』――知的設計、工業美学

一八四七年の『モダン・ペインターズ』アメリカ版はイギリス正規版からしばらく経ってからの発売だった。しかしその人気をうけ、続く『建築の七燈』のアメリカ版はイギリス版と同年に発売されている。しかしこれもやはり、これ以後に続く海賊版の典型である（図1-8）。その造本は甘く版型も小さく変更されており、もちろん「ラスキン氏の許可なく発売されたものであり、彼は売り上げから何の利益も得ていない。加えて、それらが適切なかたちで再販されなかったことで、彼は極めて不当な扱いを受けたのである。原典のイギリス版は美しい。〔……〕しかしアメリカの再版版はそのほとんどが醜く、もとの図版を安く下手に複製したことで、その醜さはいや増しになった[13]」（エリオット・ノートンの回想）。

しかしラスキンは、このような粗製濫造の海賊版の存在のためにこそ、アメリカにおいて、本国イギリスにまさる

広い読者をえたのだった。このような状況は『建築の七燈』発売以後も、実に数十年間続くこととなる。[14]

『建築の七燈』出版にさいしてアメリカでは数多くの書評が現れたが、[15] そのなかには本文を要約するのみ、イギリスの書評を引用するのみで、批判的読解を保留したものも多かった。ただしそのなかでも、『マサチューセッツ・クオータリー・レビュー』や『ノース・アメリカン・レビュー』による書評は、ラスキンの建築理論を原理に遡って批評していた。

まずボストンの文芸誌『マサチューセッツ・クオータリー・レビュー』の書評は、「ラスキン氏が真に言うべきことは扉頁にあるよりも随分と狭い見出しに収まるかもしれない」と語り、ラスキンの建築の七燈を「真実の燈」(Lamp of Truth)、「美の燈」(Lamp of Beauty)、「記憶の燈」(Lamp of Memory) の論旨である、「簡潔性、真実性、直截性」の三種に還元した。ただし、そのなかでも特にこの評者が重視したのは一番目の「簡潔性」である。なぜなら、「現在の建築批評において、明確な目的をもつということが最も大事なこと」であり、「すべてのものを成功に導く第一要件でありながら、われわれ〔の国〕の建築にはそれがほとんどない」からである。

一方、『ノース・アメリカン・レビュー』の書評も『建築の七燈』の建築論を主知的なものとみなす点で共通していたが、その語り口は『マサチューセッツ・クオータリー・レビュー』よりさらに直接的なものだった。ここで書評者は、建築の七燈それぞれの性質を辿りながら、それらを包括する話題に知的建築設計の問題を据えた。

書評者によるこの問題設定は、『建築の七燈』の第一章である「奉献の燈」(Lamp of Sacrifice) の解釈の仕方からすでに明示されている。この章は、当時のイギリスの批評ではほぼ「労働力〔精巧な装飾〕を神に捧げる」趣旨のもとに解釈された一章である。しかし、この『ノース・アメリカン・レビュー』の批評はそのような理解は示さない。この書評者によれば、「著者〔ラスキン〕が語っている供犠とは断じて金銭的犠牲のことではなく、知性や、長考や、十分な知力を捧げるということなのである。〔……〕それは報酬を求めて自己を貸しにだす精神ではなく、無報酬で、作業の理想的な完成を最大の喜びとする精神なのである」。そうして、この意味での「奉献の燈」に導かれることで、「芸術家の知性は確実にすべて作品に注がれる」。

あるいは、この書評者がみせる「生命の燈」(Lamp of Life)の解釈もまた、こうした知的設計論の趣が色濃いものだった。『建築の七燈』中でもこの章は、特に一八九〇年代以降のアーツ・アンド・クラフツ運動の文脈のなかで、「装飾は手作業でなされなければならない」旨を説く、ラスキンの機械嫌悪を証拠だてる部分としてしばしば引用される。しかしこの書評では、その同じ章が、手作業と機械作業の別なく、知性による製品の質の向上全般についての、「建築とはほど遠い事柄にもあてはまる深い真実」を語るものとして引用された。

工業生産の誇りと劣等感

そうして、アメリカ初期の『建築の七燈』受容はさらに、彼らが自国の技術発展にかけていた自負の観念とも結びついていた。

当時、一八四〇年からの二〇年間で鉄道の総延長は十倍となり、その間一八五〇年にはミシシッピー州に蒸気動力の鉄道が通った。ワシントンD・C～ボルチモア間に初の電信線が開通したのは一八四四年のことであり、第一号の通信はその「神のなせる御業《みわざ》」(What hath God wrought)をたたえた。土木・建設分野では、一八四六年にドイツ人技師ジョン・オーガスタス・ローブリング(一八〇六―一八六九)がピッツバーグのモノンガヒラ川に世界初のサスペンション橋を建設。またベッセマー法の開発以前に、一八四〇年代末にはジェイムズ・ボガーダス(一八〇〇―一八七四)らによって鉄構造が建築に応用され始めていた。そうしたなか、世界最古の一般科学雑誌である『サイエンティフィック・アメリカン』が創刊されたのは一八四五年のことである。

この一八四〇年代にアメリカで非常な発達をみたのがクリッパー船である。それまで輸送用の帆船は積載量を眼目として「タラの頭にサバの尻」の慣例に従った船体設計がなされていたが、東インド貿易および、一八四〇年代末のゴールドラッシュが推進要因となり、船体設計は高速を旨に貿易・長距離交通用に発達する。ジョン・グリフィス設計による国内第一号のクリッパー船《レインボー》の完成は一八四五年のことである。こうしたクリッパー船の発達によって、ホーン岬を経由するアメリカ東西海岸の航行時間は約半分にまで短縮され、一八五一年に初進水した《フライング・クラウド》（図1-9）は間もなく航海日数八九日八時間の記録を樹立し、これは二〇世紀末になるまで破られることはなかった。また一八五一年にはヨット《アメリカ》がレースでイギリスを破り一等を獲得している。「造船科学におけるこの数年の成果は合衆国が重要な地位にあることを世に認めさせた[16]」という当時の批評には、造船業が花形であった時代の実感が込められている。

図1-9 《フライング・クラウド》の進水（1851年）
クリッパー船開発は1850年代前半までアメリカ工業の花形だった．

　このように、アメリカ工業が急速に発展していくただ中に出現した建築論が『建築の七燈』だったのである。そのときこの書物には明確に、その流れに棹さす責務が与えられた。

　その典型に、イェール大学発行による古参の文芸誌『ニューイングランダー』による書評（一八五〇）がある。この書評者によれば、「われわれ［アメリカ人］は比較的芸術を知らない」ものの、「発明能力の活発な活動ではどこにも負けず」、「労働削減や物的生産の増大のための機械や装置はふんだんにある」。そうであるならば、国内美術界の停滞した状況は工業の不断の運動によってこそ打破され、その結果としてアメリカ美術は「のびのびと育つ」。

機械開発にかける誇りと、美術後進国としての劣等感。工業生産そのものを美術に押し上げるという大義は、この二つの心理的要因によって助長される。この『ニューイングランダー』による書評では、その目的意識の推進のためにこそラスキンの言説は存在した。つまり、ラスキンが『建築の七燈』で鼓舞した「永遠の神の法と、不易の心性を司る原理」がアメリカの読者に働きかける力をもっていたのは、ラスキンが据えた建築の「真実の燈」が、「普通は単なる機械芸術とされるものを道徳的に高い位におき、それに道徳的性質を授ける」ものであるからこそなのである。自国の廉直な工業生産は、ラスキンの『建築の七燈』の後押しあってこそ、美術として正当化されるべき素地をもった。だからこそ、「われわれの目の前にあるこの本は、アメリカの読者の大きな需要をつくる」希望をもって大々的に宣伝された。

以降一八五〇年代のアメリカでは、ラスキンは一面において合理主義の唱道者と理解され、この点によってこそ建築家たちからの熱烈な賛意を受けるようになった。つまり当時のアメリカでは、今日理解されるような、機械忌避論者としてのラスキン像は極めて薄かったのである。それどころか、工業賛美さえもが「ラスキンの建築観」に託して語られていた実態があった。

C・クックのラスキン賛歌

今日では一般に、直接的、間接的なかたちでラスキンに兄事・私淑したフォロワーのことを総じて「ラスキニアン」という。『クレヨン』の編集者ウィリアム・スティルマンしかり、彼と同年代の批評家クランス・クック（一八二八―一九〇〇）なども、たとえばアメリカ初期のラスキニアンの代表例である。クックは一八六〇年代初頭に芸術的真実推進協会（Society for the Advancement of Truth in Art、SATA）を組織し、ラスキンの工芸論『二つの道《ツー・パス》』[17]（英・米一八五九）をもじった機関誌『ニュー・パス』（一八六三―六五）を発行した、ラスキン受容の立役者の一人である。その立ち上げにはクックを最年長者としてチャールズ・ハーバート・ムーア〔一八四〇―一九三〇〕やトーマス・チャールズ・ファラー〔一八三八―一八九一〕らの芸術家に加えて、駆け出しの建築家からラッセル・スタージス〔一八三六―一九〇九〕およびピーター・ボネット・ワイト〔一八三八―一九二五〕が参画し、「いわゆる『ゴシック芸術』の回復」(『ニュー・パス』創刊号)[18]を掲げたゴシック・リバイバル戦線を仕掛けることとなる。

しかし、その彼らをさえラスキニアンと呼ぶべきか、本書の立場では保留にしなければならない。たとえば、SATA結成以前、『建築の七燈』出版からしばらくのちのクックには、「ニューヨークの現代建築」[19](一八五五)と題する「抒情的なラスキン賛歌」[20]がある。しかしこれもむしろ、当時のアメリカの思想文脈の影響色濃いラスキン論であり、ラスキンの思想そのものへの追従と読むことはできない。たしかにクックはここで、ラスキンの「燃えたつような文体を愛し、彼の自然愛を愛し、彼の神への愛を愛する」立場をとり、建築の「神秘的な原理を研究しようとする者の頭脳をほとんど陰らせてしまっている暗い雲を取り払った」功績者としてラスキンをたたえた。

こうした発言をみる限り、クックの論は熱烈なラスキン賛美である。ところがその内容自体にはむしろ、クック本人の建築理論と、クックが理解したラスキンの建築理論とのあいだの食い違いが目立っていた。なかでも、自然を唯一の参照源としている点、ギリシャ建築が無神論的であるとする点について、クックは断固としてラスキンに反対している。ほかにも、クックは実は、この論のなかではラスキンの論に依拠した主張を一つも行っていない。

ここでクックが提唱した建築美は「機能の充足」を主眼としたものだったが、その主張の中核である「われわれが『真なるもの』と称する知性の美」を唱道するために、彼はラスキンの名前を借りた。その結果、この「ニューヨークの現代建築」が掲げる建築の原理は、読者に対してあたかもラスキンの言葉であるかのように映る。

その要件は以下である。「1、建物はその要件に完全に適応していなければならない」、「2、用途と目的を外的に表現していなければならない」、「3、構法の法則を犯してはならず、犯しているように見えてもならない」、「4、建造物が建てられる素材の物性は、建築にその性格が留めおかれなければならない。したがって、石は石として、木は木として、鉄は鉄として用いられる」、「5、建物の位置は、他の建物や近隣区域との関係で常に慎重に検討されなければならない」。

ここでは、第4条で鉄構造が許されていることにも注意が必要である。本章で後述する通り、「ラスキンは鉄造建築を許容するか」に関する解釈の分裂は、一八五〇年代末のアメリカ建築論壇に不和を生じさせる大要因の一つである。しかしこの一八五〇年代半ばには、「ラスキンの建築理論」は鉄構造を許容する主張とも矛盾しなかった。

A・J・ダウニングと自然の征服

『建築の七燈』出現の衝撃。アメリカの建築界にその最も初期の例をみることができるのが、クラランス・クックのメンター、アンドリュー・ジャクソン・ダウニング〔一八一五―一八五二、図1-10・図1-11〕の文筆のなかにあらわれた変化である。ここでは少し時間を巻き戻し、ダウニングの活動のなかに、のちの議論の前提となるいくつかのテーマを確認しておきたい。

ダウニングは一八三九年のハドソン渓谷園芸協会の創設メンバーの一人として、ハドソン川流域全体の園芸文化の促進をはかった活動家だった。この団体にはエマーソンの兄ウィリアムを含むニューヨーク州在住の著名人らが副会長に名を連ね、ダウニングはそのなかで連絡窓口の役を担った。

そうして『建築の七燈』発売に先立つ一八四〇年代には、造園学の開拓者として非常な勢いで名声を得、その分野における第一人者となる。三〇年代半ばから造園雑誌に数多くの論考を発表していたダウニングは、単著としての処女作である『ランドスケープ・ガーデニングの理論と実践』[21]（一八四一）の時点ですでに人気を博し、同年にはエイサ・グレイとの共同で、イギリスの植物学者ジョン・リンドリーの『造園理論』[22]アメリカ版を刊行し序を執筆。当時ダウニングは二〇代半ばだった。

こうした活動のなか、『ランドスケープ・ガーデニングの理論と実践』発表の翌年には建築家アレクサンダー・ジャクソン・デイヴィス（一八〇三―一八九二）と組み『コテージ住宅』[23]（一八四二）を出版した。

このうち『ランドスケープ・ガーデニングの理論と実践』は明確にイギリスのピクチャレスク理論を範とした書籍であり、その題もハンフリー・レプトンの『造園の理論と実践についての所見』[24]（一八〇三）からとられている。ここでダウニングは、自らの造園理論が「自然の感情を微細に知覚することから導かれる表現美の模倣、美なるものの普遍性とならび、真なるものの普遍性に立脚した芸術認識、すべての芸術的営みの快を完璧ならしめ、持続させるための『統一』、『調和』、『多様性の生産』」を核とするものであると主張した。

図 1-10　A. J. ダウニング（1852 年頃）

図 1-11　ダウニング邸（ニューヨーク州ニューバーグ，建設年不詳）
ハドソン川流域，広大な庭を有する植生の実験場であり，F. L. オルムステッド，C. ヴォークス，C. クックらが 1850 年前後に集った，初期ラスキン受容の結節点でもあった．

より詳細にダウニングの語りに耳を傾ければ、彼のいう「真」とは「適合性・実用性」あるいは「目的の表現」の原理である。続く自著『コテージ住宅』はこの原理を建築設計の筆頭に掲げたものとして、アメリカの建築書のなかでも最初期のものにあたり、その後のダウニングの建築理論の基礎をなした。

他方、『コテージ住宅』に辿ることのできるダウニングの「美」とは、第一義的には造物主である神の作業の完全性を指す。それゆえ、「美なるものと真なるものは極めて緊密に結びついている。偉大なる主のことばは、物質世界のあらゆるところで、美なることばで書かれている。真心をもって崇敬すれば、彼〔造物主〕により近い視界を獲得することになる」。この言及に示されている通り、一八四〇年代前半の時点ですでに、ダウニングの美論には、造物主としての神の視覚をそなえた芸術という、超越論的感性が仄めかされていた。

そしてこの感性は、ラスキンの『モダン・ペインターズ』および『建築の七燈』の出版をまって、さらに明白なかたちでダウニングの文筆に顕在化するようになる。

まず、ダウニングの『ランドスケープ・ガーデニングの理論と実践』には、アメリカ版『モダン・ペインターズ』発売ののち、そして『建築の七燈』の発売に重なる一八四九年に改訂版が存在する(25)。ここでダウニングはラスキンを援用しながら（『モダン・ペインターズ』の匿名著者の名前は『建築の七燈』の広告とともに知れわたっていたのである）、自身のピクチャレスク絵画理論を超越論的世界観に接続した。ここで「ラスキン氏は、（『モダン・ペインターズ』のなかで）おそらく初めて、その〔曲線が芸術家に訴えかける〕力の原因を示し、曲線はそのさまざまな流れのなかで永遠なるものを表現していると論じた」美術批評家として言及された。

そして一八五〇年にダウニングは『カントリーハウス建築』(26)を出版するが、その導入部となる「建築の本義」は前年に発表された『建築の七燈』を強く意識し、「真実」の観念に適合性以上の意味を与えた論考である。ここでのダウニングによれば、「すべての美術は物体を扱い、それに精神的意義を与える術」なのであり、「実用性はもとより、自身の作品に感性と想像力の双方を刻みこまなければ、建築家は真に建築家とは呼べない」のである。そこでダウニングが掲げる建築の「真実」は、自然を範とすることによって必然的に美的要素も満たしうるものだった。「自然のなかでは、物質は、美の思想ひとつに触れられることによって高められる。物質は、おぼろげにでも神の特性を匂わせられることによって、ほとんど神に近しいものとなる。神が外界に造り給うた作品を見つめるとき、それを理解する、否むしろ感じることによってこそ、深く、身震いするほどの満足感が獲られる」。

こう論じた上でダウニングは、その神の作品である自然を制圧するものとして建築美を定義する。


建築において、美なるものとは、美のイデアが所与の物質的造形のなかに完全に具現化されたものである。物質がイデアに征服され、物質が完全に支配下に置かれている状態である。——それは平静《リポーズ》の具現化と言ってもいいのかもしれない。そこには統一があり、均衡があり、調和があり、正しい表現がある。


ここで、自然の征服という問題に関して示唆的なのは、エマーソンの美学哲学とダウニングの造園の実践が孕む相補的性質である。

特に、ダウニングが一八四五年に発表した『アメリカの果実と果樹』(27)はエマーソンに直接的な影響を与えた。この書籍はベルギー人科学者のジャン＝バプティスト・ヴァン・モンスの「改善《アメリオレーション》」理論に則り果樹植物の品種改良を実践的に論じた実学書であり、エマーソンは同書に感化されて自らの地所にさまざまな果樹を植え植生の実験を行った。

ここでダウニングが行ったヴァン・モンスの援用は、自然の制御に強い重点が置かれたものだった。というのも、『果実と果樹』の筆頭の目的は、人工的な品種改良によって、アメリカの地に多様かつ実用的な外来種を根づかせることにあったからである。ダウニングが書内で強調する通り、「すべての良質な果実は人工の産物」である。一方、「野生状態での自然は、木が健康で丈夫であるよう、また、種を存続させるために完璧な種子をつくろう、ということだけを目指す」のであり、そのため「養殖栽培の焦点は、繁茂の力を抑制し弱めること、樹木の木目の粗さを減らすこと、種子を小さくすること、また、葉肉・果肉の質と大きさを増させることにある」。

一八四〇年代アメリカの超越論的自然観の興隆中には、造物主としての「大霊」の感得を志向する契機のほかに、技術を通じた、人間による自然への関与という推進力が働いていた。『果実と果樹』とエマーソンとの関係は、エマーソン自身がその傾向の一つの体現となっていたことの証左である。エマーソンの自然観は、一方ではあるがままの自然の観察と、その背後にある造物主の力の感得に向けられていた。しかし他方においては、エマーソンもまたアメリカの文明化を望む者として、知識を手段とする自然の征服を志向してもいた。『果実と果樹』のなかでダウニングが語る通り、「造園家としての人間が生まれ、自然を人間のわざに屈服させるのは〔……〕目の前に〔自然の〕障害がある場合だけ」なのである。

これは必ずしも、超越論者エマーソンの理論内部の矛盾は意味しなかった。人間は神に対し、その存在をあるがままに感じ、その性質を理解しながらも、技術をもって対峙する。

ダウニングの世評とその死

ダウニングが『カントリーハウス建築』を出版したのは『建築の七燈』の翌年、一八五〇年のことである。アメリカ国内でそれまでに培われたダウニングの世評を鑑みるならば、当時の書評のなかで『カントリーハウス建築』が『建築の七燈』と並び称されていた事実は自然に理解できる。ダウニング本人がラスキンに感化されて「建築の本義」を書いた事情とはまた別に、彼はアメリカ第一線の建築理論家としてこそ、おなじくイギリス第一線と目されたラスキンと比較された（図1－12）。一八五〇年頃には、ダウニングの美学者としての名声はアメリカ南部にまで聞こえることとなっていたのである。[28]

これらの書評のなかでは、ダウニングの『カントリーハウス建築』は、超越論的な美論に関してエマーソン哲学と並び称された反面、住宅建設に関する具体的実践性によってこそ『建築の七燈』を凌ぐものとされた。

その極端な例を、『カントリーハウス建築』に先だち『建築の七燈』を書評していたニューヨークの教会系オピニオン誌、『メソジスト・クオータリー・レビュー』[29]に確認しておきたい。その記事のなかで、書評者は、『建築の七燈』以上に「人間を洗練させ、心と精神を高めそうなものは他にない」と賛辞を送ってはいた。しかし同時に、この「芸術家（ラスキン）の情熱は度を越し、見苦しくなることさえある」と、議論が抽象的になりすぎることには賛同しかねる背景をもっていた。

他方ダウニングの新刊は、この点においてこそ書評者の意向に適っていた。『建築の七燈』評の次号にあらわれたその批評記事のなかで、書評者は、ラスキンの「熱に賛同しかねる」ことに再度言及しながら、実践的観点から『カ

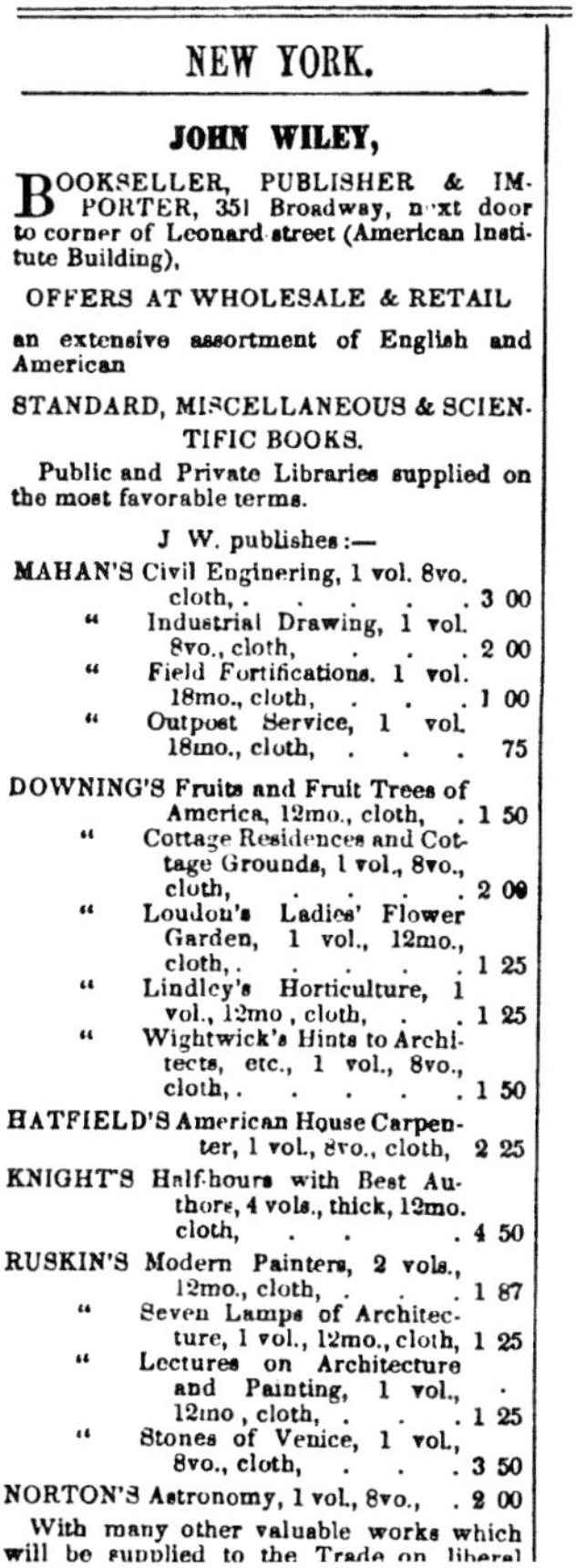

NEW YORK.

JOHN WILEY,

BOOKSELLER, PUBLISHER & IMPORTER, 351 Broadway, next door to corner of Leonard street (American Institute Building),

OFFERS AT WHOLESALE & RETAIL

an extensive assortment of English and American

STANDARD, MISCELLANEOUS & SCIENTIFIC BOOKS.

Public and Private Libraries supplied on the most favorable terms.

J. W. publishes:—

MAHAN'S Civil Enginering, 1 vol. 8vo. cloth, ... 3 00
" Industrial Drawing, 1 vol. 8vo., cloth, . . . 2 00
" Field Fortifications. 1 vol. 18mo., cloth, . . . 1 00
" Outpost Service, 1 vol. 18mo., cloth, . . . 75

DOWNING'S Fruits and Fruit Trees of America, 12mo., cloth, . 1 50
" Cottage Residences and Cottage Grounds, 1 vol., 8vo., cloth, ... 2 00
" Loudon's Ladies' Flower Garden, 1 vol., 12mo., cloth, ... 1 25
" Lindley's Horticulture, 1 vol., 12mo, cloth, . . 1 25
" Wightwick's Hints to Architects, etc., 1 vol., 8vo., cloth, ... 1 50

HATFIELD'S American House Carpenter, 1 vol., 8vo., cloth, 2 25

KNIGHT'S Half-hours with Best Authors, 4 vols., thick, 12mo. cloth, . . . 4 50

RUSKIN'S Modern Painters, 2 vols., 12mo., cloth, . . . 1 87
" Seven Lamps of Architecture, 1 vol., 12mo., cloth, 1 25
" Lectures on Architecture and Painting, 1 vol., 12mo, cloth, . . . 1 25
" Stones of Venice, 1 vol., 8vo., cloth, . . . 3 50

NORTON'S Astronomy, 1 vol., 8vo., . 2 00

With many other valuable works which will be supplied to the Trade on liberal

図1-12　1853年の書籍広告
ダウニングとラスキンの書目が並ぶ．正規版大判8折判のラスキン本が海賊版では小型の12折判であることにも注目．

ントリーハウス建築』をたたえた。つまり、『建築の七燈』とは異なり、ダウニングの著作のほうには「いくつかの建物に関する費用の見積もりが与えられており、住宅建設にかかわる経済と趣味を学ぶ者に不可欠な情報が初心者にもわかる言葉で伝えられ、専門用語もできる限り少なくなっている」。そしてこの書評者は、「建築の本義」に代表されるダウニングの美論については全く触れることがなかった。

もっとも、他方の『ホーム・ジャーナル』（現在も続くニューヨークの総合誌『タウン・アンド・カントリー』の前身）による『カントリーハウス建築』評[30]は、ダウニングの著作を「厳密に科学的ではない」点、「ダウニング氏のすべての著作と同様、飾り気のない良識と偉大な情熱の素晴らしいコンビネーション、そして、自然、芸術、科学における美なるものを徹底的に理解している」点で評価している。そうして書評者は続ける。「エマーソンの超越論哲学を掛け算表にするのもいい。ラスキン氏の本を読まずに目の前にある単純で実務的なことをするのもいい。彼の芸術の美しい創造に関する、数学者からの彫刻家への問い——それらは何を示そうとしているのか？——は、『建築の七燈』に関してよく訊かれそうなことである。そこには『燃えたつ』ようなタイトルこそないものの、ダウニング氏の論はきっとその話題に光を投げかけられるだろう。この世代の新たに開けた目になら、その光にも耐えられる」。

この、一八五〇年頃の書評群にみられる両著の比較が示していること、——それは、当時のアメリカの建築批評が、自国独自の美学哲学の樹立と、実務的な科学知識の獲得に対する両要求のあいだで分裂を起こしていたという事情である。しかし当時は、建築の美的・精神的意義を説いた『ホーム・ジャーナル』の批評でさえ、「ラスキンの『建築の七燈』は天才による輝かしい業績だが、その真価が十分に理解されるには、著者はひと世代以上待たなければならない」と語り、実務知識を欠く、抽象的な美論がアメリカの地に定着することの難しさを示唆していた。先に連ねた初期の『建築の七燈』書評群もまた、一面においては、実践に資するものとしての「知的建築設計」の推進者たちであったといえる。

しかし、アメリカの建築批評における実践重視の傾向は、『ホーム・ジャーナル』が予期したひと世代を経て転覆する。ダウニングが志向した道は理論と実践の中道だったが、それでも彼の著作は、その直下の世代からみても実務的な知識に偏っていた。「建築の本義」が掲載された『カントリーハウス建築』でさえ、その内容の八割は建設の実践的知識だったのである。ダウニング門下のクランス・クックは一八六〇年代末になって、それをこそダウニングの弱みとして痛烈に批判するようになる（「コーナーストーン」[31]、一八六八）。クックによれば、「ダウニング氏は公衆を教化したが、建築家は誰ひとりとして影響を受けなかった」。ダウニングの著作はその即座の実践性によって「これだけすぐに時代遅れに」なり、「いまの若い建築家には尊ばれない」ものとなった。

ダウニングは一八五二年、ハドソン川で水難事故に遭い三七歳の若さで没する。これによって彼の美論の展開は頓挫し、遺作はやがて顧みられなくなった。クックが語る通り、生前に版を重ねたダウニングの著作は一八六〇年代に入ると重版されなくなる。

3 ホレーシオ・グリーノウがいた〔一八四三—一八六五〕

あるアメリカ人建築評論家の文筆とその認知

図 1-13　H. グリーノウ（1852 年）

ダウニングと同年に病没した人物に、ホレーシオ・グリーノウ（一八〇五—一八五二、図1-13）という彫刻家がいる。彼は今日、近代機能主義建築理論の始祖として知られる人物の一人である。

グリーノウはアメリカ最初期の彫刻家として一九世紀半ばまでに名声すでに高く、同世代のトーマス・クロフォードやハイラム・パワーズとともに国内外で評価をえていた。そのかたわら、文筆家として「アメリカ芸術論」(一八四三)、「鑿《のみ》のエッチング」(一八四六)や少部数発行のパンフレット『ワシントンの美学』(一八五一)、また一八五二年の没する直前には「ホラス・ベンダー」の筆名で『あるアメリカ人石工の旅と観察と経験』を出版している。[32] また彼は、建築批評として生前に「アメリカ建築」[33](一八四三)を発表した、建築批評家としての一面も持ちあわせていた。

ただし、こと生前のグリーノウには、建築理論家としての認知はほぼなかったと言ってよい。それには、生前発表の評論が少なかったことも一因だろう。また、ペンネームを用いた『旅と観察と経験』の場合は入念な推敲を経ない私家版であり、エマーソンおよび美術批評家ヘンリー・テオドール・タッカーマン(一八一三—一八七一)ら、ごく少数の知人の閲覧に供されたのみだった。[34]

没後に出版された『ホレーシオ・グリーノウ追悼録』[35]は、この友人タッカーマンによって編集された論集である。ここには、『旅と観察と経験』に収録された論考に未発表原稿を加えた、グリーノウ自身による一三編の芸術論・建築論のほか、タッカーマン自身を含めた知人の追悼文が掲載された。そのなかには、一世紀ののちに『フォーム・アンド・ファンクション』(グリーノウ論集、一九四七)に収録されることとなる「構造と編成」、「相対美と独立美」、「美の探求」[36]など、現代の目からみて機能主義的建築観が明白な論考、二〇世紀半ばの論客から「進歩的な同時代人のことばのようだ」[37]と評されることとなる論考も収録されている。なかでも「美の探究」中に語られる、「美は機能の裏づけである。動作は機能の示現である。個性は機能の記録である」という文言は機能主義建築思想のマニフェストとして有名である。

しかし『追悼録』という書題が表している通り、この書籍の出版目的はそもそもグリーノウの芸術理論・建築理論の紹介ではなかった。そうして実際、一八五〇年代当時にこれを理論書として読んだ読者はほとんどいなかったものとみてよい。[38] 収録された追悼文のなかにも理論家としてのグリーノウの先駆性に言及したものはなく、書評にもグリーノウの論の内容に踏み込んだものはなかった。

スティルマンの『クレヨン』にも、グリーノウの雑誌記事や弟のリチャード・グリーノウ寄贈による未発表原稿が断続的に掲載されている。しかし「アメリカ建築」や「アメリカ芸術論」などの再掲を含め、これらはグリーノウの理論細目の紹介であるより、没後の追悼、あるいは、発展途上にあると考えられていたアメリカ芸術の促進と鼓舞に主眼があったと考えられる。[39] ちなみに、『クレヨン』のこうした記事のなかには『追悼録』からの引用記事は皆無である。当時の感覚からすれば、やはり追悼録は追悼録でしかなかった。

こうした傍証によれば、たしかに建築理論家としてのグリーノウの認知度は生前も没後もさほどではなかった。しかしかといって、彼の芸術論に興味や理解を示す読者が皆無だったわけではない。たとえば一八五三年、当時ニューヨークで創刊されたばかりの総合誌『パトナムズ・マンスリー』は、「彼〔グリーノウ〕は人間のすべての作品が自然のように『美』と『用』の結婚で生まれる子どもであれと願った[40]」と語っており、一八五五年の『サーキュラー』誌はさらに、「自然のなかの美はすべて何らかの有用な機能に従属している、それが芸術家グリーノウの教義である[41]」と要約している。

また、スティルマンが自誌『クレヨン』に寄稿した「美の本質と効用[42]」（一八五六）には、グリーノウの理論に対する間接的な参照関係も示唆される。もともとスティルマンとグリーノウには間接的な人脈があるが、これはスティルマンの旧友である彫刻家、ヘンリー・カーク・ブラウン〔一八一四―一八八六〕を仲立ちとした。ブラウンとグリーノウは、ユニオン・スクエアのジョージ・ワシントン像で協働する計画を立てていた同業者仲間だった[43]。

ただしスティルマンの記事は、グリーノウを思わせる美術理論への反論を主目的としていた。というのもスティルマンによれば、「もし機能の裏付けが美の根源なのであれば、機能を表示するものはすべて均しく美しいことになる」からである。「『美』を感覚して生まれる感動と『機能』の知覚は根本的に異なる」のだ。そうしてスティルマンは、この「美」と「機能」を同時に満たす創作物の見本を、神の設計による宇宙に求めた。「人間の造形は完璧な使用適合性と知りうる限り最高の美の顕現を同時に備えているが、それは、その二つの質が一つであるということではない」。それは、「神の設計《ディヴァイン・デザイン》が統一的なものであり、その作用を司る法則のさまざまな必然から、それらが同時に完全なものになる」ためなのである。

この「神の設計」が人間の工作物に応用されたのが、たとえばクリッパー船である。スティルマンによれば、「わが国の造船に新しく登場した『ホローライン』方式〔船体設計における凹状断面の採用〕は人間がかつて考案したなかでも最も美しいが、それは彼らが最速の船を造ったからではなく、創造の理法において、最速の線と最大の美の線が一致するためなのである」。

友人エマーソンの宣布

しかし本書の物語にとって決定的に重要なのは、グリーノウと一八三〇年代来の友人であるエマーソン（図1-14）の動向および、それと連動したグリーノウ没後の受容である。

エマーソンは『モダン・ペインターズ』に始まり一八四〇年代末からラスキンの熱心な読者だった。[44] 彼には著作物のなかでラスキンに言及することこそ多くなかったが、その読書遍歴は日誌のなかに書き留められている。また、一八五八年に講演した「カントリー・ライフ」のなかでは、「ヴィンケルマン、ゲーテ、ベル、グリーノウ、ラスキン、ガーベット、ペンローズが明らかにした事実は喜ばしい財産であり、かけがえがないものであり、博物学が明らかにしたものと並び称されるべきである」[45]と語り、自身の知的インスピレーション源としてのラスキンの重要性を世に伝えた。

その後エマーソンは、六〇年代から七〇年代前半にかけてラスキンの既刊本を熱心に再読した。公刊物によるラスキンへの言及は「不死性」[46]（一八七六）を最後としたが、それが初めて講演された一八六一年以降、エマーソンのラスキンに対する関心はさらに強まっていく。この時期エマーソンにとって、「ラスキンは驚き」[47]だった。

そうしてエマーソンは一八七三年にロンドンに赴き、ラスキンとの初対面をはたす。しかしそのさい、エマーソンのほうでは「なぜこのような天才がこれほどまでの黒い魔にとりつかれているのかわからない」[48]と漏らし、ラスキンのほうでは「彼〔エマーソン〕の頭は芸術に関することではまるで空っぽだ」[49]と不興を買った。以後この二人の直接の交流はなくなり、その仲は以来エリオット・ノートンが取り持つこととなる。[50]

そのエマーソンは一体、ラスキン、グリーノウおのおのの建築理論のなかに何をみたか。

エマーソンは芸術論に関してグリーノウが信頼をおく相談相手でもあり、『旅と観察と経験』の草稿に感想を求めてもいた。[51] それは一八五一年末のことだったが、エマーソンはここで、グリーノウの建築理論をラスキンの著作にたとえて、その計画中の書籍をこのようにたたえた。

> 私は『建築の七燈』と『〔ヴェネツィアの〕石』を読んでいたが、それらがあれだけのエネルギーを注いで呼びかけたものを、君はすでに説き続けていたのだ〔……〕ああ楽しい。君の理論の、ものすごい展開！　私はそれを忠実に見守ることにしよう。[52]

図 1-14　R. W. エマーソン（1856 年）

ここにラスキンの影が現れたこと、エマーソンによってラスキンとグリーノウの理論が同一視されたことこそが、アメリカ建築論壇におけるラスキン受容が、矛盾にみちた複雑な道を辿ることとなる発端である。この私的な書簡ののち、一八五六年に出版されたベストセラー『英国気質』[53]のなかで、エマーソンはグリー

図1-15 第3回コスモポリタン・アート・アソシエーション大会（於ノーマン・ホール，オハイオ州サンダスキー，1857年）
エマーソンが美学を講義した．グリーノウの建築理論は彼の伝えで広まり，ラスキンの理論と同一視されていく．

ノウの建築観を「建築のモラリティにまつわるラスキン氏の思想に先んじたものだった」と位置づけ、この二者の論を同一視した。このときグリーノウの建築観は、書簡の引用で示されている。その全文を引用しよう。

> 機能と敷地に合わせて、空間と造形を科学的に配置する。造作は、それが機能のなかで有する段階的な重要度に合わせて強調する。色彩と装飾は、厳密に有機的な規則によって、各決定に明確な理由を持たせて決め、配置し、変化させる。間に合わせや見せかけはすべて、即座に完全に追放する。

エマーソンが語る、ラスキンがグリーノウの後塵を拝したとされる「モラリティ」とは、この引用を通じて理解すれば、今日訳される「道徳性」ではなく、高度に理知的な「精神性」であると捉えられる。また翌年の第三回コスモポリタン・アート・アソシエーション大会講演でも、エマーソンは、この二人の建築理論家がともに構造合理主義者であることを明言している（図1-15）。──「自然の隅々にわたって、美は構造の優位を示唆している。美は単なる装飾のためには用いられないのである。〔……〕真なるもののみが美しい。ケスラー、ラスキン、グリーノウなどの文筆家の教えは皆、それを強調する点で一致している」(54)。

建築理論家グリーノウの忘却

エマーソンによるラスキンとグリーノウの建築理論に対する解釈はこのようなものだった。

当時のアメリカにおいてエマーソンの文名は高く、以後の読者は主に彼の『英国気質』を通じて間接的にグリーノウの建築理論に接することとなる。このことは、その書籍の刊行以降、グリーノウに関する言及が文字通りすべてこの書籍を通じて行われていることからわかる。それはグリーノウの建築理論を知るための独占的な参照源となったのである。生前のグリーノウ自身はラスキンのことを明確に「嫌い」であり、超越論者のラスキン受容とも距離をおいていた[55]。それにもかかわらず、ラスキンのアメリカ論壇デビュー以後およそ一五年のあいだ、ラスキンの建築論は、エマーソン本人によってエマーソン＝グリーノウの潮流に位置づくものと宣伝され、そのように理解されていたのである。

『英国気質』に現れたグリーノウの建築論への参照はたとえば、一八五〇年代末に建築家のジョゼフ・コールマン・ハートが行った講演のなかにみつけることができる。ここでハートは、『英国気質』でエマーソンが理解し広めたグリーノウの建築理論を、「言葉数が多く、難解《トランセンデンタル》でおそらく曖昧だが、先立ついかなる定義よりもわれわれの時代に建築が意味するものに近い」ものとした[56]。

このハートの言明にも示されている通り、当時のアメリカの建築論壇には、グリーノウの建築理論を理解し、それに共感を示す土壌があった。それにもかかわらずグリーノウの名が後代の建築界に伝わらなかった主要因は、エマーソンがグリーノウの建築理論をラスキンのそれと同一のものとして紹介したためである。エマーソンによる言及は、当時さほど認知されていなかったグリーノウの建築理論が注目される契機とはなった。しかしそれはむしろ、アメリカの建築論壇のなかに、ラスキンのプレゼンスを増大させるように働くこととなった。『英国気質』の出版は、グリーノウ個人の理論に対するさらなる研究や理解の深化を促す契機とはなりえず、かえってその機会を失う原因となったのである。

図 1-16　ニューヨークのクリスタル・パレス（G. カーステンセン & K. ギルデマイスター，NYC，1853 年）
ニューヨーク万国工業博覧会の会場として，現在のブライアント・パークの位置に建設された大規模建築．1858 年に火災に見舞われその短い生涯を閉じる．

かくして、南北戦争以降にエマーソンの著作自体が読まれなくなるにつれ、グリーノウの理論に対する建築論壇の関心も並行して薄れていき、一八六五年の『ニュー・パス』に『英国気質』の引用記事が掲載されたのちには、グリーノウの建築理論が再び参照されることはなくなる。[57] 一八八七年の『グリーノウ書簡集』の出版にあたっては建築専門誌にも批評記事が掲載されたが、ここにも建築理論家としてのグリーノウへの言及はない。[58] また一九世紀末には、この一八五〇、六〇年代の建築論壇をリアルタイムに経験したラッセル・スタージスさえ、グリーノウの文筆家・理論家としての側面を等閑視した。[59]

それでは、この忘れられた建築理論家グリーノウのことを、なぜ現代のわれわれは近代機能主義建築理論の始祖として知っているのか。その顚末は本書の終章で解き明かされる。

4　超越的工業　［一八五三―一八五四］

ニューヨークのクリスタル・パレス――工業崇拝の殿堂

『建築の七燈』の批評記事にすでに見たように、当時工業発展のさなかにあったアメリカには、最新工業技術による実践を、超越論的美観をもとに賛美するための心性がすでに準備されていた。かくして、エマーソン、ダウニングらが志向した自然の再創造の問題は、一八五三年のニューヨーク万国工業博覧会および、その会場であるクリスタル・パレスの開場を機に、アメリカ独自の工業建築信仰のマニフェストへと発展する（図1-16）。

その事業は当初から巷間の興味を引いており、専門誌として『イラストレイテッド・レコード』が公刊されたほか、『サイエンティフィック・アメリカン』はその建設の進捗をつぶさに伝えた。その開場は一八五三年七月一五日のことであり、[60] その直後からさまざまな批評記事が現れることとなる。

この会場のデザイン決定にあたっては、ロンドンのクリスタル・パレスを設計したジョセフ・パクストン（一八〇三―一八六五）のほか、ジェイムズ・ボガーダスや没する直前のダウニングらも参加した。ボガーダスはデュアンストリートの工場（一八四九、図1-17）およびサンアイアン・ビルディング（一八五一）ですでに鋳鉄建築を実践していたアメリカ人発明家・建築家であり、このコンペティションにあたっては、三〇〇フィートの鉄塔を中心とした巨大スタジアム案を提出した。一方ダウニングは木造の大ドームを戴く円形平面の案を提出したが、費用の面で「建物は鋳鉄とガラスのみでなければならないという絶対的な条件」[61]があったために落選し、最終的なデザインはデンマーク人デベロッパーのゲオルク・カーステンセン（一八一二―一八五七）とドイツ人建築家カール・ギルデマイスター（一八二〇―一八六九）のものが選ばれた。パクストンは教会を模した一身廊二側廊の案を提出していたが、敷地との不整合の理由で落選した。

図1-17　デュアンストリートの工場（J. ボガーダス，NYC，1849年）
アメリカ初の総鋳鉄製ビル．細身の柱で開口を広くとる．

「ニューヨークのクリスタル・パレス」という通称にも明らかなように、このコンペティションはロンドンのクリスタル・パレスを強く意識したものである。応募条件に示される通り、それは当初から総鋳鉄・総ガラスというロンドンのモデルに則っており、採用された案がこの先例に酷似していたこともアメリカ国民は認識していた。当時、この建物に関する記事を掲載した媒体はほとんどがロンドンのクリスタル・パレスに言及しており、『パトナムズ・マンスリー』などは、「概観および、用いられた材料からすれば、この建物はハイドパークのクリスタル・パレスに似ている[62]」と言い切っている。

しかしそれでもなお、この「ニューヨークの」クリスタル・パレスは、アメリカの工業と美学の進歩を象徴する記念碑として、その独自性を評価すべきものだった。それは先例に似てはいたものの、「構法のディテールはプロトタイプからは非常に遠く、そのためこの建物は、極めて新しく、興味深いオブジェとなっている」(『パトナムズ・マンスリー』)のである。また、当選案はギリシャ十字をモチーフとしたプランニングであり、一辺は三六五フィート五インチ(約一一〇メートル)と、ロンドンのクリスタル・パレスに比較し小柄だった。しかし「なおそれは、『美的なもの』であり、これまでこの都市を訪れたことのない何千、何万という人々を引きよせる」(『サイエンティフィック・アメリカン』)[63]ことが期待された。その装飾にはヘンリー・グリーノウ(ホレーシオの弟)があたったが、国内の批評では、その「装飾計画の主要なアイデアは、建物の美しい構造を引き立たせること、装飾を構造するのではなく構造を装飾することだった」と理解され、「その結果は驚くほど美しい」と激賞された[64]。

そうして、ニューヨークの建築家や建築学生がこの巨大鋳鉄建築の建設を目の当たりにしたということは、彼らの思想形成に少なからぬ影響を与えた。たとえばその建設現場は、当時十代半ばのピーター・ワイトに鋳鉄建築に関する実見の知識を与えている。ワイトは当時「よく、リザボア公園の胸壁のところで、建設を眺めながら長い時間を過ごしていた。それで鋳鉄建築に関することが色々わかった[65]」。また、一八七一年大火直後のシカゴでワイトと組むことなるアッシャー・カーター（一八〇五―一八七七）（カーター、ドレイク&ワイト）は、それ以前にアウグストゥス・バウアー（一八二七―一八九四）と組んでいる。バウアーは、クリスタル・パレス建設当時のカーステンセン&ギルデマイスターのニューヨーク事務所に勤務していた建築家である。(66)

クリスタル・パレスと鋳鉄忌避論者ラスキン

そうして、このニューヨークのクリスタル・パレスの美的特質を論ずるためにラスキンの建築論が援用されたのは、すでに『建築の七燈』に親しんでいたアメリカの論壇の状況を鑑みれば自然なことだった。しかし次の『パトナムズ・マンスリー』によるクリスタル・パレス評にみられる通り、このときまでには、工業美学の賛美にさえ援用されてきたラスキンの建築論には、一抹の懐疑が兆していた。

すぐれた洞察力と知識をもつ作家のラスキン氏はつい最近、造園家のパクストンがハイドパークの真中に、融解した砂（ガラス）と鋳鉄でできた世界主義の工業の城を建てたおり、鉄が大々的に使われているもの、機械製で、直接人間が操作せずに作られたものは正しく建築と呼ぶことはできない、ということを明示した。それは「建築的」ではなかったのである。――何てことだ！　しかし世界全土は、その完全に左右対称のプロポーションを、その優美な輪郭を、その目覚しい効果を、その堂々とした佇まいを、そしてその、無二の適合性を崇め奉った。(67)

先にみたクラランス・クックの「ニューヨークの現代建築」（一八五五）による解釈では、「ラスキンの建築理論」の援用は鉄材使用の推進とも矛盾しなかった。しかしラスキンは『建築の七燈』出版時点ですでに鉄材の建材・支持材利用に否定的な論を展開しており（「真実の燈」第九―一〇節）、その後も『建築・絵画講義』（一八五四）のなかでは、

「鉄造建築物があたかも人間の頭脳に親しみのあるものとなるような話を聞いたことがない」[68]と語っていた。加えて、ロンドンのクリスタル・パレスの移設開場のさいには『クリスタル・パレス開場』[69]（一八五四）を発表し、「よりにもよって温室を巨大化させたそのときに、われわれは新様式を創出したなどと考えているのだ」、と世論を痛罵する。『建築の七燈』の鉄材反対論ははじめアメリカ国内の論壇では等閑視されていたが、自国にもまたクリスタル・パレスが建設される段になり、その論の存在は無視できないものとなっていった。右の『パトナムズ・マンスリー』は、そのような鉄材忌避論者としてのラスキン像にいち早く言及したものである。

H・W・ビロウズ師の造物主論

しかしクランス・クックの論と同じく、一八五〇年代半ばまでのアメリカの論壇では、ラスキンの自然観は逆に、クリスタル・パレスに代表される工業建築の擁護、賛美のために援用されることもありえた。さらに、当時アメリカが機械生産にかけていた誇りは、一つの宗教にさえなりえたのである。

この事実を端的に示しているのが、先に挙げた『マサチューセッツ・クオータリー・レビュー』による『建築の七燈』の書評（一八四九）である。「ラスキン氏の要件を見てみると、彼が芸術に求める感情とは『信仰心』にほかならない」。しかしこの書評者は、「彼〔ラスキン〕の要求が、われわれが宗教的であることであり、さらには、その信仰心を宗教建築のかたちで表現すべきであること」には異論があった。なぜなら、「われわれ〔アメリカ人〕にはそれを表現するよりよい方法がある」からだ。それは鉄道駅および工場である。そこで崇められる神とは、人工的自然、機械開発を司る人間自身にほかならない。

そうして、ラスキンを援用した工業賛美が極点を迎えるのが、この「ニューヨークのクリスタル・パレス」出現のタイミングである。ヘンリー・ウィットニー・ビロウズ師[70]〔一八一四―一八八二、図1-18〕による『クリスタル・パレスの精神的意義』[71]（一八五三）と、その応答記事である「芸術自然神学」[72]（一八五四）のあいだで行われた一連の議論のなかには、アメリカ工業の神格がさらに宗教的な含みをもって主張されている。これらはどちらも、エマーソンの超越論および、そこから派生した造物主としての人間賛美を思想の背景に持ちながら、博覧会における人間と神との関係に言及し、クリスタル・パレスの建築としての美的特質を称揚した。

ビロウズはハーヴァード神学校卒でニューヨークを拠点としたユニタリアン派の牧師であり、一八四〇年代初頭からエマーソンの超越論に親しみ、彼と直接の親交をもっていた。特にこの説教が行われた一八五〇年代初頭には、ビロウズは、「エマーソンはおそらくこの国で最初の思想家」[73]であるとまで考えていた。後年のビロウズこそ「この国のエマーソン＝超越論の派閥は、人間性――自己中心主義的なもの――のムーブメント、自己主張的で自己弁護的なムーブメント」[74]であったと語っているが、『クリスタル・パレスの精神的意義』で展開されるビロウズの説教は、エマーソンから吸収された超越論が、「その時代の子ども」[75]の解釈を通じて発されたものとして、人間の知への信頼と希望に満ちている。

この説教はニューヨーク万国工業博覧会の開始から間もなく行われたものである。ここでビロウズは、自然を創造した神をたたえ、その自然の創造に比肩する、人間の工学的天稟を賛美した。ビロウズによれば、「博覧会の光景が人間を神と一体化させるのは」、博覧会に展示されたさまざまな物品を通じて「ただ謙遜、驚異、感謝、賞賛の情を起こさせること」よりもむしろ、神の作物と人間の作物がそこに一堂に会することで、「神と人間、人間と神の相互関係が例示」されるからなのである。「自然は粘土であり、人間は道具である。神はその両方を造り給うた。そして神は、より完成された、われわれが『芸術』と呼ぶ自然の制作のなかで、それらを一体化させる」。ビロウズによれば、つまり「人間とは〔……〕神の仕事の協働者」なのだった。

図1-18　H. W. ビロウズ（1859年頃）

図1-19　ニューヨークのクリスタル・パレス骨格　総鋳鉄，総ガラスによる工業信仰の殿堂として崇められた．工業のちからによって自然を作りかえる，それは人間が神になりかわることにほかならない．

そうして、この造物主論のなかでビロウズが特に重要視していたのが、ニューヨークのクリスタル・パレスを構成していた、鉄とガラスという二つの工業製品である。「強度と透明度のために、鉱石と砂以上に人間の役に立たない素材があるだろうか。見た目でも質でも、それらは自らが基礎となって出来上がる製品とは似ても似つかない。〔……〕神は、人間の天分がそれらを発見し応用し、完璧な役に立つよう意図されたのだ」。人間は、神が創造した粗末な素材を、建築芸術に応用するために洗練させ、その堂宇として具現化したのである（図1-19）。

一八五〇年代のアメリカでは、工業の発展と自国の芸術文化の発展とが、造物主論的な感性のもと、「自然」を旗印に矛盾なく理解されることが可能だった。こうした論のなかでは、芸術家には「自然＝神」の観想とともに、制作を通じた自然の原理の完全化もまた求められた。工業とはその目的にいたる手段である。ビロウズは宗教者として人間を「神の協働者」とみたが、市井のクリスタル・パレス評には、人間にそうした協働者として以上の権能を認める論も現れている。先の『パトナムズ・マンスリー』の批評記事は、「その展覧会は人類に向けて語った、〔……〕人類はどれだけ自然の制圧を進めたのか見てごらんと」[76]（傍点筆者）と、自然に対する人間の優越を誇った。

ニューヨークのクリスタル・パレスの出現は当時、アメリカの批評界一般に、科学の宗教的意味を再考するきっかけを与えた。ビロウズの説教が文芸批評分野にまで波及し議論を呼んだのはそのためである。一八五四年の『ノース・アメリカン・レビュー』に掲載された「芸術自然神学」はビロウズの創造論に全面的な賛意を示した匿名記事だが、これは建築家（推定）の側からビロウズの論を敷衍したものと捉えることができる。ニューヨークの文芸誌『ニッカーボッカー』誌の理解に従えば、「芸術自然神学」の内容は一見、「テーマこそ似ているものの、その雄弁な作品〔『精神的意義』〕とはほとんど関係のない、それ自体で独立した論考」[77]である。しかしこの両論考は、超越論的世界観において通底し、自然に比肩する美は工業技術の発展の先に実現されるという展望を共有していた。

この「芸術自然神学」の筆者は、クリスタル・パレスを「工業の逞しい樹木の頂上に咲く高貴な花である。幾世紀を育ち、ついに雄大に咲き誇ったアロエの花である、世界が積み重ねた労働の山の頂を飾る、氷の王冠である」とたたえながら、無名の工業の産物を自然そのものにたとえる。すなわち、「ロンドンのクリスタル・パレスは、〔……〕砂粒のごとき多勢の人間が、憎悪という名の酸ではなく、愛と言う名の不変のアルカリを混ぜて溶けあった、化学の産物であるのかもしれない」のであり、「語弊を恐れずに言えば、すべての人工物は、状況に置かれたなかでは極めて自然だ。ある精神状態にとっては、すべての人間的なるものは必然と映るのである」。

ここで論者が「自然」に言及しているのは、ビロウズの論と同様に、人間の営為を神の創造と同列、あるいはその延長とみているためである。この論によれば、集合としての人間の創造行為は、それ自体、宇宙を創造している生命の原理と等しいものですらある。「作ること、創造すること、それはつまり、本能であるというより、むしろ生命そのもの」なのである。

そうして、この神の生命原理をもって自然に干渉することこそ人間の制作物が「神的なもの《ザ・ディヴァイン》」となりうる契機であり、その主張のために援用された人物こそがラスキンだった。論者によれば、「芸術における神的なるものの存在を多少なりとも漠然と認めている文章や言及は、さまざまな本のなかにある。しかしおそらく、それに最も直接的に言及しているのが〔……〕ラスキンの『モダン・ペインターズ』」なのである。そして論者は、「人間が神から与えられた智によって他のかたちに変えたもの」は「全能の神の作業」そのものでありながら、「彼〔神〕の手の痕跡をさらに増す」のだと続ける。

そして記事の末尾では、論者はその「神的な」芸術のための要件を、ラスキンの『モダン・ペインターズ』の節題から直接拝借した。すなわち、「美なる芸術が神的なものとなる」には、「自ら有する典型美の要素のなかで、ラスキンが述べたように、われわれに『無限性、すなわち神的不可解性のモデル、統一性すなわち〔神的〕可解性〔のモデル〕、静寂すなわち〔神的〕永続性〔のモデル〕、対称性すなわち〔神的〕公正性〔のモデル〕、純粋性すなわち〔神的〕活力〔のモデル〕、抑制すなわち〔神的〕法規〔のモデル〕を与え」なければならないのである。ニューヨークのクリスタル・パレスはそれらすべての象徴だった。

5 「ラスキニアン」という難問 〔一八四七—一八六一〕

L・アイドリッツとその時代

以上がアメリカのラスキン受容をとりまく、一八五〇年代半ばまでの状況である。

その直後の展開として重要なのは、一八五七年のニューヨークにアメリカ初の建築家協会である米国建築家協会（American Institute of Architects、AIA）が組織されたことと、『クレヨン』がその機関誌としての役割を担うようになったことである。これにより、アメリカの地に初めて「建築論壇」と呼びうる公的な言論空間が生まれることとなった。

そうして、この建築論壇に初めて起こった論争こそ、「ラスキンの建築理論」に関する解釈の分裂を示す「鋳鉄建築論争」（一八五八―五九）である。[78] それはレオポルド・アイドリッツ（一八二三―一九〇八）とヘンリー・ヴァン・ブラント（一八三二―一九〇九）という、約十歳はなれた二人の建築家のあいだで行われたものだが、この歳の差が意味するものは大きい。ここではアイドリッツとヴァン・ブラントそれぞれの略歴を辿ることで、本章のクライマックスである鋳鉄建築論争を理解するための便宜としたい。

プラハに生まれ、ウィーンに学んだ移民アイドリッツは、一八四〇年代すでにニューヨークやボストンに多くの仕事を得ていた建築家であり、アメリカにおける『モダン・ペインターズ』および『建築の七燈』のブームをニューヨークで経験した一人だった。彼はまた、セントラル・パーク（一八五七）の設計者である造園家フレデリック・ロー・オルムステッド（一八二二―一九〇三）とイギリス人建築家カルヴァート・ヴォークス（一八二四―一八九五）らも所属した、ニューヨークのエリートサークル「センチュリー協会」のメンバーでもあり、エマーソンに牽引された、ときの超越論的感性を彼らと共有した。なお、オルムステッドはダウニングの門弟であり、ヴォークスは『建築の七燈』の出版からほどなく、ダウニングが協働者としてロンドンから連れてきた人物である。

そうして一八五六年、アイドリッツの事務所には、のちにSATA（芸術的真実推進協会）の発起人の一人となるラッセル・スタージスが入所する。このスタージスと前出のピーター・ワイトは、一八五〇年代半ば、クラランス・クックが「ニューヨークの現代建築」でラスキンを称賛した時期にフリーアカデミーに学んだ友人同士である。[79] アイドリッツはこのような次世代との関係に関して、スティルマン、クックとならび、一八五〇年代アメリカのラスキン熱を次代に架け橋する象徴的な役割を果たした。アメリカ初のプロフェッショナルな建築批評家となり、同じくアメリカ初の本格的な建築批評誌『アーキテクチュラル・レコード』（一八九一―）などを通じて同国の建築論壇を主導することとなるモンゴメリー・スカイラー〔一八四三―一九一四〕もまた、一八六〇年代末以降にアイドリッツをメンターとし、彼から「建築家ならばとにかくラスキンを読まなければならない〔……〕それが自身の情熱を保つ助けになる」との教えを受けた。[80]

そのアイドリッツの建築観は、一八五八年の『クレヨン』に寄稿した「様式論」[81]に辿ることができる。それは、「芸術の母である自然は建築家が行う統御のための唯一の指導原理」であると定めた点で、のちに『芸術の本質と機能』[82]〔一八八一〕で展開される、有機的建築理論の萌芽だった。

「様式論」でアイドリッツが定義する「建築とは、理論上、その建設を引き起こした思想を構造の有機体のなかで象徴し表現する芸術〔技術〕である。しかし彼によれば、「すべての芸術のなかでも建築は唯一、特定の模範がないまま、自然の手本を模倣して構成された造形を見せなければならない」のであり、建築家にとっては、「自然を模倣することが唯一の答え」である。ここには超越論的な造物主信仰が横たわっている。自然界に存在する「美は聖なるもの」なのであり、そのゆえにこそ模倣されるべきだった。

なお、アイドリッツの「様式論」はこのような、生物にみられる合理的な配置解決を建築に応用すべきであると主張している点で、数年前の『クレヨン』に掲載された、グリーノウの「アメリカ建築」と極めて似かよっていた。「真の建築家はいつの時代も、目的に合わせて、かつ最大限の美をもたせた建物を構築しようと努めてきた。――その建物の構造の本質を表現すべき美を」――そう語ったアイドリッツが人工の美の模範としたのもまた船舶である。

そうして、この建築観を擁するアイドリッツの建築史観によれば、「ギリシャ建築とゴシック建築の展開には繫がりがあり、その結節点となるのがロマネスク建築」なのであり、その結節点、ロマネスク的建築表現こそが自身の建築的理想であるとされた。この嗜好は、ギリシャ建築に象徴される主知主義と、ゴシック建築に象徴される自然信仰を調停するために選択されたものである。

そうして、アイドリッツによる「ラスキンの建築理論」の解釈には、自身のこの理想が色濃く反映されることとなる。というのもアイドリッツはこの「様式論」のなかで、ラスキンの『建築の七燈』に言及されたピサ大聖堂やサン・ミケーレ・イン・フォロ教会などを仄めかしながら、「他のどの建築表現よりもイタリアン・ロマネスクを賛美した」人物としてラスキンを描くのである（図1-20）。「しかしその一方、情熱的で寛大な彼〔ラスキン〕は、無視もできずに仕方なく北方ゴシックにも敬意を表した」のだった。

今日では「ゴシック賛美の書」として知られる『建築の七燈』への解釈として、アイドリッツのこの言及は奇妙なものに聞こえるかもしれない。しかしこれは、アイドリッツによる意図的な歪曲であるよりむしろ、この一八五〇年代当時には一般的に、ラスキンの建築論は必ずしもそのようには捉えられていなかったという事情によるものである。

図1-20 サン・ミケーレ・イン・フォロ教会（ルッカ，12-14世紀，『建築の七燈』図版VIより）
イタリアのロマネスク教会．石材の自然色を半円アーチや象嵌装飾に活かした例．アメリカでは，ラスキンは1850年代末までゴシック主義者とはみなされなかった．

そもそも、『建築の七燈』内で言及され、図示された作例の様式にはばらつきがある。そのため初期のアメリカの建築論壇には、自らの様式理解と照らし合わせ、『建築の七燈』の建築理念を自由に解釈する余地があった。

これに関して、当時のアメリカ建築界で『建築の七燈』がどう読まれていたかにはさらなる傍証がある。というのも、一八四九年のアメリカ版『建築の七燈』が本国イギリスとほぼ同時発売であったのに対し、ヴェネツィアン・ゴシックの衰亡史である『ヴェネツィアの石』[83]（英一八五一―五三）の紹介はかなり遅れているのである。『ヴェネツィアの石』のアメリカ版は第一巻こそイギリスと同年に発売されただけで、三巻揃が発売されるのは『二つの道』アメリカ版の発売（一八五九、イギリスと同年）と近接した一八六〇年のことである。[84]そうして、アメリカの読者のなかでゴシック論者としてのラスキンのイメージが固定化されるのも、ワイトやスタージス、つまりアイドリッツよりひと回り以上年下の世代が建築家として立ち始める、この一八六〇年前後だという重なりがある。『建築の七燈』はそれまで、ゴシック建築論であるよりも、建築の大原理を唱導する理論書として読まれていた。

彷徨者ヴァン・ブラント――ゴシックとクラシックのあわい

一方のヴァン・ブラントはニューヨーク育ちだが、教育はボストンのハーヴァード大学である。そののち彼は、大学卒業とともにボストンのジョージ・スネル（一八二〇―一八九三）の建築事務所に勤務し、およそ三年後にニューヨークに戻りリチャード・モリス・ハント（一八二七―一八九五、図1-21）の建築事務所に入所した。ハントは当時、ロシター邸（一八五五―五七）等で建築家としてのキャリアを始めていた頃である。ハント事務所でのヴァン・ブラントの同期には、チャールズ・デクスター・ガンブリル（一八三二―一八八〇）および、ニューヨーク大学（図1-22）を工学の学位で卒業した直後のジョージ・ブラウン・ポスト（一八三七―一九一三）がいた。このガンブリルとポストはのちにヘンリー・ホブソン・リチャードソン（一八三八―一八八六）と組むこととなる建築家だが、当時のリチャードソンはハーヴァード大学生としてボストンにいた。その翌年、ハント事務所はヴァン・ブラントののちのパートナーとなるウィリアム・ロバート・ウェア（一八三二―一九一五）および、フランク・ファーネス（一八三九―一九一二）

らの入所をみており、南北戦争直前の「満ち足りた、驚きと喜びにあふれた時代[85]」としてにわかに活気づいていた。

なお、こうしてヴァン・ブラントの師となったハントは、パリの美術学校エコール・デ・ボザール卒業生として初めて成功を収めたアメリカ人建築家であり、アメリカ建築界の「フランス派」クラシシズムの始祖とみなされた人物である。

しかしそのような世評とは裏腹に、ハント自身がこのキャリアの初期を過ごした知的環境もまた、ラスキン・ブームのさなかにあったニューヨークであったことを鑑みなければならない。

ヴァン・ブラント入所時期のハントは、それまでニューヨーク大学に間借りしていたアトリエ兼住居から、十番街のスタジオ（図1-23）へと活動拠点を移している最中だった。この建物はハントの設計により一八五七年に竣工したものであり、作業場と展示場を含む、芸術家のための居住場所兼サロンとして、当時のアメリカにはないビルディングタイプを示した[86]。ヴァン・ブラントを含むハント・アトリエの一期生はここに間借りすることとなったが、ここには一八六〇年までに、『ホレーシオ・グリーノウ追悼録』の編者として紹介したタッカーマンや、ワーシントン・ウィットリッジ（一八二〇―一九一〇）やウィリアム・ハート（一八二三―一八九四）らハドソンリバー派の画家たちも数多く入居したほか、当時二〇代の画家ジョン・ラファージ（一八三五―一九一〇）や、さらに若年のハーバート・ムーアも入居した。あるいは、『クレヨン』の編集から遠ざかっていた時期のスティルマンもここに居を構えていた[87]。ウィットリッジの証言の通り、ここに挙げた人物は皆、「当時出たばかりだったが画家は誰でも持っていた[88]」、アメリカ版『モダン・ペインターズ』の初期受容者たちである。

図 1-21 R. M. ハント（1849 年）

しかしヴァン・ブラントはエリオット・ノートン、スティルマン、クックより五歳年下であり、それまでのアメリカに起こっていたラスキン受容の形成場面を直接目の当たりにしてはいなかった。その世代のラスキンの読みかたと、ヴァン・ブラントの読みかたには無視できない差ができていた。

エリオット・ノートンらの世代がエマーソンの超越論を前提知識に有し、その世界観をもとにラスキンの美論を解釈していたことはすでに示した。しかし、こうして一八四〇年代に形づくられた一つの芸術観・建築観は、ヴァン・ブラントの世代にはすでに、この二人の名とはそれほど強い連想関係を持たなくなっていた。過去のラスキン受容では、ラスキンの名はアメリカの工業建築の可能性を論じる上での参照点ともなっていた。その一方で、ニューヨークのクリスタル・パレスが出現した直後から徐々に、その名は鉄構造に対する反対論と同義になり始めた。

また、ヴァン・ブラントとアイドリッツを隔てる十年の年齢差によって、前者にはすでに、「ラスキンのドグマ」

図 1-22 ニューヨーク大学（A. J. デイヴィス，NYC，1833 年）

中央に尖頭アーチの大窓をもつゴシック・リバイバル初期の作例．

図 1-23 十番街のスタジオ（W. M. ハント，NYC，1857 年）

気鋭の芸術家・批評家が集ったサロン（1938 年撮影）．パリのボザール卒業生による新たなビルディングタイプ．

(ラスキンの著作に書かれていることにせよ、他人によるラスキンの論の援用にせよ)に強いて固執する必要はなくなっていた。それには、ヴァン・ブラントがハーヴァード大学を卒業して間もなくハントがスタジオを設けたことも一因として働いた。ヴァン・ブラントによるハントの追悼記事[89](一八九五)にも述べられている通り、これによってヴァン・ブラントには、「ピュージンの宗教的熱意と、ラスキンの華々しいレトリックや詩的表現で持ちこたえていた」中世主義の時代、「情緒は激しくかきたてられたが、規律はおし黙っていた」、その当時のアメリカの建築論壇の状況を俯瞰して見る余地が与えられた。

ただし、当時ラスキンがどのような文脈で理解され、語られ、どのように賛美され忌避されていたかにかかわらず、一八五〇年代当時のアメリカの美術論壇でラスキンの名が非常な権勢を揮っていたことは事実である。多読家であった若年のヴァン・ブラントも、むろん『モダン・ペインターズ』は読んでいた[90]。その時代をニューヨーク市民として、建築家として経験した一人として、ヴァン・ブラントもまた生涯ラスキンの名を意識せざるを得なくなる。

なお、右の引用にもみられる通り、鋳鉄建築論争が起こった一八五〇年代末とは、アメリカの建築論壇のなかにゴシック派とクラシック派の分裂が顕在化し始める時期である。その、「ゴシック党とクラシック党のあいだで広く行われていた論争のために、あっちへ行ったりこっちへ行ったり、ふらふらしていた[91]」時代のさなかに、ヴァン・ブラントもまたそのような彷徨者の一人だった。一八六〇年およびその翌年に発表された「尖塔について[92]」と「ギリシャの線[93]」は、彼のなかに混在するゴシック賛美[94]とグレコ=ローマン賛美をそれぞれ象徴していた。

鋳鉄建築論争のねじれ

先に語った通り、ラスキンがアメリカの地でゴシック主義者とみなされるようになるその時期こそ、鋳鉄建築論争直後の一八六〇年代のことである。そのようにみたとき、ヴァン・ブラントとアイドリッツがここでみせた不和は、明示的でないながらも、ゴシック派とクラシック派の、派閥分裂の発端に位置するものとみなせる。アイドリッツ自身は「様式論」のなかでクラシックとゴシックの中道としてのロマネスクを理想と定めたが、彼の門下のスタージスやスカイラーはそれぞれ、アメリカ建築界のゴシック・リバイバルの推進者となるのである。

しかし物語の発端として、この鋳鉄建築論争について強調しておくべきなのは、ヴァン・ブラントとアイドリッツの主張の差異ではなく、その相同性である。

たしかにアメリカ建築界には歴史様式の選択が積年の問題としてあり、アメリカ人ボザール卒業生建築家のハントの出現以降、イギリス派とフランス派、ゴシック派とクラシック派の見かけ上の分裂が生まれ始めていたことは事実である。鋳鉄建築論争も、この面から見れば、ラスキン派のアイドリッツとハント派のヴァン・ブラントの党派抗争ととることもできる。実際、このときのアイドリッツの反論には、そのような派閥的な発言も含まれている。そして彼らの敵対関係は一八八〇年代へともつれ込み、アイドリッツの『芸術の本質と機能』のドグマティズムに対するヴァン・ブラントの強い非難を呼んだ(95)。

しかし一八五〇年代アメリカの建築論壇には、そうした分裂の背景に、エマーソン、ダウニングの文筆に培われ、また、当時の工業発展に後押しされた建築思想の底流が存在した。そうしてそれは、鉄造建築論を戦わせたアイドリッツとヴァン・ブラントふたりの建築思想の、共通の土台ともなっていたのである(96)。アイドリッツはヴァン・ブラントの「装飾建築における鋳鉄(97)」にみられる建設技術知識の誤りを集中的に論難した。しかし、そのヴァン・ブラントの論の背景にはアイドリッツが「様式論」で前提とした創造論との親和性があり、その理想とする建築も、アイドリッツと同様、科学技術の進歩に立脚すべきものだった。

ただしヴァン・ブラントの論は、神と人間との対立を主題とした点でアイドリッツとは異なっていた。「職人の技能は神の技能を隠そうとしたり、神の技能と相反させようとしたりはしない」と、人為と自然法則との調和をはかりながらも、ヴァン・ブラントは、神が自然のなかに有さない人間の技能を論じることで、建築のなかで表現されるべき、人間の知性の優位を示そうとしたのだった。

「鋳鉄の時代」と神の装飾

一八五八年末のＡＩＡ（米国建築家協会）大会で読まれたそのヴァン・ブラントの論文には「装飾建築における鋳鉄」の題がつけられていたが、これについては二つの補足が必要である。

まず、ヴァン・ブラントが定義する「装飾《デコレーション》」とは、「単なる表層的な装飾システム」でもなければ、「構造的表現を説明せず、むしろそれをすべて手際よく隠す」ものでもなく、「あの唯一の純粋な泉——構造的必然——から直接に発生する」ものだった。そこで彼が装飾として注目したのは、リベットやアンカーなどの、直接的な構造部材そのものである。また、この文脈で使われる「鋳鉄」の語は、鋳型された非構造材の鉄でもなければ、特定の合金のことだけを指すのですらなく、当時使われ始め、クリスタル・パレスに代表された、構造材としての鉄全般を意味している。ヴァン・ブラントに限らず、その当時新興の建築素材に関しては、こうした用語法の錯綜を前提として話を進めていかなければならない。

さて、そうして「装飾建築における鋳鉄」のヴァン・ブラントは、そのような鉄製工業部材の設置が機械的作業として反復的であることを人間の知の表現としてたたえ、神に対する人間の優越性であるとみなした。ヴァン・ブラントの主張によれば、神は無限の変化を表現するが、反面において、完全な同形反復をしない。「建築に反復を使うのは、それが『人為的な無限』を表現しうるということのほかにも、それが人間の作業と神の作業をもっとも区別する質である、という理由がある。神の作業は二度と繰り返されない。人間は、自然の造形の教育的な美を否定することなく、自身の創作活動において自然からより多くを得ればこそ、自らの知的自由と、自らの知性の創造的な能力をより大胆に行使するようになる。〔……〕反復は、創造において人間が自然と匹敵することの表現であり、それゆえ神的なものである。多様性は人間の多才と自然賛美の表現であり、それゆえに愛おしい。人間が自身の作業のなかでそれらを調和させることができれば、それはたしかに、人間による芸術の勝利なのである」。

そうして、その同形反復を、建築表現の上で可能ならしめるのが鉄だった。「彼らはばかにしてそれを『鋳鉄の時代』と呼んだ。だが、もし本当にそうだったら？　それならば、鋳鉄建築にそれ〔時代〕を表現せしめようじゃないか」。ヴァン・ブラントがそう言いえたのは、当時ニューヨークを中心とするアメリカ北東部に浸透していた、自国の工業にかける自負のためである。

> 鉄は安く、早く簡単に施工でき、すばやくどのようなかたちにもなる。現在の社会の状態のなかでは、鉄のこれらの性質は、ラスキンが断じるような、「すでに障害物の多い道の上に現れた、非常に多くの新たな障害物」ではない。この金属は、そのためにこそ大衆建築の財として特に貴重なのである。〔……〕この芸術〔建築〕は象徴的かつ記念的な言語である。それならばむしろ、その構成要素は、一般的になり手に入り易くなればなるほど、高度に真実かつ正しくなるのではないか。

この自負がヴァン・ブラントの個人の信条を超え、工業信仰として宗教的な意味を帯びながら広まっていたことは、一八五〇年代前半のニューヨークのクリスタル・パレス評に見た通りである。そのとき、ラスキンの論は「芸術における神的なるものの存在に最も直接的に言及している」（前出「芸術自然神学」）ものとして、その信仰の理論的基礎とされた。

しかしヴァン・ブラントは、その同じ信仰を、ラスキンに対する論難のなかで語る。「人間は同じ事を二度考えたりしたりすることは稀だということから、ラスキンは、『すべての高等な装飾は絶え間なく多様に変化し続ける装飾である。変化しないものを見たら、下等な装飾あるいは下等な流派の装飾だと考えてよい』と熱弁した」。しかし、「科学がすでに個人の労働を破壊し機械労働をその後続につけた」いま、「われわれが指名されその表現が求められている時代とは、個の時代ではなく集合体の時代」なのである。ヴァン・ブラントは、ラスキンが語る、個人が思考することの重要性を認めながらも、それら同士の協働・集積としての、科学的知の表現が現代には求められると言うのである。

そうしてヴァン・ブラントは、その現代の精神の特質を、次のように結論づけた。「古代ギリシャ人の精神は知性の精神であり、古代ローマ人の精神は見栄の精神であり、中世人の精神は奉献と手仕事の精神である。それならば、われわれの精神は何と言っても機械の精神でなければならない」。その機械の精神とは、知性の精神を超え、奉献の精神を超えるものとして、人間が神になりかわり、自然を再創造する精神にほかならない。

この主題は、一八六一年にヴァン・ブラントが匿名で発表した「ギリシャの線」のなかで、さらなるギリシャ建築賛美のかたちをとって詳述される。ヴァン・ブラントにとってギリシャ建築とは、人間が人間であることを自覚する限りにおいて、理性と感性が和解した最も高度な表現である。そうして、その謙虚な態度のなかで、「『小さく、名もなく、思いだされることもない優しさと愛の行い』は、われわれのなかにある神的な精神の反映」となる。そこには神によって造られた美への崇敬・恋慕があり、「この贈りもの〔美〕は、心よりの信仰心をもって、神の手から、有限な知性によって受け取られる。その信仰心が表現されているのが芸術である」。しかし、このような過程を経て実現した芸術とは、神に対する崇拝物ではなく、むしろ人間理性の崇拝物となる。

彼〔古代ギリシャ人〕の芸術の美しさは考え抜かれた美しさ——思考と学習の美しさである。彼の線は創造である。

それは本能や模倣ではない。それは愛の深みより来たる。美に対する感受性と、美を愛で創造する力を育み洗練させるのが彼の宗教である。かくして彼の芸術作品は神のごとき人間に対する崇拝行為でありその表現となる。

「ギリシャの線」に語られる通り、ヴァン・ブラントにとって、「自身の神々とともに滅びた古代国家のなかでもわれわれの共感に最も近く訴えかけるのがギリシャである」のは、彼らが知性によって被造世界を把握し、その把握内容を抽象的な線によって創造的に表現しえたことによる。「抽象的な線とは、人間思考の凝集のヒエログリフ的象徴であり、偉大なる人間的『宇宙《コスモス》』の芸術的顕現」なのである。その表現媒体として最善・最高なのは建築だったが、それは「建築が諸芸のなかでも最も人間的なものであり、その線がどのような線よりも最も人間的である」ためによる。むろん、このときヴァン・ブラントが「人間」の語で示したものとは、半神としての人間像である。

ラスキニアンがみた鋳鉄の夢

一方、「装飾建築における鋳鉄」から二週間後にヴァン・ブラントへの反対声明「鋳鉄と建築」を読み上げたアイドリッツの主張には、「様式論」で展開された抽象的議論はみられない。その立場からいえば、彼はＡＩＡ設立に関与した建築家として、ハントやヘンリー・ウィリアム・クリーヴランド（一八二七—一九一九）、ジェイコブ・リー・モールド（一八二五—一八八六）らの年長であり、当時のアメリカ建築界では中堅の位置を占めていた人物である。しかし、当時二〇代半ばのヴァン・ブラントに対するアイドリッツの反論には、「ラスキンの華々しいレトリックや詩的表現によって情緒が激しくかきたてられた」（前出ヴァン・ブラントの回想）うちの一人による、ラスキン擁護のための感情論の側面が強かった。そこには、この議場をとりまきラスキニアンか否かの立場表明を強制する、ほとんど脅迫的なニュアンスさえ含まれていた。

最も大胆で、最もひたむきで、最も熱心な芸術唱道者ラスキン。彼はその個性のすべてを注いで、社会に大きな恵みを授けた。彼の経歴はきっと未来の世代にもたたえられることだろう。しかし、大思想家で芸術を愛する彼も、残念ながら機械工ではない。もし彼が機械工であったなら、建物の外部に鋳鉄を用いてはいけない第一の理由に、実践に適さないという自明の点を挙げていただろう。彼はこの問いを純粋に芸術的な観点からのみ扱ったが、私は常に、彼はすでに確固たる立場を築いたと信じていた。だが、注意ぶかく能力もある、彼の作品の一人の読者〔ヴァン・ブラント〕はまだ納得していないように見受けられる。

ところがアイドリッツの主張の細目を見てみると、鉄を構造体〔壁体〕に使うべきではない、という点に関する彼の積極的反論は、低予算で使うと中実にできない、熱伝導率が高い、耐火性に劣る、といった点であり、鉄構造には技術的改善が見込まれるという、列席の建築家からの反論は当然のことだった。またアイドリッツがあえて石や煉瓦の積石造を推すべき理由に関しても、豊富に存在し物性が安定しているということ以外、その論には決定打がない。アイドリッツの論がさらに奇妙であったのは、一見ラスキンの論の擁護により鉄構造に反対の姿勢をみせる彼自身もまた、実は鉄構造の現状と可能性について、論内において極めて高く評価しているという点である。これによって、アイドリッツの鉄構造に対する賛否はむしろ肯定に傾いている。ここでアイドリッツは、いまや鉄構造は「隠された構造ではなく、現代的構造に必須の、最重要要素として白昼公然と表に出ている構造として用いられている」こと、「建物の建設においても、圧延鉄の梁やボックスガーダーはプロも熱烈に歓迎するところであり、見苦しくないような造形もすでに開発されている」ことなどを認めながら、「もし現代的素材を使わなければならないのであれば、グッタペルカ〔ゴム〕も使う」こと、「時代遅れの偏見にばかり取りつかれているのではないことを示すためになら、鉄の梁、鉄の屋根、鉄のサッシュの、上質の石造家屋を作ってやってもいい」ことにさえ言及した。

そうしてアイドリッツは、機能主義的観点から、鉄構造の美の問題に触れた。「たとえば蒸気機関の造形は、自らの目的の痕跡を戴くがゆえ、また、素材が目的に対し大いに適合させられているがゆえに美しい」のである。

この論争のなかで、アイドリッツはラスキンのドグマに則り表向きラスキニアンの姿勢をとった。しかし実際にはアイドリッツも、建築の実践において鋳鉄の利用自体を拒絶したのではなかった。すなわち彼は、ニューヨークのクリスタル・パレスのコンペティションの時点ですでに、鋳鉄とガラスの可能性を紙上実験していたのである（図1-24）。この案でアイドリッツは、鋳鉄柱と張力ケーブルを組み合わせ、サスペンションの大屋根による大空間に挑戦している。のちの鋳鉄建築論争では中実な壁体としての鉄の利用可能性を論難したアイドリッツであったが、彼自身、鉄の構造体としての可能性が、それにとどまるものではないことは承知していたのである。またこの案は、ロンドンのクリスタル・パレスを技術的に進歩させる試みでもありながら、同時に現代的ゴシックの実験でもあった。このデザインにおいては、地階の外壁は鋳鉄のトラス状のバットレス（控え壁）で支えられ、その合間に入る補助トラスには、いばら装飾をもつ円形の鋳鉄部材が採用された。

図1-24　ニューヨークのクリスタル・パレス案（L. アイドリッツ，1852年）
「ラスキンのドグマ」がなかった時代の鋳鉄建築．総鋳鉄，総ガラスの軽快な建築を成立させるため，足元にはゴシック教会のバットレスを翻案した補助部材が並ぶ．

一八四九年の『建築の七燈』の出現以降、ラスキンの建築論を意識せざるを得なくなったという点では、アメリカ近代の建築論壇は、その始まりから広い意味で「ラスキニアン」である。しかし狭義のさまざまな意味にとれば、彼らのおのおのはラスキニアンであり、かつそうではなかった。というのも、ラスキンの建築論は、超越論の文脈のなかで理解・解釈されることによって、受容の初期からラスキンの文筆そのものとは極めて異なるものとなったからである。ラスキンの名は、一方では有機的＝機能的建築観の象徴でありながら、他方では新たな建設技術を否認する後進性の象徴ともなった。アメリカのラスキン受容の初期において、その最も混乱した例をみることができるのが、アイドリッツとヴァン・ブラントによる鋳鉄建築論争だった。

そうして、この鋳鉄建築論争を経た一八六〇年代には、スタージス、ワイトらによって展開されたSATA（芸術的真実推進協会）の活動のほかにも、アメリカのラスキン受容にとっての転換点があった。すなわち、ボザール留学を契機とし、フランス建築界との情報交流を深めていくなかで、アメリカの建築論壇にはもう一つの大きな参照点が生まれたのである。この時期の建築界は、SATAにみられる明示的なラスキンへの依拠とともに、ハント以降の世代の建築家・建築理論家たちによる、フランスの建築家ウジェーヌ・エマニュエル・ヴィオレ＝ル＝デュク（一八一四―一八七九）受容によって特徴づけられる。

そのとき、イギリスにおける建築の革命を代表するラスキンに対し、ヴィオレ＝ル＝デュクはフランスの革命を代表する者として、ラスキンとの比較言及のなかでアメリカの建築論壇に取り込まれていくこととなる。そこでヴィオレ＝ル＝デュクの理論に対する解釈を制約し、方向づけたのもまた、ラスキンの場合と同様、アメリカ固有の建築思想の文脈である。そのヴィオレ＝ル＝デュク受容のなかで一八五〇年代に形成されたラスキン観は大きな推敲を蒙り、その後長らくアメリカの建築論壇にとりつくこととなる、ラスキン嫌悪の潮流――「ポスト・クレヨンの時代」(98)――

が始まる。

(1) "Progress of Civil Engineering: A Summary View of the Progress of Architecture in Britain during the Year 1838; with some Notices relative to Its Advancement in Foreign Countries. By J. C. Loudon, F. L. S. &c. (Progress of Architecture)," *Journal of the Franklin Institute of the State of Pennsylvania and Mechanics' Register*, Vol. 24, Jul. 1839, pp. 60–61.

(2) Conductor [John Claudius Loudon], "A Summary View of the Progress of Architecture in Britain during the Year 1838; with Some Notices Relative to its Advancement in Foreign Countries," *The Architectural Magazine*, Vol. 5, Dec. 1838, pp. 529–533

(3) Kata Phusin [John Ruskin], "The Poetry of Architecture: Or the Architecture of the Nations of Europe Considered in Its Association with Natural Scenery and National Character," *The Architectural Magazine*, Vol. 4, Nov.-Dec. 1837, pp. 505–508, 555–560; Vol. 5, Jan.-Dec. 1838, pp. 7–14, 56–63, 97–105, 145–154, 193–198, 241–250, 289–300, 337–344, 385–392, 433–442, 481–494, 533–554.

(4) Ralph Waldo Emerson, *Nature*, Boston, James Munroe and Company, 1836.

(5) イギリス版は John Ruskin, *The Seven Lamps of Architecture*, London, Smith, Elder and Co., 1849. アメリカ版は同年に Wiley (New York) より出版。

(6) Charles Eliot Norton, "Introduction," *The Seven Lamps of Architecture*, Brantwood edition, New York, C. E. Merrill & Co., [c1890], p. v.

(7) John Ruskin, "Sketchings," *The Crayon*, Vol. 1, No. 18, 2 May 1855, p. 283.

(8) イギリス版は A Graduate of Oxford [John Ruskin], *Modern Painters: Their Superiority in the Art of Landscape Painting to All the Ancient Masters, Proved by Examples of the True, the Beautiful, and the Intellectual from the Works of*

Modern Artists, Especially from Those of J. M. W. Turner, London, Smith, Elder and Co., 1843. アメリカ版は idem, *Modern Painters*, New York, Wiley and Putnam, 1847.

（9）"Modern Painters," *The North American Review*, Vol. 66, No. 1, 1 Jan 1848, pp. 110–145. Roger B. Stein, *John Ruskin and Aesthetic Thought in America, 1840–1900*, Cambridge, Mass., Harvard University Press, 1967, p. 43 では，筆者は Franklin Dexter に同定されている。

（10）"Correspondence of the Bulletin," *Bulletin of the American Art-Union*, No. 9, 1 Dec. 1851, p. 148.

（11）"Ruskinism," *The Civil Engineer and Architect's Journal*, Vol. 17, 1854, p. 74.

（12）"Whence, in fine, looking to the whole kingdom of organic nature, we find that our full receiving of its beauty depends first on the sensibility and then on the accuracy and touchstone faithfulness of the heart in its moral judgment."

（13）Eliot Norton, op. cit., pp. v–vi.

（14）一八七二年、ラスキンのメンターであるトマス・カーライルは、エマーソンにあてて以下のように書き送っている。「ラスキンの『フォルス・クラウィゲラ』を知っているか。あいつは意気揚々と、それがアメリカで重版されると言ってきた。知らないならぜひ読んでおけ。万が一手に入れられるなら（ここではそれが難しい。書籍商に対するあいつのやりかたのお蔭で！）、『ムネラ・プルウェリス』も、オックスフォードの美術講義録も、あいつが今書いているもの全部含めてだ」。Letter from Thomas Carlyle to Ralph Waldo Emerson, 2 Apr. 1872, in *The Correspondence of Emerson and Carlyle*, Joseph Slater ed., New York and London, Columbia University Press, 1964, pp. 587–588.

（15）アメリカにおける『建築の七燈』書評は以下。"Short Reviews and Notices of Books," *The Methodist Quarterly Review*, Fourth Series, Vol. 1, Oct. 1849, pp. 670–671; "Short Reviews and Notices of Books," *ibid.*, Vol. 2, Oct. 1850, p. 662; "Holden's Review," *Holden's Dollar Magazine*, Vol. 4, No. 2, Aug. 1849, pp. 499–500; "The Fine Arts: Art and Religion," *The Literary World*, Vol. 5, No. 137, 15 Sep. 1849, p. 231; "Book Notices: The Seven Lamps of Architecture," *The Eclectic Magazine of Foreign Literature, Science, and Art*, Vol. 17, No. 3, Jul. 1849, p. 431; "Literary Notices: The Seven Lamps of Architecture," *The Knickerbocker*, Vol. 34, No. 2, Aug. 1849, p. 161; "Notice of New Books: The Seven Lamps of Architecture," *Bulletin of* the *American Art-Union*, Vol. 2, No. 6, Sep. 1849, pp. 11–21; "Ruskin's Seven Lamps of Architecture," *Massachusetts Quarterly Review*, No. 8, Sep. 1849, pp. 514–520; "Architecture: The Seven Lamps of Architecture," *The New Englander*, Vol. 8, No. 31, Aug. 1850, pp. 418–434; "Architects and Architecture," *The Christian Examiner*, Fourth Series Vol. 14 (Vol. 49), No. 2, Sep. 1850, pp. 278–286; "The Seven Lamps of Architecture," *The North American Review*, Vol. 72, No. 2, 1 Apr. 1851, pp. 294–316.

なお、これらの一部は Robert L. Brownell, ed., *The Contemporary Reviews of John Ruskin's The Seven Lamps of Architecture*, London, Pallas Athene, 2009 に収録されている。Stein, *Aesthetic Thought*, pp. 63–69 も参照のこと。『ノース・アメリカン・レビュー』の書評者はここで Samuel Gilman Brown に同定されている。

(16) B. Silliman, Jr., and C. R. Goodrich, eds., *The World of Science, Art, and Industry, Illustrated from Examples in the New-York Exhibition, 1853–54*, New York, G. P. Putnam and Company, 1854, p. 87.

(17) イギリス版は John Ruskin, *The Two Paths: Being Lectures on Art, and Its Application to Decoration and Manufacture, Delivered in 1858–9*, London, Smith, Elder and Co., 1859. アメリカ版は同年に J. Wiley (New York) より出版。

(18) "Association for the Advancement of Truth in Art," *The New Paths*, Vol. 1, No. 1, May 1863, p. 12. なお、本記事題は団体名 (Society for ～) とは異なる。

(19) [Clarence Chatham Cook,] "The Modern Architecture of New-York," *The New-York Quarterly: Devoted to Science, Philosophy, Literature, and the Interests of our United Country*, Vol. 4, Apr. 1855, pp. 105–123. クックとの同定については Stein, *Aesthetic Thought*, p. 73 参照。

(20) Stein, *op. cit.*, p. 73.

(21) Andrew Jackson Downing, *A Treatise on the Theory and Practice of Landscape Gardening, Adapted to North America: With a View to the Improvement of Country Residences*, New York and London, Wiley and Putnam, 1841. 同書はその後一〇年間で四版を重ね、この間に九〇〇〇部が発行されることとなった。David Schuyler, *Apostle of Taste: Andrew Jackson Downing 1815–1852*, Baltimore and London, The Johns Hopkins University Press, 1996, p. 28 参照。

(22) John Lindley, *The Theory of Horticulture: Or, an Attempt to Explain the Principal Operations of Gardening upon Physiological Principles*, New York, Wiley and Putnam, 1841.

(23) Andrew Jackson Downing, *Cottage Residences, Or, a Series of Designs for Rural Cottages and Cottage Villas, and Their Gardens and Grounds. Adapted to North America*, New York and London, Wiley and Putnam, 1842.

(24) Humphry Repton, *Observations on the Theory and Practice of Landscape Gardening: Including some Remarks on Grecian and Gothic Architecture*, London, 1803.

(25) Andrew Jackson Downing, *A Treatise on the Theory and Practice of Landscape Gardening, Adapted to North America; With a view to the Improvement of Country Residences*, 4th ed., enl., rev., New York, George P. Putnam and London, Longman, Brown, Green & Longmans, 1849.

(26) Idem, *The Architecture of Country Houses: Including Designs for Cottages, Farm-Houses, and Villas, with Remarks on Interiors, Furniture, and the Best Modes of Warming and Ventilating*, New York, D. Appleton & Company, 1850.

(27) Idem, *The Fruits and Fruit Trees of America: Or, the Culture, Propagation, and Management, in the Garden and Orchard, of Fruit Trees Generally*, New York and London, Wiley and Putnam, 1845. エマーソンによる同書の参照については Len Gougeon, *Virtue's Hero: Emerson, Antislavery, and Reform*, Athens, University of Georgia Press, 1990, p. 363 も参照のこと。

(28) 「ワルド・エマーソンの名が知られていないこの地〔南部〕で、〔……〕美しいものの話題と一緒に出てくるのはダウニング氏の名前です。そうして私は、ニューイングランドのコンコードで雪つむ屋根の下に聞いたのと同じ言葉を、サウスカロライナでも聞くのです。『ダウニング氏はこの国に非常に良いことをしてくれた』と!」(フレドリカ・ブレーメル) Judith K. Major, *To Live in the New World: A. J. Downing and American Landscape Gardening*, Cambridge, Mass. The MIT Press, 1997, p. 17 参照。
当時アメリカに短期滞在していたスウェーデン人ブレーメルがエマーソンの名を知ったのはダウニング邸である。このときダウニングはこの客人とともに、エマーソンをはじめ、ウィリアム・カレン・ブライアント、ジェイムズ・ラッセル・ローウェルなどを朗読した。その後彼女はボストンを訪れ，エマーソンとの知己をえた。 Karl A. Olsson, "Fredrika Bremer and Ralph Waldo Emerson," *Swedish-American Historical Quarterly*, Vol. 2, No. 2, Autumn 1951, pp. 39–52 参照。

(29) "Short Reviews and Notices of Books," *The Methodist Quarterly Review*, Fouth Series, Vol. 1, Oct. 1849, pp. 670–671.

(30) N. H., "Communications: Architecture of Country Houses," *Home Journal*, Vol. 35, No. 237, 24 Aug. 1850, p. 2.

(31) Clarence Chatham Cook, "A Corner Stone," *The Galaxy*, Vol. 5, No. 2, Feb. 1868, pp. 144–153.

(32) Horatio Greenough, "Remarks on American Art," *The United States Magazine, and Democratic Review*, Vol. 13, No. 61, Jul. 1843, pp. 45–48; Idem, "Etchings with a Chisel," *ibid.*, Vol. 18, No. 92, Feb. 1846, pp. 118–125; Horace Bender, *The Travel, Observations and Experience of a Yankee Stonecutter*, New York, G. P. Putnam, 1852. *Aesthetic at Washington* 初出には詳細な書誌情報がない。

(33) Idem, "American Architecture," *The United States Magazine, and Democratic Review*, Vol. 13, No. 62, Aug. 1843, pp. 206–210.

(34) Nathalia Wright, "Introduction," *The Travels, Observations, and Experience of a Yankee Stonecutter*, Gainesville, FL, Scholars' Facsimiles & Reprints, 1958, p. xiii.

(35) Horatio Greenough, *A Memorial of Horatio Greenough: Consisting of a Memoir, Selections from His Writings and Tributes to His Genius*, Henry Theodore Tuckerman, ed., New York, G. P. Putnam & Co., 1853.

(36) Horatio Greenough, "Structure and Organization," *Memorial of Horatio Greenough*, pp. 170–183; idem, "Relative and Independent Beauty," *ibid.*, pp. 131–145; idem, "Criticism in Search of Beauty," *ibid.*, pp. 157–169. 『フォーム・アンド・ファンクション』書誌情報は以下。 Idem, *Form and Function: Remarks on Art*, Harold A. Small, ed., Berkeley, University of California Press, 1947.

(37) Erle Loran, "Introduction," Idem, p. xiii.

(38) Francis Otto Matthiessen, *American Renaissance: Art and Expression in the Age of Emerson and Whitman*, London, New York [etc.], Oxford University Press, 1941, p. 140 n. 1 および W. R. Taylor, "Review: Form and Function," *The New*

England Quarterly, Vol. 22, No. 2, Jun. 1949, pp. 264–266 は二〇世紀の再評価にあたりこの点を指摘した。

(39) 『クレヨン』掲載の生前未発表原稿には Horatio Greenough, [“Greenough on Sculpture,”] *The Crayon*, Vol. 1, No. 6, 7 Feb. 1855, p. 89; idem, “Dress,” *ibid.*, Vol. 1, No. 12, 21 Mar. 1855, pp. 177–179; idem, “A Sketch,” *ibid.*, Vol. 1, No. 16, 18 Apr. 1855, pp. 243–244 がある。再掲記事は idem, “Remarks on American Art,” *ibid.*, Vol. 2, No. 12, 19 Sep. 1855, pp. 178–179; idem, “American Architecture,” *ibid.*, Vol. 2, No. 15, 10 Oct 1855., pp. 224–226 の二点。

(40) “Greenough, the Sculptor,” *Putnam's Monthly Magazine of American Literature, Science, and Art*, Vol. 1, No. 3, Mar. 1853, p. 319.

(41) “The Beautiful in Nature,” *The Circular*, Vol. 4, No. 18, Apr. 1855, p. 72.

(42) [William James Stillman,] “Nature and Use of Beauty,” *The Crayon*, Vol. 3, Nos. 1–2, Jan.-Feb. 1856, pp. 1–4, 33–36. スティルマンとの同定は James Carson Webster, *Erastus D. Palmer*, Newark, University of Delaware Press, 1983, p. 124 n. 25 参照。

(43) Dyson, *The Last Amateur: The Life of William J. Stillman*, Albany, NY, Excelsior Editions, 2014, p. 61.

(44) 現存のエマーソンの文章のなかでラスキンに言及した最も早いものは一八四九年の日記である。ここで彼は、ある婦人との読書の場面を書きとどめている。「ニューヘーブンの――婦人は、ラスキンを読んだあと、『自然はターナー婦人なのですね』と言った」。Ralph Waldo Emerson, [“Journal Entry in 1849,”] in *The Journals and Miscellaneous Notebooks of Ralph Waldo Emerson: Volume XI 1848–1851*, A. W. Plumstead, William H. Gilman, and Ruth H. Bennett, eds., Cambridge, Mass., The Belknap Press of Harvard University Press, 1975, p. 179.

(45) Idem, “Country Life,” *Complete Works of Ralph Waldo Emerson*, Vol. 12, Boston, Houghton Mifflin, 1903–1904, p. 157.

(46) Idem, “Immortality,” *Letters and Social Aims*, Bosotn, J. R. Osgood, 1876, p. 299.

(47) Idem, [“Jorunal Entry in 18 Oct.”] (1871), *Journals*, Vol. 16 (1866–1882), p. 247.

(48) 一八七三年。この文言は一八九七年以降に人口に膾炙するようになった。その伝播は国内各紙の記事ほか、雑誌記事では “Chronicle and Comment,” *The Bookman*, Vol. 5, No. 1, Mar. 1897, pp. 3–4; “Notes,” *The Literary Digest*, Vol. 15, No. 5, 29

May, 1897, p. 132; "Criticism," *Souvenir Edition of the St. Ignace Enterprise*, Jul. 1897, [p. 28]; "Books and Authors," *The Living Age*, Vol. 7, No. 2911, 21 Apr. 1900, p. 199; Joel Benton, "Emerson's Optimism," *The Outlook*, Vol. 68, No. 7, 15 Jun. 1901, p. 410; "Books and Bookman," *Harper's Weekly*, Vol. 47, No. 2422, 23 May 1903, p. 880 などの史料に示される。なお一八九八年には両者の共通の友人である言語・宗教学者マックス・ミュラーも自伝の中で一八七三年の会食時の諍いに触れているが（Friedrich Max Müller, *Auld Lang Syne*, New York, Charles Scribner's Sons, 1898, pp. 148–149.）、右に挙げた『リテラリー・ダイジェスト』の記事中に示されている通り、ミュラーがこの一事に言及したのは自伝出版以前のことである。エマーソンのラスキン評が見いだされ、アメリカ人のあいだに知れ渡るようになったきっかけも、この一八九七年頃のミュラーの言及によるものと考えられる。

(49) Letter of John Ruskin to Charles Eliot Norton, 8 May 1873, in *The Correspondence of John Ruskin and Charles Eliot Norton*, John Lewis Bradley and Ian Ousby, eds., Cambridge and New York, Cambridge University Press, 1987, p. 291.

(50) エリオット・ノートンは『カーライル＝エマーソン書簡集』を編集するにあたり、再三ラスキンと連絡をとりエマーソンの近況を伝えた。前掲書参照。ラスキンとエマーソンの不仲についてはSara Atwood, "Black Devil and Gentle Cloud: Ruskin and Emerson at Odds," *Nineteenth-Century Prose*, Vol. 40, No. 2, Fall 2013, pp. 129–162 に詳しい。

(51) Charles Reid Metzger, *Emerson and Greenough: Transcendental Pioneers of an American Esthetic*, Berkeley, University of California Press, 1954, p. 100.

(52) Ralph Waldo Emerson, Letter to Horatio Greenough, 7 Jan. 1852, *The Letters of Ralph Waldo Emerson*, Vol. 4 (1848–1855), Ralph L. Rusk, ed., New York, Columbia University Press, 1939–1995, p. 272; Nathalia Wright, "Ralph Waldo Emerson and Horatio Greenough," *Harvard Library Bulletin*, Vol. 12, No. 1, 1858, p. 100.

(53) Ralph Waldo Emerson, *English Traits*, Boston, Phillips, Sampson, and Company, 1856.

(54) [Idem,] "Transactions of the Cosmopolitan Art Association, for the Year Ending January 28th, 1857," *Cosmopolitan Art Journal*, Vol. 1, No. 3, Mar. 1857, p. 96.

(55) Nathalia Wright, *Horatio Greenough: The First American Sculptor*, Philadelphia, University of Pennsylvania Press, 1963,

p. 273参照。また、弟のヘンリー・グリーノウが一八五八年に発表した小説 Henry Greenough, *Ernest Carroll: Or, Artist-Life in Italy*, Boston, Ticker and Fields, 1858はラスキンに対する全面的な非難を表明したアメリカ最初期の著作である。Stein, *John Ruskin and Aesthetic Thought in America*, pp. 193–195参照。

(56) Joseph Coleman Hart, "Unity in Architecture," *The Crayon*, Vol. 6, No. 3, Mar. 1859, p. 85.

(57) Ralph Waldo Emerson, "Horatio Greenough," *The New Path*, Vol. 2, No. 8, Aug. 1865, p. 136.

(58) Horatio Greenough, *Letters of Horatio Greenough to His Brother, Henry Greenough*, Frances Boott Greenough, ed., Boston, Ticknor, 1887. 書評は"Books and Papers," *AA&BN*, Vol. 22, No. 612, 17 Sep. 1887, pp. 138–139.

(59) Russell Sturgis, "Greenough," *Johnson's Universal Cyclopaedia*, New Edition, Vol. 4, New York, A. J. Johnson Company, 1895, pp. 27–28.

(60) "The New York Crystal Palace," *Scientific American*, Vol. 8 No. 39, 11 Jun. 1853, p. 310

(61) "The Crystal Palace," *Scientific American*, Vol. 8, No. 47, 6 Aug. 1853, p. 370.

(62) "Our Crystal Palace," *Putnam's Monthly Magazine of American Literature, Science, and Art*, Vol. 2, No. 8, Aug. 1853, p. 123.

(63) "New York Crystal Palace for the Exhibition of Industrial Products," *Scientific American*, Vol. 8, No. 6, 23 Oct. 1852, p. 41.

(64) "Our Crystal Palace," p. 125.

(65) Peter Bonnett Wight, "A Portrait Gallery of Chicago Architects. IV. Asher Carter, F. A. I. A.," *The Western Architect*, Vol. 34, Jan. 1925, p. 13.

(66) なお、ニューヨークで鋳鉄建築論争が起こっていた頃、一八五八年から五九年のワイトは、カーター&バウアーの事務所（およびジェイムズ&スプリンガーズ・アーキテクツの事務所）に間借りしながら、シカゴで設計活動を行っていた。Sarah Bradford Landau, *P. B. Wight: Architect, Contractor, and Critic, 1838–1925*, Chicago, The Art Institute of Chicago, 1981, p. 15.

(67) "Our Crystal Palace," p. 2.

(68) John Ruskin, *Lectures on Architecture and Painting, Delivered at Edinburgh, in November, 1853*, New York, J. Wiley, 1854, p. 54.

(69) Idem, *The Opening of the Crystal Palace: Considered in Some of Its Relations to the Prospects of Art*, London, Smith, Elder and Co., 1854.「ライブラリ・エディション」第一二巻。ラスキンのクリスタル・パレス（ロンドン）評についてはGary Wihl, "Neither a Palace nor of Crystal," *Architectura*, Vol. 13, No. 2, 1983, pp. 187–202を参照。

(70) ビロウズ師についてはJames Duban, "From Emerson to Edwards: Henry Whitney Bellows and an 'Ideal' Metaphysics of Sovereignty," *The Harvard Theological Review*, Vol. 81, No. 4, Oct. 1988, pp. 389–411を参照。

(71) Henry Whitney Bellows, *The Moral Significance of the Crystal Palace: A Sermon, Preached First to His Own Congregation, and Repeated in the Church of the Messiah, on Sunday Evening, October 30, 1853*, New York, G. P. Putnam & Co., 1853.

(72) "Natural Theology of Art," *The North American Review*, Vol. 79, No. 1, 1 Jul. 1854, pp. 1–30.

(73) 一八五二年一月二八日エリザ・ビロウズ宛書簡。引用はDuban, op. cit., p. 391より。

(74) Henry Whitney Bellows, *The Suspense of Faith: An Address to the Alumni of the Divinity School at Harvard University*, New York, C. S. Francis & Co., 1859, p. 24.

(75) 一八五二年一月六日、ウィリアム・シルスビー宛ビロウズ書簡。引用はDuban, "From Emerson to Edwards," p. 390より。

(76) "Our Crystal Palace," p. 122.

(77) "Literary Notices: North-American Review for the July Quarter," *The Knickerbocker or, New-York Monthly Magazine*, Vol. 44, No. 2, Sep. 1854, p. 293.

(78) 鋳鉄建築論争の経緯・背景に関してはKathryn E. Holliday, *Leopold Eidlitz: Architecture and Idealism in the Gilded Age*, New York and London, W. W. Norton & Company, 2008, pp. 82–86; Margot Gayle and Carol Gayle, *Cast Iron Architecture in America: The Significance of James Bogardus*, New York and London, W. W. Norton & Company, 1998, pp. 193–195; Mary N. Woods, "Henry Van Brunt: The Modern Styles, Historic Architecture," *American Public Architecture: Eu-*

ropean Roots and Native Expressions, Craig Zabel and Susan Scott Munshower, eds., University Park, Pennsylvania, Pennsylvania State University Press, 1989, pp. 82-113; Paul R. Baker, *Richard Morris Hunt*, Cambridge, Mass. and London, The MIT Press, 1980, pp. 114-115; William A. Coles, "Introduction," in Henry Van Brunt, *Architecture and Society: Selected Essays of Henry Van Brunt*, idem, ed., Cambridge, Mass., Belknap Press of Harvard University Press, 1969, p. 54 を参照。

(79) 現ニューヨーク市立大学シティカレッジ（City College of The City University of New York）の前身。

(80) Montgomery Schuyler, "The Work of Leopold Eidlitz II: Commercial and Public," *The Architectural Record*, Vol. 24, No. 4, Oct. 1908, p. 279.

(81) Leopold Eidlitz, "On Style," *The Crayon*, Vol. 5, No. 5, May 1858, pp. 139-142.

(82) Idem, *The Nature and Function of Art, More Especially of Architecture*, New York, A. C. Armstrong & Son, 1881.

(83) John Ruskin, *The Stones of Venice*, 3 vols., London, Smith, Elder and Co., 1851-53.

(84) Idem, *The Stones of Venice: The Foundations*, New York, John Wiley, 1851. 一八六〇年刊行の三巻揃いも同じくJohn Wileyより。

(85) Henry Van Brunt, "Richard Morris Hunt," *Journal of Proceedings of the American Institute of Architects*, Vol. 29, 1895, p. 75; *Architecture and Society*, p. 332. 以下引用は *Architecture and Society* より。

(86) Baker, *Richard Morris Hunt*, pp. 93-107. 当時のテナントに関しては Annette Blaugrund, "The Tenth Street Studio Building: A Roster, 1857-1895," *The American Art Journal*, Vol. 14, No. 2, Spring 1982, pp. 64-71 に詳しい。

(87) Ibid. 本文言及の人物の入居年は以下。ヴァン・ブラント（一八五九—六二）、ガンブリル（一八五九—七〇）、ポスト（一八六一）、タッカーマン（一八五九—七一）、ウィットリッジ（一八六〇—一九〇〇）、ハート（一八五七—七〇）、ラファージ（一八五八—一九一〇）、ハーバート・ムーア（一八五九—六一）、スティルマン（一八五八—六〇）。

(88) Worthington Whittredge, *The Autobiography of Worthington Whittredge, 1820-1910*, John I. H. Baur, ed., Brooklyn, Brooklyn Museum Press, 1942, p. 55.

(89) Van Brunt, op. cit., pp. 331-332.

（90） 一八五四年の日記。Coles, “Introduction,” p. 4 参照。

（91） Van Brunt, op. cit., p. 331.

（92） Idem, “About Spires,” *The Atlantic Monthly*, Vol. 5, Jan. 1860, pp. 75–88.

（93） Idem, “Greek Lines,” *ibid.*, Vol. 7, Jun. 1861, pp. 654-667; Vol. 8, Jul. 1861, pp. 76–88. 同論はその後 idem, *Greek Lines and Other Architectural Essays*, Boston and New York, Houghton, Mifflin and Company, 1893, pp. 1–91 に抄録される。

（94） Coles, “Introduction,” p. 15 では「ラスキンに負う」ゴシック賛美とされる。

（95） 第三章3節参照。

（96） ヴァン・ブラントがエマーソンの文筆を好んだことは子息の回想（ibid., p. 19）にも示されるが、一八七五年のヴィオレ＝ル＝デュク『建築講話』英訳版の解説では「問題」（“The Problem”）からの引用が行われている。Henry Van Brunt, “Translator’s Introduction to the Discourses on Architecture of Eugène Emmanuel Viollet-le-Duc,” *Architecture and Society*, p. 104.

（97） Idem, “Cast Iron in Decorative Architecture,” *The Crayon*, Vol. 6, No. 1, Jan. 1859, pp. 15–20; *Architecture and Society*, pp. 77–88.

（98） スティルマンのラスキン批判の変化を表すための語。Karen L. Georgi, *Critical Shift: Rereading Jarves, Cook, Stillman, and the Narratives of Nineteenth-Century American Art*, University Park, Pennsylvania, The Pennsylvania State University Press, 2013, pp. 76–109 参照。

第二章　ラスキンとヴィオレ＝ル＝デュク——英仏代理戦争の開始点

小さい頃、私はカーライルに夢中でラスキンが大嫌いだった。そこで私は、バークレーの一年生のときにこの二人を比較するレポートを書き、記憶をたよりに、カーライルからラスキニズムとは真逆の一節を引用したのだった。だが引用は確認しなければならない。国語教師のハバード氏は、私がカーライルからではなく、迂闊にもラスキンから引用していたことを教えてくれた。

レオ・スタイン「詩を読むこと、絵を見ること」、一九五六年(1)

1　ゴシック・リバイバルの後景　［一八五三―一八九五］

「ラスキニアン・ゴシック」の時代？

ラスキンはゴシシストではない。あるいは、アメリカの読者は強いてそう捉えなかった、捉えたくなかったのかもしれない。レオポルド・アイドリッツが「様式論」(2)のなかで語ったロマネスクの理想にまとわりついていたのも、「仕方なく」ゴシックに敬意を払ったラスキンという、奇妙な人物の影である。

ただし、一八四〇年代末から一〇年あまり続いたそのような状況のなかで、『建築の七燈』（一八四九）や『ヴェネツィアの石』（一八五一―三）といったラスキンの初期代表作が、アメリカの建築家たちにイタリア古建築の典拠を与えたことは間違いない。少なくとも、建材の自然色を活かし、イタリアの典拠を仄めかしたいわゆる「イタリアネイト」建築の出現は、ラスキンの著作ぬきには考えにくい。アメリカ最初期のイタリアネイト建築にはジェイコブ・リー・モールドによるオール・ソウルズ・ユニタリアン教会（一八五三、図2-1）があり、一八五〇年代末にはエドワード・ポッター（一八三一―一九〇四）による、ユニオンカレッジノット・メモリアル・ホール（一八五八―七九、図2-2）の建設が開始された。

少ない作例ながら、これらは建築の大原理を唱えた理論書としてはじめ受容されたラスキンの著作が、その枠をこえて実践の参照先を与えていたことを例示している。たとえば、「ホーリー・ゼブラ」の異名をもつオール・ソウルズ教会のストライプに、ラスキンが『建築の七燈』で取り上げたピストイアのロマネスク建築、サン・ジョバンニ・エヴァンゲリスタ教会への参照をみることは容易である。なお、前章で『クリスタル・パレスの精神的意義』(3)を説教したヘンリー・ウィットニー・ビロウズ師こそ、当時のオール・ソウルズ教会の牧師として、教会の新築をレイ・モールドに決定した人物だった。

その後、アメリカの実践と論壇双方のなかで明示的なゴシック・リバイバルが開始されたのは一八六〇年代前半のことである。それはすなわち、『クレヨン』が一八六一年に廃刊し、その二年後にSATA（芸術的真実推進協会）が機関誌『ニュー・パス』を創刊した時点である。『ニュー・パス』自体は一八六三年から三年間のみ発行された短命の雑誌であり、その寄稿者である、ピーター・ワイトとラッセル・スタージスは当時駆け出しの建築家だった。しかしワイトはこの時期ナショナル・アカデミー・オブ・デザイン（一八六三―六五、図2-3）およびイェール大学ストリート・ホール（ニューヘーブン、一八六四）を設計しており、スタージスには六〇年代末、同大学にファーナム・ホール（一八六九―七〇、図2-4）という代表作がある。これらのなかでも特に、ナショナル・アカデミー・オブ・デザインはラスキンが『建築の七燈』や『ヴェネツィアの石』で称賛した、ヴェネツィアの総督宮を明示的に参照した「ラスキニアン・ゴシック」の典型例である。

しかしこのゴシック・リバイバルは、こと言説空間に関する限り、その発端より錯綜した経緯を辿ることを余儀な

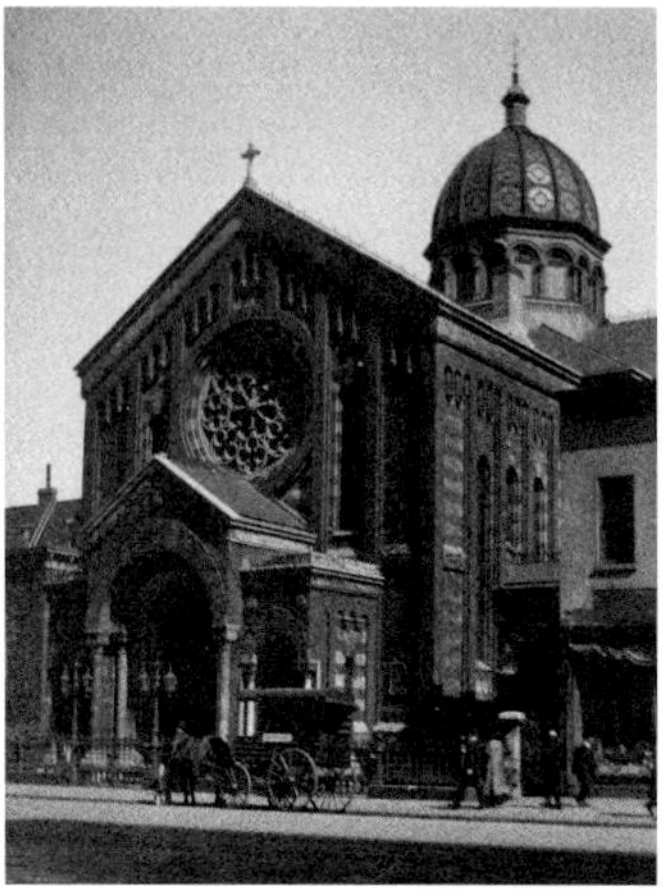

図2-1　オール・ソウルズ・ユニタリアン教会（J. W. モールド, NYC, 1853年）
素材色を活かしたポリクロミー建築アメリカ最初期の例（1909年頃）.

図2-2　ノット・メモリアル・ホール（E. T. ポッター，ニューヨーク州スケネクタディ，1858-79年）
初期ラスキニアンとされる代表的大学建築．色の異なる石材が尖頭アーチおよび胴回りのストライプ等に活かされている.

図 2-3　ナショナル・アカデミー・オブ・デザイン（P. B. ワイト，NYC，1863-65 年）
アメリカの「ラスキニアン・ゴシック」の代表例（1900 年撮影）．立面構成や軒蛇腹，第三層の外壁パターンなど，随所にヴェネツィアの総督宮への参照がみられる．

図 2-4　ファーナム・ホール（R. スタージス，コネティカット州ニューヘーブン，1869-70 年）
ほぼ図面通りに現存（4 層目は省略）．褐色の煉瓦壁と明灰色の石部によるコントラスト，水平線の強調．単純な輪郭で入口以外の装飾が抑えられた禁欲的意匠．

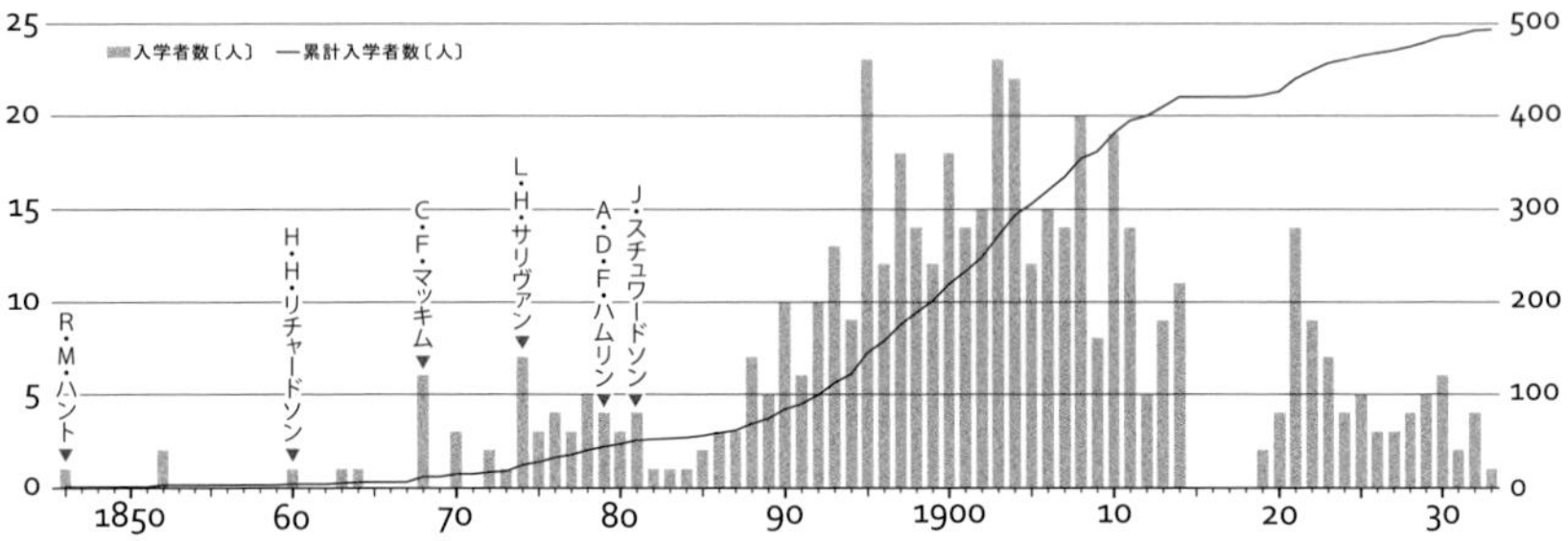

図2-5　アメリカ人ボザール入学生数の推移

くされた。というのも、同時期に水面下で進んでいたフランコフィルの高まりと、それに連動したクラシック派の覇権獲得行動に曝されたことこそが、ゴシック派の言説と広報戦略の進路を定めるための大条件となったからである。

エコール・デ・ボザール卒業生の建築家を輩出するようになった一八五〇年代半ば以降、アメリカ建築界は主にイギリスの美学・建築理論に依拠したそれまでの潮流から、次第にフランス建築界の動向に関する知識を得るようになり、後者との協働歩調を模索し始めた。一八五〇年頃には衰微したクラシシズムの潮流はこの動向のなか、ボザール擁するフレンチ・クラシシズムを独自に解釈・推進するかたちで、徐々にその論理的正当性を獲得していく。それが実作として圧倒的なプレゼンスを誇り始めるのは一八九三年のシカゴ万国博覧会からのことだが、一八六〇年代からの三〇年という長い時間のなかで、その転換点にいたる準備は着々と進められていた。

アメリカ建築界の一九世紀——高等教育機関の整備から

アメリカ建築界のフランコフィルはまず、リチャード・モリス・ハント以後のボザール留学生の増加に確かめることができる。図2－5には、南北戦争の終結後から留学生数がおよそ定常的に増加していく実態が示されている[4]。

この大局を司っていた大要因は建築教育の問題である。特に一八五〇年代からシカゴ万国博覧会までの約四〇年間、建築家の公教育制度が整っていなかったアメリカにとって、教育システムの確立は喫緊の課題だった。

当時アメリカの建築家教育はイギリス・モデルの徒弟制あるいは独学によっていた。アメリカにはそれまでにもベンジャミン・ラトローブ（一七六四—一八二〇）、ウィリアム・ストリックランド（一七八八—一八五四）やＡＩＡ（米国建築家協会）の二代目会長となるトーマス・ウォルターらクラシシズムの師匠筋・弟子筋は一八世紀末から存在したが、リチャード・アップジョンが一八二〇年代末にイギリスから移民し、トリニティ教会をはじめとする業績を残して以降、アメリカの徒弟制にはイギリス人筋のゴシック実践家のプレゼンスが強まる。なお、イギリスで建築家の教育制度が整い始めるのは、王立英国建築家協会（Royal Institute of British Architects、ＲＩＢＡ）の前身、英国建築家協会設立（一八三四）からしばらく経った、一八四〇年代末のことである。他方のボザールはその起源を一七世紀半ばにもつ。

図 2-6　フリーアカデミー（J. レンウィック Jr., NYC, 1847-49 年）
スタージスとワイトの母校．上層の各窓に尖頭アーチを有する，『七燈』出版前夜のゴシック・リバイバル建築．

ひるがえって、アンドリュー・ジャクソン・ダウニングは独学であり、スタージスやワイトの通ったフリーアカデミー（図２‐６）の設計者ジェイムズ・レンウィック・ジュニア（一八一八—一八九五）はコロンビア大学を卒業した工学士である。あるいは、アレクサンダー・ジャクソン・デイヴィスはアメリカ美術アカデミー、ニューヨーク絵画協会、ナショナル・アカデミー・オブ・デザインを経めぐり絵画教育を受けていた、建築教育に関してはやはり独学の徒だった。

当時のアメリカの建築家はこうしたさまざまな出自のなかから独自のキャリアを切りひらいた。一八五〇年代当時、ＡＩＡ設立メンバーのなかでも建築の高等教育を受けていたのは、ハントに加え、ドイツ語圏の工学教育を受けたアイドリッツとフレッド・ピーターセンの三人にとどまった。

そのような当時、ハントがボザールから国内に導入し、一八五〇年代末に始めたアトリエ・システムは、明確に教育的な目途のある国内初めての試みである。これはハントの事務所を同時にアトリエとして運営していたものであり、ここでは、入所した弟子には設計課題が課され、一か月のあいだ指導を受けながら設計を仕上げ、批評を受けるという方法がとられた。しかしこのアトリエは、南北戦争の勃発によって一八六〇年代初頭に早くも畳まれる。

図2-7　W. R. ウェア（1871年）

このアトリエの二期生であるウィリアム・ロバート・ウェア（図2－7）によれば、ハントがこのアトリエ教育で何より重視したのはドローイング能力だった。しかしそこには、「パリでは単なるアトリエ教育を補塡するために行われる、体系だった歴史、科学、建設教育がまるでなかった」[5]。

そこでウェアは、ハントの事務所を辞して間もなく、同じくハント・アトリエを出たヘンリー・ヴァン・ブラントとともにボストンで私塾を開設する。このときの建築教育は、ハントから「われわれが受けた教育におおよそ倣いながら、他のすべきことを圧迫しない程度、この純理論的な教程に実務知識を加え」[6]たものだった。この私塾の成功によって、ウェアはマサチューセッツ工科大学（Massachusetts Institute of Technology、MIT）に招聘されることとなった。

このMITの建築学部こそアメリカ最初期の本格的な高等建築教育機関となるものだが、そのカリキュラムの参照先は多岐にわたる。MITのカリキュラムを起草し終えた一八六六年、ウェアはイギリス、フランスおよびイタリア、ドイツを周遊し、特に前二者では現地建築家らと建築教育システムについての意見交換を行っている。そのさい、イギリスではRIBAでMITの教育理念について語る機会を得た[7]。このときウェアは「記憶力と創作力、衒学的な学識と有益な知識が違うことや、コピーはしてはいけないが模倣はしてよく、不可欠なものでさえあるということをうまく識別する」必要を論じ、納屋、倉庫、カントリーハウスや鉄道駅、マーケットなどの実用建築の設計を教育に組み込むことで「利便性の要求に厳密に従う」ことを学ばせ、「過去の様式に耽溺したいという衝動」から学生を遠ざける教育理念を語っている。またウェアは、イギリスの建築教育に関して建築家協会の建設クラスへの関心を明らかにしている。

もっとも、MITの建築学部設立以前にも、ハントのアトリエ設立からほどなくして、ペンシルバニア州の工科大学（ポリテクニク）に建築学部が設置されている（一八六一）ことには言及が必要だろう。[8] 当時フィラデルフィアにはカールスルーエの工科大学に学んだ建築家がおり、教程の細目は不明ながら、これはドイツの工学教育のシステムに則った国内建築教育の始点に位置づけられる。

これらの大学に建築学部が設立されて以降、イリノイ大学（一八六八）、ペンシルバニア大学（一八六八）、コーネル大学（一八七一）、シラキュース大学（一八七三）、ミシガン大学（一八七六）と、建築学部の数は一八七〇年代半ばまでに徐々に増加していくこととなる。

このうち、ネイサン・クリフォード・リッカー（一八四三―一九二四）が構築したイリノイ大学の建築教育プログラムは工学色がより強く、ドイツの工学教育の影響が色濃い。リッカーは独自に教育プログラムを構築し学位を受けた人物だが、その準備段階にあたり、特別学生としてリヒャルト・ルカエ（一八二九―一八七七）治下のバウアカデミーに学んだ。また彼は、一八七三年のウィーン万国博覧会で展示されたロシアの工房実習の方法を、いち早く自校の建築教育に導入した。[9]

その後のリッカーの教育上の業績では、一八八四年から開始された翻訳が特筆される。[10] 彼は一八八〇年代に青焼き技術が一般化して以降、ルドルフ・レーテンバッヒャー（一八四〇―一八八五）の『現代建築の建築構法』[11]（一八八三）

やオットー・ヴァーグナー〔一八四一―一九一八〕の『現代建築』第二版[12]〔一八九八〕、ゲオルク・ウンゲヴィッター〔一八二〇―一八六四〕の『ゴシック建設教本[13]』〔一八五九―六四〕など、当時最新のドイツ語文献を翻訳し生徒に供した[14]。ただし、こうして主にドイツ語の書籍を中心に四〇編を超える翻訳を進めていったリッカーが、同時にヴィオレ＝ル＝デュクの『一一世紀から一六世紀にかけてのフランス建築事典[15]』〔一八五四―六八、以下『フランス中世建築事典』〕の翻訳も行っていたことは付言しておかなければならない。

一方、コーネル大学に建築学部が創設されたのは一八七一年のことである。このとき初代教授となったのは、リチャード・アップジョンのもとで働き、AIA設立メンバーの一人ともなったチャールズ・バブコック〔一八二九―一九一三〕である。同学部のカリキュラムはドローイングと歴史学が重視されたものだが、同時代の他校と比較すると特色に乏しい。外国語教育はドイツ語とフランス語の選択制をとったが、ヴィオレ＝ル＝デュクを原書で読むためにバブコックが推奨したのはフランス語だった[16]。

そして一八八一年には、ウェアによってコロンビア大学に建築学部が設置される。これをまって、ボストン近郊、フィラデルフィア、シカゴ近郊およびニューヨークという、中西部から北東部にかけてのアメリカ主要各都市に建築の高等教育が整うこととなる。

ボザール留学――アメリカの建築教育のサテライト？

こうしたなかにボザール・モデルに則った教育が興っていないのは、先のグラフに示唆されている通り、本国フランスのボザールそのものがアメリカの建築教育のサテライトとして機能していたためである。一八七二年、ウェアはMITにウジェーヌ・レタン〔一八四二―一八九二〕を招聘し、これが国内の建築教育初のボザール卒フランス人教師の登用となる。

ただし、この人選は成功を収めたものの、当時の国内の教育システムに照らせば、建築家のキャリアを追うためにフランスのボザールで学ぶべき動機は依然として高かった。

その当時、アメリカ国内の大学は四年制を採用している場合がほとんどであり、そのカリキュラムでは数学と科学が必修とされ、学生に設計課題が課せられるようになるのは三年次であったのが通例である。こうしたカリキュラムのなかでは建築設計を科学・実学とみなす傾向が少なからずあり、建築は純粋芸術に属するハイブラウなものではなかった。このような事情を反映して、コロンビア大学に始まり、ハーヴァード大学、イェール大学、プリンストン大学など、現在に言うアイビー・リーグに建築学部が設置されるのは比較的遅い。

他方、ボザールのカリキュラムはこうした国内の建築教育システムとは対照的なものだった。まず、ボザールでは一年次から設計に従事することができた。さらに、当時建築家の資格制度が整備されていなかったアメリカでは、たとえカリキュラムを満了せずとも、留学経験を活かし設計事務所を開設することができた。

これに加えて、美術方面の建築教育に関してはフランス派始祖のハントが現地ボザールを推していたということも直接的な影響を及ぼしていた。ハントのアトリエに勤めたフランク・ファーネス（図2-8）もまた、この師に焚きつけられてボザール留学を検討した一人である。[17] しかしこの計画は南北戦争の勃発、騎兵隊将校としての出兵により頓挫することとなった。

また、ウェア&レタン体制下のMITを短期で退学、その後ファーネス事務所からウィリアム・ル・バロン・ジェニー〔一八三二—一九〇七〕事務所を経てボザールに一年間のみ通ったルイス・サリヴァン〔一八五六—一九二四、図2-9〕の来歴も、フランス派のキャリアを示しながら、さらにハントの影響ともかかわりをもった。サリヴァンはファーネスの事務所に入所する直前、アポイントメントなしでハントのもとを訪れ、当時ハント・アトリエのアシスタントだったボザール卒業生、シドニー・ストラットン〔一八四五—一九二一〕からボザールを勧められたのだった。[18]

図2-8　F. ファーネス（1862年頃）

図2-9　L. サリヴァン（1876年）

図2-10　ボザール学生の製図風景（1889年）
米国人学生の激増前夜．美術的建築ドローイング教育のメッカ，ボザールがアメリカ建築教育機関の一部と化す．

このように、本章で扱う一八六〇、七〇年代にはすでに、のちのアメリカ人のボザールへの大量入学の要因は揃っていた。その後一八八〇年代以降にボザール留学生数は非常な勢いで増加し始め、ボザールは実質上、アメリカの建築教育機関の一部とまでに化す[19]（図2-10）。この現象は、当時ボザールが外国人学生全般の受け入れに寛容であった、寛容になったというわけでも、フランス国外全般からの人気が高かったというわけでもなく、明らかにアメリカに特異な現象だった。その証拠として、一九世紀末の調査では、当時ボザールに籍をおいた学生のうち、フランス人以外のほとんどをアメリカ人が占めていたという報告がでている[20]。

2　ラスキンからヴィオレ＝ル＝デュクへ　［一八五四―一八七五］

E・E・ヴィオレ＝ル＝デュク――アメリカの初期受容

しかし、アメリカ建築界におけるフランスのプレゼンス増大はボザール教育の存在に尽くされるものではない。それだけならば、一九世紀後半のアメリカにさまざまな教育体制を有した建築学部が林立することは、むしろフランコフィルと矛盾する。

そこで考えなければならないのは、右の来歴のなかに時おり顔を覗かせていたフランス人建築家・建築理論家ヴィオレ＝ル＝デュクの受容の問題である（図2-11）。

一八五〇年代当時、すなわちハント門下とその他の陣営にまだ明確な派閥関係が生まれていなかった頃、フランス派の建築家たちには参照すべきフランス人の理論家は存在しなかった。シカゴ万国博覧会（一八九三年）を画期とするクラシシズムの泰斗、チャールズ・マッキム（一八四七—一九〇九）とボザールで同窓生だったロバート・ピーボディ（一八四五—一九一七）も回顧しているように、一八六〇年代前半までは、まだ「ラスキンが芸術における善であり真であるものすべての提唱者[21]」であるほかはなかったのである。

しかしアメリカの建築家のなかにヴィオレ＝ル＝デュクという参照点が見いだされたことにより、この状況は短期間のうちに一変する。一八六三年初版の『建築講話[22]』を中心としたヴィオレ＝ル＝デュクの理論は、折しも、ラスキンの建築理論に対する疑念がアメリカ国内に顕在化したタイミングで受容されることとなった。これによってヴィオレ＝ル＝デュクの理論は、それまで依拠していたラスキンの理論の代理物としてアメリカ国内の建築界に広く浸透していくこととなる。

図2-11　E.-E. ヴィオレ＝ル＝デュク（1861年）

それは「ラスキンの建築理論」の初期受容の場合と同じく、「ヴィオレ＝ル＝デュクの建築理論」を建築の大原理のモデルとして紹介しようとする取り組みから始まった。しかしその一方、南北戦争後に増長していくフランコフィルの潮流のなか、ヴィオレ＝ル＝デュクの理論に対する解釈とボザール・クラシシズムへの傾斜という二線は、はじめゆるやかに、しかし次第に堅固に縒りあわされていく。

この点を明らかにするためには、まず「ラスキンの建築理論」が権勢をほしいままにしていた一八五〇年代に立ちかえり、同時期のヴィオレ＝ル＝デュク受容の様相に触れておかなければならないだろう。ヴィオレ＝ル＝デュク本人は当時すでにフランス本国で執筆活動を始めており、彼の代表的業績である『フランス中世建築事典』の出版も始まっていた。アメリカにヴィオレ＝ル＝デュクの名が伝えられたのは、その一巻の出版と同年のことだった。

その書評は『パトナムズ・マンスリー・マガジン』[23]に現れた。「一一世紀から一五世紀までのフランス建築を扱った〔……〕このような取り組みを、ヴィオレ＝ル＝デュク氏以上に完璧に行った人間はいない」とする評からは、この初期より彼にかけられていた、アメリカ側からの関心と評価の高さを伺うことができる。ここに示された一二ドルという価格は当時としては相当に高価なものだった（第一章図1-12に示されている通り、およそ同ボリュームの『ヴェネツィアの石』の海賊版は同時期に三・五ドルである）が、他の書籍紹介にそのような価格に関する言及がないことからすれば、同書にはそれでも国内の需要が予想されていたのである。しかしそれはあくまで、直接的な意味での、フランス建築の大事典としての価値を見込んでのことだった。

その後のヴィオレ＝ル＝デュクに関する記事で特筆されるのは、一八五九年の『クレヨン』に掲載された「芸術家」[24]である。これはフランスの月刊美術雑誌『ガゼット・デ・ボザール』に寄せられた公開書簡の訳出記事だが、ここでは、その書き手であるヴィオレ＝ル＝デュクについては、「フランスの有名な建築家・著述家」とだけ紹介されている。『クレヨン』がＡＩＡ（米国建築家協会）の機関誌として当時最先端の国外情報を供していたことを考えれば、それが当時のアメリカ建築界における、ヴィオレ＝ル＝デュクに持ちうるイメージの限界だったことがわかる。

ヴィオレ＝ル＝デュクの理論や人となりに関する理解やイメージの形成は、このときにはまだ、なされ始めたばかりだった。『フランス中世建築事典』の著者として、また、高尚な芸術家像を説く者としての側面は知られながらも、その著作は遠国フランスの歴史建築を知るための事典であるほかなく、一八六〇年代初頭までは、ヴィオレ＝ル＝デュク個人の動向や彼の建築論の内容についての興味は極めて薄い。同時期のイギリスでは中世戦争譚への興味から『中世軍事建築論』[25]（一八六〇）が抄訳されたが、アメリカのメディアではこの英語版に応じた城郭論のほか、ナポレオン三世の依頼によるピエールフォン城の修復（一八五八―一八七〇）を報じる記事のみがヴィオレ＝ル＝デュクに対する関心を伝える[26]。

ヴィオレ＝ル＝デュクが『フランス中世建築事典』を公刊し始めた時期は折しも、ハントがボザールを修了し、フランスから帰国する時期にあたっていた（滞仏一八四五―五五）。しかしこの時期の重なりも、少なくとも一八五〇年代の展開のなかでは、アメリカの建築界がヴィオレ＝ル＝デュクの動向や理論の内容に積極的な関心を向ける契機とはならなかったのである。

Ｈ・Ｈ・リチャードソンのパリ留学

しかし、これに続く第二の時期の重なり、すなわち、ヴィオレ＝ル＝デュクのボザール教授就任（一八六三―六四）と、同時期のヘンリー・ホブソン・リチャードソン（図２－12）のパリ留学（一八六〇―六五）を機に、アメリカの建築論壇はにわかに、ヴィオレ＝ル＝デュクの理論を国内の議論の文脈に引き寄せて語るようになる。アメリカの建築思想史の展開を語る上で、有意と言えるヴィオレ＝ル＝デュク受容はこのときより開始される。この就任に対しボザールでは物議が醸されており、当時アメリカ人第四号としてボザールの建築学生だったリチャードソンは、先鋒としてこの教師の拉致を目論み逮捕・勾留された[27]。

図2-12　H. H. リチャードソン（1860年頃）

この学生ボイコットの理由には現在、クラシシズムとゴシシズムをめぐる様式論争よりも人事権に関する政治的な理由が指摘されるが、その真偽のほどは本論にはほとんど関係がない。

というのも、ここで問題となるのは、その事件がアメリカ国内にどのように聞こえ、ヴィオレ＝ル＝デュクに関する国内のイメージ形成にどう働いたかということだからである。この点に関しては、このリチャードソンの暴挙によって「ヴィオレ＝ル＝デュクの声は殺されたが、彼が建築芸術に関する今世紀最大の重要著作である『建築講話』（一八六三）を公刊したのはその結果」[28]（ピーター・ワイトの回想）であるというような風説が、一八六〇年代アメリカにおけるヴィオレ＝ル＝デュク受容の積極性をよく表している。リチャードソンの行動は『建築講話』の発表時期と重なるかそれ以降であるためこれはワイトの事実誤認だと考えられるが、一八六〇年代以降のアメリカにはこのような誤解を招きうる展開があった。

リチャードソンとヴィオレ＝ル＝デュクの影響関係にまつわるこうした風説がいつ頃から語られ始めたかは定かではないが、それは一八六五年のリチャードソン帰国をそう下るものではないと考えられる。ワイト本人はすでに、同い年の建築家エムレン・トレンチャード・リテル（一八三八―一八九一）の事務所で帰国直後のリチャードソンと面識を得ている。[29]

この時期のアメリカ建築界がみせるヴィオレ＝ル＝デュクへの関心の高さは、『建築講話』が一八六三年の出版からほぼ時を移さず、一八六五年に原語の海賊版[30]としてアメリカ国内に流通していたということにも表れている。ここで付言しておかなければならないのは、フランス語で書かれた同書を海賊版で刊行するという出版社の決断が、アメリカ建築界のなかにすでにヴィオレ＝ル＝デュクのプレゼンスがあったことに加えて、そこで見込まれた読者がフランス語を読めるという、二重の売れ行き予想が立たなければ実現しないということである。当時のアメリカで高等教育を受けた者にとっては、フランス語の識字は基礎能力の一つであった。この状況のなかで、のち一八七五年に『建築講話』の英語版を出版するヴァン・ブラントは、一八六四年にはすでにその翻訳を開始している。[31]

建築における合理的なものの所在

一八六〇年代の初期ヴィオレ＝ル＝デュク受容の主要動機は、それまで覇権を有していたラスキンの建築理論への疑念と、それに代わる理論的支柱の模索だった。このため、一八六〇年代以降にアメリカで発表されたヴィオレ＝ル＝デュク関連の論考は、ほとんどの場合がラスキンとの比較言及記事である。この展開のなかで、一八五〇年代にはラスキンに託して語られた機能主義建築理論は、その援用元を徐々にヴィオレ＝ル＝デュクへと乗りかえていく。

一八六六年にヴァン・ブラントによって書かれた「建築の改革」(32)は前年に海賊版が出版された『建築講話』の書評だが、アメリカ建築界の初期ヴィオレ＝ル＝デュク受容の実態を示す重要論考としてこの点を明確に示している。ヴァン・ブラントはその論内で、クラシック派とゴシック派が「現代建築における新たなバベルの塔」を形成している建築界の現状を素描しながら、その状況を打破するべき「建築の大原理」の必要性を訴えた。その標語とされたのは「建築の真実」であり、ここでは、ラスキンとヴィオレ＝ル＝デュクが、この原理を求めた主要な理論家であるとされている。「ラスキンとその後続、そしてこの国の人間もまた、彼らを代表とする論題に興味をもち始めた。芸術の実践に関して言えば、彼らの教養から帰結した根本的なことは、表現の真実の概念を導入してデザインするようになったということである」。そう語るヴァン・ブラントがヴィオレ＝ル＝デュクの理論と人格を評価する直接の要因にも、ヴィオレ＝ル＝デュクがいだく「真実に対する敬意」があった。

ここで特筆されるのは、このヴァン・ブラントの論のなかでは、ラスキンもヴィオレ＝ル＝デュクも、様式的偏向をもったゴシシストとはみなされていないということである。ヴァン・ブラントによれば、ラスキンは「歴史的先例をどのように用いればよいかという問題全体に対する慎重で科学的な調査を始めよう、論争のややこしい点をすべて解決しようという意図をもち、新しい、健全な進歩が始まりうる建築理論に辿りつこう、模倣でも集塊でもない、論理的な演繹としての、われわれの時代に固有の様式に辿りつこう」とした人物であるとのみ描かれており、ヴィオレ

＝ル＝デュクもまた、「すべての大時代を徹底的に、綿密に、鑑賞眼をもって調査することにより、建築の大原理を開発しようとした」人物であるとされる。

ヴァン・ブラントはこのように、脱党派的かつ合理的な、建築の大原理の援用元としてヴィオレ＝ル＝デュクの理論を国内に紹介した。このようにヴィオレ＝ル＝デュクをジェネラリストとみる理解は、「いわゆる『ゴシック芸術』の回復」を目指したSATAの建築家も含めて、アメリカの建築界に早くから行きわたっていたものである。ワイトは一八七〇年、ヴィオレ＝ル＝デュクのことを「ゴシックの復興と理性的建築を唱える存命の人間のなかで最も優れた人物である」と紹介しながらも、「彼の敵〔クラシシスト〕が思うよりも寛大である」ことを示すために、あえて彼のクラシック建築論を訳出している。[33] ゴシシストであるという認識がありながらジェネラリストとして紹介する、という傾向が、この一八六〇年代後半頃には顕著である。

3 ゴシシストの悪人とクラシシストの善人 〔一八六七―一八七七〕

ラスキン忌避の潮流

さて、このようにジェネラリストとしてのヴィオレ＝ル＝デュク像が根づいていく一方で、同じ一八六〇年代半ばには、ラスキンはドグマチックなゴシシストと解釈され始める。それははじめ隠微なものだったが、一八六七年四月のパリ万国博覧会の開会直後からは明らかな否定の論調を帯びるようになる。

フレデリック・ロー・オルムステッドを発案者の一人とするアメリカ初の週刊総合誌『ネイション』〔ニューヨーク、一八六五年創刊〕に掲載された、『美術批評原論』[34]の書評（一八六七）がその最初期の例である。この書評対象は、「健全で修養された精神状態にあるとき、われわれは本能的に、必然的に、〔……〕その〔神の〕性質の実例となる事物から快を得るように作られている」とするラスキンの感性的批評原理を基礎とし、実作批評においてもラスキンによる言及が多く援用された美学書である。そしてその書評は、題を「無価値以下の教科書」[35]という。ここで書評者が特に問題とした点こそ、この書籍の建築批評原理が特に、『建築の七燈』の内容を中核に据えていたことに他ならない。この点について書評者は、「建築という多面的な芸術について書かれた著作には、ヴィオレ＝ル＝デュクの『建築講話』という今世紀最大の立派な労作がある」と論難した。この書評者には、「急速な成功を収めているラスキンの著作は皆、イギリスとアメリカに最近生まれた、新しい本来の批評に無くてはならないものである」という『美術批評原論』の見解は、許容できるものではなかった。

こうしたラスキン忌避の潮流は、一八五〇、六〇年代アメリカの知的文化、特に感性批評の横行や理知性の欠如に対する反省をもとに、かつてラスキンの芸術理念を奉じた人物にさえ共有されたものだった。たとえば、一八五〇年代には熱烈なラスキン信奉者であったウィリアム・スティルマンすら、一八六〇年代末には辛辣なラスキン否定論者となる。彼は一八六八年の『ネイション』に「ラスキンとその文筆」と題する論考を寄稿し、「芸術に関するラスキンの教義はひどく誤っている」[36]と断じた。そしてスティルマンは、その後もラスキンに対するネガティブ・キャンペーンを展開していくこととなる。[37]

図2-13　C.クック（1864年）

一方、クラランス・クックによる「コーナーストーン」[38]（一八六八）は、それまでのアメリカ建築思想を総括し、より合理的な建築理論を、それまでのラスキンではなく、新たにヴィオレ＝ル＝デュクに求めようとする明快な意思表示である（図2-13）。ダウニングの門弟であったクックは、一八四〇年代後半のアメリカの知的文化に浴した一人として、スティルマン同様、ラスキンの文筆に鼓舞された批評家である。そうして彼は、SATAメンバーの最年長としてこの団体を主導していたのだった。

しかしそのクックさえ、この「コーナーストーン」のなかでは、公衆を教化したダウニングの功績を認めながらも、「善であり真である建築の側に、しっかり、はっきりと比重を置かなかった」彼の「負の影響」を強調する。クックによれば、ダウニングから始まり一八六〇年代末まで続いたアメリカ建築界の潮流は、「個人の意識がラスキンによって強く刺激された」イギリス派の建築家たちが主流のものだった。しかし今、クックは「真のフランス、知性と進歩、そして熱狂の国フランスに心を寄せ、建設の真の原理を学ぼうではないか」と語り、過去のイギリスからの影響の払拭に努めた。

そこで唯一の拠り所とされたのがヴィオレ＝ル＝デュクの理論である。クックによれば、「ヴィオレ＝ル＝デュク氏の卓越した点とは、その教義の実践性であり、気まぐれや流行ではなく、原理に基礎づけられているという点であり、形式的でも退廃的でもなく、熱狂的で創造的」な点だった。実践に偏重したダウニングと空理に拘泥したラスキンは、ともに乗り越えられるべき対象となっていた。

「建築の大原理」の所在

こうした経緯のなかで、ヴィオレ＝ル＝デュクには様式的好みにこだわらない、合理的な「建築の大原理」を唱導した、「寛大な」理論家のイメージが形成された。しかし、さらにアメリカの地では、一八六〇年代以降のボザール教育に対する需要の拡大と並行して、かつてボザールの教職を追われたヴィオレ＝ル＝デュクの理論はむしろ、ボザールの権威主義および、その表現としてのクラシシズム建築の支持のために援用されることがあった。ワイトによる、先に示したヴィオレ＝ル＝デュクのクラシック建築論の翻訳そのものも、クラシシスト・ヴィオレ＝ル＝デュクのイメージ形成を図った初期の例とみなすことができる。

そうして、この動向の好例こそヴァン・ブラントが行った『建築講話』の翻訳出版だった[39]（図2－14）。一八六一年の「ギリシャの線」のなかでは、ヴァン・ブラントはたしかにヴィオレ＝ル＝デュクを「復興した中世派」の指導者の一人とみなしていた。しかしその彼が、『建築講話』の序文のなかではにわかにその認識を覆すのである。

その序文のなかで、ヴァン・ブラントはまず、この『建築講話』は「フランスの土壌において古典様式が中世様式の地位を奪った歴史状況」の史論であると断じている。それは四〇〇年の風雪に耐えたフレンチ・ルネサンス様式の完成の歴史であり、「新しい国土を占領し、廃墟の遺産もなく、建築に関して伝統という邪魔もない」アメリカ人建築家の模範として、「古代ギリシャ人のような、完璧を目指す芸術家の配慮と忍耐」の過程を示していた。ヴァン・ブラントにとっては、ボザール教育とその長期の歴史は、この忍耐を代表するものだった。

そうして、このヴァン・ブラントの言及の背景にもまた、クラランス・クックと同様、当時のアメリカ建築界を席巻していたゴシック・リバイバルの一過性と、その表現の無秩序に対する反省があった。ヴァン・ブラントの整理によれば、一八四〇年代末に「ラスキンが芸術問題に関する独裁者として文人の先例を立てて以降、われわれは美学分野における恐ろしい独裁にさらされ〔……〕北イタリアの中世歴史建造物の色に染められ」てきた。そこでヴァン・ブラントは、この独裁からの解放を目論み、「現代文明の魂」であり、「自らの時代の無意識的表現」であるギリシャ古典への回帰を目指したのである。「彼〔ヴィオレ＝ル＝デュク〕はいみじ

図2-14　ヴィオレ＝ル＝デュク『建築講話』（米1875年）口絵
古代ギリシャ時代，リュキアのサルコファガス（石棺）．1870年代まで，ヴィオレ＝ル＝デュクの建築理論はクラシシズム支持のために援用されていた．

くも、さまざまなところで、真のルネサンスに堕落した類型から生じた例はないと語った」のであり、当時ヴァン・ブラントがアメリカに求めたのはそのような「真のルネサンス」だった。

つまるところ、『建築講話』はこのルネサンスにいたる道標として翻訳出版されたのである。そのためヴァン・ブラントはこの序文のなかで、ヴィオレ＝ル＝デュクのゴシシストとしての側面には全く触れないどころか、『フランス中世建築事典』編纂の功績すら、「自らの芸術理論の真の実践的発展のためではなく、フランス国内におけるゴシック建築の史跡保存のため」であると極端に矮小化した。ヴァン・ブラントは、一方でヴィオレ＝ル＝デュクのことを「ギリシャ芸術と中世芸術双方の原理に対する熱狂的な賞賛」を有する中立の理論家として描いた。しかし実のところ、そこにはヴィオレ＝ル＝デュクをクラシシストとして紹介する意図が明確に存在した。

個の時代から集団の時代へ

しかしヴァン・ブラントによるこの言及以前にも、ヴィオレ＝ル＝デュクをクラシシストとみなす同様の認識は国内の建築論壇に広く行きわたっていたとみてよい。ヴァン・ブラント版『建築講話』の出版にさいしては、『ネイション』や、当時ボストンで創刊された建築専門誌『アメリカン・アーキテクト・アンド・ビルディング・ニューズ』（以下『アメリカン・アーキテクト』）をはじめ、多数の雑誌に書評が現れているが、これらの批評もやはり、すべてヴィオレ＝ル＝デュクをゴシシストとはみなしていない。(40) 特に『アメリカン・アーキテクト』による書評は、ヴィオレ＝ル＝デュクの理論に「ローマン・コンクエスト以前のギリシャ時代の建設原理」をみた。この書評のなかでは『建築講話』は「これら〔の建築〕の統制原理を非常に明快に定め、自由、適切、素面、誠実、意匠と構造の調和、つまり一言でいえば、真実性の必要を呼びかけた」著作であるとされたが、こうした点も含めて、「この論考とラスキンによる類似箇所のあいだに興味深い平行性がある」ことは、「両人の思考法や思考のくせが正反対であることを考えると面白い」と評されている。[41]

また、ボストンの文芸誌『アトランティック・マンスリー』の『建築講話』評[42]は、ヴィオレ＝ル＝デュクを明確にクラシシストとみなしながら、いち国民感情としての「古典的なるもの」への渇望が露呈している点で特筆される。ここには、「ギリシャ建築の純粋性と美を強く信じたヴィオレ＝ル＝デュク氏」が当時の読者に賛同を得ることとなった一つの要因として、クラシシズムが当時、個性に対応する協調性＝国民性の象徴であった事情が示されている。ヴァン・ブラントの『建築講話』の序にすでに兆候が表れているように、個性の発揮とは、ラスキンと結びつけられた一八五〇、六〇年代のアメリカのゴシック・リバイバルがその後辛辣な非難に遭うこととなる理由の一つである。それに対するものとして、当時、ボザールのクラシシズムには集団的営為や集団的な知の実現への期待がかけられていた。この認識をさらに推し進めたものとして、この『アトランティック・マンスリー』による書評には、個の時代から集団の時代への移行、ナショナリズムの台頭を期待する国民感情が如実に表れていた。

現代の基調は個の優位である。いまやすべての人間が自己の存在を主張する。そこには強い国民感情もなければ血族感情もなく、わずかばかりの家族感情があるだけだ。しかし彼はまだ自立を達成していない。再び結びつき、協力することを学ぶためだ。〔……〕偉大な記念碑を建てることができる、建てるのだという期待は、それ以後に抱くべきである。

そしてこの「協力」の先にある現代建築は、時代の需要に推し進められた、産業建築の発展の先に達成されるものとされた。「われわれは時代の需要が求めるために大きな工場や鉄道駅を建てる必要に駆られ、現にそれを建てる」が、書評者によれば、この点にこそ「この現代において建築が進むべき道がある」のである。

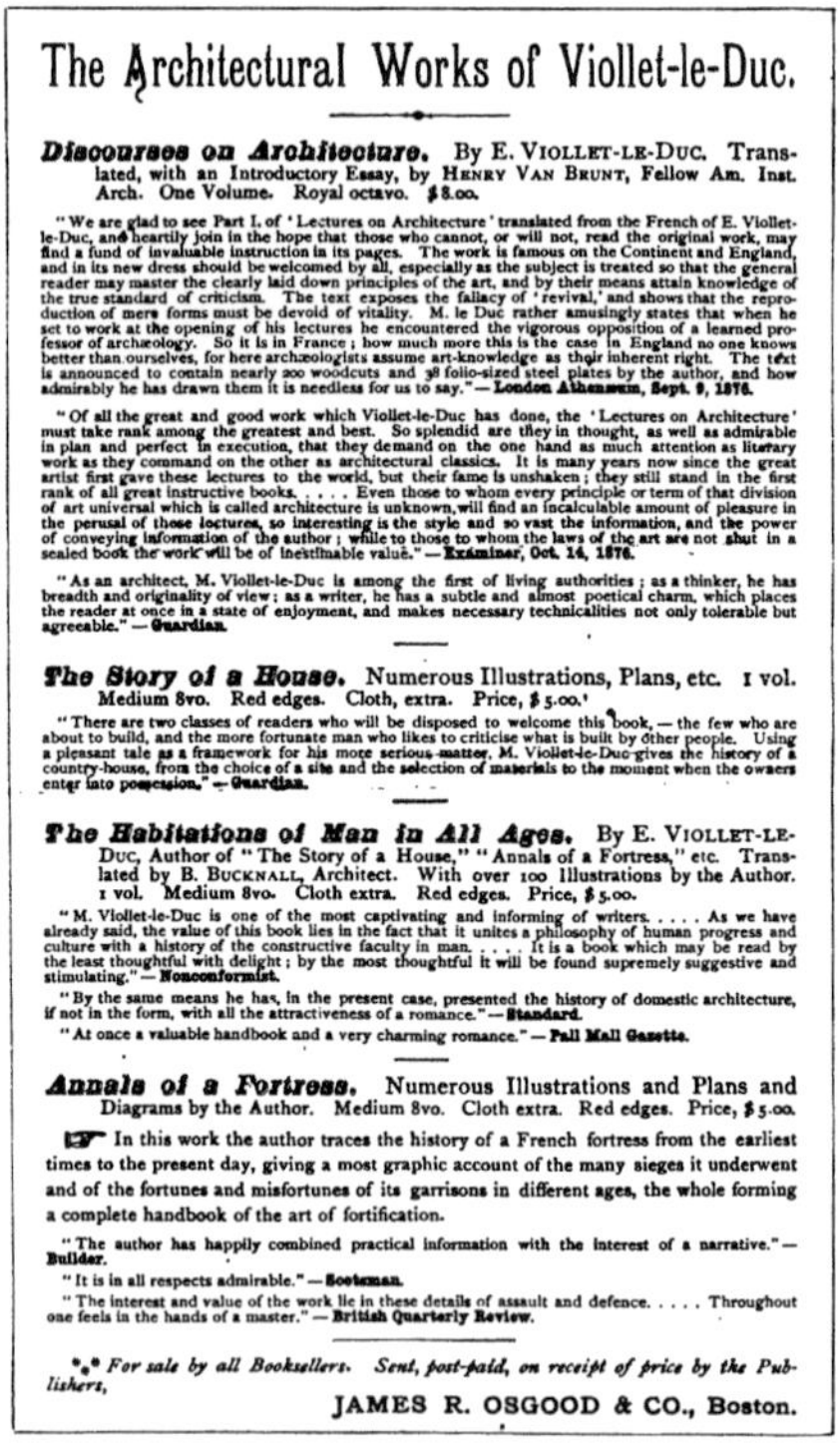

図2-15　ヴィオレ＝ル＝デュク翻訳書の広告（1877年）
1870年代から80年代にかけて一斉に翻訳された．

ヴァン・ブラント版『建築講話』の出版からしばらく、このようにヴィオレ＝ル＝デュクをクラシシストとみる論考は続き、一八七七年発行の『アメリカン・アーキテクト』には、ヴィオレ＝ル＝デュク本人による、ギリシャ・ローマ建築を範とした現代建築論も訳出掲載されている。[43] しかしこの動向は長くは続かず、一八八〇年代からは、そのような論は完全に姿を消す。かつて『建築講話』中でクラシシストとしてヴィオレ＝ル＝デュクを紹介したヴァン・ブラントですら、それ以降はむしろ、彼をゴシック・リバイバルの唱道者として論じるようになるのである。

こうしてヴィオレ＝ル＝デュクの名は英語圏の広範な読者に知られるようになった。しかもそれは、『建築講話』の出版前後から約五年と、非常に短期間のあいだの出来事だった。

一八七〇年代半ばから八〇年代まで、アメリカ、イギリス両国ではこの時期、ヴィオレ＝ル＝デュクの著作の翻訳出版が立て続けになされている。[44] イギリスの建築家ベンジャミン・バックナル（一八三三―一八九五）の訳となる『要塞史』や『ハビテーション・オブ・マン』はボストンの出版社オズグッドから出版されたが、ここから推せば、両国のヴィオレ＝ル＝デュク受容は一面において並行した現象であったと言える。ニューヨークの総合誌『スクリブナーズ・マンスリー』によるヴァン・ブラント版『建築講話』評には、建築界に限らない一般読者の視点から、ヴィオレ＝ル＝デュクの名が『建物の話』や『要塞史』などの見事な〔著作〕を通じて最近アメリカの大衆に知られるようになった」経緯が語られているが、それはこうした、二国間の一連の翻訳成果のことを指している。

なおバックナルは一八七七年、ヴァン・ブラントの『建築講話』に続き、新訳版として『建築講義』(45)を出版した。これはヴィオレ＝ル＝デュク本人との交渉を経た正式版であるとされるものだが(46)、それが世間一般に正規版と認められていたかどうかは疑問である。

というのもそれ以前に、ヴァン・ブラント版『建築講話』がすでに、イギリスでも大々的に宣伝されていたからである。ヴィオレ＝ル＝デュクの著作の翻訳を多数扱ったオズグッド社は、一八七七年にそれらの翻訳書の広告を出している（図2-15）。この広告に示される通り、ヴァン・ブラント版の『建築講話』はイギリスでも好評を博し、『ロンドン・アセニアム』、『イグザミナー』、『ガーディアン』といった当地の主力雑誌に評価され、それらのお墨付きとともに売り出されていたのだった。

バックナルはヴィオレ＝ル＝デュクから直接に翻訳出版の承諾を得た。しかしその一方で、ヴィオレ＝ル＝デュク自身は自著がアメリカにおいて好意的な受容を得ていたことをすでに知っていた。一八七七年発行の『アメリカン・アーキテクト』には、あるニューヨークの建築家に宛てられたヴィオレ＝ル＝デュクからの書簡が掲載されている。

――様、そして同業の皆様、

私は今、合衆国国民に対して真のフランス人の皆が抱く共感、また特に、大西洋を越えた土地の仲間に対する私自身の友好の情を示す機会をいただき嬉しく思います。

アメリカ大陸の人々が、われわれの古きヨーロッパが作る有用かつ実用的なもののすべてを常によく把握しているということは私も存じ上げております。そのため私は、自らの書いたものがアメリカで受け入れられたことを大変嬉しく思っております。私が行っている過去の森羅万象の研究はわれわれの芸術を真の道筋の上に位置づける性質のものですが、今回の件で私のこの努力が無駄ではなかったことが示されました。未来とは、過去を正確に、批判的に研究することによってのみ作られるものです。誰もが歴史を正しく、つまり、確かな資料を用いて知っていれば、人類の友愛は盛りを迎えたはずです。われわれが何につけ互いを理解し損ね、何度も何度も同じ間違い、同じ過ちを犯してしまうのは、常に無知ゆえのことです。〔……〕

E・ヴィオレ＝ル＝デュク(47)

4　ラスキンとエンジニア美学［一八六九―一八七五］

R・スタージス――忘れられたモダニスト

ヴァン・ブラント版『建築講話』の出版までに、ヴィオレ＝ル＝デュクには純理性的な建築理念を唱導した理知的な人物としてのイメージが根づいていた。それと並行した現象として、ラスキンには不合理な人物としての理解が主流を占めるようになる。

しかし、ラスキンの建築理論を機能主義的美学のもとに理解する一八五〇年代以来の系譜は、その後もアメリカ建築論壇の中に細流として生き永らえていた。この事実を示しているのが、スタージスが一八七一年の『ノース・アメリカン・レビュー』に発表した「現代建築(48)」である。

この論考は、無装飾の純機能主義建築を奉じた、アメリカ人建築家による初のマニフェストとして特筆される。同論の発表が当時の論壇に及ぼしたインパクトは今日では等閑視されているが、これはシカゴの『アメリカン・ビルダー』によって、「われわれの建設様式の現在の特質に関する批評のなかでもアメリカ文学史上最も精緻かつ価値あるものに位置づく」[49]論考であると評されたことに加えて、国内のエンジニア誌およびイギリスの建築専門誌『ビルダー』にも紹介された、一九世紀アメリカの建築論のなかでも最重要なものの一つである[50]。

スタージスは一八六〇年代前半からヴィオレ＝ル＝デュクをゴシシストと理解し続けた数少ない建築家である[51]。そのスタージスが「現代建築」中で奉じる機能主義の源流は中世にあり、ヴィオレ＝ル＝デュクの引用によって、中世人は「虚飾を知らず、すべての物品は精確に目的に応えていた」のだと語られる。

そして話題は、鋳鉄をはじめとする工業部材に移行する。それらは石材とは異なる製造法でありながら、施される装飾は依然として石材の引き写しであり、鋳鉄に相応しい造形を「自分自身で考える」努力が欠如している。スタージスの論に従えば、機械によって製作される工業部材はそれ自体が機能の表現であり、未来の建築にはそれを直接表示することこそが求められる。すなわち「装飾にはおそらく未来はない」のであり、スタージスの見立てによれば、「これからは正しく無装飾に建てられた建物が不快に映ることはなくなる」のだった。いまや「建築の設計者も、堅牢性、理想の材料、最善の造形と屋根のための最善の覆い、壁を護るための最善の軒蛇腹の断面、光を与えるための開口と必要な入口の正しい配置、そうして、アーチやまぐさによる、その開口に対する最善の架構手段のことを考えるべき」なのであり、こうした条件の満足のみによって建築美は達成される。

このような機能性の表現を有する人工物のなかでも、スタージスが建築の模範としたのはやはり船舶だった。そこでスタージスは、グリーノウが「アメリカ建築」で、スティルマンが「美の本質と効用」で、アイドリッツが「様式論」で展開した船舶美学をラスキンの美論に結びつけ、このように語った。

船とは本来、われわれが有する、厳密に実利的なもののなかでも最も完璧な種類のものである。すべての線は、幾世代もの造船者たちによって、速度、収容人数、堪航性を求め幾世紀も繰り返された、入念な実験の結果なの

図2-16　オースティン・ビルディング（R. スタージス，NYC，1876年）
鋳鉄造，全面ガラスのオフィスビルディング．簡素な円柱に抽象化された柱頭がつくなど，各部造作ともにギリシャ古典を彷彿とさせる．マディソン街ブロードウェイ23丁目とあるが実施は不明．

だ。「ボートの船首は」、とラスキンは言う。「神の作品〔自然、宇宙〕に次いで、私の知る最も美しいものだ」。

ラスキンの著作はそれまでにも船舶美学の文脈でも読まれており、一八五六年の『クレヨン』には、「ボートについて[52]」と題する論考が掲載されている。これはラスキンの著作のなかでは今日比較的目立たない『イングランドの港[53]』（一八五六）の書評に四頁を費やし、船舶と生物の類推や、船舶が神の被造物に比肩されることを語った記事である。

「現代建築」で行われた引用も、一見する限りではこの『イングランドの港』からの引用のようである。しかしスタージスが引いたラスキンの言葉は実際には創作であり、ラスキンの文筆のなかには存在しない。つまりスタージスは、自らが抱く「ラスキンの建築観」の理解から、おそらく無意識に、ありもしない金言を拵えたのである。そしてその言葉は先述の通り、建築論壇を超えて広まり、また本国イギリスにまで伝わった。

そうして、この造船と建築のアナロジーは、アメリカ建築の発展を「ゴシック的な」発展の過程とみなすスタージスの論理の土台でもあった。構法の試行錯誤のなか、自然かつ匿名的に展開し「造船のように成長する」、真の建築様式発生のモデルとしてスタージスが当時思い描いていたのはゴシック建築の発達史である。彼はそれを、この「現代建築」のなかで次のようにまとめた。

誰の発明でもなく、誰の功績に帰せられることもない。ただ造船者のおのおのが、自分の船の速さや粘り強さ、耐航性をほんの少しばかり改善できると思うこと。かくして《グレート・ハリー》〔イングランド王国海軍の大型船、一五一四年完成〕から徐々に古きカリフォルニア貿易のクリッパー船が生まれる。――棟梁には建てるべき石造屋根があり、彼らのおのおのはただ、他の屋根を見て自力で考える。円形のヴォールト・リブを試し、それが駄目だとわかったら、純粋に建設上の工夫として尖頭形のヴォールト・リブを試す。新しい組み合わせで有力なものが見つかると、二〇年も経たずにゴシック的石造ヴォールティングは成熟を迎え、それとともにゴシック建築と呼ばれるものが生まれる。

このゴシック建築成立史を現代に再び蘇らせうるものとして、スタージスが注目していたのが鋳鉄構造だった。かくして彼が「現代建築」で展開した無装飾建築論は、一八七六年のオースティン・ビルディング（図2-16）のなかに、それまでの彼の設計のキャリアからの断絶を示すように、極端なかたちで具体化することとなる。それは、イェール大学の施設群（ニューヘーブン、一八六九―七六）やメカニックス・アンド・ファーマーズ・バンク（ニューヨーク州オルバニー、一八七二）などの石造建築とは異なり、金属部材のアセンブリを強調し、装飾を柱頭および、外壁・コーニスの幾何学パタンのみと、極度に抑えたクラシック建築だった。

ゴシックの魂を宿したクラシック建築――それはスタージスの錯乱であっただろうか。

A・P・ボラー――橋梁エンジニアのラスキン受容と「無装飾の装飾」

一八七五年のヴァン・ブラント版『建築講話』出版にいたるまで、ラスキンとヴィオレ＝ル＝デュクに対するイメージの形成過程は、国内建築界の内部事情に強く左右されたものだった。その一方で、同時期のエンジニアリング領

図2-17　J. ラスキン
アメリカ版ラスキン本に初めて現れた肖像画.『自然, 芸術, 道徳と信仰のなかの真実と美』(1858年頃) より.

域では、建築領域のものとは背景も性質も異にしたラスキン受容が進行していた。

ここでは前提知識として、その領域内部ではそもそもヴィオレ＝ル＝デュク受容は観察されないということにも指摘が必要だろう。アメリカでは、ラスキンの読者はその受容の始まりから建築界を超えたものであり、建築・美術論壇のラスキン嫌悪とは裏腹、市井のラスキン・ブームは少なくとも、ゆうに第一次世界大戦をこえて続く現象である。初期には『自然、芸術、道徳と信仰における真実と美』[54]（一八五八頃）など、アメリカの独自編集によるラスキンの道徳論集が存在した（図2-17）。そうして、市井におけるこのモラリスト・ラスキン受容の潮流は、一八七〇、八〇年代とさらに加速していく。一八六〇年代末から論壇に顕在化してくるエンジニアのラスキン受容の背景には、そのような一般趨勢があった。他方、アメリカのヴィオレ＝ル＝デュク受容は建築論壇に限られたものだった。

南北戦争後、あるいはパリ万国博覧会後の一八六〇年末のアメリカは、工学分野を含むさまざまな専門誌の創刊をみた。当時ニューヨークで創刊された工学系雑誌には『ヴァン・ノストランズ・エクレクティック・エンジニアリング・マガジン』（一八六九―七八）や『マニュファクチャラー・アンド・ビルダー』（一八六九―九五）などがあるが、特に前者は工学の美的意義までを扱う幅広い雑誌だった。なかでも工学への美的感性の応用については、「エンジニアリングにおける芸術」（一八七〇）、「エンジニアのための建築」（一八七二）などの記事に示されるように、イギリスの建築専門誌『アーキテクト』や『ビルダー』からの転載を通じて、国内の技術的議論に美学的な要素を導入しようという意識が顕著である。そこにはまた、国内エンジニア界の建築・工芸分野への関心も如実に表れており、イギリスのクイーン・アン・ムーブメントを扱った「イギリス建築における最近の反発行動」（一八七四）をはじめ、一八七六年の建国百年博覧会開催の翌年にはチャールズ・ロック・イーストレイク〔一八三六―一九〇六〕の「産業芸術の現状」が転載された[55]。

ここに挙げた記事をはじめとして、同誌に転載された記事のなかではラスキンの論は皆、建築や土木構造物の美化を推進する目的のために援用されていた。ただし、これらの記事はすべてイギリスで発表されたものを再掲しただけであり、同じ論題に対する問題意識を共有していることは読みとれるにせよ、アメリカの論壇からの積極的な発話はない。

こうした動向のなか、鉄橋設計の黎明期にトラス橋の設計で功績のあった、アルフレッド・パンコースト・ボラー[56]〔一八四〇―一九一二〕がキャリアの初期に発表した「エンジニアリング・アーキテクチャー[57]」（『フランクリン協会雑誌』、一八六九）は、橋梁の美学性質を国内で提示した最初期の論考である。それはまた、論述の基礎にラスキンの美論を用いたという点でも、目下の考察のための最適なモデルとなる。ボラーは「工学的作品に芸術作品としての魅力を持たせようとしてはいけないとされているのは完全に誤っている」ことを示すため、『建築の七燈』に語られる建築の定義を独自に解釈したのだった。

ここでボラーは、ラスキンが意味する「ビルディング」とは特に「建設《コンストラクション》」のことであると断り、「建設《ビルディング》なき建築《アーキテクチャー》はなく、よき建設なきよき建築はない」という『建築の七燈』中の一節を引くことで[58]、自身で定義する「美学的建設《エステティック・コンストラクション》」の要件と、土木構造物に内在する装飾《オーナメンテーション》の可能性について語った。

ボラーによれば、「装飾が人に満足を与える妥当なものとなるのはそれが事物の本質的な適合性を備えていた場合」なのであり、「装飾の特性は作品のなかに存在する目的を表現するものでなければ」ならず、かつ平明であることが求められる。これはエンジニアによる発言であり、第一義的には土木構造物の美の要件について語ったものである。しかし、その二重の意味にとれる記事題名は、ここでボラーが語る制作の要件が、同時に建築にも求められるものであることを暗示している。「エンジニアリング・アーキテクチャー」には、エンジニアリング分野に建築美の観念を導入することと、建築美をエンジニアリングによって成立させることという、二重の意味がある。

そしてボラーは、「単純で科学的な建設と、構造が義務を果たすために必要な部材のプロポーションさえあれば満足のいく結果のためには十分」なのだと続ける。すなわち、ボラーが定義する装飾の平明性とは、即座に無装飾に還元されるものなのである。「というのも、プロポーションこそがわれわれが美と呼ぶものに不可欠な要素だからだ」。

「エンジニアリング・アーキテクチャー」の発表後、ボラーは一八七六年に『市委員会のための鉄骨幹線道路橋建設実践論』[59]（以下『建設実践論』）を発表、そのなかの一章に「橋梁建設における建築」を設け、「（いくら繰り返しても繰り返し足りない）ラスキニアン的原理」を橋梁設計に組み込むべきことを市井に説いた。

ボラーがここで指摘するその「ラスキニアン的原理」とは「建造物を装飾し、装飾を組み立てないこと」だった。これはラスキンから頻繁に引用されるなかでも解釈が多義にわたる箇所であり、ボラーによる引用の意図には多少の説明が必要である。しかし、同章冒頭において「建築という語の真の意味においては、装飾されていない構造部も十分に建築の一部をなす」と語るボラーが書内において「装飾すること《デコレート》」と「装飾すること《アドーン》」に異なる含意をもたせたことは明白である。前者は「エンジニアリング・アーキテクチャー」に語られたのと同様、部材のプロポーションによって、構造物の機能的全体を明示する美的操作のことを指す。

橋梁工学の発展期、ボラーはこうして美的観点から土木的実践を補足した。それは彼の橋梁デザイナーとしての経歴そのものにも反映されている。

一八七〇年前後のボラーは若年でありながら、すでにウィリアムズポートのサスペンション橋（ペンシルバニア州、一八六五）をはじめ橋梁エンジニアとしてのキャリアを開始しており、「エンジニアリング・アーキテクチャー」の発

図 2-18　パトナム旋回橋（A. P. ボラー，NYC，1880-81 年）
M. スカイラー「ニューヨークの橋」(1905 年）より．「このデザインは，整然と，明快に，簡潔に，優美に作られた図画解説であり，〔……〕その説得力は，装飾的付属物の不在と，表示法を最も単純なものに還元したところから生まれている」．

表直後には自身初の旋回橋であるブリッジポート橋（コネチカット州、一八七〇）が開通した。そうして『建設実践論』ののちには、パトナム旋回橋（一八八〇―八一、図2-18）、マコム・ダム橋（一八九五）、一四五丁目橋（一九〇五）、ユニバーシティ・ハイツ橋（一九〇八）、マディソン・アベニュー橋（一九一〇）といった、ニューヨークを流れるハーレム川に架かる多くの旋回橋を手掛けることとなる。プロポーションを重視し、無装飾に組み立てられたこれらの鉄骨トラス橋はいみじくも、これらの著作に述べられた原理の忠実な再現となっている。

「あたかもエンジニアがラスキンを読んでいたかのようであり、必要物としての鉄道の醜さと、その必然的醜さを和らげようとすることの美学的な罪の重さを説く、矛盾した一節を応用したかのようだ[60]」。一八七〇年代以降のアメリカの鉄橋設計に関して、モンゴメリー・スカイラーは二〇世紀初頭にこう述べている。スカイラーの見立て通り、そのようなことは当時実際に起こっていたのである。

エンジニアによるラスキン受容についてさらに傍証として挙げられるのは、スタージスが「現代建築」を発表した直後にそれを抄録した『テクノロジスト』（ニューヨーク）である。(61) ここではスタージスの論に新たに「装飾的設計《デコラティブ・デザイン》」の題が付され、彼が誤って引用した、ラスキンによるボートと建築のアナロジーを中心に転載が構成されている。この転載箇所そのもののなかでスタージスが語っている通り、ここで「装飾的」とされている設計原理とは、ボラーの定義と同様、むしろ無装飾を意味するものである。

当時のボストンとニューヨークでは、建築とエンジニアリングという両分野において、ラスキンの理論は美学的な議論のなかでともに参照源とされた。しかしこのときのラスキン受容がそれぞれの分野で異なる経緯を辿ったことによって、両者間には明確な分裂が起こっていた。一方の建築論壇では、ラスキンの理論を通じてはもはや、同時代の建築家が奉ずるべき合理的設計の理念は語りえぬものとなっていた。しかしエンジニア界隈では、ラスキンの「装飾的」建築理論を通じてこそ、合理的橋梁設計と、その極致にある建築美を語ることができた。

スタージスの「近代建築」はこの点において、建築界・エンジニア界のラスキン受容の動向をともに満足させるものだった。それは一方において、「知的建設」概念を語るさいの参照先がヴィオレ＝ル＝デュクに移りゆくという、建築論壇の動向を忠実に反映したものだった。しかし他方において、それは一八四〇、五〇年代の超越論的＝機能主義的建築理論の展開をとどめおきながら、論全体に示される建築美論の核心を「ラスキンの建築理論」に代表させていた。その論が当時のエンジニアの目を引き彼らにアピールしたのは、この後者の特質のためでこそあった。

ラスキンの論に対する解釈に分裂はみせながらも、この両分野で展開していた美論が、その本質において相同的性質を有していたということは特筆すべきである。建築論壇の与かり知らぬ領域でも、土木構築物を含む広義の「建築」をめぐる議論は共通の建築観のもとに展開していた。

5　ギルデッド・エイジの成熟へ　［一八七一―一八九八］

シカゴ――建築論壇とエンジニア論壇の合流地点

一八六〇、七〇年代当時、エンジニアの論壇は建築論壇にも目をくばり、同業者界隈の美的観念の向上につとめた。しかしニューヨーク、ボストンの建築論壇にはその逆はなかったとみてよい。スタージスによって提示された船舶モデルの建築理論はあくまで理念的なものであり、エンジニアリングの美という問題に関して、建築家とエンジニア同士の議論の交流は同時代的には果たされなかった。

他方、シカゴで一八六〇年代末より『アメリカン・ビルダー』に形成され始めていた建築論壇には、そのような分野間交流の跡が示されている。同誌には先述の通りスタージスの「現代建築」の抄録が連載された[62]ほか、『ヴァン・ノストランズ』と同様、イギリス人エンジニアによるロンドンの土木・機械工学会講演「エンジニアのための建築[63]」の覚書が掲載された。この論もまた、ラスキンを引きながら「『良識あるいは真実』の法則」を建築の質の第一条件とし橋梁の美を論じたものである。「立派な建築、美しい建築、独創的な建築を操ることはできないかもしれないが、少なくとも実直な建築ならば操ることができる[64]」（『建築の七燈』）というラスキンの言葉は、講演者を通じて雑誌媒体でアメリカに伝わり、ことシカゴにおいては建築家とエンジニアの双方に受け入れられた。

またシカゴの論壇独自の特徴として、一八七〇年代初頭の『アメリカン・ビルダー』には合理的建設を語る上での、ラスキンに対する依拠の強さが指摘できる。その嚆矢的な位置を占めるのはジェイムズ・ケンダル〔生没年不詳〕による「理性的建設[65]」（一八七一）である。ケンダルはシカゴ大火（一八七一）前にイギリスからシカゴを訪れた建築家あるいは土木エンジニアであり[66]、その四年の滞在中には、同誌に他にも「現代的様式」、「建築装飾論」などさまざま

図2-19　P. B. ワイト（1872年）

な論考を寄稿している(67)。

なかでも「理性的建設」は、『知性』、『根拠』、『区別』を建築設計の三要件に掲げ、「建築にとって極めて重要なのは、それが真実の原理に相応しいものであり、意図された目的に適っていることである」という点を示すためにラスキンの建築論を援用した論考である。ここで語られるところによれば、『建築の七燈』と題された彼〔ラスキン〕の本のなかからは、建築に生命と創造性を吹き込むべく、また、幼稚、コピイズム、誤魔化しといった要素から建築を解放すべく計算された、美しく、最も示唆に富むアイデアを得ることができる」。こうした論調は当時のニューヨークの建築論壇では起こりえない、シカゴ独自のものである。

あるいは、ニューヨークからシカゴに活動拠点を移したワイト（図2-19）もまた、同誌に「現代の需要との実践的関係における建築(68)」を発表し、工学的産物の美的評価をラスキンの建築論と結びつけた。ここでワイトはラスキンの建築の定義を援用し、合理的設計の要件を次のようにまとめている。

> 建物の装飾を含む建設も〔……〕建設芸術に入る。装飾の有用性や効果とは、それが建設上の妥当性と調和するかどうかにかかっているのであり、構造が合理的であり、用いられた材料の役割を隠さず強調するようにそれが装飾される場合にのみ良い建築となりうる。

なお、ここでワイトが語る「建築」には、ボラーの場合と同様、「エンジニアリングの作品も含まれる」。そうして、「それらを装飾することは、それが主題の単純化の役に立たなければ考察の度外とされる」のだと語られた。

このように、ニューヨーク、ボストンの建築界でラスキンが強い忌避の対象となり始めていたのとは対照的に、一八七〇年代初頭以降しばらくのシカゴでは、ラスキンの建築論はむしろ、建築論壇のなかでも工学美論の援用先として独自の位置を保っていた。

橋梁美観の変容

本章では最後に、橋梁エンジニア界隈におけるその後の美論の展開について触れておきたい。というのも、ボラーによって先鞭のつけられたエンジニアによる橋梁美の議論はその後大きく変質し、一九世紀末になると、建築家によってその理論の誤りを正されることともなったのである。

ボラーの『建設実践論』から二〇年後、当時の橋梁工学分野では、ジョン・バトラー・ジョンソン（一八五〇―一九〇二）らによる『現代的フレーム構造の理論と実践』[69]（一八九三）が一章に「橋梁の美学的設計」（デイヴィッド・A・モリター担当）を設けて「完全に新しい領域」の開拓を図った。これに対し、当時モンゴメリー・スカイラーは「非常に曖昧かつ全般的であり実務目的には向かない」[70]と論難した。この批評は、ジョンソンが定義する「美学的」橋梁デザインの概念が付加的装飾に拘泥し、一方で橋梁美に不可欠とされた構造の直接的表現をめぐり、書内で自己撞着を起こしていたからにほかならない（図2-20）。

ここには、ボラーら初期の橋梁デザイナーの装飾観と、後代のそれとの大きな懸隔をみることができる。『現代的フレーム構造の理論と実践』に語られる「美学的設計」の本質的な矛盾とは、「ディテールが快いものであり適切に選ばれたものであってもなお、構造やそれにかかわる部品に装飾を載せる《オーバーロードする》ことは美学的理法に反している」と明言しているにもかかわらず、なおも美のためには装飾を「選択し」、「載せ」なければならないことである。

一方、カンザスに活動拠点を移した一八九〇年代のヴァン・ブラント[71]は、橋梁エンジニアのジョン・アレクサンダー・ロー・ワデル（一八五四―一九三八）による『デ・ポンティブス』（一八九八）に橋梁美に関する公開書簡を寄稿している。ワデルはお雇い外国人として日本に招かれ旧東京大学で土木工学を講じた（一八八二―八六）のち、帰国後にカンザスに事務所を構えたエンジニアだった。

しかし、この公開書簡中でヴァン・ブラントが表明したエンジニアの美的水準に関する評価もまた、極めて悲観的なものである。ヴァン・ブラントによれば、橋梁の美は「構造そのものから発現し、構造に本来備わった経済条件と実務条件から展開されなければならない」ものだったが、その時代の「最も完璧な科学的業績、少なくとも鋼橋建設のなかでは、線とマッスの美の理論が認識されていない」。すなわち「エンジニアリング・アーキテクチャー」の発

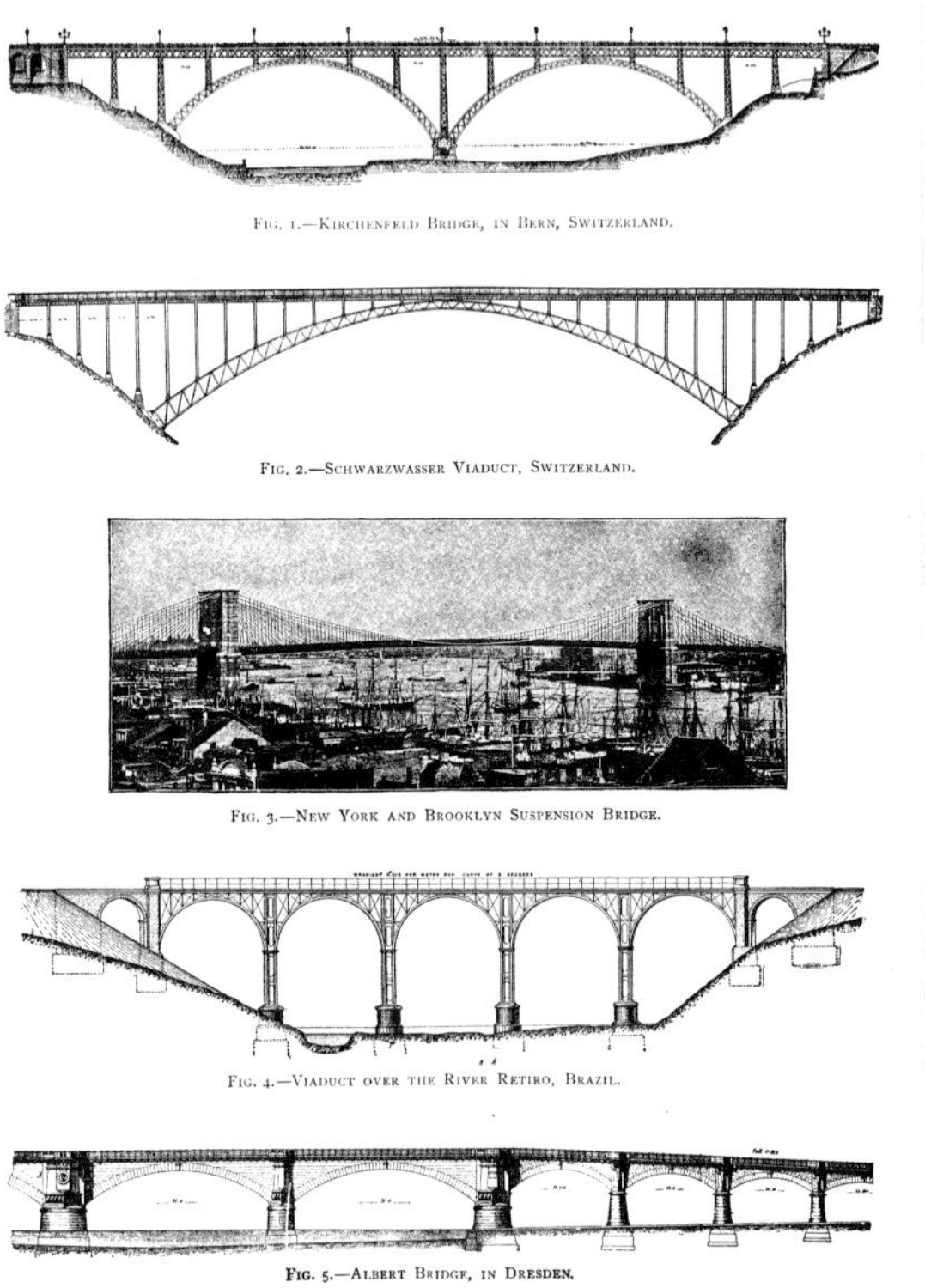

図 2-20 『現代的フレーム構造の理論と実践』(1893 年) 図版
ギルデッド・エイジの富の増大とともに橋梁エンジニアの「装飾」観は変化した.「図 1［最上］の外観の魅力はすべて形式に起因している. 構造は極めて地味だが, 見事に目的に適っている.〔……〕図 3［中央］.〔……〕この橋〔ブルックリン橋〕は飾り気が全くなく, 美を形式に負っている. しかし塔は完成していないように見えるため, 適切なデザインを載せなければならない」.

表からおよそ四半世紀後の橋梁設計は、もはやヴァン・ブラントのこの基準を満たすものではなくなっていたのである。それを彼は、現代の「エンジニアリングの病気」であると喝破した。

ワデルもまたこの点に賛意を示し、モリターの「橋梁の美学的設計」を当時参照しえた主要論考として指摘しながら、読者に次のような注意を促した。

> アメリカの橋梁デザイナーは〔……〕軽率な模倣を避けるべきである。ヨーロッパ世界の重くがっしりとして高価な橋梁には相応しい装飾的造作も、アメリカのエンジニアリングの実践の特徴となっている、軽く、風通しがよく、経済的な構造に接ぎ木するのは場違いだからだ。

ワデル自身もまた、この理念に則り無装飾の鉄橋を数多く設計した実務家だった。しかし同時にこの書内では、アメリカの橋梁の無装飾は、単に自国に金銭的な余裕がなかったためであるとも語られる。しかし「ヨーロッパでは大きく重要な橋梁をそのように〔装飾で〕飾ることは慣例」であり、「アメリカの実践もじきにそのようになる」。南北戦争の終結以後三〇年、すなわち「ギルデッド・エイジ」〔金ぴか時代〕に急速に富を増大させていったアメリカの空気は、先駆的エンジニアの美論の内部にさえこのようなねじれを生じさせたのだった。

（1）Leo Stein, "On Reading Poetry and Seeing Pictures," *Appreciation: Painting, Poetry, and Prose*, New York, Random House, 1947, p. 107.

（2）Leopold Eidlitz, "On Style," *The Crayon*, Vol. 5, No. 5, May 1858, pp. 139-142.

(3) Henry Whitney Bellows, *The Moral Significance of the Crystal Palace: A Sermon, Preached First to His Own Congregation, and Repeated in the Church of the Messiah, on Sunday Evening, October 30, 1853*, New York, G. P. Putnam & Co., 1853.

(4) 著者作成。計数は Jean Paul Carlhian and Margot M. Ellis, *Americans in Paris: Foundations of America's Architectural Gilded Age: Architecture Students at the École des Beaux-Arts 1846–1946*, New York, Paris, London and Milan, Rizzoli, 2014, pp. 244–245 所収のアメリカ人ボザール入学者名簿より。

(5) William Robert Ware, "On the Condition of Architecture and of Architectural Education in the United States," *Papers Read at the Royal Institute of British Architects, Session 1866–67*, London, 1867, p. 86.

(6) Ibid.

(7) Idem, "Architectural Instruction," *The Builder*, Vol. 24, No. 1220, 23 Jun. 1866, pp. 463–465.

(8) Michael J. Lewis, "The Battle between Polytechnic and Beaux-Arts in the American University," *Architecture School: Three Centuries of Educating Architects in North America*, Joan Ockman, ed., Cambridge, Mass. and London, The MIT Press, 2012, p. 68–70 参照。

(9) "Architectural Education in the United States II: The University of Illinois," *AA&BN*, Vol. 24, No. 662, 1 Sep. 1888, p. 95.

(10) リッカーの翻訳の業績については Alan K. Laing, *Nathan Clifford Ricker, 1843–1924: Pioneer in American Architectural Education*, Urbana, 1973, pp. 13–14, p. 30 n.10 を参照。

(11) Rudolf Redtenbacher, *Die Architektonik der Modernen Baukunst*, Berlin, Ernst & Korn, 1883.

(12) Otto Wagner, *Moderne Architektur, seinen Schuülern ein führer auf diesem Kunstgebiete*, Wien, Schroll, 1898.

(13) Georg Gottlob Ungewitter, *Lehrbuch der gotischen Konstruktionen*, Leipzig, T. O. Weigel, 1859–1864.

(14) Mary N. Woods, *From Craft to Profession: The Practice of Architecture in Nineteenth-Century America*, Berkeley and London, University of California Press, 1999, p. 71.

(15) Eugène Emmanuel Viollet-le-Duc, *Dictionnaire raisonné de l'architecture française du XIe au XVIe siècle*, 10 Vols., Paris, Bance, 1854–1868.

（16） Woods, *op. cit.* p. 70.

（17） Frank Furness, “A Few Personal Reminiscence of His Old Teacher by One of His Old Pupils” in *Frank Furness: The Complete Works*, George E. Thomas, Michael J. Lewis, and Jeffrey A. Cohen, eds., New York, Princeton Architectural Press, 1996, pp. 352, 355には、ハントおよび兄弟からボザールの話を聞かされる逸話が回想されている。Michael J. Lewis, *Frank Furness: Architecture and the Violent Mind*, New York and London, W. W. Norton & Company, 2001, p. 15も参照。

（18） Baker, *Richard Morris Hunt*, p. 165. ストラットンの入学年はCarlhian and Ellis, *Americans in Paris*, p. 244より。

（19） 本図は一八九四年の『アーキテクチュラル・レコード』を出典とするが、原図は以下。Alexis Lemaistre, “L'architecte,” *L'écoles des beaux-arts: dessinée et racontée par un élève*, Paris, Firmin-Didot, 1889, p. 215.

（20） 一八九〇年度の調査では在校生六七九人中フランス人六〇六人（八九％）、アメリカ人三二人（四・七％）。一八九四年度の調査では八一三人中フランス人七一四人（八七％）、アメリカ人五四人（六・六％）。いずれの年度においてもアメリカ人留学生数は他国を大きく離す。Eugène Muntz, “The École des Beaux-Arts,” *The Architectural Record*, The Beaux-Arts Number, Jan. 1901, p. 15.

（21） Robert Swain Peabody, “A Tribune,” *The Brickbuilder*, Vol. 19, No. 2, Feb. 1910, p. 55;［idem,］“A Great Imaginative Interpreter of Renaissance Traditions,” *The Architectural Record*, Vol. 35, No. 5, May 1914, p. 465. 両記事とも表現が同じであるため同一著者に同定。同箇所はのちにマッキムの伝記Charles Moore, *The Life and Times of Charles Follen McKim*, Boston and New York, Houghton Mifflin Company, 1929, pp. 24–25にも引用される。

（22） Eugène Emmanuel Viollet-le-Duc, *Entretiens sur l'architecture*, tome premier, Paris, A. Morel et Cie, 1863.

（23） “French,” *Putnam's Monthly Magazine of American Literature, Science, and Art*, Vol. 3, No. 14, Feb. 1854, p. 227.

（24）［Eugène Emmanuel Viollet-le-Duc,］“Sketchings: The Artist,” *The Crayon*, Vol. 6, No. 7, 1 Jul. 1859, pp. 218–219.

（25） Idem, *An Essay on the Military Architecture of the Middle Ages*, A. Macdermott, tr., Oxford and London, J. H. and J. Parker, 1860.

（26） “Military Architecture of Middle Ages,” *The Albion, A Journal of News, Politics and Literature*, Vol. 39, No. 38, 21

Sep. 1861, pp. 448–449.

(27) Mrs. Schuyler Van Rensselaer, *Henry Hobson Richardson and His Works*, New York, Dover Publishing, 1969, p. 15. 同書は公式の伝記で初版は一八八八年.

(28) Peter Bonnett Wight, "H. H. Richardson," *IA&NR*, Vol. 7, No. 7, May 1886, p. 60.『建築講話』初版の書誌情報は以下。Eugène Emmanuel Viollet-le-Duc, *Entretiens sur l'architecture*, tome premier, Paris, A. Morel et Cie, 1863.

(29) Idem, "Reminiscences of Russell Sturgis," *The Architectural Record*, Vol. 26, No. 2, Aug. 1909, p. 124.

(30) M. Viollet-le-Duc, *Entretiens sur l'architecture*, Ridgewood, NJ, Gregg Press, 1865.

(31) John Andrew Chewning, "William Robert Ware and the Beginnings of Architectural Education in the United States, 1861–1881," Ph. D. diss., Department of Architecture, Massachusetts Institute of Technology, 1886 p. 324 n. 197.

(32) [Henry Van Brunt,] "Architectural Reform," *The Nation*, Vol. 2, Nos.40–41, 5, 12 Apr. 1866, pp. 438–439, 469–470. ヴァン・ブラントの書評は当時匿名だったが、その後論集に収録された（*Architecture and Society*, pp. 89–96）。

(33) Peter Bonnett Wight, "The History of Art and Aesthetics from the Earliest Times to the Fall of the Roman Empire by Viollet-le-Duc," *The Manufacturer and Builder*, Vol. 2, No. 11, 1 Nov. 1870, pp. 323–326.

(34) George Whitefield Samson, *Elements of Art Criticism: Comprising a Treatise on the Principles of Man's Nature as Addressed by Art, together with a Historic Survey of the Methods of Art Execution in the Departments of Drawing, Sculpture, Architecture, Painting, Landscape Gardening, and the Decorative Arts*, Philadelphia, J. B. Lippincott & Co., 1867.

(35) "A Worse than Worthless Text-Book," *The Nation*, Vol. 4, No. 95, Apr. 1867, pp. 332–333.

(36) William James Stillman, "Ruskin and His Writings," *The Nation*, Vol. 7, No. 178, 6 Nov. 1868, p. 437.

(37) 特に idem, "John Ruskin," *The Century Magazine*, Vol. 35, No. 3, Jan. 1888, pp. 357–366.

(38) Clarence Chatham Cook, "A Corner Stone," *The Galaxy*, Vol. 5, No. 2, Feb. 1868, pp. 144–153.

(39) Eugène Emmanue Viollet-le-Duc, *Discourses on Architecture*, Henry Van Brunt, tr., Boston, James R. Osgood and Company, 1875. 冒頭にヴァン・ブラントによる解説が付される。Henry Van Brunt, "Introduction by the Translator," *Ibid.*, pp.

iii-xviii; included in *Architecture and Society* as "Translator's Introduction to the Discourses on Architecture of Eugène Emmanuel Viollet-le-Duc," pp. 97–110.

（40）"Discourses on Architecture," *The Nation*, Vol. 21, No. 545, Dec. 1875, pp. 376–377; "Viollet-le-Duc's Discourses," *AA&BN*, Vol. 1, 8 Apr. 1876, pp. 115–117.

（41）同様の両者の性格上の対比は『スクリブナーズ・マンスリー』の書評にもみられる。「ヴィオレ＝ル＝デュク氏はラスキン氏のような、古い建築遺跡の上に色とりどりの知性の燈を吊るすただの美術批評家ではなく、腕の立つ実務建築家として偽りの芸術と偽りの建設原理を見分けることができる。事実、彼は彼ならではの徹底的に科学的な仕方で、ラスキン氏と同じ福音、真実に対する絶対忠実な建築の必要を説いている。あるいは、彼はそれを説き勧めているのでは全くなく、科学的必然として提示しているのである」。"Viollet-le-Duc's 'Discourses on Architecture,'" *Scribner's Monthly*, Vol. 11, No. 4, Feb. 1876, p. 587.

（42）［"Book Review on Discourses on Architecture,"］*The Atlantic Monthly*, Vol. 37, No. 221, Mar. 1876, pp. 383–384.

（43）"M. Viollet-le-Duc on Modern Architecture," *AA&BN*, Vol. 2, 7 Apr. 1877, pp. 108–109.

（44）Eugène-Emmanuel Viollet-le-Duc, *How to Build a House: An Architectural Novelette*, Benjamin Bucknall, tr., London, Sampson Low, Marston, Low, and Searle, 1874; idem, *The Story of a House*, George M. Towle, tr., Boston, J.R. Osgood and Company, 1874; idem, *On Restoration, and a Notice of His Works in connection with the Historical Monuments of France*, Charles Wethered, tr., London, Sampson Low, Marston Low, and Searle, 1875; idem, *Annals of a Fortress*, Benjamin Bucknall, tr., Boston, J. R. Osgood and Company, 1876; idem, *The Habitations of Man in All Ages*, Benjamin Bucknall, tr., Boston, J. R. Osgood and Company, 1876; idem, *Mont Blanc: A Treatise on Its Geodisical and Geological Constitution; Its Transformations; And the Ancient and Recent State of its Glaciers*, Benjamin Bucknall, tr., London, S. Low, Marston, Searle & Rivington, 1877; idem, *Learning to Draw: Or, the Story of a Young Designer*, Virginia Champlin, tr., New York, G. P. Putnam's sons, 1881.
時代は下るが、ここでは一八九五年に『フランス中世建築事典』の「建設（*construction*）」の項の英訳が出版されたことも付記しておく。Idem, *Rational Building: Being a Translation of the Articles "Construction"* in the Dictionnaire raisonné de l'architecture française *of M. Eugène-Emmanuel* [sic] *Viollet-le-Duc*, George Martin Huss, tr., New York, London, Macmillan and Co., 1895. これは一八九二年に『アメリカン・アーキテクト』で連載が開始された一連の翻訳記事がまとめられたものである。Idem, "Construction – I," AA&BN, Vol. 35, No. 838, 16 Jan. 1892, pp. 39–41.

(45) Eugène Emmanuel Viollet-le-Duc, *Lectures on Architecture*, Benjamin Bucknall, tr., London, Sampson Low, Marston, Searle and Rivington, 1877.

(46) 一九世紀後半における『建築講話』英訳の来歴は Millard Fillmore Hearn, "Viollet-le-Duc: A Visionary among the Gargoyles," in Eugène Emmanuel Viollet-le-Duc, *The Architectural Theory of Viollet-le-Duc: Readings and Commentary*, Cambridge, Mass., MIT Press, 1990, pp. 15–19 に詳しい。

(47) Idem, "Letter from M. Viollet-le-Duc," *AA&BN*, Vol. 1, 14 Apr. 1876, p. 127.

(48) Russell Sturgis, "Modern Architecture," *The North American Review*, Vol. 112, Nos. 1–2, Mar.-Apr. 1871, pp. 160–177, 370–391.

(49) "Modern Architecture," *The American Builder and Art Journal*, Vol. 4, No. 5, May, 1871, p. 398.

(50) Russel Sturgis, "Decorative Design," *The Technologist: Especially Dovoted to Engineering, Manufacturing and Building*, Vol. 2, No. 10, Oct. 1871, p. 254; idem, "Decorative Design," *The Architect*, Vol. 6, 10 Aug. 1871, p. 90. ほかシカゴの『アメリカン・ビルダー』にも転載された。注62参照。

(51) "Viollet-le-Duc's French Mediaeval Architecture," *The Nation*, Vol. 9, Nos. 215, 217, 12, 26 Aug. 1869, pp. 134–135, 173–174 はスタージスによる（同定は Daniel D. Reiff, "Viollet-le-Duc and American 19th Century Architecture," *Journal of Architectural Education*, Vol. 42, No. 1, Autumn 1988, p. 34 による）。また [Russell Sturgis,] "Our Furniture: What It Is, and What It Should Be," *The New Path*, Vol. 2, Nos.4–5, Apr.–May 1865, pp. 55–62, 65–72 でもヴィオレ＝ル＝デュクはゴシシストとされる。第三章2節参照。

(52) "On Boats," *The Crayon*, Vol. 3, No. 11, Nov. 1856, pp. 332–335. おそらく執筆はスティルマン。

(53) Joseph Mallord William Turner, Thomas Goff Lupton and, John Ruskin, *The Harbours of England*, London, E. Gambart and Co., 1856.

(54) John Ruskin, *The True and Beautiful in Nature, Art, Morals and Religion: Selected from the Works of John Ruskin*, Louisa Caroline Thuthill, ed., New York, Wiley & Halsted, c1858.

(55) "Art in Engineering," *VNEEM*, Vol. 2, No. 15, 1 Mar. 1870, pp. 235-237; "Architecture for Engineers," *ibid.*, Vol. 6, No. 39, 1 Mar. 1872, pp. 241-245; "On the Recent Reaction of Taste in English Architecture," *ibid.*, Vol. 11, No. 69, 1 Sep. 1874, pp. 231-234; "Stucco," *ibid.*, Vol. 15, No. 94, 1 Oct. 1876, pp. 368-374; Charles L. Eastlake, "The Present State of Industrial Art," *ibid.*, Vol. 17, No. 103, 1 Jul 1877, pp. 29-36; "Solidity and Breadth in Architecture," *ibid.*, Vol. 29, No. 179, 1 Nov. 1883, pp. 430-432.

(56) ボラーについてはFrancis E. Griggs., "Alfred Pancoast Boller," *Journal of Professional Issues in Engineering Education and Practice*, Jul. 2012, Vol. 138, No. 3, pp. 181-192参照。

(57) Alfred Pancoast Boller, "Engineering Architecture," *Journal of the Franklin Institute of the State of Pennsylvania, for the Promotion of the Mechanic Arts*, Vol. 42, No. 5, May 1869, pp. 319-322.

(58) ボラーの記事では『ヴェネツィアの石』とされる。引用箇所は記事原文では"that there can be no architecture without building, and no *good* architecture without *good* building"とされているが、これは『建築の七燈』第一章「奉献の燈」第一節に語られる"neither can there be any architecture which is not based on building, nor any good architecture which is not based on good building"の誤りだろう。なお、ボラーと全く同じ引用のされ方は翌一八七〇年のRIBA例会でも行われている。Elijah Hoole, "A Summary of Mr. Ruskin's Earlier Architectural Criticism," *Papers Read at the Royal Institute of British Architect*, Session 1869-70, p. 101.

(59) Alfred Pancoast Boller, *Practical Treatise on the Construction of Iron Highway Bridges for the Use of Town Committees*, New York, John Wiley & Sons, 1876.

(60) Montgomery Schuyler, "New York Bridges," *The Architectural Record*, Vol. 18, No. 4, Oct. 1905, p. 246. Idem, "New York

Bridges," *American Architecture and Other Writings*, Vol. 2, William H. Jordy and Ralph Coe, eds., Cambridge, Mass., The Belknap Press of Harvard University Press, 1961, pp. 372-373. 未収録部。

(61) 注50参照。

(62) Russel Sturgis, "Modern Architecture," *The American Builder and Art Journal*, Vol. 4, Nos. 5-6, May-Jul. 1871, pp. 398-399, 419-421.

(63) "Architecture for Engineers," *The Amerian Builder and Art Journal*, Vol. 6, No. 2, Mar. 1872, p. 164.

(64) Ibid. 第二章「真実の燈」第五節。『ライブラリ・エディション』第八巻六〇頁。

(65) James Kendall, "Rational Building," *The American Builder and Art Journal*, Vol. 4, Nos. 3-5, Mar.-May 1871, pp. 345-346, 368-369, 393-394. 同誌は一八七四年の第一〇巻より *American Builder: A Journal of Industrial Art* としてニューヨークから発行される。

(66) "The Belfast Architectural Association," *The Irish Builder*, Vol. 17, No. 369, 1 May 1875, pp. 126 には、ケンダルによる「シカゴの四年間」(Four Years in Chicago) の発表記録 (三月一五日) が残されている。

(67) James Kendall, "Modern Style in Building," *The American Builder and Art Journal*, Vol. 4, No. 6, 1 Jun. 1871, pp. 417-418; idem, "On Architectural Ornament," *ibid.*, Vol. 4, No. 8, 1 Aug. 1871, p. 23.

(68) Peter Bonnett Wight, "Architecture in Its Practical Relation to the Needs of the Present Day," *The American Builder and Art Journal*, Vol. 4, No. 4, Apr. 1871, pp. 372-373.

(69) John Butler Johnson, Charles Walter Bryan and Frederick Eugene Turneaure, *The Theory and Practice of Modern Framed Structures*, New York, John Wiley & Sons, 1893.

(70) "'Monumental' Engineering," *American Architecture and Other Writings*, p. 349. 元記事は *The Architectural Record*, Vol. 11, No. 2, Oct. 1901, pp. 615-640.

(71) John Alexander Low Waddel, *De Pontibus: A Pocket-Book for Bridge Engineers*, New York, John Wiley & Sons, 1898. 同書に掲載されたヴァン・ブラント書簡は *Architecture and Society*, pp. 374-378 に所収。

第三章　ゴシック・リバイバルの「二つの道」——建国百年にいたる混迷

ラスキンの『モダン・ペインターズ』は持っているかい？　安い版が出たんだ。大学図書館を通せばお金もかからない。きみに送りたくてしょうがないんだ。

エレン・ルイーズ・アクソン宛、ウッドロウ・ウィルソン書簡、(1)

一八八四年二月一四日

1 ジョン・ラスキン行方不知 〔一八七六―一八九六〕

ゴシシスト・ヴィオレ＝ル＝デュク――突然の「転向」

アメリカ建築界の一八六〇年代とは、ＳＡＴＡ（芸術的真実推進協会）の活動に象徴されるゴシック・リバイバル期でありながら、同時に、ゴシック派の論客がラスキンという大きな理論的支柱を失っていく時期でもある。その一方で、クラシック派の論客はヴィオレ＝ル＝デュクという参照点を獲得した。そして一八七五年のヘンリー・ヴァン・ブラント版『建築講話』(2)を極点に、ヴィオレ＝ル＝デュクはフランスの代表的な理論家として、ボザールのクラシシズムの象徴となる。この過程のなかで、合理的建築に関する発言権は後者陣営に移った。当時から一般にゴシック・リバイバル期とよばれたこの時期のアメリカ建築界だったが、特に南北戦争の終結以降、論壇に幅をきかせていたのはむしろクラシック派の論客たちである。

この状況に変化が現れたのが、一八七六年にフィラデルフィアで行われた建国百年博覧会のタイミングである。その翌年、フランス人彫刻家フレデリック・バルトルディ（一八三四―一九〇四）が行ったアメリカ建築史講義の報告記事(3)のなかに、その最初の兆候が表れている。バルトルディはアメリカの建国百年を記念しフランスから寄贈された彫刻の制作者であり、建国百年博覧会会場にはその右手部分（「世界を照らす自由」像、通称「バルトルディの電灯」、図3-1）が展示され、展望台として親しまれた。つまりこれは、リチャード・モリス・ハントが台座を設計した、通称「自由の女神」（ニューヨーク、一八八五―八六）の右手部分である。

バルトルディは建国百年博覧会の国際審査員団の一人であり、件のアメリカ建築史講義は、この博覧会にあわせたアメリカ訪問の報告である。そのなかでバルトルディは、木材、煉瓦・石材、鉄、大理石・花崗岩・軟石の順の、建

図3-1 「世界を照らす自由」像
のちに「自由の女神」の右手となる．構造指導はE.-E. ヴィオレ＝ル＝デュク．

材の変遷からアメリカ建築史をひもといた。

しかし、「われわれ〔アメリカ人〕ならば建材よりも様式の連なりで時代を示したいと思うはず」だ――その講義を聴講したアメリカ人記者は、バルトルディの史観にこのような異議を差し挟んだ。この記者によれば、アメリカ建築史はコロニアル、ギリシャ、パリのルネサンスの順を辿る、様式の変遷史として描かれるべきものなのである。そうして、それに続く第四期である「中世」期すなわちゴシック・リバイバル期は、「(わが国の批評家が述べる通り、ヴィオレ＝ル＝デュクのフランス派ではなく)イギリスの親類から直接に伝わった」ものであり、「いまだに不屈の生命力をもってその立場を守り続けて」いる。

クラシック派の衰微とゴシック派の権勢維持、という明快な歴史認識から、この記者がゴシック派の論客であることは明らかである。そして注意が必要なのは、この一八七七年頃までは、このような現代建築史観の表明はほとんど不可能だったということである。と同時にこの言及からは、ヴィオレ＝ル＝デュクがフランスを代表するゴシシストであるという認識が、アメリカの建築界にもある程度の広がりをもって流布していたことがわかる。

そして一八七九年九月にヴィオレ＝ル＝デュクが没するころには、彼に対するゴシシストとしての理解は、アメリカの建築家のなかでも主流を占めるようになる。その死の直後には『アメリカン・アーキテクト』に追悼記事が乱立することとなったが、ヴィオレ＝ル＝デュクはこれらのなかで、国内で初めて、明確にゴシシストとしてラスキンと対置させられることとなる。

まず、ヴィオレ＝ル＝デュクの訃報を国内で第一に取り上げた記事は、ジェネラリストとしてのヴィオレ＝ル＝デュクをラスキンと比較し、アメリカ国内における前者の功績の大きさをこのようにたたえた。

ラスキンの感動的な雄弁によって掻き立てられた熱狂さえ、最近二〇年にわたり繰り広げられた、デザイン上のあまねく虚偽や誤魔化しに対する精力的な改革運動に比べれば束の間のもののように思える。この改革運動にとってヴィオレ＝ル＝デュクの著作は悪しき様式の誘惑に負けないための道徳的啓示でもあり、よりよい様式を作りあげるための物的資源でもあった。[4]

この時点では依然として、クラシシストとみなされてきたヴィオレ＝ル＝デュク像に対する配慮がみられた。ヴィオレ＝ル＝デュクはここで、「古代および中世建築の双方を特定の建設システムの表現、あるいはその必然的帰結として分析した」（傍点著者）人物と描かれており、彼を積極的にゴシックの理論家とみなすことにはいまだ躊躇いがみられるのである。

しかしこの直後に掲載された追悼記事のなかでは、ヴィオレ＝ル＝デュクは、「ラスキン氏がもしフランス人で、建築家で、科学の資質を有していたら占めたであろう位置」につくべき、「ゴシックと古代建築、しかし特にゴシック」（傍点著者）を研究した人物として描かれる。[5] 前記事では古代と中世を等価に扱ったとされるヴィオレ＝ル＝デュク像が、ここでゆるやかにゴシシストに寄るのである。ただし、ヴィオレ＝ル＝デュクのゴシック・リバイバルに対する功績を論じたこの記事が、内心は彼をゴシシストとみなしていたことは明白である。

ここでの記者がイギリス人建築家たちのゴシック建築観を引きながら語りおこすところによれば、クリストファー・レン（一六三二―一七二三）によって「建築の名に値しない石材の山」と揶揄され、[6] ピーター・ニコルソン（一七六五―一八四四）の時代まで「非難の言葉」と捉えられたゴシック建築は、その後、『対比』（一八三六）や『尖塔式建築の真の原理』[7]（一八四一）を著したオーガスタス・ピュージン（一八一二―一八五二）や後続のラスキンら、「真実という要素が建築にとっていかに本質的かを最初に見抜いた人間」が現れたことによって初めて、構造の合理性の観点から、真正の建築として扱われはじめた。特にラスキンについては、彼による、「精神的原理という、デザインの新しい教義を説いた熱意」の影響によってこそ、ヴィオレ＝ル＝デュクを一人とする「ヨーロッパ最高の頭脳が、デザインの真実の回復に着手した」のだとされている。そうして、ヴィオレ＝ル＝デュクの著作が「時宜を得て登場したことで、人々はあふれんばかりの提言や実例、金言に飛びつきそれらを我がものとした」。

ここで言われる「人々」とは第一に、自国アメリカの建築家のことである。世界規模のゴシック・リバイバルはイギリスに端を発し、フランスを通じ、アメリカへと伝播していった――この追悼記事が表白しているのは、そのような世界史観であるよりむしろ、ラスキンからヴィオレ＝ル＝デュクへと参照を遷移させた、自国のゴシック・リバイバル伏流史であったとみなせる。

『アメリカン・アーキテクト』はその後もニューヨークの『エコー』紙の追悼記事を掲載しているが、ヴィオレ＝ル＝デュクはここにいたり、「中世芸術に対して彼ほどの本質的知識と熱情を有した同時代人はいない」[8]と称賛される。かくして、およそこの時期以降、ヴィオレ＝ル＝デュクがクラシシズムと結びつけて語られることはなくなる。

以上は『アメリカン・アーキテクト』の追悼記事群に観察される、ヴィオレ＝ル＝デュク像の変化の過程だが、この間実に一か月に満たない。ヴァン・ブラント版『建築講話』が発表された一八七五年には、（ラッセル・スタージス以外の）すべての論客が彼のことをクラシシストとみなしていた。にもかかわらず、それから五年とたたないうちに、その評価は完全に逆転したのである。

一八八一年にはヴィオレ＝ル＝デュクの遺作『図画の手ならい』[9]の英語版が出版されたが、その書評のなかにはゴシシスト・ヴィオレ＝ル＝デュクに対する認識がさらに進んだ様子をみてとることができる。[10]ここで書評者となったボストンの建築家アーサー・ロッチ（一八五〇―一八九四）は、ヴィオレ＝ル＝デュクを「若いうちからパリのエコール・デ・ボザールのクラシシズムのルーチンを拒絶した」独学の徒として、ゴシック建築から「芸術のなかの真実と論理の価値を学んだ」人物であるとさえみなしている。ロッチによれば、ヴィオレ＝ル＝デュクは「先例よりもむしろ理性に依拠することを人生の主眼としており、イギリスでラスキン氏の立派な論争が喚起させたような、アカデミーの優位に対する改革運動を一貫した目的としていた」。ロッチは一八七〇年代半ばからボザールに留学した建築家だったが（一八七四―八〇）、こうしたフランス派の建築家のなかでさえ、ヴィオレ＝ル＝デュクは、アンチ・ボザールのゴシシストとして言及されるようになるのである。

ゴシック・リバイバル起源論――フランスへの遡及、ラスキンの韜晦

他方、こうした追悼記事群の言及のなかにもすでに兆候が表れているように、ヴィオレ＝ル＝デュクの建築理論が一八七〇年代末から強くゴシック建築と結びつけられていくなかで、ラスキンの建築理論はヴィオレ＝ル＝デュクの前時代のものとして次第に軽視されていく。さらにこの過程のなかから、自国のゴシック・リバイバルの出自さえヴィオレ＝ル＝デュクに求める論考が現れはじめる。

図3-2　コックス・アンド・サン社の室内調度
建国百年博覧会は，イギリスの現代家具の実物に触れられる貴重な機会だった．

この潮流は、ヴァン・ブラント版『建築講話』が発表された翌年、すなわち建国百年博覧会の開催年に発表された「フィラデルフィアの装飾美術」[11]（一八七六―七七）のなかに、前史としてとどめおかれていた。

この記事は、建国百年博覧会に出品された、「ピュージンが推進力となって以来ゴシック・リバイバルと同一視されてきた」家具メーカーのコックス・アンド・サン社を筆頭とす

図3-3 B. タルバート『住宅の家具，金工，装飾のためのゴシック様式』（英1867年，米1873年）図版
1870年代前半，木製家具の制作原理普及のため，アメリカではイギリスのゴシック家具論が多く再販された．

る、イギリス家具の制作原理を国内に紹介する意図で書かれたものである（図3－2）。ここでは組み立てのプロセスの重視や奢侈的表現の排斥が、「ゴシックの家具を作ること、あるいはむしろ、ゴシックの精神で家具を作ること」の特質として強調され、それらは「ヴィオレ＝ル＝デュクが『家具史』のなかで見事な図版を提供した、本物の一四世紀の収納箱」にも比肩された。ここで記者が触れた『家具史』とは『カロリング期からルネサンスまでのフランス家具事典[12]』（以下『フランス中世家具事典』）のことであり、その第一巻の刊行は一八五八年のことだった。

他方、「フィラデルフィアの装飾美術」の記者はこの時点で、ハーター・ブラザーズ社（ニューヨーク）やW・A・フィードラー社（シカゴ）といった、博覧会に出品せずに「構造原理に基づいた」家具を製造している業者を名指し、建国百年博覧会以前のアメリカにも、イギリスと類似の潮流がすでに存在していたことを示しえている。それは、この博覧会までにチャールズ・ロック・イーストレイク（一八三六―一九〇六）やブルース・タルバート（一八三八―一八八一）ら、イギリスの建築家が出版した著作がこの様式を普及させ、「最近までは建築家によってデザインされたいくつかの作品のなかにしか見られなかった」構築的な家具制作が、より広範な家具制作の現場に広がっていたためだった（図3－3）。そうして記事は、この潮流の「アメリカのゴシック・リバイバルは、建築団体のメンバーによって、ヴィオレ＝ル＝デュクや、イギリスの建築家たちの同時代の作品に鼓舞されて始められた」ものだと語った。

ゴシック・リバイバルの主要な影響源をヴィオレ＝ル＝デュクに帰する同様の主張は、匿名著者によって一八七八年に書かれた「考古学とアメリカ建築」[13]（『アメリカン・アーキテクト』）にも繰り返されている。ここでは、「ゴシック・リバイバルはドイツ人によってもイギリス人によっても刺激されたが、いかなるイギリス人にも勝って尊ばれた指導者はヴィオレ＝ル＝デュク氏だった」と語られた。なお、ここに伏せられた「イギリス人」の一人として、ラスキンが念頭におかれていたことは論をまたない。

そうして、この時期にはピーター・ワイトさえ、アメリカのゴシック・リバイバルの起源からラスキンの名を省いた。一八八〇年、ワイトはアメリカ建築の「国家様式」を定義するさい、構造部材による水平性の強調、立体概形の面《つら》に収める指向性といった特徴をもつ現代建築の出現を、「歴史様式との共通性は薄いものの、概して中世ゴシック建築の研究および、この国で非常に広く読まれたヴィオレ＝ル＝デュクの著作に影響を受けた」[14]ものだと語っている。

その後もワイトは、「アメリカ美術における新局面の展開」[15]（一八八四）と題する記事のなかでアメリカ建築界を回顧している。しかし、それは「イギリスとアメリカにおける新ムーブメントの唱道者かつ最高権威である」ラスキンの理論の誤りと、過去のゴシック・リバイバルに対する無功績を論難し、さらにはワイト個人のラスキンに対する悪感情さえ露呈させる論考となっていた。

この論考でワイトが語るところによれば、ラスキンが『建築の七燈』を出版した一八四〇年代末の時点で、アメリカのゴシック・リバイバルはすでに始まっていた。「そのため、ラスキンには指導者に与えられるべき評価が与えられず、建築家から尊敬されることもなかった」。そのときラスキンは、「職業建築家としての技術的知識を欠いた善意のアマチュアが、自身では完全にはわからない構造物の深奥に図々しく立ち入り、彼らを導くための原理を解明できると思いこんでいた」程度の存在だったのである。他方、ワイトを含む後代のゴシック・リバイバルの実践家たちは「本物のリバイバリストたることを自認していた」のであり、ラスキンの建築論の存在は、無力である以上に障害ですらあった。

このような史観を抱いたワイトは、極めて悲観的な調子で、前時代のアメリカの美術・建築界を次のように総括している。――アメリカの過去の論壇で「新思想」の発展に寄与した要因はすべて、「極めて小さく、明らかに重要ではない。印刷された書物の流通は何よりも早く、教養のあるアメリカ人の広範はこのテーマに関して書かれたものはすべて熱心に読んだ。特にラスキンの書いたものである。〔……〕しかし一致団結したムーブメントはただの一度もなされず、一八六〇年まで、実用的な家具、立派なカーペットなど、住宅を飾るために持つ価値のあるものは、ほしくても手に入らなかった。よい絵画がほしくても、彼らはなおナショナル・アカデミーのアカデミシャンのもとへ行かなければならなかった」。

この時流を捉えて一八六三年の組織されたのがSATA（芸術的真実推進協会）だったが、一八八〇年代時点のワイトはあえて、自らのこの過去の活動と、当時のイギリスの動向とを厳格に区別した。自分たち「アメリカの改革者はラファエル前派を自称したことは絶えてなく」、「ただ『リアリスト』と呼ばれることを好んだ」のである。

ラスキンからヴィオレ＝ル＝デュクへ――史観への波及

アメリカのゴシック・リバイバルの理論的支柱はヴィオレ＝ル＝デュクである。一八七〇年代末から即座に主流を占めるようになったこの歴史認識・現状認識はその後、アメリカ人によって書かれたゴシック史のなかにも見いだされるようになる。

その発端は、国内初のゴシック発達史である、チャールズ・ハーバート・ムーアの『ゴシック建築の発展と性質』[16]（一八九〇）である。そしてこれに、ラッセル・スタージスによる『欧州建築史研究』[17]（一八九六）が続く。これら建設技術の発展史として書かれたゴシック建築史書のなかでは、ゴシック建築解釈の理論的な基礎とされたのはヴィオレ＝ル＝デュクであり、この段階に至っては、彼らのゴシック建築論のなかにはラスキンへの言及は皆無となる。

一方のハーバート・ムーアは、『ゴシック建築の発展と性質』の前提にヴィオレ＝ル＝デュクによるゴシック建築の「明快で間違いのない定義」を採用し、「その〔ゴシック〕建築の本質とは第一に、アーチ式のローマ建築からロマネスク建築を経た漸進的な進化を遂げた固有の構造システムにある」こと、「壁体よりもむしろ、緻密にオーガナイズされたそのままの骨格が建物全体の計画を決め、その骨格のなかにすべての説得力が備わることが、それ〔ゴシック建築〕ならではの特徴」なのだと語った。

スタージスもまたハーバート・ムーアと同様の様式観と建築史観を採用し、ゴシック建築のヴォールティングの発達史の主要参考文献に、ヴィオレ＝ル＝デュクの『フランス中世建築事典』[18]を挙げた。しかし構造発達史観をとったスタージスの『欧州建築史研究』は、特にこの理由のためにイギリスでは好意的には受け入れられなかった。そこで一八九七年、スタージスはワイトに書簡を書き送り、「イギリス人の建築評論家にはゴシックの起源と性質に関する真の考古学的観点を認めることができないのだ[19]」と不満を漏らしている。

言うまでもなく、これらのゴシック史書の著者はともに元ＳＡＴＡのメンバーである。もともと『ニュー・パス』を主催したＳＡＴＡとは、アメリカで初めてラスキンに鼓舞され、文筆を通じて明示的にゴシック・リバイバルを唱えた団体だった。その一員であったスタージスが一八七一年発表の「現代建築」と、この『欧州建築史研究』のあいだにラスキンに対する参照を一切なくしたことは、一八七〇年代以降の建築界における、ゴシック・リバイバルの推進力としてのラスキンの無力化を最も端的に象徴している（第二章4節参照）。その間の一八八〇年には、ラスキンの『建築の七燈』が大幅な増補改訂を経て二五年ぶりに再版された[20]。しかし、これに対するアメリカの建築論壇の反応は、一八四九年の初版時と好対照をなし全くの無関心の様相を呈した。

2 ゴシック・リバイバルの地下水脈 [一八六四—一八七六]

R・スタージスの家具改革論

この、一八七〇年代末から数年間のうちに起こった急激な変化は、言うなればゴシック・リバイバルのフランス化である。

しかし、こと彼らの歴史認識に関する限り、アメリカ建築論壇のそれまでの実情に照らせば、一八六〇年代以降のアメリカ建築が、ゴシシスト・ヴィオレ＝ル＝デュクの理論に依拠して展開したという時代回顧は、あまりに出すぎた過去の改竄のようにも聞こえる。前章で明らかにした通り、ヴァン・ブラント版『建築講話』の出版にいたるアメリカのヴィオレ＝ル＝デュク受容はむしろ、そのようなヴィオレ＝ル＝デュク像を強いて圧殺するものだった。ワイト自身すらその一翼を担い、ジェネラリスト・ヴィオレ＝ル＝デュクというイメージの形成を通じて、その後のクラシシスト・ヴィオレ＝ル＝デュク像の成立を後押ししたのである（第二章2節参照）。

ここで重要になってくるのが、ラッセル・スタージスが『ニュー・パス』時代から展開してきた一連の批評である。およそ建国百年博覧会を境とする如上の変化の一端を担っていたものこそ、スタージスが根気よく続けてきた地下活動だった。

スタージスが一八六五年の『ニュー・パス』に寄稿した「アメリカの家具——現状とそのあるべき姿」[21]（以下「アメリカの家具」）は、一八六四年にイギリスの『コーンヒル・マガジン』に掲載された「家具の流儀」[22]への応答記事である。この「家具の流儀」は当時匿名で掲載されたチャールズ・ロック・イーストレイクの出世作であり、この現代家具改革論をアメリカでいち早く取り上げた点に関して、スタージスは一八七〇年代以降のアメリカ国内のイーストレイク受容をはるかに先駆けていた。

その冒頭で語られ、一九世紀前半のアメリカにもエドガー・アラン・ポー〔一八〇九―一八四九〕による「家具の哲学」[23]〔一八四〇〕などの室内調度論は存在し、スタージスはこうした論のなかに「理性的なもの」を垣間みた。しかしスタージスによれば、そこに表明された調度論はいまだ専門知識に欠ける、現行の装飾家具の選択を主に論じる、受動的かつ絢爛を衒ったものだった。

この点において、より根本的な問題として「良質なデザインの最大の共通原理」を説いた「家具の流儀」は、よりよくスタージスの意に適っていた。「アメリカの家具」は、ポーの論に代表されるイギリス家具の無批判な是認に対する懐疑と、「家具の流儀」の著者による家具改革論への賛同という、同方向に向かう二つの感情を動機として書かれたのだった。

ここでのスタージスの論法は、アメリカ国内で売られている家具が「どれ一つとして正しく作られていない」現状、そうして、現在の職人が「隠すこと、騙すこと、木製器具の作られ方に関する間違った考えを大衆に抱かせることに執心している」現状に対する非難に加えて、耐久性と組み立ての合理性を重視した、家具制作原理の唱道によって成り立っている。その家具制作原理は、スタージス自身のことばで次のように語られている。

> すべての良質な装飾は必然的に構造から生じるものであり、それが部屋に飾られる絵画のように上等なものとなる場合には、絵画に適切にディスプレイされるための場所が必要であるのと同様、構造と齟齬をきたしてはならない。しかしほとんどの家具は上等な芸術の助けを借りずに美しくなければならないことが常である。そうした家具のデザインは実際の構造の暗示であり結果でなければならない。

そうしてスタージスは、「家具の流儀」が先鞭をつけた主張を繰り返すかたちで、この原理が過去に実現していたのがゴシック家具だったのだと述べる。それならば、現代家具の復興は中世をモデルとしてこそ達成されるのであり、イギリスではこの動向がすでに起こっている。すなわち、「家具の流儀」からスタージスが引用するところによれば、「イギリスにおける中世芸術趣味の高まりが、ピュージンがデザインの『真の原理』と呼んだ感性を誘発した」のである。そうであるならば、アメリカの家具工芸の未来のため、「中世芸術がイギリス人に教えたものを、われわれもまた学ぶことができるなら素晴らしい」ことだった。

しかしアメリカの地理を条件としたとき、ここには一つのねじれが生じえざるを得なかった。というのも、当時のアメリカ人にとっては、そうした実直な中世家具の実作を参照しに行くべきイギリスは、遥か遠隔に位置したのである。当時、中世家具についてアメリカで唯一視覚的に参照できたのは、ヴィオレ＝ル＝デュクの『フランス中世家具事典』（図3－4）と『フランス中世建築事典』の未完の二著作に限られた。スタージスはイギリスのゴシック・リバイバルと共同歩調をとる目途を有していたが、そのためにはフランスの著作に頼るほかなかった。

ただしスタージス自身がヴィオレ＝ル＝デュクの中世家具論のなかに「構築性の精神」を捉え得ていた以上、それは次善策として読まれたのではなかった。そこにはスタージスにとって、単なるパターンブックの実用性を超えた啓示があったのである。「木製の品物は、自分が木であることを恥じぬようデザインすれば、今まで以上に良いものが作れる」。そのような指針を提示し国内の家具制作を鼓舞したスタージスの理念は、ヴィオレ＝ル＝デュクが『フランス中世家具事典』のなかで語り、スタージス自身も引用した、次の一文と共鳴していた。

中世家具を特徴づけているのは〔……〕〔装飾の〕豊かさではなく、形式の選択、目的の偽りない通知、無限の多様性、堅固な外観、物性に従った素材本来の利用法に示される、審美眼と理性でこそある。

かくして、スタージスにより現代家具論のなかで始められたゴシック・リバイバルには、イギリスの動向と並行した現象でありながら、フランスの著作に依拠するという指向性が備わることとなった。その理論的支柱がヴィオレ＝ル＝デュクであったのは、アメリカの地勢が生んだ必然である。この三年後にはイーストレイクの『家庭の趣味へのヒント』のイギリス版初版が発表され、その巻頭に引用されたのもまたヴィオレ＝ル＝デュクの『フランス中世家具事典』内の文言だった[24]が、イギリス、アメリカ両国の家具改革論におけるヴィオレ＝ル＝デュク受容は、それ以前におのおのの文脈をもったのである。

そしてアメリカの場合、この潮流は建築論壇から距離をおいたものであり、そのなかでは強いてラスキンの影響に拘泥する必要もなかった。スタージスの論は、意識的にせよ無意識的にせよ、この有利を活かした、ラスキンへの参照のないゴシック・リバイバル論となっていた。一八七六年発表の「フィラデルフィアの装飾美術」では、アメリカにおける家具のゴシック・リバイバルが「ヴィオレ＝ル＝デュクにインスパイアされた建築家によって始められた」

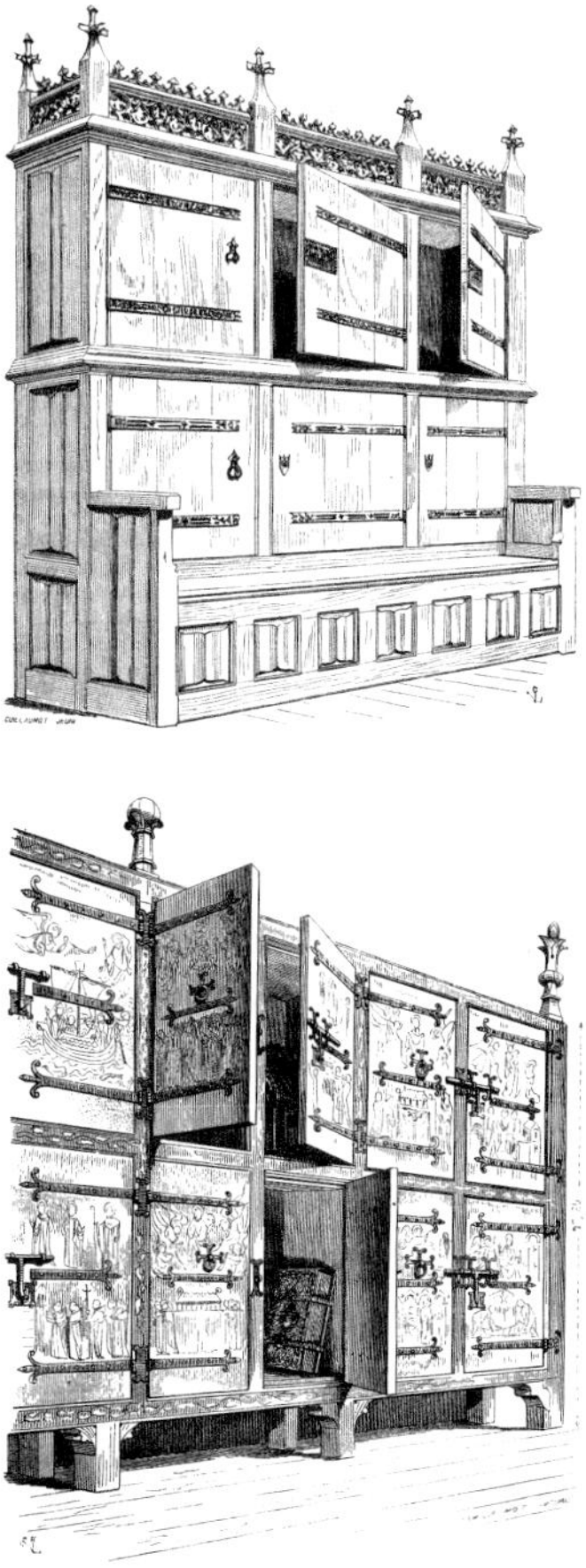

図 3-4 『フランス中世家具事典』第 1 巻（仏 1858 年）掲載の木製家具
アメリカの「家具のゴシック・リバイバル」の出発点．R. スタージスはイギリスの家具改革ムーブメントを範としながら，フランスの E. E. ヴィオレ＝ル＝デュクから「構築性の精神」を参照した．

ものだと回顧されているが、その創始者とはまさしくスタージスのことである。

なおこの「アメリカの家具」の発表当時、『ニュー・パス』をとりまく英米関係は極めて冷めたものであり、それは折しも、この論考が発表されるタイミングに極まった。というのもこのとき、イギリスでのアメリカ絵画の冷遇を巡って、『ニュー・パス』が発表した「互いに親族関係にある二つの国同士の悪感情を助長する攻撃[25]」に対し、ロンドンの『ビルダー』が猛抗議したのである。これに対しSATAは『『ビルダー』対『ニュー・パス[26]』』で応酬し、『ビルダー』の狼藉は「全く恥知らずだ」、と切りかえした。

そしてこの論争は二誌の反目にとどまらず、国家間のそれへと発展する。アメリカは折しも南北戦争の終結直後、そしてリンカーン大統領が暗殺された直後である。そこで『ニュー・パス』による論難はさらに、『ロンドン・タイムズ』による暗殺報道の無礼および、先の戦争で南部に肩入れしたラスキンへと及ぶ。

ジョン・ラスキンという名はこの国のあらゆるところで知られ、彼に対する愛と敬意はさまざまなかたちをとって表れている。しかしその彼が、われわれの国家的闘争について、もう自分との交わりは不可能だなどと、最良の友にむかって何とも不合理な、むごい言葉を投げかけたのである。わけても彼は、われわれが血で手を洗っており、白人を奴隷にするために戦っているとのたまうのである。

この一件が意味するもの、それは一八六〇年代後半以降のアメリカにおけるラスキン嫌悪の潮流が、単に「ラスキンの建築理論」の正当性をめぐる議論にとどまらない原因をもつということである。ウィリアム・スティルマンしかり、クラランス・クックしかり、一八六〇年代末から突如ラスキンに対し辛辣な舌鋒をふるうこととなる論客には、それだけの悪感情を露出してよい、露出すべき政治的理由もあった。

同じ一八六〇年代末、スタージスは、ヴァン・ブラントが数年前に「建築の改革」[27]を発表した『ネイション』に、「ヴィオレ＝ル＝デュクのフランス中世建築」[28]（一八六九）を寄稿した。

ヴァン・ブラントは先立つ「建築の改革」のなかで、ラスキンとヴィオレ＝ル＝デュクを「建築の大原理」の唱道者とみなし、後者にたいするクラシシストとしてのイメージ形成への足がかりを作った（第二章3節参照）。その一方でスタージスは、フランスを「構造と装飾の統合システム」である「純粋ゴシック建築の故郷」であるとみなし、現代フランスの動向を「不合理で非構築で創造性のない」ものとした。すなわちスタージスはこの記事をもって、次第に数を増していくフランス派クラシシストに攻勢を仕掛けたのである。

記事題にも示される通り、このポレミックのなかで、ヴィオレ＝ル＝デュクはむろん、フレンチ・ゴシックの美点を再発見したゴシシストである。しかしボザール教育の需要を推進力とした一八六〇年代末のヴィオレ＝ル＝デュク受容のなかでは、その主張は大勢にかき消されたとみてよい。

そして一八七一年にスタージスは「現代建築」を発表し、国内建築界にアメリカ建築の「ゴシック的」発展の未来を提示する。それはたしかに、シカゴの建築論壇やエンジニアの論壇には、革新的な建築論として受け入れられた。しかしそれが同時に、ニューヨークやボストンの建築論壇でも好意的に読まれたかどうかは疑問とせざるをえない。ラスキンの引用を重要な結語にもつゴシック建築論、それは、この両都市の建築論壇においては二重のタブーだったはずである。

もっとも、「現代建築」のスタージスは、そうした反発に備えた論の展開を工夫していた。

エンジニア領域とは異なり、一八六〇年代半ば以降の建築論壇では、ラスキンの理論に対する直接的かつ肯定的な援用は是とされなかった。スタージスの「現代建築」はその当時にあって、ラスキンの建築思想のなかに合理的建築創造の模範をみた希有な例である。しかしその論のなかでもやはり、ゴシシストとしてのラスキンのイメージ喚起は避けられている。

また、スタージスは迂遠な仕方によってなおラスキンに対する肯定的な意義づけを表明していたものの、その彼ですら、「知的建設」を本質とする建築の主唱者の名としてまず挙げたのは、ラスキンではなくヴィオレ＝ル＝デュクだった。加えて「現代建築」は、そのような「知的建設」の唱導者ヴィオレ＝ル＝デュクの理論と、ゴシック建築とを直接結びつける論の運びもまた避けている。

一方、「合理性を象徴するフレンチ・ゴシック」という認識はSATAに参加していた時点から一貫してスタージスを捉えており、壮年にいたって『欧州建築史研究』（一八九六）に改めて明言されることとなる、彼の史観の中核である。「現代建築」のなかでもやはり、スタージスは同時代のイギリスおよびドイツのゴシック・リバイバルには否定的な立場を表明している。スタージスはそれらを「考古学的知識と忠実なコピー」に傾斜していった運動として、もはや意義のあるムーブメントとはみなさなかった。

アメリカのイーストレイク受容とスタージスの孤独

南北戦争後に英米関係の軟化をみた一八七〇年代初頭、イーストレイクの『家庭の趣味のヒント』アメリカ版[29]（一八七二）と『ゴシック・リバイバル史』[30]（同）が紹介されるさい、ゴシック・リバイバルにおけるイーストレイクの位置はラスキンとしばしば比較された。

これらの書籍のなかで、イーストレイク自身は明確にラスキンをたたえる立場をとった。「ラスキン氏が『奉献の燈』と呼んだもの――古代芸術の名誉の一つ――とモダンデザインの破滅を意味する贅沢欲を見分ける」（『家庭の趣味のヒント』）ことの重要性を伝え、「イタリアン・ゴシックを求めたラスキンの懇願も、早急な反応と間違った解釈さえなければ、われわれの建築に対して有益な影響をより長く与えられたかもしれない」（『ゴシック・リバイバル史』）と語った。しかし、こうしたイーストレイク本人のことばは、アメリカ国内のラスキン再評価の機運とも結びついた一方で、ラスキンへの愛憎や国内のゴシック・リバイバルに対する敵意を含む、複雑な感情が発露する契機ともなった。

もっとも、『スクリブナーズ・マンスリー』に掲載された「イギリスのゴシック・リバイバル」[31]などは、イーストレイクの文脈に合わせ、「ラスキンの熱狂と雄弁によって現時にもたらされたイタリアン・ゴシック支持の分派」の影響を重視し、「不幸なことにラスキンの教えはたびたび間違って解釈された」と同情の立場をとった。また、シカゴの『アメリカン・ビルダー』には『ゴシック・リバイバル史』からの引用が掲載された直後に、ロンドンの文芸誌『オール・イヤー・ラウンド』から「家具の善し悪し」[32]が転載されている[33]。それは「ラスキン氏の教えのもっとも喜ばしい結果の一つは住宅家具の流行に与えた間接的な影響である」としてイーストレイクの活動を称賛した記事であり、同時期には『シカゴ・トリビューン』紙への転載もみている[34]。

そうしたなか、アメリカ版『家庭の趣味のヒント』の冒頭に掲げられた美術史家チャールズ・キャラハン・パーキンス（一八二三―一八八六、図3-5）の序文は[35]、「ある専断的な権威」、「あなたがたのドグマチックな著者」ラスキンに対する憎悪のあからさまな、異色の論考だった。そうしてこの論は、「われわれの時代に初めて建築と装飾の真実のランプを磨き、鍍金し、そこに初めて火を燈して台に乗せた」ゴシシスト・ラスキンの功績に一応は触れておきながら、その一七頁に及ぶ論のなかで、むしろルネサンス賛美を展開する。パーキンスはここで、イーストレイクの家具改革論を「あたかも直接アメリカ人に向けて書かれたように読める箇所ばかり」であると推薦しながらも、明らかにゴシック・リバイバルを掲げ、明らかにラスキンを先駆者と仰いだ同書を、クラシシズムの推進のために活用するのだった。パーキンスは一八六九年にアメリカ人初のアカデミ

図3-5　C. C. パーキンス（1875年頃）

ー・デ・ボザール国外通信員に選ばれた人物であり、アメリカ国内にボザールのクラシシズムを推進することは彼の使命の一つだったのである。(36)

したがって、パーキンスにとってみれば、「われわれが正統なリバイバルと呼びうる」のはゴシック・リバイバルではなく、「ルネサンスと呼ばれる、イタリアにおける古典様式のリバイバル」なのである。そのためこの序文のなかでは、イーストレイクが掲げたゴシック・リバイバルの内容については一切触れられないばかりか、「ゴシック」の語すらほとんど使われない。

つまるところこの序文には、パーキンスがドイツ人建築家ゴットフリート・ゼンパー〔一八〇三―一八七九〕を引きながら示す、「人々の審美眼はすでに最高度まで洗練されているという、〔古代ギリシャ人による〕既定の結論」を普及させることにこそ主眼があった。一八六〇年代のアメリカでは積極的受容の跡のみられなかったゼンパーの建築理論も、一八七〇年代になると、クラシシズム擁護のために援用されはじめるようになる。(37)

アメリカ版『家庭の趣味のヒント』の出版にあたっては、この序文に対する応答記事も現れている。(38) しかしこれもむしろ、パーキンスの論に倣って「ギリシャ人は美と強さと智を熱烈に愛し、この三位一体の上に自らの理想の芸術形式を築いた」ことを説く、イーストレイクの論旨自体が顧みられることのないギリシャ古典賛美だった。

パーキンスの牽強付会な情報操作でさえ、ときのクラシシズム隆盛にあっては功を奏した。このような特異な現象からも、当時あくまでアメリカ建築の「ゴシック的」発展のために論陣を張っていた、スタージスの孤立した立場が浮かびあがる。

ゴシック・リバイバルのフランス化工作

そうしたなか、一八七四年に『ノース・アメリカン・レビュー』に書評の体裁をとって展開されたゴシック・リバ

図3-6　ボストン美術館（スタージス＆ブリガム，ボストン，1870-76年）
様式の混在．ゴシックの尖頭アーチ（下層）とクラシックの浅浮き彫り（中層）が併存する．建築にテラコッタ装飾を用いた作例としてアメリカ初期のもの．

イバル家具論[39]は、「ヴィオレ＝ル＝デュク氏の『フランス中世家具事典』が中世時代に使われた家具についての最良の権威である」ことを出発点に書かれた、スタージス執筆とみられる論考である。

ここで書評の対象となったのは、ブルース・タルバートの『住宅の家具、金工、装飾のためのゴシック様式[40]』、ジェイムズ・コリング（一八一六―一九〇五）の『彫刻と装飾のためのアート・フォリッジ[41]』という、イギリス人建築家による二著作と、イギリスのゴシック建築を図版で紹介した『現代の教会・住宅建築作品集[42]』の全三書目である。これらは『ノース・アメリカン・レビュー』の親会社であるボストンのオズグッド社から、おのおのイギリスに初版をもつ書籍のアメリカ版として、一八七三年に一斉に出版された。このうちコリングはアメリカとの交流が深く、一八五〇年代後半からボストンの建築家ジョン・ハバード・スタージス（一八三四―一八八八）と協働し、ボストン美術館（一八七〇―七六、図3－6）では、当時アメリカで発展途上だったテラコッタ装飾で彼らにデザインを提供した。なお、このテラコッタ使用に関しては委員会からの反対もあったが、パーキンスによる先述の『家庭の趣味のヒント』序文はその後半部をかけ建築家側の擁護にまわった。

その一斉出版のタイミングに示される通り、このとき『ノース・アメリカン・レビュー』で書評された書籍群は、国内のゴシック・リバイバルに対し、イギリスから新たな指針を移入するために紹介されたものであり、おそらくこのラインナップ自体が書評者による選択だった。書評者によれば、前二著はいずれも「中世芸術の伝統を文字のなかではなく精神のなかで復興すること」を目的に書かれたものであり、「ゴシックのデザインを現代の家具に要求されるものに適応させるという〔……〕新しく、未だ試されていない領域」を開拓した先例だった。

この書評には、過去の国内のゴシック・リバイバルに関する二重の反省が含まれていた。「どれだけ言葉巧みに語ろうとも、ラスキンですら、様式の嗜好には心が関わっているのだということを人に納得させるのは難しい」――この言明には、ラスキンに鼓舞されながら「参照すべき良い作品がほとんどない」結果に終わった、国内動向に対する悔恨の情が表れている。そのためこの書評者には、国内の新たなゴシック・リバイバルのための実践的指針が求められたのだった。それには、特に家具分野に関して「ヴィオレ＝ル＝デュク氏の考古学研究」を主な参照源とするほかなかった、過去からの飛躍が試みられなければならなかった。

そしてこの新たなゴシック・リバイバルは必然的に、当時の論壇のなかで大勢を占めた、フレンチ・ルネサンス派との衝突を意味した。書評者がこの点に意識的だったことは、約八頁にわたる書評の半分がこの話題で占められていることに顕著に表れている。すなわちこの書評者は、「現在では古典の原理とゴシックの原理の本拠地はそれぞれフランスとイギリスである」という背景をふまえながらイギリスのゴシック論を移入し、「沢山あるクラシシズムの本よりもむしろ、ゴシックの精神に満ちたこの三著作」を普及させることで、ゴシック・リバイバルの再興を目論んだのである。書評者はこれらの著作がアメリカで出版されることになった経緯を「市場の需要が引き起こしたのだろう」と嘯《うそぶ》いたが、これはむしろ、書評者自身が奉ずるゴシック・リバイバル推進のための情報操作だろう。

そしてこの書評者は、「古典の原理の本拠地」であることを自ら認めたフランスに、新たに「ゴシックの原理の本拠地」としての価値づけを与え、フレンチ・ルネサンス派の転覆を試みるのである。

フランス人はクラシシズムの伝統で育つ〔……〕。しかしイギリス人は、パリのエコール・デ・ボザールで作られたドローイングに敬意を払いながらも、自然のかわりに始終古代芸術を勉強している彼らを小馬鹿にしている。まさにゴシック芸術が生まれたという土地で、ギリシャとルネサンスをお手本にしている彼らを。

一八八〇年代以降の国内のゴシック史論はおしなべてフレンチ・ゴシックを構造合理主義の祖形とみなすようになるが、それには、スタージスによる先の「ヴィオレ＝ル＝デュクのフランス中世建築」しかり、この記事しかり、建国百年博覧会以前に遡る世論形成の取り組みがあった。

その世論形成がボザールのクラシシズムに対する論難のなかでなされたことは、ここでの書評者が当時の時勢に逆らい、ヴィオレ＝ル＝デュクをゴシック・リバイバルの旗手とみなしたこととの相関がある。

無論、この論のなかではまだ、ヴィオレ＝ル＝デュクは家具制作分野のゴシック・リバイバルを象徴する存在でしかない。ヴィオレ＝ル＝デュクに建築のゴシック・リバイバルを象徴させることは、当時は不可能なことだった。

しかしヴィオレ＝ル＝デュクの存在は、ここで周到に建築のゴシック・リバイバルとも接続されて語られていた。家具のゴシック・リバイバルを中心的話題としながら、書評すべき著作の最後に無くもがなの建築書を布置したのはそのための戦略だろう。そうでもなければ、「この様式〔ゴシック〕を十分に表すことはほとんど期待できない」、「『ビルディング・ニューズ』〔ロンドン発行の主力建築専門誌〕のページから選択すればもっとよい本ができる」ような建築ドローイング集を次善策として発売するなどという、拙速な真似はしない。当て馬を用いて、書評のかたちで自前のフレンチ・ゴシック・リバイバル建築論を披瀝する――それがこの書評者の思惑だったようである。

こうした論の展開にすでに示されているように、この書評が奇妙だったのは、ゴシック・リバイバルの参照源としてイギリスの著作を紹介しながら、論が進むにつれフランス建築への依拠を強めていく点である。このようなねじれを、われわれはすでに、スタージスの「アメリカの家具」のなかにみている。

かくしてこの書評者は、その最後段において、それまで敵対的に語っていたフレンチ・ルネサンスの建設者に対して、彼らもまた「クリスチャンであり、ゴシック様式の支持者はこの点を最大限活用すべきである」と論じる。つまりこの書評者は、フランスのクラシシズム建築のなかに、なおも「ゴシックの精神」を見いだすよう読者を諭しているのである。ここでの立論によれば、建築とは宗教の反映であり、キリスト教信仰はおのずと建築に宿る。『ヴェネツィアの石』ほかの著作で述べているように、ラスキン氏もまた、頭と心から育った作業にかわり、職人に対して精確な機械的模倣を要求することの悪影響を由々しいものと考えた」が、ボザールに代表されるフレンチ・ルネサンスとは、そうした悪しき機械的模倣の典型例である。しかし、かつてのフランスがいやしくもゴシックの本拠地であり、現代にもまたキリスト教が信じられているとすれば、そこに建てられた良質な建築には、ルネサンス様式であってもなお「ゴシックの精神」が込められているはずだというのである。

そうして話はふたたび、一八七六年の「フィラデルフィアの装飾美術」に行きつく。

この記事の最大の特徴は、おそらくスタージス一人による、こうした一連の広報活動を総括するものであったという点である。ここでの記者曰く、国内家具制作のゴシック・リバイバルは『〔フランス〕中世家具事典』に示されるヴィオレ＝ル＝デュクの研究に負う」ものであり、「大規模に流通したB・J・タルバートのデザイン集の影響をみることができる」ものだった。

しかしこの記者が語る家具のゴシック・リバイバルは、建国百年博覧会の出品物のなかではむしろ傍流だった。まず、その会場に展示されたアメリカの家具はおおかた、フレンチ・ルネサンスの作例を主とする「ゴミの山」でしかなかった。またこの記者は、この博覧会のなかでは、ゴシック・リバイバル家具のなかにさえ、「ゴシック作品の見た目をしているが、その様式の真の精神をもってデザインされていない」ものも少なくないと断じている。この現状を打破するために、この記者には改めて、国内のゴシック・リバイバル家具の出自と理論的特質を強調する必要があった。「フィラデルフィアの装飾美術」はそのためにこそ、忠実な現場報告であるというより、家具のゴシック・リバイバルの伏流を本流とするための、アジテーションとしての性質が強いものとなっていた。

ただし建国百年博覧会の出品物のなかにも、スタージスから始められたこの路線のゴシック・リバイバルの作例は、家具制作の近隣分野に高水準なかたちで現れていた。その一つが、メイソン・アンド・ハムリン社（ボストン）による「イーストレイク風」オルガン（図3-7）である。これはイギリスの美術教育家ウォルター・スミスによる公式の批評[43]のなかで、「装飾は多くのけばけばしい楽器が醜くなる原因だが、そうした挫折が全くない」と好評をえた佳作だった。「装飾は抑えてシンプルな方が趣味がよい。楽器の美は常に、装飾の豊かさよりも、形状や、目的への適合性にあるべきである」。

図3-7　オルガン（メイソン・アンド・ハムリン社）
装飾を抑えた機能的楽器．アメリカにおける家具のゴシック・リバイバルの支流．

図3-8　メモリアル・ホール（H. シュヴァルツマン，フィラデルフィア，1874-76年）
建国百年博覧会の開会演説の様子．イギリス絵画を目玉に絵画館として人気を博すが，ボザール風の意匠は建築界の酷評の的となる．

3　建国百年博覧会の精神的意義〔一八六八—一八九四〕

ゴシック・リバイバル再浮上の光と影——クイーン・アン受容史序説

一八六〇年代後半から七〇年代前半にかけ、こうしてアメリカのゴシック・リバイバルのモデルはフランスに遷移していった。しかしこの陣営をとりまく状況は、その潮流の再浮上がイギリスからの文物流入を契機とした、という状況によってさらに捻転する。建国百年博覧会をアメリカ建築史上のターニング・ポイントであるとみなせるのは、そのイベントこそ、この二線を束ねるものであったためである。

ワイトが「アメリカがフィラデルフィア〔建国百年博覧会〕で得たものは主にイギリスから来た」(44)と回想している通り、建国百年博覧会にあたり、国内の美術・建築分野に際だったのはイギリスの出品物だが、なかでも呼び物となったのは、通称「メモリアル・ホール」（図3-8）と呼ばれた美術館に展示された絵画群である。博覧会の褒賞局長フランシス・アマサ・ウォーカー〔一八四〇—一八九七〕は『インターナショナル・レビュー』に寄せた批評(45)のなかで、「すべての外国のなかでも大英帝国は優に一番である」、「現代イギリス絵画における一流の名前がほぼすべてである」、「ジョシュア・レノルズ卿の自画像のためだけでもフィラデルフィアに来る価値がある」とイギリスの展示品を激賞した。あるいは、当時博覧会のイギリス絵画を取り上げた各誌もまた、「イギリス人の絵画は多くの観覧者にとってかけがえのないものとなる」（『ネイション』）[46]、「大英帝国の出品作品は建国百年博覧会に出品した他のどの国のものよりも優れている」（『アート・ジャーナル』）[47]といった賛辞をおくった。建築界でも、『アメリカン・アーキテクト』は「建国百年博の美術」[48]の特集記事を組み、「国外からきた絵画コレクションのなかで全面的称賛に値し国を代表しているのはイギリスの展示品のみである」と語っている。

博覧会開催前にはもともと「アメリカではイギリスの絵画は珍しい」（『ネイション』）[49]ものだったが、そうしたイギリスの絵画のなかでも、特にラファエル前派の画家については『クレヨン』の頃から国内の論壇で紹介・批評されていながら、実作を鑑賞する機会はそれまで国内にはほとんどなかった。この背景をもとに、ジョン・エヴァレット・ミレーの《アーリー・デイズ》、ウィリアム・ホルマン・ハントの《エジプトの残光》などの展示品は特にアメリカ人来場者の関心を得ることとなった。

「フィラデルフィア建国百年博覧会に関連する最重要事実の一つは、みな一様にアートギャラリーに執心していることである」――『スクリブナーズ・マンスリー』[50]はこう指摘しながら、他方では国内美術の不振を嘆いた。評者によればこの博覧会は、イギリス人にとっての一八五一年開催のロンドン万国博覧会と同等であり、かの国と同様、「ここからの四半世紀で、われらが若きこの国初めての全国的な芸術運動が起こる」ことが切望された。

この博覧会にあたりイギリスから移入された文物は絵画だけではない。「フィラデルフィアの装飾美術」でも触れられている通り、ここにはコックス・アンド・サン社やクーパー・アンド・ホルト社といった有名家具メーカーが大規模展示を展開し

図3-9　クイーン・アンのキャビネット（クーパー・アンド・ホルト社）
イギリスからもたらされた，直線的構成とローマ風ディテールの「美の珠玉」.

図3-10　イギリス本部（T. ハリス，フィラデルフィア，1876年）
アメリカのクイーン・アン建築受容の直接的典拠．木材軸組を外部に露出する「ハーフ・ティンバー」の手法が，博覧会を機にアメリカで数多く試される．

好評を博した。『アメリカン・アーキテクト』が語るところによれば、博覧会が「きわめて広範な人々の関心を室内装飾という論題に振り向けた」[51]のが、こうしたイギリスの調度品だった。なかでもクーパー・アンド・ホルトによるクイーン・アンのキャビネット（図3－9）は、博覧会委員会によりイギリス出品物の特等に認められ、図版集のなかでは「美の珠玉」[52]として貴ばれた。

アメリカ建築界の小住宅改革

建築に目をうつせば、このときアメリカが建設した博覧会建築のひどさは博覧会開会直後からすでに指摘されていたことだった。一八七六年六月三日付の博覧会建築特集記事（『アメリカン・アーキテクト』）は、「全国博覧会の建築には芸術的価値や、少なくとも記念碑的価値を求めてはいけない」[53]との冒頭から始まり博覧会建築を批判している。またリチャード・モリス・ハントは博覧会後に改めて、「博覧会敷地のなかでも群を抜いて大げさな構造物」[54]メモリアル・ホールを中心に、拙劣な建築表現を論難している。ハントによれば、この建国百年博覧会における「絵画と彫刻の多種多様な美術展示品や、芸術産業に関する夥しい数の興味深い展示を考慮すると、それらの姉妹芸術たる建築の出来は美学的にみても建設芸術としてみても、お世辞にも良いとは言えない」ものだった。

そうしたなか、他国が敷地内に建設しアメリカ人建築家の関心を集めたのは、イギリス人建築家トーマス・ハリス〔一八二九／三〇―一九〇〇〕設計によるイギリス本部（図3-10）である。それは当時の公式記録のなかでも「博覧会の敷地内で最も見事なもののなかに入る」[55]建築として言及されたものであり、かつ、当時イギリスで論争の的となっていた最新動向「クイーン・アン」建築の作例として、アメリカ人建築家が国内で参照しえた唯一の実例だった。

かくして博覧会後のアメリカには、ハーフ・ティンバーを主としたイギリスのクイーン・アンの模倣が生まれた。それと同時に、このイギリスのクイーン・アン建築は、一八七〇年代末よりウィリアム・ラルフ・エマーソン〔一八三三―一九一七〕をはじめ、ヘンリー・ホブソン・リチャードソンやマッキム、ミード&ホワイト、ピーボディ&スターンズらによって試行されることとなる、「シングル・スタイル」、「スティック・スタイル」[56]と呼ばれる小住宅の実践への直接の影響源となった。自身もその実践者の一人であるブルース・プライス〔一八四五―一九〇三〕の回想によれば[57]、このハリスの設計は当時「多くの人びとが一つの美しい真実に行き当たった」一つの啓示であり、「芸術の知性をもって建てられたときに小住宅がいかに素晴らしいものとなりうるか」を国内の建築家に実例として示したのだった。

図3-11　ジャマイカプレインの住宅（W. R. エマーソン，ボストン，1880年前後）
こけら板を張りめぐらせた「シングル・スタイル」．やはり博覧会後から実践される．

ただしプライスが主張しているように、アメリカのシングル／スティック・スタイルは、イギリスのクイーン・アンの直接模倣を目的とするのではなく、イギリス本部などに看取された「真実への衝動と誠実な目途」を推進因とした、アメリカ独自の小住宅の実践であったという一面をもつ（図3-11）。かくしてこの動向はクイーン・アン受容に触発されながら、「材料の用い方に関しても平面配列に関してもモチーフが相当異なったために、家族〔イギリスとアメリカの動向のあい

図3-12　ジョージ・バークリー邸（ロードアイランド州ニューポート，1728年）
合理性と単純な輪郭をもつ，こけら板張りの古家.

だ」の見た目の類似はじきにすべて失われた」。そもそも、建国百年博覧会でクイーン・アンが受容されるに先立つこと二年、一八七四年の『ニューヨーク・スケッチブック・オブ・アーキテクチャー』にはすでに、「常に合理的で、単純な輪郭をもち、ディテールも大体とても美しい」ニューポートの古家（図3－12）を「現代の大抵の野心的な住宅」と対比させ、あえてハイ・アートに属する「建築」として新たに紹介する試みがなされている。[58] 小住宅設計の新動向に関して、イギリスの動向はアメリカのものを精神的に後押しこそすれ、出発点を与えたのではなかった。

しかし本書の語りは、こうしたイギリスからの文物流入が、単に国内のゴシック・リバイバル再浮上の契機となっただけではない、という錯綜した状況のために必然的な矛盾をおこす。

たしかにクイーン・アンの流入はアメリカ建築界の小住宅改革の推進因となり、建築家たちはイギリスのモデルに「真実への衝動」を垣間見た。イギリスに対するゴシック大国としての認識や、クラシシズム建築論のなかで「真実」が語られたのがヴァン・ブラントの「建築の改革」程度のものだったことを鑑みれば（第二章2節参照）、そのクイーン・アン受容に感じられた「真実」とは、ゴシックの真実であったはずである。そうして、ヴィオレ＝ル＝デュクがゴシシストとして語られるようになったのもまたこの建国百年博覧会以後のことであり、ゴシック・リバイバル論そのものも、以後はスタージスのみによって展開されるものではなくなる。

しかし重要なのは、こうして前景に躍り出たゴシック・リバイバルの背後に、なおも当時の論客がクラシシズムの影を垣間見ていたことである。むしろ、モンゴメリー・スカイラーがシカゴ万国博覧会直後の回想で述べている通り、建国百年博覧会を契機とするクイーン・アンの流行は、その回想の時点、その一八九三年のイベントを画期とする、クラシシズム隆盛の予兆であるとさえみなされている。

特別「クイーン・アン」と呼ばれるものは、規則に則り、知っている通りに形態を組み合わせるものであり、それを使えば最終的に不快なものが出来上がりづらくなるということで古典的ディテールを好んだ、ごく一過性の流行であった。しかし「クイーン・アン」は生き残り、以後非常に強い影響力を誇った。そのためこの国の現在の建築的趨勢は、過去三世紀間ヨーロッパで主流をなしたルネサンスへと逆行している[59]（「現代建築」、一八九四）。

L・アイドリッツ『芸術の本質と機能』と装飾論者ラスキンの誕生

いずれにせよ、一八七六年はアメリカのゴシック・リバイバルにとってのターニング・ポイントだった。その機会を得たことによって、ラスキンと結びつけられ、イタリアネイト建築（＝イタリアネイト・ゴシック）と結びつけられた国内のゴシック・リバイバルには新たな推進力が与えられたのである。SATAの機関誌『ニュー・パス』廃刊（一八六五）以降の一〇年、すなわち、ボザールおよびそれが擁するクラシシズムへの論壇の傾斜をみた一〇年のあいだは、論壇においてアメリカ建築の「ゴシック的」発展を語ることは憚られた。そうしたなか、スタージスは家具領域においてゴシック・リバイバルの可能性とその復活の契機を伺っていたが、それが俄かに前線に躍り出る機会を得たのがその建国百年博覧会のタイミングだった。それはゴシック建築が理性と構築性という観点から肯定的に理解されるようになる契機であり、この目的は国内のゴシック・リバイバルの展開に、ヴィオレ＝ル＝デュクという参照点を与えることによって達成された。

図3-13　L. アイドリッツ（1883年）

そうしてこの動向は、「ラスキンの建築理論」に対する新たな解釈を導くこともなった。すなわち、建築論壇でラスキンの論の中核が「建築＝建物＋装飾」という分離のなかに捉えられるようになったのは、ゴシック・リバイバルの文柱に新たにヴィオレ＝ル＝デュクが据えられ、もはや建築の合理性を語るさいにラスキンを援用する必要がなくなって以降のことなのである。

それまでは、たとえば『建築の七燈』に語られる、「建造物が機能する条件としての必要条件や一般用途〔の満足〕を引き受けた上で、その造形の上に、ともすると不必要な何らかの尊い、あるいは美しい特徴を刻印する術である」（第一章「奉献の燈」）という建築術の定義も、論者おのおのの解釈で、しかしすべては建設の合理性を基礎とした建築を定位するために、肯定的に言及されていた。しかしこの一八七〇年代半ば以降、特にレオポルド・アイドリッツ（図3－13）が一八八一年に『芸術の本質と機能』[60]を出版して以降は、この一文も、建物と装飾の分離を論じたものだと解釈されるようになる。

「自然の有機体はすべて、何らかの機能を発揮する機械的能力を有している。〔……〕建築家が物質の自然状態を模倣して造形するさいも、その造形が機能の来歴を語るようにする。〔……〕建築造形の基礎原理とは、したがって機械論的なものなのである」――『芸術の本質と機能』でこう語られるアイドリッツの建築理論の中核は、一八五〇年代末の「様式論」の時点から一貫していた。その一方で『建築の七燈』に新たな着眼点を見いだし、その解釈をもって、自らの機能主義的＝有機的建築理論の対偶・仮想敵に定めたことである。かつてモンゴメリー・スカイラーに「建築家ならばとにかくラスキンを読まなければならない」と論したアイドリッツだったが、その彼に対してでさえ、建築論壇をとりまく同時代的な潮流は、「ラスキンの建築理論」の解釈への強い制約条件として働いたのである。

『芸術の本質と機能』によれば、ラスキンは「建築が依って立つ思想に関わりがあると否とにかかわらず装飾と彫刻を愛した」。つまり、ラスキンの建築思想は正しく建築に根ざしていない。したがって、「われわれにはその熱狂こそ大目に見ることができるものの、彼〔ラスキン〕の建築芸術思想を正当なものだとみなすことはできない」のである。さらにアイドリッツは、ラスキンとその追従者たちの建築観を次のように示すことによって、建築の建設にかかわる科学的側面を、彼らがむしろ蔑視したことを強調する。

経済的・科学的に重要であるにもかかわらず、これらの〔現実的要件の〕すべては、構造内外の装飾を旨とする芸術としての、狭義の建築には関係がない。建築では装飾のみが芸術作品なのであり、それが建物を美しくする。これがラスキンとその追従者の見解である。

このような論客によって唱道された過去のゴシック・リバイバルに対し、アイドリッツはもはや肯定的な意義を見いだしていなかった。「ラスキン氏はさまざまな理由からこれらの様式を推奨したが、その理屈に原理との関わりのあるものはほとんどない」のであり、「恒久的・普遍的法則を援用して個人的な好みを正当化する彼〔ラスキン〕の努力はおしなべて不首尾なもの」に終わった。

しかし、このような観点からラスキンの建築論を再解釈したアイドリッツの論は、当時は傍流にあたった。この『芸術の本質と機能』にはヴァン・ブラントが『ネイション』に寄稿した書評が存在するが[61]、この書評のなかで語られた内容は前時代のラスキン受容の跡をとどめた、アイドリッツの解釈との著しい齟齬をみせる。ヴァン・ブラントはここで、アイドリッツの論のなかに「純粋理性に基づく」建築原理を認めつつ、その論の独創性を否定しながら、「彼〔アイドリッツ〕はおおむね、建築理論に関する今世紀最大の文筆家ヴィオレ＝ル＝デュク氏によって築かれた路線に従い、中世遺跡同様、構造的必然性から芸術造形を行うという、ピュージン、ラスキンほか、現代の芸術改革論者の純粋主義的ドグマを結局躊躇なく是としている」と語っている。

このヴァン・ブラントの批評は、『芸術の本質と機能』の記述内容を逐語的に捉えた場合には、全く的を射ていない。というのも先述の通り、アイドリッツが書内でラスキンの理論を自覚的に参照した痕跡はなく、むしろその言及すべてのなかで、アイドリッツはあからさまにラスキンを論難していたからである。

このねじれは、アイドリッツとヴァン・ブラントのおのおのが『芸術の本質と機能』をめぐって採用した「ラスキンの建築観」が互いに異なるものだったことに起因している。一方のアイドリッツは、構造への事後的な付加物を建築と定義するラスキンの論を撥ねつけ、「機能の表現を伝え」、「自身の存在の来歴を語る」機械としての建築の設計を推進した。対するヴァン・ブラントは、そのアイドリッツの主張自体がラスキンの建築理論の援用だと断じた。

「建築の改革」時点でのヴァン・ブラントは、「模倣でも集塊でもない、論理的な演繹としての、われわれの時代に固有の様式」の唱道者としてラスキンを理解し、それと類似の目途をもち、「建築の大原理を開発しようとした」人物としてヴィオレ＝ル＝デュクを国内に紹介した。『芸術の本質と機能』のなかにヴァン・ブラントがそのような建築を理想とする「純粋主義的なドグマ」をみたとき、それがこの両者の名とともに連想されたというのは、ヴァン・ブラント自身のそれまでの批評活動を振り返れば妥当なことである
しかしヴァン・ブラントはここで、かつて自らも信じた純理的な建築の存在あるいは未来をもはや信じてはいなかった。彼の総括によれば、「ラスキン氏、ピュージン氏、アイドリッツ氏や他の文学愛好家は〔……〕中世の大聖堂の論理的方法に倣い、作品のなかに『物質がもつ思想《アイデア／イデア》』を発現させることこそが健全な道だと断じ」たが、彼らの理論も、「頭脳明晰なヴィオレ＝ル＝デュクによるこの方向の論考も、〔……〕現実性に欠けており、建築の実践の上にはさほどの影響を及ぼしては来」なかったのである。

またこの論争で注目すべきなのは、アイドリッツ、ヴァン・ブラント双方の論の展開の共通点として、この両者と

もが、「ラスキンの建築観」を自らの建築観の仮想敵に位置づけたことである。それは鋳鉄建築論争の時点との好対照である。かつて互いにラスキンを援用しながら持論を戦わせたさいには、ラスキンに対する愛憎の齟齬にもかかわらず、両者の主張には一致点もまま見られた。しかしこの一八八〇年代初頭の時点では、彼らは互いにラスキンを忌み嫌った。そうして現代建築の未来を、かたや形而上の理想のなかに賭け続け、かたや現実の実践のなかに悲観し果せた。

M・スカイラーの批評活動とくすぶり続ける「真実の燈」

アイドリッツの『芸術の本質と機能』に始まる「装飾論者ラスキン」という認識は、その後モンゴメリー・スカイラー（図3-14）によって継承され、ラスキンに対する解釈の主流を形づくっていく。

スカイラーの建築批評活動の始まりは一八六〇年代後半であり、このとき彼は、アイドリッツ設計のエマニュ＝エル寺院（一八六八、図3-15）を「広々とした礼拝場所としては成功であり、誠実な建物としても成功だが宗教的モニュメントとしては失敗である」[62]と批判した。スカイラーのこの指摘は主に、その寺院の折衷的傾向に向けられたものであり、彼はそれを「サラセンとゴスの混血児をもうけること」にたとえ、「一時的なごまかし」であると喝破した。

このように、エマニュ＝エル寺院を「その設計者に相応しい芸術作品か、アメリカ建築の吉兆かという点に関しては全く違う」と酷評したスカイラーだったが、これを機縁に彼はアイドリッツと親交を深める。その後一八七〇年代にはリチャードソン監修の『ニューヨーク・スケッチブック・オブ・アーキテクチャー』（一八七四―七六）をリチャードソン事務所勤務時代のチャールズ・マッキムとともに編集した。なお、リチャードソンは一八七二年にボストンのトリニティ教会のコンペティションに勝利し（同年建設開始、一八七七年献堂、図3-16）、その事務所は当時の花形となっていた。また、リチャードソンの周辺で重要な人脈には、一八七〇年代初頭よりニューヨーク州立精神病院

（バッファロー、一八七二―八〇）で協働した、アイドリッツの友人フレデリック・ロー・オルムステッドがいる。この三人は同じ七〇年代半ばより、ニューヨーク州会議事堂建設事業のアドバイザーとして協働している（図3-17）。

スカイラーはこうした人脈を背景に、アメリカ初のプロフェッショナルな建築批評家としてのキャリアを築いていった。かくして、一八八〇年代以降のスカイラーはニューヨークの政治雑誌『ハーパーズ・ウィークリー』（一八八五―八七）および『ニューヨーク・タイムズ』紙（一八八三―一九〇七）の編集者として同時に記事も執筆し、一八九一年からは『アーキテクチュラル・レコード』に創刊から参画、以降は同誌で膨大な量の建築批評記事を執筆することとなる。

それら『アーキテクチュラル・レコード』に掲載された記事群は、アメリカの建築家を対象とした個々の作家論であると同時に、スカイラー独自のアメリカ建築史論としての全体性を有する独特の執筆手法に則って書かれている。一八九二年に発表された『アメリカ建築』[63]は、そうして本格化していくスカイラーの歴史総括の発端に位置づき、それまでに書かれた記事群を国内初のアメリカ近代建築史の単著としてまとめたものである。それは一八八三年の『ハ

図3-14　M.スカイラー（1892年）

図3-15　エマニュ＝エル寺院（L.アイドリッツ，NYC，1868年）
大小の尖塔がイスラム建築のミナレットを想起させる一方，中央上方の薔薇窓は明らかにゴシックの大聖堂の翻案．

図 3-16　トリニティ教会（H. H. リチャードソン，ボストン，1872-77 年）
リチャードソンの代表作であり，作風に大きな変化のみられた画期的作品．半円アーチを基調とする，大ぶりな石材による豪壮な建築表現（図 4-8 参照）．

図 3-17　ニューヨーク州会議事堂（L. アイドリッツ，H. H. リチャードソン，ニューヨーク州オルバニー，1883-89 年）
1867 年着工の工事を引き継いだ大事業．内部意匠はスタイルの変化に富む．「百万ドルの階段」の先にリチャードソンとアイドリッツの各議事堂が控える．

ーパーズ・ウイークリー』に掲載された「モニュメントとしてのブルックリン橋(64)」を含む著作として、建築論壇において橋梁エンジニアリングの美的性質が語られた嚆矢的業績でもあった。

スカイラーの橋梁美論は『アメリカ建築』(65)におよそ一〇年先駆けたものだったが、実際にそれが衆目を集めることとなる契機は同書の出版にあった。その書評は特に「モニュメントとしてのブルックリン橋」の一章を取り上げスカイラーの建築批評の先駆性をたたえたが、そこで書評者はこのような違和感を書きとどめている。

> ひと世代前のいっとき、ラスキン氏の手のなかで煌々と燃えていた「真実の燈」が、その後最近になってもう一度点火され、ゴシック・リバイバルの早すぎる死を悼むアメリカ人批評家によって振りかざされたというのは奇妙なことのように思える。

この書評者は、「ブルックリン橋の章で〔……〕大橋脚が自身の目的を表現していない点に不足をみた」スカイラーの批評のなかに『真実の燈』が目いっぱい灯った」すがたをみた。ここにもやはり、『芸術の本質と機能』をめぐってアイドリッツとヴァン・ブラントに見られたような、「ラスキンの建築理論」にまつわる認識の相違があった。というのも、アイドリッツの薫陶を受けたスカイラーは、彼から、「ラスキン氏は建物とその建築を切り離すことができると考えている」(『芸術の本質と機能』)という理解を踏襲していたのである。『アメリカ建築』に所収の「モニュメントとしてのブルックリン橋」のなかでもむしろ、「建物に不必要な造作を足すことを建築と定義した」ラスキンの影響を、ブルックリン橋の表現上の瑕疵の原因とみなしていたのである。

なお、ここで言われる「不必要な造作」とは装飾のみを指すのではなく、「知性を欠いた建材の使用」のすべてを表している。スカイラーにとって建築とは、『エンサイクロペディア・ブリタニカ』の「建設《コンストラクション》」の項目に定義される、次のような観念を基礎として達成される総合芸術だったのである。

エンジニアが芸術家であった時代に立ち返り、現代の科学作家が『あの構造技術の鑑である、尖頭の大聖堂』と書いたものを学べば、建築と建設は分離不可能なものだということはおのずからわかる。(66)

書評者の言う通り、スカイラーは確かに、ゴシック建築の原理に基づく建築美＝構造美の復権を唱えた。しかし、その当時のスカイラーが理解する「ラスキンの建築理論」は、自身の論と明確に反対の立場をとるものだった。この時期スカイラーは、次のようにさえ語り、ラスキンに対する悪感情を露呈させていたのである。

ラスキン氏は深みにはまり、熱狂に任せて書いたものをドグマとして宣伝した当然の報いとして、おおかた建築批評家としての信用を失った。彼の軽率な知性は、それに伴う道徳的生真面目さのゆえにさらに歴然としており癪に障る。(67)

木造船舶から鉄造機関車へ

建築論壇でラスキンに対する解釈の相違と愛憎が入り混じっていた、一八七〇、八〇年代。それは同時に、それ以外の市井にラスキンの一般読者が激増していく時代でもあった。ラスキンの動向に照らせば、一八八〇年前後とは、美術批評中の名誉棄損をめぐるジェイムズ・マクニール・ホイッスラー（一八三四―一九〇三）との裁判（一八七七）や、一八七〇年から務めたオックスフォード大学のスレイド・プロフェッサー職の辞任と再任の時期にあたる。

その前段として重要なのは、チャールズ・エリオット・ノートンによる、一八六八年から七三年までの外遊である。

このとき彼は、ウィリアム・モリス〔一八三四―一八九六〕のほか、ダンテ・ゲイブリエル・ロセッティ〔一八二八―一八八二〕やエドワード・バーン＝ジョーンズ〔一八三三―一八九八〕と一八五〇年代以来の親交を新たにした。(68)

その後のアメリカでは、『芸術文化』(69)〔一八七三〕、『うら若き淑女に真珠を』(70)〔一八七八〕といった青年教育用のラスキン・アンソロジーが多数出版される。フランク・ロイド・ライト〔一八六七―一九五九〕は自伝のなかで幼少時代に読んだ『フォルス・クラウィゲラ』〔一八七一―一八八四〕のことを回想しているが、これもまた、当時のアメリカの道徳教育でラスキンが人気を得ていたことを示す典型的事例である。(71) あるいは、ウッドロウ・ウィルソン〔一八五六―一九二四〕もまた、プリンストン大学の学生時代であった一八七〇年代からラスキンの熱心な読者であり、彼の論文や演説ではしばしば『建築の七燈』の「恭順の燈」(Lamp of Obedience) が引用された。(72) なお、このウィルソンこそ、プリンストン大学学長時代〔一九〇二―一〇〕に、二〇世紀アメリカの代表的ゴシシスト、ラルフ・アダムス・クラム〔一八六三―一九四二〕にこの大学のキャンパス開発計画を依頼することとなる人物である。

当時のラスキン・ブームの別の画期となったのは、一八七九年にボストンとニューヨークで開かれたラスキン展である。この展覧会は、一八七五年にハーヴァード大学の初代美術史教授となったエリオット・ノートンによって企画された、ラスキンのドローイングを扱ったアメリカ初の展覧会であり、同展に対する関心は短信や展覧会評として各誌〔紙〕に表れている。(73) 後年のジョン・ラファージは当時ハーヴァード・カレッジで講義をしたことを回想しているが、建築論壇の外では、「彼〔ラスキン〕をそのように重要な人物であると言及するのは、今では不可能だが当時は自然なこと」(74)だった。

一八六〇年代後半よりこのかた、ゴシシスト・ラスキンは建築界でこそ顧みられなくなっていた。しかし、ときのアングロフィルの高まりには、ラスキンはたしかに重要な一翼を担っていたのだった。国内のゴシック・リバイバル論の再燃は、そのアングロフィルに後押しされたからこそ成就したという複雑な経緯をもっていた。

こうした市井のラスキン・ブームの影響や、エンジニアのあいだで独自に展開していたラスキン受容の系譜を同時にみることができるのが、一八八〇年代以降の鉄道エンジニア領域である。

前時代に海洋・河川交通の要求から発展した造船業の発展は、建国百年博覧会の頃にはすでに、鉄道のエンジニアリングの陰に隠れていた。というのも、ゴールドラッシュ時代にアメリカ工業の花形であったクリッパー船の製造は一八五七年恐慌までには下火となっており、さらに、南北戦争は木造の造船の脆弱性を露呈することとなったのである。かくして一八六〇年代半ばには、クリッパー船の製造数・航行数はともに激減する。蒸気船の技術水準でも当時はイギリスに遅れをとっており、造船業はもはやアメリカの工業の象徴ではなくなっていた。一八七二年に出版された『合衆国の偉大な工業』[75]のなかでも、「現在合衆国では造船は極めて不振である」と断られている。

他方、当時の工業的動向のなかで鉄道分野が急成長をみせた事実は、ラスキン受容、ヴィオレ＝ル＝デュク受容にも反映することとなる。まずヴィオレ＝ル＝デュク受容に顕著だったのは、特に建築論壇のなかで、彼の建築理論が機関車との類推で語られるようになることである。建国百年博覧会から七年後の一八八三年、このとき『アメリカン・アーキテクト』の通信欄に、「機関車は大聖堂にも比肩する純粋建築の偉大な作品である」[76]という、『建築講話』の文言が唐突に差しはさまれる。そしてその後、スカイラーの「現代建築」（一八九四）のなかでも、工業と建築の類推のために用いられたのはヴィオレ＝ル＝デュクの次の文言である。

> 機関車は気まぐれの結果ではなく、必然の結果としての固有の外観を有する。それを醜い機械でしかないと言う者がある。だがなぜ醜い？　それは荒々しいエネルギーの真の表現ではないか。[77]

建築論壇に限られた現象ではあったものの、こうしてヴィオレ＝ル＝デュクの理論は、ラスキンにおける造船の場合同様、建築と、国内他分野のエンジニアリングとの類推のなかで語られうるようになった。

一方、建国百年博覧会前後には、ラスキンはむしろ鉄道を忌避した論客として周知されていた。彼は「生まれるのが数百年遅すぎ」たために鉄道の進歩を受け入れられない、「世界を後ろ向きにし、上下逆さまにし、幾世紀の文明化と進歩を無かったことにする」人間だったのである（「機関車――過去と未来」、一八七三）[78]。ラスキンが鉄道による環境・風光破壊や速度の追求を忌避したという認識は当時広くあり、急激な技術発展のさなかにあったアメリカでは、それはラスキンの後進性と同義のものとして受け止められていたのだった。

しかし一八六〇年代末のアルフレッド・パンコースト・ボラーの例にもみられる通り、エンジニア領域では、ラスキンの美論は工業製品の合理的美を促進するものとして独自に読まれることがあった（第二章4節参照）。それは博覧会後の鉄道エンジニアにも同じことが言える。『アメリカン・アーキテクト』にヴィオレ＝ル＝デュクの機関車論が現れたのと同じ一八八三年、ニューヨークの鉄道業界誌『レイルロード・ガゼット』によるウィリアム・メイソン（一八〇八―一八八三）の追悼記事には、メイソン・マシーン・ワークス社によって設計された機関車を「ラスキンの建築理論」に当てはめ称賛する、このような一文が掲載された。

メイソン氏はこのように、高水準の発明の才と設計・構成の才を備えている。もはやそれは芸術家の技能に極めて近いか、ほとんどそれそのものである。「われわれがそれらに求めるのは人間と同様二つの美点である。第一に、実用上の義務をよく果たすこと。そして、その義務を果たす所作が優美で気持ちよくあること」。自身が設計した作品のなかで、彼はラスキンが建物に関して定めたこの原理を守った。また同じ著者が言うには、われわれが建設者をみるときに評価すべきなのは、「対処すべきすべての困難に対する認識と、その困難に対処するためのすべての手段に対する認識、また、その手段をどう使って目的を達成するかを素早く正しく想像し見つけだす力」である。メイソン氏が設計し組み立てた機関車からは、それらが仕えるべき実用目的や、対処すべき困難を彼が知悉していたことがわかる。その奇跡的な品位と美しさからは、彼が困難に対処し目標を達成する手段を極めていたことがわかる。(79)

さらに後年の一八九〇年代には、ロンドンのジョージ・アレン社から発行された『ラスキン選集』(80)（一八九三）の一節を通じて、鉄道エンジニア界隈ではラスキンの鉄道賛美がにわかに知れわたるようになる。その箇所の初出は約三〇年前のことである。その同じ文章が、機関車工業の隆盛に時宜を得たことで、新たにアメリカのエンジニアの注目を集めることとなったのである。かくして『ラスキン選集』発売の翌年には、『アメリカン・アーキテクト』を含む、多数の技術系媒体がその一節を掲載した。(81)「機関車から生まれた名文は数多あるが、最近活字となったラスキン氏の講演集からの以下の引用に適うものは見つからないだろう」と語り、それを手放しで称賛したのはシカゴのエンジニア専門誌『アメリカン・エンジニア』である。ラスキンはその文のなかでこのように語り、鉄道エンジニアの造物主としての天分をたたえた。

鉄道駅で機関車が一息入れているところをときどき見物していると、驚きとも畏れとも、無力感とも屈辱ともつかない言い知れぬ思いに駆られる。そして考える。その棒は、その車輪は一体どうすれば作ることができるのか。地面から茶色い鉄の岩を掘りだすところから、それを鍛えて「あれ」にする人間のわざとは一体何だ！〔……〕そのロッド同士が互いに接触するさまは、身をよじり、音もなく滑り、何にでもつかみかかる蛇だ。活発に動く鋼の、無限に複雑な生体構造。うっかりすると、生物の骨格のほうが無様でできたないもののように思えてしまう。〔……〕鉄を支配する彼ら天才たちはいったい私のことをどう思う？　そして私は一体彼らに何を思えばいい？(82)

図3-18　博覧会場のコーリス・エンジン
建国百年博覧会はアメリカの工業力を世界に知らしめた.

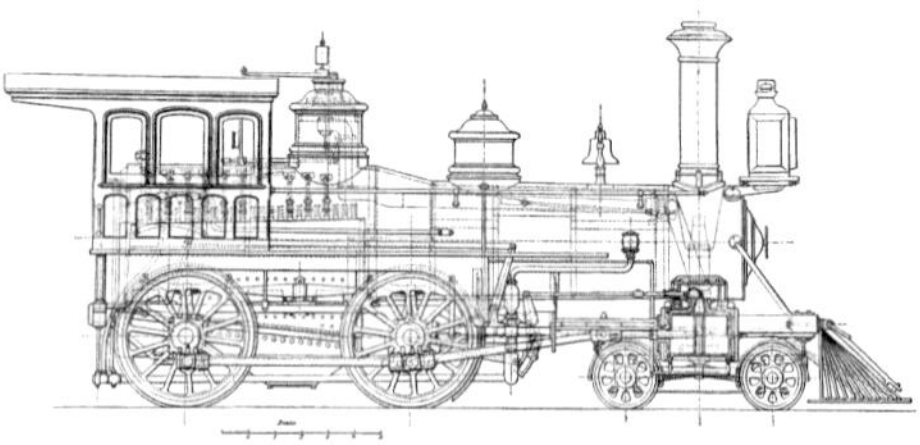

図3-19　ボールドウィン・ロコモティブ・ワークス社の旅客機関車
造船業の衰退後，輸送手段開発の花形は1870年代に機関車に遷った.

百年博と機械のトーテム
木造船舶から鉄造機関車へ——

建国百年博覧会とはまさしく、この遷移の中間地点だった。と同時にそれは、アメリカの工業が内向的な自負の対象から、世界の前景へと躍り出るタイミングでもあった。この博覧会の展示会としての主目的はアメリカの工業技術の発展を世界に知らしめることだったたが、会場に展示された工業製品は美的性質に関しても国外の来場者の目を奪い、ある場合にはアメリカに対する危機感を抱かせるものですらあったのである。

この博覧会に際して、約一四エーカーを占めた機械館のなかには、百を超える出品者による無数の展示品がならんだ。そのなかでは無論、館の中心に置かれ、同会場内の動力を賄った巨大なコーリス・エンジンは展示の目玉として当時のアメリカの工業水準を示した（図3-18）。当時のアメリカでは鉄道技術の進展もまた目覚ましく、博覧会の開催までには、ミシシッピーに蒸気動力の鉄道が通った一八五〇年以降、一八六九年には統一ゲージの大陸横断鉄道が整備されている。博覧会にあたっても、ボールドウィン・ロコモティブ・ワークス社の旅客機関車（図3-19）を筆頭に、これらの「硬く頑丈かつすっきりとしており、無駄な装飾がなく、すべてのパーツが寸法規格に準じているため互換性も完璧な、アメリカ製品の一級の見本」は「最も目立つ」展示品として衆目を集めた[83]。

他方建国百年博覧会にあたり、エンジンや鉄道といった大スケールの展示物にも勝って国外の来場者を瞠目させたのは、それ以下の無数の機械類である。この博覧会におけるアメリカの見せ場は秤、ライフル銃、ミシンなどの機械製品であり、褒賞局長アマサ・ウォーカーの言によれば、わけてもウィリアム・セラーズ社製をはじめとする加工機械は「アメリカの工業的天分の勝利[84]」の象徴だった（図3-20）。そうして、このような矜持は博覧会当局にとどまらず、アメリカの産業界ではもはや博覧会後の常套句となる。なぜなら、「多数の実用的な発明へと結実したわれわれの創意と努力が他の何にも増して来場者に深く長い感銘を与えた[85]」（『ポッターズ・アメリカン・マンスリー』）からである。

機械制作にかけるアメリカ側のこの自負は、この博覧会の成果が特にイギリスによって真面目に受け止められたことに起因するものである。

この博覧会にあたり、機械館への出品は三分の二がアメリカからのものであり、ほかブラジルとカナダ以外はすべてヨーロッパ諸国からのものだったが、そのなかでも最大の出品国がイギリスだった。

図3-20　ウィリアム・セラーズ社の工作機械
イギリスの論壇を震撼させた「機械の美」.

しかしイギリスからの来場者には、アメリカの機械製品が「遠くまでずらりと並んだなかには、小型武器、銃弾、縫製機械、置き時計、懐中時計や、機械製作と工学の全部門に関するもの〔道具〕を含めたあらゆる目的の機械があり、それらのほぼすべてが過去のいかなる博覧会をも超えた、完成されたスタイルを有する[86]」ものと映った。母国に公式報告を提出したイギリスのエンジニア、ジョン・アンダーソン〔生没年未詳〕は、「フィラデルフィアにおけるわれわれ〔イギリス〕の展示は量こそ少ないものの、独創性の点、思考と進歩を示すすべての点において相当に恵まれていた」[87]（『一八七六年フィラデルフィア国際博覧会報告』、一八七七）と一応は断りながらも、それもアメリカとの比較でみれば「新鮮味がなくステレオタイプで、〔……〕われわれがそれまでのリーダーシップを失い、それをアメリカ人に渡しつつある」と思われても仕方がない、と語った。

この発言を導いたアメリカの機械製品は、アンダーソンの報告のなかでは愛国感情の表現とも捉えられた。それらはアンダーソンにとって、「国民一人ひとり、会社の一つひとつが機械に関する国の高評価を保つために行った莫大な努力」を表現する「愛国精神のたしかな証」として、その時代までに培われた、アメリカ的クラフツマンシップの精髄と映ったのである。

この機械制作の質の高さを、ロンドンの『タイムズ』は美術品になぞらえた。「アメリカ人はギリシャ人が彫刻し、イタリア人が絵を描くように発明をする」——この文言はアメリカ人の注目するところとなり、一八九〇年代にはエリシャ・ベンジャミン・アンドリューズ〔一八四四—一九一七〕によってアメリカ史の一部として言及される[88]。先の褒章局長アマサ・ウォーカーもまた、自国の機械製品のクラフツマンシップをたたえるために、同紙の次の一節を報告書に引用している。

玩具は一人の職人が一心に技術の粋を尽くし、傑作を作るために細心の注意を払って作られる。しかしそこでは、そうした玩具のような繊細さや正確さが、多くの人間の頭脳が活発に協力しあわなければ組み立てられえないような、沢山の部品からなる大きな機械のなかにありありと見られた[89]。

かくして建国百年博覧会を機に、アメリカの機械はイギリス人の美的羨望の対象となる。たとえばオスカー・ワイルド〔一八五四―一九〇〇〕である。ワイルドは一八八二年にアメリカを訪れ、一年をかけて一四〇回の講演活動を行い、現地アメリカの機械の水準に触れた。そして帰国後、そのときの感銘をこのように語った。

機械があれだけ美しい国はアメリカ以外にない。
私は力の線と美の線は一つなのだと信じたいと常々願ってきたが、アメリカの機械を見つめたときにその願いは叶った。(90)

（1） Woodrow Wilson, Letter to Ellen Louise Axson, 14 Feb. 1884, *The Papers of Woodrow Wilson*, Vol. 3, Arthur S. Link, ed., Princeton, NJ, Princeton University Press, 1967, p. 24.

（2） Eugène Emmanuel Viollet-le-Duc, *Discourses on Architecture*, Henry Van Brunt, tr., Boston, James R. Osgood and Company, 1875.

（3） "M. Auguste Barthordi," *AA&BN*, Vol. 2, No. 88, 1 Sep. 1877, pp. 278–279.

（4） "The Death of M. Viollet-le-Duc," *AA&BN*, Vol. 6, No. 196, 27 Sep. 1879, p. 97.

（5） "M. Viollet-le-Duc," *AA&BN*, Vol. 6, No. 198, 11 Oct. 1879, p. 114.

（6） Augustus Welby Northmore Pugin, *Contrasts: Or, A Parallel between the Noble Edifices of the Middle Ages, and Corresponding Buildings of the Present Day; Shewing the Present Decay of Taste*, London, 1836.

（7） Idem, *The True Principles of Pointed Architecture*, London, John Weale, 1841

（8） "M. Viollet-le-Duc," *AA&BN*, Vol. 6, No. 199, 18 Oct. 1879, p. 127.

(9) Eugène Emmanuel Viollet-le-Duc, *Learning to Draw: Or, the Story of a Young Designer*, Virginia Champlin, tr., New York, G. P. Putnam's Sons, 1881. 原書は idem, *Histoire d'un dessinateur: comment on apprend à dessiner*, Paris, J. Hetzel & Cie, 1879.

(10) Arthur Rotch, "Review: Learning to Draw," *The American Art Review*, Vol. 2, No. 4, Feb. 1881, p. 159.

(11) "Decorative Fine-Art Work at Philadelphia: English Furniture," *AA&BN*, Vol. 1, 2 Dec. 1876, pp. 389–390.

(12) Eugène Emmanuel Viollet-le-Duc, *Dictionnaire raisonné du mobilier français de l'époque carlovingienne à la Renaissance*, première partie, Paris, Bance, 1858.

(13) "Archaeology and American Architecture," *AA&BN*, Vol. 4 No. 145, 5 Oct. 1878, pp. 114–115.

(14) Peter Bonnett Wight, "The Condition of Architecture in the Western States I," *AA&BN*, Vol. 7, No. 220, 13 Mar. 1880, pp. 107–109.

(15) Idem, "The Development of New Phases of the Fine Arts in America," *IA&NR*, Vol. 4, Nos.4–5, Nov.–Dec. 1884, pp. 51–53, 63–64.

(16) Charles Herbert Moore, *Development & Character of Gothic Architecture*, London and New York, Macmillan and Co., 1890.

(17) Russell Sturgis, *European Architecture: A Historical Study*, New York, The Macmillan Company and London, Macmillan & Co., 1896.

(18) Eugène Emmanuel Viollet-le-Duc, *Dictionnaire raisonné de l'architecture française du XIe au XVIe siècle*, 10 vols., Paris, Bance, 1854–1868.

(19) Peter Bonnett Wight, "Reminiscences of Russell Sturgis," *The Architectural Record*, Vol. 26, No. 2, Aug. 1909, p. 126.

(20) John Ruskin, *The Seven Lamps of Architecture*, New Edition, Sunnyside, Orpington, Kent, George Allen, 1880.

(21) [Russell Sturgis,] "Our Furniture: What It Is, and What It Should Be," *The New Path*, Vol. 2, Nos. 4–5, Apr.–May 1865, pp. 55–62, 65–72.

(22) [Charles Locke Eastlake.] "The Fashion of Furniture," *The Cornhill Magazine*, Vol. 9, No. 51, Mar. 1864, pp. 337–349.
(23) スタージスが同論に触れたのは一八六三年に出版された全集の収録作品としてであり、ここには初出の記載はない。Edgar Allan Poe, "Philosophy of Furniture," *The Works of Edgar Allan Poe*, New York, W. J. Widdleton, 1863, pp. 299–305.
(24) Charles Locke Eastlake, *Hints on Household Taste in Furniture, Upholstery, and Other Details*, London, Longmans, Green and Co., 1868, p. iii. 原文は Viollet-le-Duc, *Dictionnaire raisonné du mobilier français*, tome premier, p. 431.「安物の豪華さ、偽物の趣味、偽物の贅沢のただ中にあって、われわれは、出来のよい腰掛け、脚のしっかりとしたオーク材のテーブル、ウールに見えるウールのカーテン、快適で丈夫な椅子、きちんと開け閉めができ、内も外も材料の木材が見え、使い方がわかる飾り戸棚を見つけると感動する。こうした健全な思想に立ち返る未来に期待しよう。家具の趣味も他のすべてのものと同様、われわれがそれに望む姿ではなく、そのあるがままの姿で見えることに本質がある。このことを理解できるようになる未来に期待しよう」。
(25) "Books Received," *The Builder*, Vol. 23, No. 1163, 20 May 1865, p. 360.
(26) "'The Builder' versus 'The New Path,'" *The New Path*, Vol. 2, No. 7, Jul. 1865, pp. 117–120.
(27) [Henry Van Brunt.] "Architectural Reform," *The Nation*, Vol. 2, Nos. 40–41, 5, 12 Apr. 1866, pp. 438–439, 469–470. *Architecture and Society*, pp. 89–96. 本書第二章2節参照。
(28) Russell Sturgis, "Viollet-le-Duc's French Mediaeval Architecture," *The Nation*, Vol. 9, Aug. 1869, Nos. 215, 217, pp. 134–135, 173–174.
(29) Charles Locke Eastlake, *Hints on Household Taste in Furniture, Upholstery, and Other Details*, Charles Callahan Perkins, ed. with notes, Boston, J. R. Osgood and Company, 1872.
(30) Idem, *A History of the Gothic Revival: An Attempt to Show How the Taste for Medieval Architecture Which Lingered in England during the Two Last Centuries has since been Encouraged and Developed*, London, Longmans, Green, and Co., 1872. アメリカ版もニューヨークの Scribner, Welford & Co. から同年に出版されている。
(31) "The Gothic Revival in England," *Scribner's Monthly*, Vol. 3, No. 5, Mar. 1872, pp. 627–629.

(32) "Furniture—Bad and Good," *The All Year Round: A Weekly Journal conducted by Charles Dickens with which is Incorporated "Household Words,"* New Series, Vol. 8, No. 182, 25 May 1872, pp. 42–44.

(33) "Extracts from Eastlake's Revival of the Gothic," *The American Builder and Art Journal*, Vol. 6, No. 5, May 1872, pp. 208–209; "Furniture-Bad and Good," *ibid.*, Vol. 7, No. 3, Sep. 1872, pp. 56–57.

(34) "Furniture-Bad and Good," *The Chicago Tribune*, 16 Jun. 1872, p. 5.

(35) Charles Callahan Perkins, "Editor's Preface," in Charles Locke Eastlake, *Hints on Household Taste in Furniture, Upholstery, and Other Details*, Boston, J. R. Osgood and Company, 1872, pp. v–xxi.

(36) "Charles Callahan Perkins," *Proceedings of the American Academy of Arts and Sciences*, Vol. 22, 1887, pp. 534–539.

(37) ラスキンの『建築の七燈』(一八四九)およびヴィオレ＝ル＝デュクの『フランス中世建築事典』第一巻(一八五四)の出版に挟まれた時期、ゼンパーは一時亡命先のロンドンで『建築の四要素』(*Die Vier Elemente der Baukunst*, 1851)および『科学、産業、芸術』(*Wissenschaft, Industrie und Kunst: Vorschläge zur Anregung nationalen Kunstgefühles, bei dem Schlusse der Londoner Industrie-Ausstellung*, 1852)を発表しており、イギリスの出版社からも『ポリクロミーとそのリバイバルに関する研究』(*On the Study of Polychromy and Its Revival*, 1851)を発表している。しかしこうした出版状況も当時のアメリカではヨーロッパの新刊紹介の一部として、広告記事のなかでごく小さく伝えられたのみである("Classical and Miscellaneous: European," *The Methodist Review*, Vol. 4, Jul. 1852, p. 493 等)。『クレヨン』のなかにも"Tempera and Encaustic in Antiquity and the Middle Ages," *The Crayon*, Vol. 6, No. 6, 1 Jun. 1859, pp. 180–182 に言及があるが、これはイギリスの書物からの抄録記事のなかにゼンパーの名が紛れ込んだものである。

(38) Gilbert Butler, "The A B C of Art," *The School Journal*, Vol. 23, No. 6, Dec. 1874, pp. 183–185.

(39) [Russell Sturgis?,] "Talbert's Gothic Form; Colling's Art Foliage; Examples of Modern Architecture," *The North American Review*, Vol. 118, No. 1, 1 Jan. 1874, pp. 204–212.

(40) Bruce James Talbert, *Gothic Forms Applied to Furniture, Metal Work, and Decoration for Domestic Purpose*, Boston, James R. Osgood & Co., 1873. イギリスの初版は Birmingham, S. Birbeck, 1867.

（41） James Kellaway Colling, *Art Foliage, for Sculpture and Decoration: With an Analysis of Geometric Form, and Studies from Nature, of Buds, Leaves, Flowers, and Fruits*, Boston, James R. Osgood & Co., 1873. 初版は私家版として一八六五年に出版される。

（42） *Examples of Modern Architecture, Ecclesiastical and Domestic: Sixty-four Views of Churches and Chapels, Schools, Colleges, Mansions, Town Halls, Railway Stations, etc.*, Boston, James R. Osgood & Co., 1873. イギリスの初版は London, Bradley Thomas Batsford, 1870.

（43） Walter Smith, *The Masterpieces of the Centennial International Exhibition Illustrated Volume II: Industrial Art*, Philadelphia, Gebbie & Barrie, 1875, p. 33. 同書はのち Idem, *Example of Household Taste*, New York, R. Worthington, 1880 として再販される。またスミスによる署名はないが，この評は Phillip T. Sandhurst, *The Great Centennial Exhibition Critically Described and Illustrated*, Philadelphia and Chicago, P. W. Ziegler & Co., c1876, p. 299 にも再掲されている。

なお，建国百年博覧会を扱った先行研究では，引用個所は John Atlee Kouwenhoven, *Made in America: The Arts in Modern Civilization*, Garden City, New York, Doubleday & Company, 1949, p. 118 をはじめ，Alfred Frankenstein, "American Art and the Urban Fair," *The Shaping of Art and Architecture in Nineteenth-Century America*, New York, Metropolitan Museum of Art, 1972, p. 98 や John F. Pile, *A History of Interior Design*, 2nd edition, London, Laurence King Publishing, 2005, p. 252 等のなかで，当時の装飾芸術観の一端を示すための基準として言及されてきた。

（44） Peter Bonnett Wight, "Henry Van Brunt: Architect, Writer and Philosopher—part III," *IA&NR*, Vol. 23, No. 5, Jun. 1894, p. 49.

（45） *International Review* 掲載の記事は Francis A. Walker, *The World's Fair. Philadelphia, 1876: A Critical Account*, New York, Chicago, and New Orleans, A. S. Barnes & Co., 1878 として出版された。

（46） E. S., "The International Exhibition IV: British Paintings-The Realists-III," *The Nation*, Vol. 22, 15 Jun. 1876, p. 379.

（47） S. N. C., "Paintings at the Centennial Exhibition: The English Pictures," *The Art Journal*, Vol. 2, 1876, p. 218.

（48） "The Fine Arts at the Centennial I–IV," *AA&BN*, Vol. 1, 1 Jul. 1876, pp. 213–214; 8 Jul. 1876, p. 221; 15 Jul., p. 229; 22 Jul.

1876, p. 236.

(49) E. S., "The International Exhibition II: British Paintings," *The Nation*, Vol. 22, 1 Jun. 1876, p. 347.

(50) "American Art," *Scribner's Monthly*, Vol. 13, No. 1, Nov. 1876, pp. 126–127.

(51) "Correspondence," *AA&BN*, Vol. 1, 23 Dec. 1876, p. 413.

(52) George Titus Ferris, *Gems of the Centennial Exhibition: consisting of illustrated descriptions of objects of an artistic character, in the exhibits of the United States, Great Britain, France, Spain, Italy, Germany, Belgium, Norway, Sweden, Denmark, Hungary, Russia, Japan, China, Egypt, Turkey, India, etc., etc., at the Philadelphia International Exhibition of 1876*, New York, D. Appleton & Company, 1877, p. 95.

(53) "Centennial Architecture I," *AA&BN*, Vol. 1, 3 Jun. 1876, p. 178.

(54) Richard Morris Hunt, "Paper on the Architectural Exhibit of the Centennial Exhibition," *AA&BN*, Vol. 2, Supplement, 24 Feb. 1877, pp. i–iv.

(55) James Dabney McCabe, *The Illustrated History of the Centennial Exhibition, Held in Commemoration of the One Hundredth Anniversary of American Independence*, Philadelphia, The National Publishing Company, 1876, p. 680.

(56) 建築史家ヴィンセント・スカリーによる命名。Vincent Joseph Scully Jr., *The Shingle Style*, New Haven, Yale University Press, 1955; revised edition as *The Shingle Style and the Stick Style: Architectural Theory and Design from Downing to the Origins of Wright*, New Haven, Yale University Press, 1971.

(57) Bruce Price, "The Suburban House," *Scribner's Magazine*, Vol. 8, No. 1, Jul. 1890, pp. 3–19. なお、ここでプライスは、イギリス本部の設計者をトーマス・コルカット〔一八四〇―一九二四〕と混同している。このような誤解・記憶ちがいが起こったのは、コルカットが特に、「クイーン・アン」の代表的建築家、リチャード・ノーマン・ショウの弟子筋であったためだと考えられる。

(58) "Plate No. XLV.—Old House at Newport, R. I.," *The New-York Sketch-Book of Architecture*, Vol. 1, No. 12, Dec. 1874, p. 1.

(59) Montgomery Schuyler, "Modern Architecture," *American Architecture and Other Writings*, pp. 102–103. 元記事は *Archi-*

tectural Record, Vol. 4, No. 1, Jul.-Sep. 1894, pp. 1–13.

(60) Leopold Eidlitz, *The Nature and Function of Art, More Especially of Architecture*, New York, A. C. Armstrong & Son, 1881. イギリス版も同年 Sampson Low, Marston, Searle, & Rivington (London) より出版。

(61) Henry Van Brunt, "Eidlitz's Nature of Art," *The Nation*, Vol. 33, No. 861, 29 Dec. 1881, pp. 515–516; included in *Architecture and Society*, pp. 145–149.

(62) [Montgomery Schuyler,] "Temple Emanu-El," *The World*, 12 Sep. 1868, p. 7. 以下の引用も同。
ほか、スカイラー寄稿とされる新聞記事については William John Thorn, "Montgomery Schuyler: The Newspaper Architectural Articles of a Protomodern Critic (1868–1907)," Ph.D. diss., University of Minesota, 1976 補遺Aに網羅的なリストがある。

(63) Montgomery Schuyler, *American Architecture: Studies*, New York, Harper & Brothers, 1892.

(64) Montgomery Schuyler, "The Bridge as a Monument," *Harper's Weekly*, Vol. 27, No. 1379, 26 May 1883, p. 326; as "The Brooklyn Bridge as a Monument." included in idem, *American Architecture*, pp. 68–85; *American Architecture and Other Writings*, pp. 331–344.

(65) "American Architecture," *The Architectural Record*, Vol. 2, No. 2, Jul.-Sep. 1892, pp. 105–107.

(66) Ibid.『エンサイクロペディア・ブリタニカ』からの引用であることは著者による同定。*Encyclopædia Britannica, or Dictionary of Arts, Sciences, and General Literature*, Eighth Edition, Vol. 7, Edinburgh, Adam and Charles Black, 1854, p. 324.

(67) Montgomery Schuyler, "Glimpses of Western Architecture," *American Architecture*, p. 134; *American Architecture and Other Writings*, p. 265.

(68) James Turner, *The Liberal Education of Charles Eliot Norton*, Baltimore and London, The Johns Hopkins University Press, 1999, pp. 224–225.

(69) John Ruskin, *Art Culture: A Hand-Book of Art Technicalities and Criticisms, Selected from the Works of John Ruskin, and Arranged and Supplemented by Rev. W. H. Platt, for the Use of Schools and Colleges*, New York, Wiley, 1873.

(70) Idem, *Pearls for Young Ladies: From the Later Works of John Ruskin, LL. D.*, Louisa C. Tuthill, ed., New York, J. Wiley & sons, 1878.

(71) Frank Lloyd Wright, *An Autobiography*, San Francisco, Pomegranate Communications, 2005, pp. 33, 53; first published in 1943 by Duell, Sloan and Pearce (New York).『フォルス・クラウィゲラ』の書誌情報は以下。John Ruskin, *Fors Clavigera: Letters to the Workmen and Labourers of Great Britain*, 8 vols., Sunnyside, Orpington, Kent, G. Allen, 1871–1884. なお、当時『フォルス・クラウィゲラ』はボストンのEstes社からも発行されていたとみられるが、書誌情報は未詳。本書第一章注14参照。

(72) 例としてWoodrow Wilson, "Self-Government in France," 4 Sep. 1879, in *The Papers of Woodrow Wilson*, Vol. 1, p. 538に『建築の七燈』中、「恭順の燈」第一節、第二節からの引用がある。これはウィルソンによるラスキンの引用の典型例であり、同箇所は"Mr. Gladstone, A Character Sketch,"〔Apr. 1880.〕*ibid.*, pp. 637–638;〔"Confidential Journal, 28 Dec. 1889,"〕*ibid.*, Vol. 6, pp. 463–464; "Democracy,"〔5 Dec. 1891〕, *ibid.*, Vol. 7, p. 365;〔"Note for Brooklyn Institute Lectures,"〕15 Nov. 1893, *ibid.*, Vol. 8, pp. 407–408; 2 Jul. 1894, *ibid.*, pp. 604–606;〔"Note for a Public Lecture,"〕18 Dec. 1894, *ibid.*, Vol. 9, pp. 103–104; "Liberty and Government," 20 Dec. 1894, *ibid.*, pp. 114–115にも用いられている。

(73) "Exhibitions and Sales," *The American Art Review: A Journal Devoted to the Practice, Theory, History, and Archaeology of Art*, 1880, p. 45等。

(74) John LaFarge, "Ruskin, Art and Truth," *International Monthly*, Vol. 2, 1 Jul. 1900, p. 510.

(75) Horace Greeley, Leon Case, *et al.*, *Great Industries of the United States: Being an Historical Summary of the Origin, Growth, and Perfection of the Chief Industrial Arts of This Country*, Hartford, J. B. Burr & Hyde, Chicago and Cincinnati, J. B. Burr, Hyde & Co., 1872.

(76) "Viollet-le-Duc once said that the locomotive was as great a piece of pure architecture in its way as a cathedral," *AA&BN*, Vol. 13, No. 385, 12 May 1883, p. 227. ヴァン・ブラントの訳では*Discourses on Architecture*, Vol. 1, p. 182にあたる。

(77) Schuyler, "Modern Architecture," p. 117.

(78) "Locomotion—Past and Present," *Harper's New Monthly Magazine*, Vol. 46, No. 272, Jan. 1873, pp. 161–173.

(79) "The Late William Mason," *Railroad Gazette*, 1 Jun. 1883, p. 342.

(80) John Ruskin, *Selections from the Writings of John Ruskin: Second Series, 1860–1888*, London, George Allen, 1893.

(81) "The Locomotive Engine," *Express Gazette*, Vol. 19, No. 1, Jan. 1894, p. 277; "Ruskin on Locomotives," *The American Engineer*, Vol. 68, No. 9, Sep. 1894, p. 430; "Notes of the Week," *Railway World*, Vol. 20, No. 37, 15 Sep. 1894, p. 736; "Notes and Clippings: Ruskin on Locomotives," *AA&BN*, Vol. 46, No. 981, 13 Oct. 1894, p. 16; "Ruskin on the Locomotive," *Scientific American*, Vol. 71, No. 16, 20 Oct. 1894, p. 246; "Ruskin on the Locomotive," *Locomotive Engineer's Monthly Journal*, Vol. 28, No. 12, Dec. 1894, p. 1084; "Crank Shafts," *The Sibley Journal of Engineering*, Vol. 9, No. 8, May. 1895, p. 356.

(82) Ruskin, *op. cit.*, pp. 169–170. 鍵括弧は原文大文字。

(83) Joseph M. Wilson, *The Masterpieces of the Centennial International Exhibition Illustrated Volume III: History, Mechanics, Science*, Philadelphia, Gebbie & Barrie, 1875, pp. 13–14.

(84) Walker, *The World's Fair*, p. 66.

(85) "Science and Mechanics: Our Manufactures at Paris," *Potter's American Monthly*, Vol. 9, No. 68, Aug. 1877, p. 158.

(86) "Extracts form the Report of Dr. John Anderson, LL. D., C. E., British Commissioner, etc.," *A Treatise on Machine-Tools, etc. as Made by Wm. Sellers & Co.*, 6th edition, Philadelphia, J. B. Lippincott & Co., 1884, p. xxvi.

(87) John Anderson, "Machines and Tools for Working Metals, Wood, and Stone," *Reports on the Philadelphia International Exhibition of 1876*, Vol. 1, London, George E. Eyre and William Spottiswoode, 1877, p. 216.

(88) Elisha Benjamin Andrews, *History of The United States*, Vol. 2, New York, Charles Scribner's Sons, 1894, p. 270

(89) Walker, *op. cit.*, p. 66.

(90) Oscar Wilde, "Impressions of America," *Impressions of America*, Stuart Mason, ed., Sunderland, Keystone Press, 1906, p. 24.

第四章　異説クイーン・アン——アメリカ建築の建国零年

ラスキンの話を聞こう。

「〔……〕アメリカには、われわれの人間性に備わった柔軟性を受け入れるだけの度量があるのではないのか？」

〔……〕

そう、アメリカにはヨーロッパ人の柔軟性を受け入れるだけの度量がある、そして絶えずその事実を証明しようとしている。老いたるヨーロッパは朽ちゆく時代の化石を見るのにうんざりしている。対して、若きアメリカは絶対に不平不満など言わない。アメリカは、改良が可能とあらば過去の構築物などすぐさま一掃する。白ひげの建物が取り払われ、「来たるべき様式」のために場所が作られても、心は毫も痛まない。〔……〕アメリカは真に柔軟だ——極めて進歩的に柔軟なのだ——期待すべき利益が未来にこれだけあるというときに、過去に思い巡らす時間の無駄などはしない。

〔匿名〕「アメリカの柔軟性」、一八六九年(1)

1　建国百年博覧会をまたぐ橋　［一八六四―一八七九］

二つの不在――ゴシックの表現、クラシックの理論

一八五〇年代末以降、アメリカの建築界は理論と実践の双方でフランスへの依拠を強めていった。そのフランス受容はアメリカ独自の現象として、ヴィオレ＝ル＝デュクの建築理論をボザールが擁するフレンチ・ルネサンスの伝統と接続した。ヘンリー・ヴァン・ブラント版『建築講話』（一八七五）の訳者序文は、その動向の明確な表現として、ヴィオレ＝ル＝デュクをクラシシストとみなした（第二章3節参照）。

『建築講話』翻訳出版にいたるまでの時期、ボザールのクラシシズムを理論方面から支持するためには、「ヴィオレ＝ル＝デュクの合理的建築理論」を援用するほかなかった。しかしその一方で、クラシシズムに合理性や理性を代理させる論理自体は、一八七〇年代からわずかのあいだ隆盛を迎えたきり、その後凋落の一途を辿ることとなる。そしてこの一過性の現象のあと、建築の合理性や理性の問題はより強くゴシック建築と結びつき、ヴィオレ＝ル＝デュクもまた、理性的な建設原理を基礎とするゴシック建築の唱道者とみなされていく。

一八七〇年代当時にあっても、ボザールの教育を通じて受容されたクラシシズムそれ自体は、コピイズムとしてボザール卒業生の側からすらも非難の対象となっていた。そのとき「理性の国フランス」というイメージと、ボザール教育の教条主義とのあいだには、ボザール擁護の立場をとった論客にすら齟齬が感じられ始めていたのだった。このことは、『建築講話』翻訳出版直後のヴァン・ブラント自身に最もよく象徴されている。彼は早くも一八七九年には、ボザールの権威主義に反旗を翻した人物としてヴィオレ＝ル＝デュクに言及し始める(2)。

しかし建国百年博覧会を境として、国内の建築設計教育はいよいよボザールのクラシシズムに対する依拠の度合を

強めていく。理論分野の動向と教育の動向はここで大きな矛盾を起こすのである。

建国百年博覧会は建築の美的価値に対する再認識の契機だった。そうしてそのとき、建築デザイン教育の本場であるとみなされたのがボザールであったことは、それまでの建築教育システムの形成過程を鑑みれば順当な展開だった。博覧会開催時点でも、アメリカ人建築学生が留学するならば「選択肢はほとんどパリかロンドンだが普通は前者」[3]（「百年博の建築展Ⅰ」、一八七六）であるというのが一般的感覚だったのであり、博覧会はこの傾向にさらに拍車をかけた。当事者としてこの点に触れているのは、建国百年博覧会と踵を接してボザール留学を経験（一八七八―八一）した建築史家、アルフレッド・ハムリン（一八五五―一九二六）である。ハムリンによれば、「アメリカ建築界に対するフランス派の影響は〔リチャード・モリス・〕ハントや〔ヘンリー・ホブソン・〕リチャードソンといった、パリの建築学生のなかにアメリカ人コロニーを作ったパイオニアに始まり、一八七六年の百年博覧会によって大いに活気づくこととなった」[4]（「様式の闘争」、一八九二）のである。

他方のゴシシストに目を移せば、南北戦争以後のアメリカでは過去の「ラスキンの影響」からの離脱が模索されていた。一八六四年の『ニュー・パス』ではすでに「中世の指導の限界」[5]が論じられている。ここではラスキンの言葉が引用され、国内のゴシック・リバイバルが「死に対する生の、因習に対する精神の異議申し立て」であるべき旨が説かれたが、アメリカで実施された当のラスキニアン＝イタリアネイト・ゴシックはすでに、「中世芸術が説く精神を賢く他山の石とする」作例ではなく、「隷属的模倣」の代表例として論難されている。この反動行動のなかでは、より初源的なゴシックへの回帰が模索されながら、様式的表現としてのゴシックからの離脱、「ゴシック的」理論の抽象化・一般化も同時に志向された。

クラシシズムでは理論上、ゴシシズムでは表現上の、二つの不在。「クイーン・アン」、この容易な定義を許さない用語は、そのような時宜を得て輸入されたのだった。[6]

「クイーン・アン」概念の発生――イギリスの出自とアメリカの初期受容

もともと、リチャード・ノーマン・ショウ〔一八三一―一九一二〕のニュージーランド・チャンバーズ〔一八七一―七三、図4―1〕やジョージ・フレデリック・ボドリー〔一八二七―一九〇七〕の教育委員会オフィス〔一八七二―七六〕、リチャード・コード〔一八二五―一九〇〇〕のチャリング・クロスの銀行〔一八七四、図4―2〕など、ロンドンの最新建築の一部が本国イギリスで「クイーン・アン」の名で呼ばれるようになったのは一八七〇年代初頭のことだが[7]、その発端だと考えられるのは、建築家ロバート・カー〔一八二三―一九〇四〕が一八七四年一月に発表した「建築の展望」[8]である。

この「建築の展望」の立論の前提となっているのは、ゴシック様式と古典様式を明確に対立させたカー自身の様式観であり、その執筆動機はイギリス国内におけるゴシック・リバイバルの終焉、すなわち「中世的精神は現代的精神ではない」ことの例証にあった。カーは「今も昔も完全にいわゆるルネサンス贔屓なのであり、かつてはそれを唯一

図4-1 ニュージーランド・チャンバーズ（R. N. ショウ，ロンドン，1871-73年）

図4-2 チャリング・クロスの銀行（R. コード，ロンドン，1874年）
イギリスの論壇では，ゴシックからクラシシズムへの遷移を捉えて「クイーン・アン」と名付けられた．褐色の煉瓦軀体現しと白いクラシックの造作が混在し，破風の意匠は特にルネサンス風である．

の現代ヨーロッパ様式だと呼んだこともある」ほどのクラシシストを自認しているが、そのカーが「クイーン・アン」と呼称したムーブメントは、「〔ゴシック建築からルネサンス建築への〕忠誠の移行を隠蔽するための中間的な変化」が起こっているという自説を、一七世紀末から一八世紀初頭の約四半世紀にかけての、イギリスの住宅建築の展開になぞらえたものである。カーの解釈では、ノーマン・ショウをはじめとするこれら現代の建築家たちは、自らの設計にクラシシズム的なディテールを忍ばせることで、暗にゴシック・リバイバルからの離脱を図ったのである。

カーの歴史認識では、この抽象的動向は「一八五一年の国際博覧会以前に明確に遡ることができる」[9]（「アメリカの国家建築問題」、一八九三）ものであり、起源としてはノーマン・ショウらの活躍に二〇年ほど遡るものだとされた。こうした定義からもわかる通り、一九世紀後半のクイーン・アン・ムーブメントには、もともとアン女王の治世の建築そのものに対する具体的参照関係はない。

そしてカーが「建築の展望」を発表した半年後には、同じくイギリスの建築家ジョン・ジェイムズ・スティーブンソン（一八三一—一九〇八）が「イギリス建築の趣味に関する最近の反発行動」[10]を発表し、カーが定義したクイーン・アンを、ゴシック・リバイバルからの「再再生《リ・ルネサンス》」であると定めた。スティーブンソンによれば、そうした「フリー・クラシックのような趣味が擡げたのは不自然なことではなく、ゴシックに深酒した人間には予期されたことだった」。

他方、カーとスティーブンソンの公算は、カーの論の発表後、ロンドンの『グローブ』紙によってただちに反論に遭い、『ブリティッシュ・アーキテクト』も即座にこれを転載し同調の姿勢を示した。[11]『グローブ』の認識によれば、カーが転覆を望んだ「ゴシック・リバイバルは偉大なものだった」。他方、「建設の美徳に関する新たな信念よりピクチャレスク的なものの開拓」に向かうクイーン・アンの理念は「さほど本質的ではない」ものだった。

このようにして、イギリスの建築論壇にはクラシシストとゴシシストの対立の構えが整った。

一方アメリカでも、『グローブ』の論説の数か月後に『アメリカン・ビルダー』がこれを転載し、イギリスにおける、「ゴシック・ムーブメントに対する異議申し立て」[12]としてのクイーン・アンの動向をアメリカ国内に伝えた。

ヴァン・ブラントは、こうしたクイーン・アン・ムーブメントに注目したアメリカ人建築家として、最も早い一人だった。彼は一八七七年のボストン建築家協会の月例会報告[13]のなかで、「現在ゴシックが相当な数の若い建築家から見捨てられている」現状を素描しながら、イギリスのクイーン・アンの隆盛に着目した。ここで彼が理解したその動向とは、カーの定義と同様、ゴシック・リバイバルに対する反動である。

しかしヴァン・ブラントには当時、そのムーブメントに明確な動機や影響源、推進力が読みとれないことに一つの懸念があった。彼自身がアメリカ国内で経験した通り、「今世紀のゴシック・リバイバルはピュージンとラスキンの作品に文学的起源をもつ」が、他方、「現在の〔クイーン・アン・〕ムーブメントにはそのような動機がない」。

そのように明確な理念のないクイーン・アンを推進するヴァン・ブラントに対し、列席者のなかから「いまのイギリスのムーブメントを重要視しすぎている」との反論があったのはもっともなことだった。しかしヴァン・ブラントにとっては、前時代の影響を脱するということのみをもっても、クイーン・アンは支持すべきものだった。のちに「建築の現状とこれから」[14]（一八八六）でも語っている通り、ヴァン・ブラントにとって、「ジャコビアンあるいはクイーン・アンあるいはフリー・クラシックのリバイバルはすべての点について、ピュージンやラスキンの長説法によって生まれた建築精神に対する攻撃」（傍点著者）を意味していた。

このように捉えられたクイーン・アンの動向が、ヴァン・ブラントのほかにもラスキンの建築論に対する反動だと理解されたのは、当時のアメリカ建築論壇では不自然なことではない。一八七九年の『アメリカン・アーキテクト』にもまた、『クイーン・アン』リバイバルは住宅建築を中世モデルで行う取り組みのなかから生まれた反動運動だった」とする論考が現れている。(15)「ラスキン氏は初期の建築講義のなかでゴシック建築のために熱弁を振るったが、それをいま読むのはおかしい」のである。

2　アメリカ建築の王道と中道〔一八五八—一八八三〕

A・J・ブロワー——クラシックの線とゴシックの情感

このように、建国百年博覧会からしばらくは、アメリカの論壇では、カーらイギリスの論客と展望を共有したクイーン・アン論が存在した。

しかしアメリカのクイーン・アン受容は、その移入からすぐさま建国百年博覧会を迎えたことで、アメリカ独自の道をたどることともなる。

もともとカーの目論見では、この動向は純粋なクラシシズム建築の隆盛にいたる遷移期であるはずのものだった。しかしアメリカの論壇にあらわれたクイーン・アン論は、国内独自の論壇史を反映して、ゴシックとクラシックの融合を主張するようになる。「クイーン・アン」の語はこの展開のなかでゴシック・リバイバルの亜流であるともみなされるようになり、さらには、ボザール・クラシシズムに傾斜していく国内動向に対する反動を助長した。

一八六〇年代初頭から続く表面的な派閥対立の裏で、アメリカ建築の「ゴシック的」発展の可能性は、すでに国内の建築家・建築批評家が広く信じるものとなっていた。様式的派閥ではクラシシズムに傾く者にすらこの基本的認識は共有されていたのであり、その後のクイーン・アン受容の前提として、一八六〇年代末にはすでに、アメリカ独自の仕方でクラシックとゴシックの融合が望まれていた。

そのような世論形成の過程をよく表しているのが、アルフレッド・ジャンセン・ブロワー〔一八二八—一九一七〕が一八六〇年代末から七〇年代末にかけ発表した一連の論考である。

ブロワーはＡＩＡ（米国建築協会）が全国展開を視野に改組されたさい（一八六七）の初代幹事だったが、その二年後に読まれた『ヨーロッパの建築・芸術協会』（一八六九）には、彼が一八六〇年代前半までに経験した国内動向が総括されている。この論文はＡＩＡに活動指針を与えるための、ヨーロッパの類似機関の動向に関する報告書である。[16]しかしそれは同時に、『ニュー・パス』の熱心な読者であったブロワーによる、ＳＡＴＡ（芸術的真実推進協会）の取り組みや、ラスキンの芸術論の批判ともなっている。ＳＡＴＡが活動していた一八六〇年代前半までは、「世界中の〔……〕誰もが、〔……〕自分を芸術に仕える、多少なりとも真の達人の手をもった身へと作りあげたのはラスキンなのだと感じた」。そう語るブロワーは、自身もそのように、当時ラスキンに影響を受けた建築家の一人であったことを認めた。アメリカ建築の未来のためには、まずこの過去を総括しなければならなかった。

ここで重要なのは、当時のブロワーもやはり、一八五〇年代の超越論的建築観の形成場面の目撃者であったこと、そうしてヴァン・ブラントと同様、造物主＝神に対する人為の優越を、それとなくでありながら、反ラスキンの立場で表明していることである。

まずブロワーは、ＳＡＴＡの芸術観に賛意を示しながら、主知的傾向を増していく南北戦争以後のアメリカ建築論壇のなかに、ふたたび超越論的造物主論を基礎とした建築観を提示した。その芸術観は、ＳＡＴＡからの引用によって次のように示された。

芸術の主目的とは、可視の宇宙や感情の真実を観察し記録することである。すべての偉大なる芸術は神の創造物の美と完全性に対するひたむきな愛から帰結するものであり、それに関する真実を語る試みである。最も偉大な芸術は最大限の範囲を包含する。

ただしブロワーは、SATAがラスキンの引用によって示した、「何ものも択ばず、何ものも斥けない」とする自然模倣の態度には異論を差し挟んだ。ブロワーによれば、「神は選択と排除の能力を与え給うたが、その贈り物には、必要なときにはその能力を使う義務も含まれている」のである。

いずれにせよブロワーは、自然主義の解釈に関するこの批判の反面、この論の全体を通して、ラスキンに鼓舞されたSATAの活動に極めて肯定的な意義を認めている。SATAの理念がゴシック建築を至上と定めている点についても、ブロワーにはまだ異論はなかった。

ラスキン嫌悪とクラシシズムへの傾斜

ところがこの『ヨーロッパの建築・芸術協会』からしばらくののち、ブロワーはクラシシズムへの傾斜をみせ、SATAの評価を一変させると同時に、ラスキンに対する論難の口調を激化させる。建国百年博覧会開催と同年の一八七六年、AIAの第一〇回年次総会で読まれた論文には、この転向の端緒をみてとることができる。[17]

ここでは、ピーター・ワイトのナショナル・アカデミー・オブ・デザイン（図2-3参照）に代表されるゴシック・リバイバル建築が、「ラスキンの若き弟子が構造の美点・欠点の双方に関して完全に師の虜になっていた」ことの証左として言及された。それらの建築作品はブロワーにとって、「このオックスフォード・グラデュエイト〔ラスキン〕の建築に対する初恋」を思い起こさせる稚拙なものであり、「その弟子がいかに巧みなわざをもって師に倣ったか」を誇示するだけのものにすぎなかった。このときのブロワーの認識に照らせば、「ラスキンの建築頌」は正しく建築理論と呼ぶに相応しいものではなく、『凍れる音楽』を語ったヴィクトル・ユゴーの抒情的散文を受け入れるのと同様に」読めればよい程度の著作だった。[18]

他方、ブロワーのクラシシズムには、ヴィオレ＝ル＝デュクが一八六〇年代以降クラシシストとして紹介されていた側面からブロワーが受けた影響がみてとれる。ブロワーは、博覧会後もヴィオレ＝ル＝デュクをクラシシストとみなしていた最後の一人である。一八七九年に発表した「アメリカの住宅建築」[19]のなかでは、ヴィオレ＝ル＝デュクを「長らくルネサンス贔屓であり、〔……〕ルネサンスの起源であるギリシャ、ローマの模範にも執着し続けている」人物として描いている。このときのブロワーの理解では、ゴシック・リバイバルの文脈で語られるヴィオレ＝ル＝デュクは、「ゴシック作品の賛美のためにその偉大な名前を貸した」に過ぎなかった。

ただし、ブロワーによるこのようなラスキン嫌悪とクラシシズムへの傾斜も、ただちにゴシック的なものの否定を意味したわけではなかった。むしろブロワーは、国内動向の最善の部分にゴシックとクラシックの合一を認めている。なかでも、この点においてブロワーが「アメリカ建築独自の一派が育ち始めている」（AIA第一〇回年次総会論文）姿をみたのは、ハントによるトリビューン・ビルディング（一八七五、図4－3）やブリンマー邸（ボストン、一八六九－七〇）といった業績のなかだった。

図4-3　トリビューン・ビルディング（R. M. ハント，NYC，1875年）
建物の周りをめぐる歯形装飾，フルーティング（縦溝）の入った角柱の扱いなどは「クラシック的」．一方，時計塔の造形や素材の扱いに「ゴシック的なもの」が読める．部材の濃淡差で取りあわせを明示．

ブロワーによれば、前者は「ハントがこの国に導入したと言える、ネオ＝グレックの線にゴシックの情感を吹き込む最新の表現方法」の最良の例であり、後者は「いわゆるネオ＝グレックの線と、無数のゴシックのなかの一つないしは複数に費やされた感性の結合体」である。これらはイギリス由来のクイーン・アンと呼びうるものではなかったが、そこに見いだされた特質がゴシックとクラシックの混交であったという点では、カーがイギリスの動向に認めたものとの並行性がある。しかしブロワーの論で美点とされたのが、ゴシックからの漸進的な離脱の兆候ではなく、あくまで両者の融合であったということはカーの論との本質的な差異である。

そしてブロワーは、その融合を最初に果たした点で、ハントを「誰にもまして父祖とされるべき」人物とみなした。そこで同時にヴィオレ＝ル＝デュクに言及が及ぶのは、クラシック派とゴシック派の派閥闘争のただ中に置かれながら、かつ「建築の大原理」の唱道者とみなされていたヴィオレ＝ル＝デュクが、この国内の最新動向を最もよく象徴しうると考えられたからである。ブロワーはこのように語る――このゴシックとクラシックの融合をハント自身が自らの功績と認めないならば、「ヴィオレ＝ル＝デュクが認めるだろう」と。

H・ヴァン・ブラントのゴシック回帰――中世の美徳、モダンデザインの精神

ヴァン・ブラント版の『建築講話』が出版された一八七五年とは、折しも建国百年博覧会開催の前年にあたる。おおよそこの博覧会を機にアメリカ建築論壇のヴィオレ＝ル＝デュク像が変化し始めたことは前章で明らかにした通りだが（本章1節参照）、この趨勢はヴィオレ＝ル＝デュクの宣伝者としての第一人者、ヴァン・ブラントの文筆にも観察することができる。すなわち彼もまた、ヴィオレ＝ル＝デュクに対するクラシシストとしての理解を軟化させ、むしろ国内のゴシック・リバイバル擁護の立場からその理論を援用するようになるのである。ヴァン・ブラントはそのようにして、構造合理主義として理解された「ゴシック的なるもの」の脱歴史様式化を試み、クラシシズムとの融合を図ったのだった。

一八七九年八月、すなわちヴィオレ＝ル＝デュクの没する直前にヴァン・ブラントが発表した「最新の芸術文学[20]」(『アトランティック・マンスリー』)でまず特筆されるのは、この論者による、ヴィオレ＝ル＝デュクに対する理解の大きな変化である。クラシシスト＝ボザール支持者としてのヴィオレ＝ル＝デュク像を宣伝した主要人物はここでその認識を翻し、彼をまず「エコール・デ・ボザールの神聖なドグマに背いた背教者として最も著名な人物」と描くところから論を展開させた。

まず表向きの名目として、この記事はフランスからウジェーヌ・ヴェロン(一八二五―一八八九)の『美学』英訳版[21]、イギリスからフィリップ・ギルバート・ハマートン(一八三四―一八九四)の『ターナーの生涯[22]』、ドイツからヤーコプ・フォン・ファルケ(一八二五―一八九七)の『住宅のなかの芸術』英訳版[23]という、ともに一八七九年に出版された三書目を挙げた書評である。

しかしここでヴァン・ブラントが展開した論は、これら三国の著作の書評であるというよりは、国内の建築思想の展開を振り返る、歴史的総括としての側面が強い。そのなかでヴァン・ブラントは、アメリカ建築の基底がゴシック・リバイバルにあることを明示した。そうしてこれらの書目は、ヴェロンを書評することでヴィオレ＝ル＝デュクの構造合理主義の骨子をつかみ、ハマートンを書評することでラスキンの美学の超克を掲げ、ファルケを書評することでゴシックの制作理論を新様式へと応用可能にする、という一連の論法のために俎上に載せられたのだった。

ヴァン・ブラントはまず、『美学』の批評を通じて、自らが奉じる合理主義的建築観をヴェロンとヴィオレ＝ル＝デュクに語らせる。ヴァン・ブラントによれば、「ヴェロン氏はいみじくも、初期寺院・大聖堂の様式的特徴の起源を神秘的な象徴性や自然の模倣欲に辿る奇説を退け、ヴィオレ＝ル＝デュクによる、構法の実践知識に基づく科学的解釈を採用した」のだった。「この解釈では、宗教様式は、人間の望みを最も直接的かつ単純に満たすように作られた住居から、あるいは、手近にある建材を最も自然かつ経済的に使うところから説明することが好まれる」。――無

図4-4　ポンペイのサルスティウス邸
『住宅のなかの芸術』(米1879年)より．家具のゴシック・リバイバルに対抗した，クラシシズム家具改革論の翻訳出版．クラシスト・パーキンスの広告戦略の一環．

論、ここでヴァン・ブラントが「神秘的な象徴性」や「自然の模倣欲」のことばで意識していたのはラスキンである。

ヴァン・ブラントは鋳鉄建築論争の時点ですでに、神の創造行為に対する人間の創造行為の独自性という観点から、同様のテーマを論じていた(第一章5節参照)。彼はそのとき、自然と人工を対立的なものと捉え、科学によって自然を知悉した、半神＝人間による創造行為を芸術とみなした。この意味では、芸術とは科学の成果も、自然模倣の成果も超えている。

この創作観は、今回の「最新の芸術文学」のなかにも、ハマートンの書評を通じたラスキン批判として表現されている。ヴァン・ブラントによれば、ラスキンが芸術の要とみなした「自然に対する忠実性は、芸術ではない。芸術は奇妙にも科学とも真実性とも独立したものなのであり、科学的評価基準にも、知的評価基準にもかからない。芸術は自然によって育まれるものだが、創意に端を発する。それは人間化した自然なのだ」。

そしてヴァン・ブラントは最後に、ファルケの書評を通じて、この創作観を未来に具体化させるための、現時点の基底のありかを示した。

なお、このファルケの調度論の翻訳・解説にあたったのはチャールズ・キャラハン・パーキンスであり、この出版には「グレコ＝ローマンの家屋が平面、構造、装飾において最も完璧な類型である」[24](「編者の序」)ことを直接的に示す意図があった。パーキンスは先だってイーストレイクの『家庭の趣味のヒント』を用いてルネサンス家具の普及を図るという強引な道を選んだが、今回選ばれたファルケの『住宅のなかの芸術』はそもそも「ゴシック家具の土台となる原理は真だが、〔……〕現代的趣味はそれに対して断固反対する」と主張するクラシストの著作であり、よりよくパーキンスの意図に調和していた（図4-4）。

しかしヴァン・ブラントによる書評は、そのようなファルケの著作を、逆にゴシック家具再評価のきっかけとした。すなわち彼は、イーストレイクやスタージスによって推進された家具改革論を間接的に、しかし率直にたたえながら、「ラスキンとピュージンの出現以来、イギリスの家庭芸術を扱った美学論はゴシックのデザイン理論の擁護を中心としてきた」（傍点著者）こと、そうして、アメリカの建築家たちが「長年、中世的な誠意と無垢の痕跡がある家具以外には美点を認めなかった」ことを、ここで強調したのである。

そうしてさらに、ヴァン・ブラントは次のように語り、現時のアメリカ建築界の動向がゴシック的なものを基礎とし展開していること、すべきであることを明言した。

中世の美徳を学ぶことによってイギリス、アメリカのモダンデザインの精神にもたらされた優位はわれわれのものであり、それはおそらく、永遠のものである。その魂は実直なデザイナーの血統を生んだ。彼らは学問的な異教徒ドイツ人の誘惑によって堕落することはないが、ピュージン、イーストレイク、ヴィオレ＝ル＝デュクに倣った芸術の福音を受ければ改宗せずにはいられない人間だ。

ただし、ここでのヴァン・ブラントの論は、ゴシック・リバイバルへの単なる回帰あるいは転向を意味するものではなかった。それはむしろ、国内のゴシック・リバイバルを再評価しながらも、そこで尊ばれた合理的制作原理のさらなる抽象化・一般化によって、それを新様式の創造に応用することを目論んだものだった。ヴァン・ブラントが語るところによれば、新しい時代のデザイナーはもはや「中世主義の拘束衣に閉じ込められることなく、キリスト教で

図 4-5　クラッグサイド（R. N. ショウ，英ノーサンバーランド州ロスベリー，1870-75 年）
高次のクイーン・アンとは「ゴシックの誠実」と「クラシックの洗練」の昇華である（M. スカイラー）.

あろうと異教であろうと、すべての美しき思想をわれわれの宗教儀礼に受け入れる準備がある」のである。

M・スカイラーのクイーン・アン論——ゴシックの誠実とルネサンスの洗練

かくしてヴァン・ブラント版『建築講話』の出版からヴィオレ＝ル＝デュクの死にいたるわずかのあいだに、ヴァン・ブラントの理論のなかではクラシシズムとゴシック・リバイバルの融和が可能となった。

クイーン・アンは、イギリスの文物の模倣としては、当時の建築論壇では始めからおしなべて唾棄の対象だった。反面それは、以上のような時宜を得て国内に紹介されたことで一部の論客に再解釈され、ブロワー、ヴァン・ブラントらがみせたのと同じ、ゴシックとクラシックの融和を望む国内動向の総括・推進のために活用されることとなる。

モンゴメリー・スカイラーが建国百年博覧会の開催と同じ一八七六年に発表した「クイーン・アンについて」(25)（『アメリカン・アーキテクト』）は、このアメリカ独自の文脈で「クイーン・アンの実り多き原理」を考察した嚆矢的論考である。それはアメリカの建築論壇で初めてクイーン・アンを論じたものだったが、そこにはすでに、カーらが展開したイギリスの論からの完全な分離がみられる。スカイラーの意図は、そのクイーン・アンの原理を正しく抽出することによって、「われわれの世代に建築でなされた代表的な業績すべての座を奪う」はずの、国内建築界の最善の動向を指し示すことにあった。

スカイラーはここで、一般語彙としての「クイーン・アン」が示すものに全く価値を置かず、むしろ、彼独自の理想の建築像を表現するためにその語を再定義した。スカイラーにとっては、「クイーン・アンとしてのクイーン・アンなど、成長した人間が気に留める価値のない完全なる見せかけ」だった。この基準に照らせば、ショウの設計は「クイーン・アンだから、ではなく、クイーン・アンにもかかわらず良い」のであり、スカイラーが佳作としたノーマン・ショウの最近作クラッグサイド（一八七〇—七五、図4-5）およびウィスパーズ（英ウェスト・サセックス州ハースト近郊、一八七四—七六）は一般的な、低い意味のクイーン・アンとは呼びえなかった。

「建造物《ビルディング》は有機体である」。そう考えたスカイラーにとって、「その建造物の建築性《アーキテクチャー》とは、それを装飾的目的のために用いることではなく、〔その建造物自体が〕機能と条件の表現となること」だった。この建築観に基づく高次のクイーン・アンとは、「ゴシックの原理——というより、建築の原理——に則って設計された建造物に、古典のディテールが応用」（傍点著者）されていながら、「そのディテールが、適用先の構造とも矛盾せずにその構造を表現する」ものである。

こう語ったスカイラーだったが、実際のところ彼にとっては、歴史様式の模倣として「古典のディテールを応用」することには、それ自体としての価値はなかった。論内で語っている通り、スカイラーにとっては、「ゴシックの誠実」と「ルネサンスの洗練」の両立こそが、より抽象的な次元での「クイーン・アン」の設計原理だったのである。

ブロワーがアメリカの最新建築に感じとった、クラシシズムとゴシシズムの「結合」にいたる道程。一八六〇年代末には名前を持たなかったその動向には、かくして「クイーン・アン」なる字《あざな》が与えられることとなった。

異説クイーン・アン

そして一八八三年、スカイラーはニューヨークの人気総合誌『ハーパーズ・ニュー・マンスリー・マガジン』に「最近のニューヨーク建築」[26]を寄稿し、クイーン・アンの性質に関する議論を再度展開した。これは、一八九二年の『アメリカ建築』収録にさいして「クイーン・アンについて」と改題された、スカイラーの主要なクイーン・アン論である。

ここではまず、博覧会以後七年のうちに、アメリカにもクイーン・アンに分類しうる実作が増加してきたという事情を同論の成立背景に読みとらなければならない。著書出版にあたっての改題の経緯にも示されるように、スカイラーが同論で扱ったのは一八七〇年代以降の自国のクイーン・アン建築であり、また自国の論壇の文脈によって——さらに言えば、スカイラー個人によって——再定義されたクイーン・アンの概念が議論の土台となっている。

当時、国内の建築的実践のなかには、スカイラーが定義した「クイーン・アン」が実現し始めていた。これによりスカイラーには、イギリスの論壇や実践を全く参照することなく論を展開することが可能だった。「この『〈クイーン・アン・〉』ムーブメント』が始まる前は、ヨーロッパとアメリカの建築家は二つの陣営に分かれていた」——そう切りだしたスカイラーだったが、ここに言う「ヨーロッパ」とはイギリスのことのみを指し、かつ、論内ではそのイギリスの動向すら顧みていない。

ここでのスカイラーはおそらく、イギリスのクイーン・アンの議論がむしろ明確に派閥闘争であったことさえ意識していない。一八七六年のクイーン・アン論にもすでに仄めかされていたように、彼は第一に、クラシシズムとゴシック・リバイバルの二派分裂が国内で融和し始めた傾向に意義を認め、そうした融和の道をこそ「クイーン・アン」と呼んだ。今回のスカイラーの論は、その折衷的傾向のなかに正しく建築と呼びうる作例があるかどうか、また、それらに共通する志向を明らかにするために書かれたものである。この「最近のニューヨーク建築」で取り上げられた建築は、その記事題が示す通り、それゆえすべてアメリカ国内のものであり、さらに、論内でクイーン・アンとして取り上げられた建築も非常に多岐にわたった。

なかでもスカイラーは、コロンビア大学旧キャンパスにおけるチャールズ・クーリッジ・ヘイト（一八四一―一九一七）のカレジエイト・ゴシック（図4-6）と、ジョージ・ブラウン・ポストによるポスト・ビルディング（一八八〇―八一、図4-7）という、非常な開きをみせる二作例をあえて対置させた。スカイラーはこのように、「ゴシックの

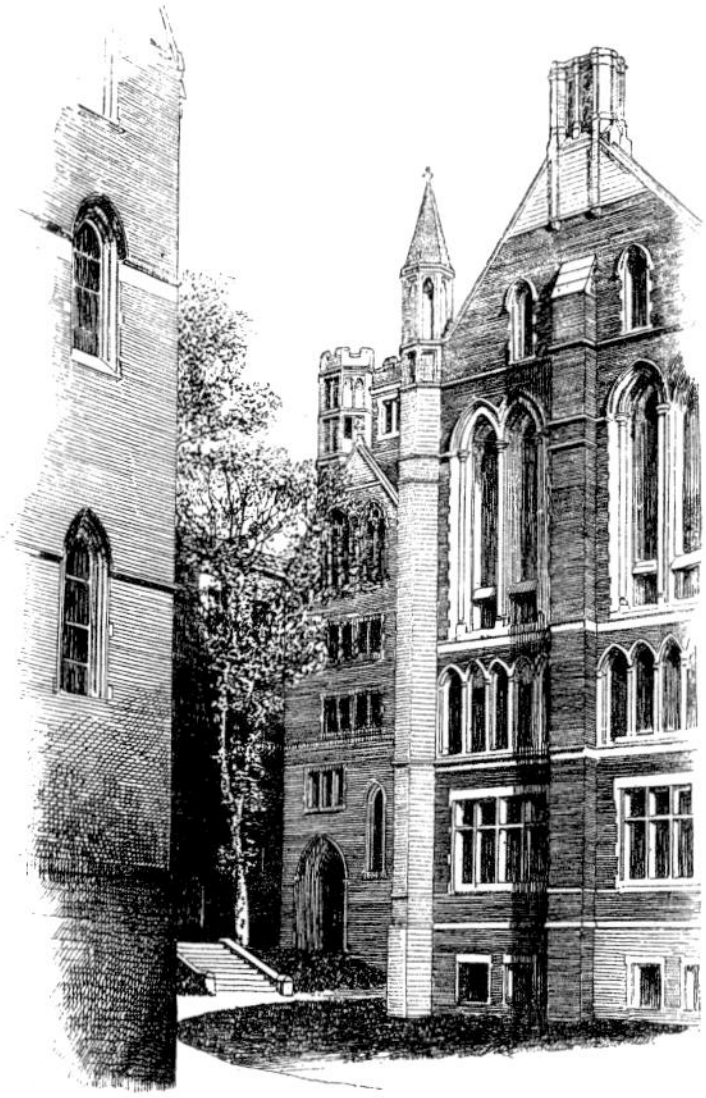

図4-6 旧コロンビア大学図書館（C. C. ヘイト，NYC，1884年，図中右）と旧ハミルトン・ホール（同，1880年，図中左）
クラシックのディテールをもたないクイーン・アン．ゴシックの装飾的意匠を切りつめ，面と線を切り立たせて洗練を実現．図5-14参照．

図4-7 ポスト・ビルディング（G. B. ポスト，NYC，1880-81年）
ゴシックのディテールをもたないクイーン・アン．クラシックの意匠で高層ビルの構造を明示し，ボリューム配置で通気にも工夫がなされる．

誠実」と「ルネサンスの洗練」の両立を、国内の作例のさらに広い範囲に敷衍して認めたのだった。スカイラーの論によれば、後者は『フリー・ルネサンス』で設計されている。すなわち、設計者は構想《プラン》と建設技術に準じて建物を誠実に造形するところから始め、必要ないものがすべて除かれている」。対して、「ヘイト氏は同じ結果をアカデミック・ゴシックで達成する力がある」。そのどちらもが「クイーン・アン」であるというのが、ここでのスカイラーの主張なのである。

建築の本質を構造と表現の一致（＝「ゴシックの誠実」）に見いだしていたスカイラーは、この定義を今回の建築批評にも引き続き用いているが、この概念こそ彼の「クイーン・アン」論の中核であったということに注意が必要である。つまりスカイラーは、視覚的な洗練に先立つ、建造物の内的な整合性を第一に批判対象とした。「ポスト氏のフリー・ルネサンスをどうしても分類しなければならないのであればゴシックに分類される」（傍点論者）という奇妙な発言は、「クイーン・アン」の定義にまつわるこのような、スカイラー独自の解釈を前提とすることで理解できる。実直であることが看取できる建築はすべて、意匠によらずゴシックなのである。

無論、逆にヘイトのカレジエイト・ゴシックがルネサンスあるいはクラシックに分類されることは、ここでの論旨からは起こりえない。また、そこにクラシックの意匠が使われていなかったところで、それはやはり「クイーン・アン」である。スカイラーの理屈に沿えば、ヘイトの設計はゴシック的建設原理とゴシック様式のディテールの洗練を無矛盾に成立させたものであり、それもまた「クイーン・アン」にあたる。

クラシックとゴシックの融合

前章にみた通り、ラッセル・スタージス寄稿とみられるゴシック三書目の書評（『ノース・アメリカン・レヴュー』、一八七四）は、アメリカ国内におけるゴシック・リバイバルの新たなフェーズを推進するために書かれたものである

（第三章2節参照）。それはイギリスの書目の紹介記事でありながら、ボザール＝クラシシズム教育の本拠地としてのフランスのイメージの払拭を試みるものだった。

しかしこれもまた、クラシシズムと対立するゴシック・リバイバルの復権を唱えた記事ではなかった。最後段に語られるように、この書評で評者が目論んだアメリカの新たなゴシック・リバイバルは、イギリスの動向とは全く別のものとして、むしろボザールのクラシシズムとも共同歩調をとるべきものとされたのである。

スカイラーのクイーン・アン論がポストのフリー・クラシックを設計原理においてゴシックに分類したように、ここでの書評者もやはり、ゴシックの原理によって設計されたクラシシズム建築の存在を主張する。すなわち、「完全に古典のディテールの建物がその真の性質においては極めてゴシックであるという場合も往々にあり、その逆もまた然り」（傍点著者）なのである。この書評は明示的にゴシック・リバイバル擁護に立った記事でありながら、そこで最終的にアメリカ建築の理念的目標とされたのは、「ゴシックの精神」に基づく、クラシックとゴシックの融合だった。

そうして書評者は結語のなかで、そのような融合に遠謀をめぐらせながら、ローマ建築とロマネスク建築を賛美した。この時代設定には、一八五八年のアイドリッツが「様式論」のなかでロマネスク建築を理想と定めたこととの共通性がある。そのときアイドリッツは、「ギリシャ建築とゴシック建築の展開には繋がりがあり、その結節点となるのがロマネスク建築」なのだと語っていた。そしてこの書評者もやはり、アメリカ建築界の統一のモデルに、古代と中世の中間地点を見定めたのだった。

ローマ人は自らのヴォールト構造をギリシャ風芸術で装飾することも誤りとせず、シャルルマーニュ時代の石工は類似の様式に東洋的特徴を加えることにも躊躇し〔なかっ〕た。それと同様にわれわれも、古い大聖堂に半円アーチとノルマン様式の装飾があり、それが後に足されたゴシック的なものと一体になっているのを見ると、シ

図4-8　トリニティ教会（H. H. リチャードソン，ボストン，1872-77年）内観パース
合衆国の建築的独立宣言は「ゴシックでもクラシックでもない」ロマネスクによって果たされる．本図には，古代ローマ由来の半円アーチを基調としながら，実直な建設（＝ゴシック性）を意識した設計であることが示されている．図3-16参照．

ョックを受けるのではなく、むしろ喜ばしく思うのである。

国外のさまざまな参照源に曝されることにより、建国百年博覧会以後のアメリカ建築は折衷的傾向を帯びるようになった。アルフレッド・ハムリンはその一見無秩序な状況を捉えて「様式の闘争」と呼称した。

しかしここまでで見てきた通り、その当時の批評分野で目指されていたのは、ある一つの様式の勝利であるよりむしろ、設計原理における様式の和合でこそあった。そこで望まれたのが特にクラシックとゴシックの和合であったのは、博覧会以前、一八五〇年代以降の国内で、それら同士の派閥分裂が常に意識されていたためである。

3　再統合と再分離　［一八七〇―一八九六］

H・H・リチャードソンの「クイーン・アン」――アメリカ建築の独立宣言

ボストンのトリニティ教会（一八七二―七七、図4-8）に始まるリチャードソンのロマネスク導入の取り組みは、こうした

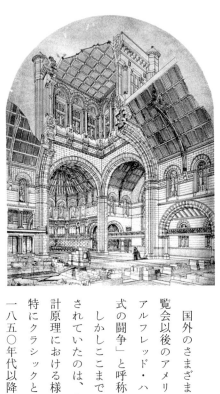

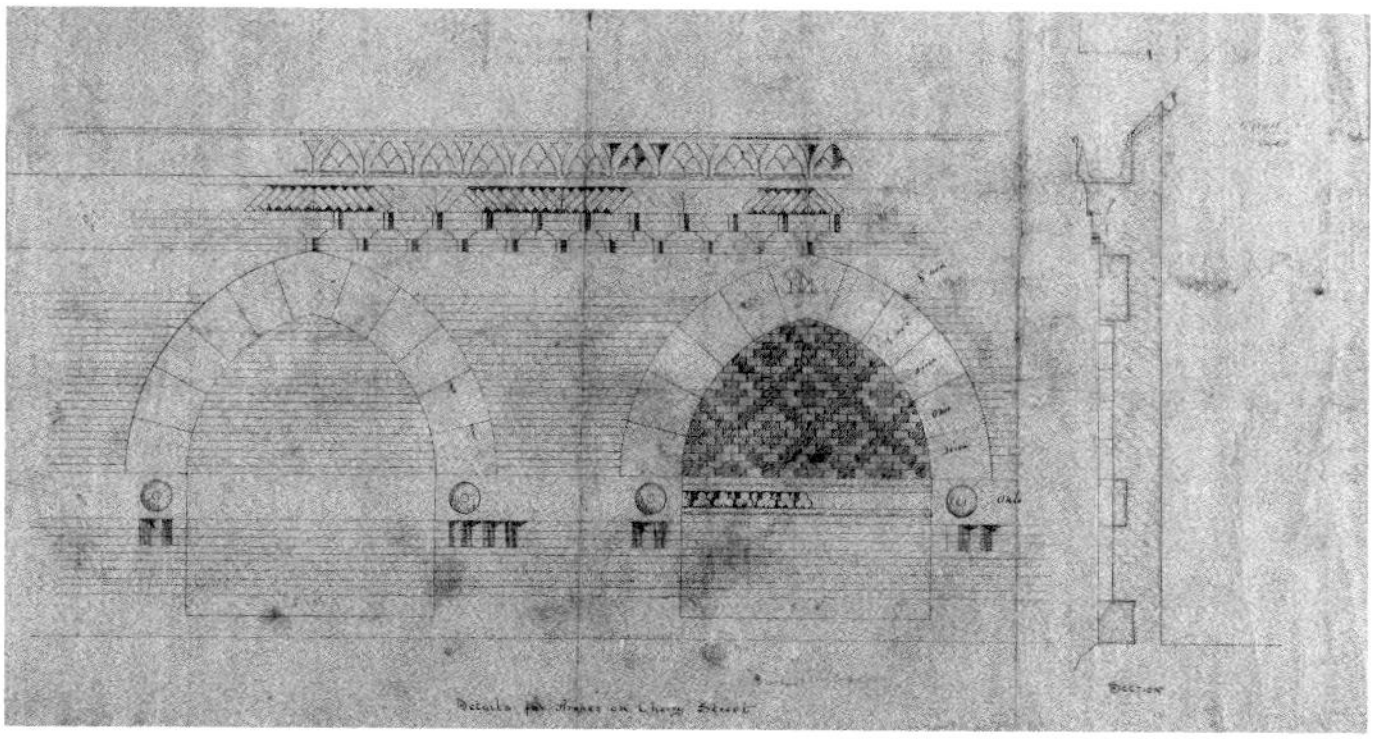

図4-9　ペンシルバニア美術アカデミー（ファーネス＆ヒューイット，フィラデルフィア，1871-76年）
F. ファーネスの折衷手法と「ラスキンの時代」の残滓．北側立面にヴェネツィア総督宮への参照関係が隠れている．盲アーチの煉瓦のパターンに注目．図6-23参照．

同時代的な批評の展開が建築の実作において実現したものである。

リチャードソンは生前に文章を公にすることはわずかだった。しかしその少ない文筆のなかでも『トリニティ教会設計趣意書』[27]（一八七七?）には、その教会が「一一世紀に中央フランスの古アキテーヌで栄えた一派に特に傾斜した、フレンチ・ロマネスクの自由翻訳」（傍点筆者）で設計された理由もまた、スカイラーが定義する意味での、「クイーン・アン」への志向であったことが明示されている。

この趣意書のなかに反語的に語られている通り、リチャードソンが「ノルマン人海賊のこともムーア人の侵略のことも恐れる必要がなく〔……〕平穏で開化し、孤立したオーベルニュの諸都市」にアメリカをなぞらえ模索した「独自の建築システム」とは、「洗練を求めながらも構造的であるという意味で古典の流儀とも異なり、構造的であるにもかかわらず威風と平静のために力学的工夫を多少犠牲にできたという意味で、その後のゴシックとも異なる」（傍点著者）ものだったのである。

リチャードソンは実践者としてこのように、ゴシックとクラシックの統合に極めて意識的に取り組んだ。ペンシルバニア美術アカデミー（ファーネス＆ヒューイット、一八七一―七六、図4-9）、ボスト

図 4-10　ハーヴァード大学メモリアル・ホール（H. V. ブラント&W. R. ウェア，マサチューセッツ州ケンブリッジ，1870-77 年）
平面形式をはじめ，ゴシック・リバイバル建築の特徴の多くを具える．一方，直線的で平板な切妻や破風，塔頂部の屋根などにボザール・クラシシズムが忍び込む．

ン美術館（スタージス&ブリガム、一八七〇―七六、図3-6参照）、ハーヴァード大学メモリアル・ホール（ウェア&ヴァン・ブラント、一八七〇―七七、図4-10）など、一八七〇年代には他にも、ゴシックとクラシックの折衷的融合を試みた建築表現が濫立した。そのなかでもこのトリニティ教会が特に同時代的なインパクトを与えることとなった大要因こそ、当時の論壇の底流に存在した、アメリカ的「クイーン・アン」の理想を意識的に表現しようと試みた、リチャードソンの先覚だった。

　しかしこの趣意書に明示された設計意図は、当時の国内の建築家・建築批評家にはその通りに流布しなかったものと考えてよい。

　というのも、リチャードソンが用いた「オーベルニュのロマネスク」は、存命時も没後も長らく、リチャードソンがそう呼称した通りの模倣的様式や、折衷主義の一流であるとみなされ続けたのである。ヴァン・ブラントによる追悼記事にある通り、リチャードソンに強く鼓舞されたロマネスク・リバイバルが一体「何の衝動によって〔……〕起こったのか、その意義とは何なのか、この新しいムーブメントには未来は見えているのか、すでに定着したのか」(28)（「建築家ヘンリー・ホブソン・リチャードソン」、一八八六）という問いに対して、当時それを明示しえた論客は全くいなかった。リチャードソンの建築表現が与えた同時代的なインパクトとは裏腹、リチャードソン建築一般の特質と、自国におけるその意義は、極めて茫漠としか意識されていなかったのである。

一八七七年、スカイラーはトリニティ教会の批評(29)（「ボストンの新教会」、一八七七）のなかで、この教会を「ラスキン氏の『奉献の燈』になぞらえ、「オリジナルであり美しい」成果であるとたたえた。ただしその一方で、スカイラーがその美点として強調しえたのは、「フレンチ・サラセニック・ロマネスク」の折衷的傾向にとどまった。あるいは、ピーター・ワイトによるリチャードソンの追悼記事(30)も、この教会を「北方の半円アーチ様式という意味では依然ロマネスクだが、ビザンツ装飾の美に対する感性が明らかな作例であるとみなしながら、リチャードソンを「ラス

図 4-11　イェール大学オズボーン・ホール（B. プライス，コネティカット州ニューヘーブン，1887-88 年）

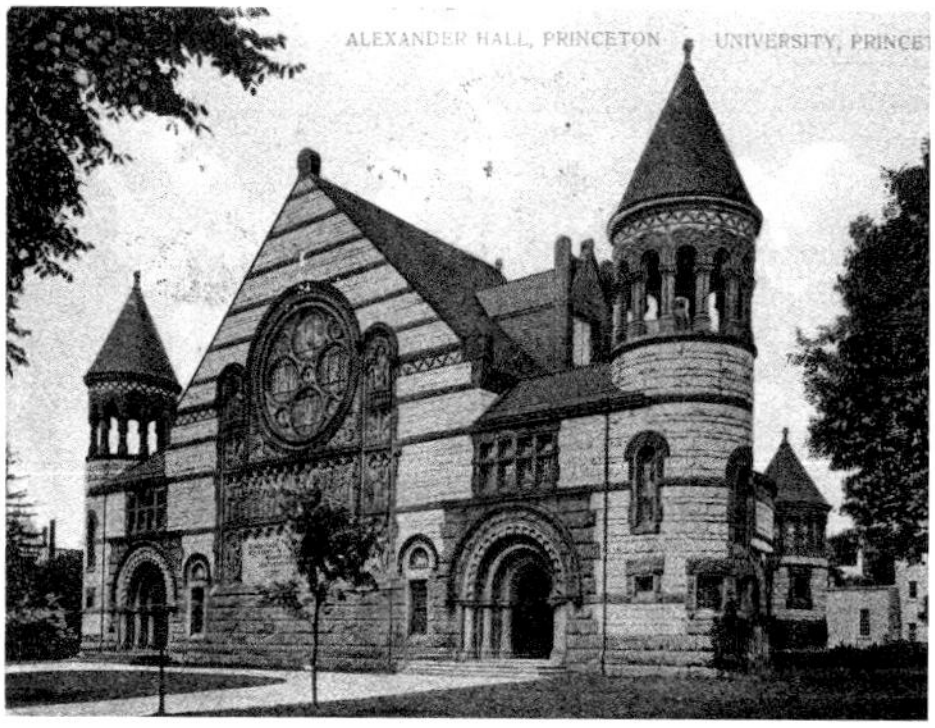

図 4-12　プリンストン大学アレクサンダー・ホール（W. A. ポッター，ニュージャージー州プリンストン，1892-94 年）

上二図は「リチャードソニアン・ロマネスク」の典型．大ぶりの石材を用いた半円アーチをはじめ，リチャードソンのスタイルを大胆に採用している．このような表現は 1880 年代末からおよそ 10 年間に集中している．

キンの弟子ではないもののビザンツ様式の美の主導者」に位置づけた。

ヴァン・ブラントが右の追悼記事で抽出しえたリチャードソン建築の特色も、「重みと大らかさがある作風、並外れて単純な建築構想、雄々しい迫力、明快で力強い抑揚法、簡素な輪郭、慣例から自由なデザイン」といった羅列的なものにとどまっている。この記事のなかでは、当時現れ始めたリチャードソニアン・ロマネスク（図4−11・図4−12）も、「リチャードソンがオーベルニュのロマネスクで行った実験の継続」であるとのみ触れられ、リチャードソンに始まるその実験が、具体的に何であるのかは明示されないままだった。

かくして、一八八〇年代半ばから一〇年ほど続いたリチャードソニアン・ロマネスクの一時的な流行ののち、アメリカ建築史上のリチャードソンの重要性が再び取り上げられるようになるまでには、一九二〇年代のヘンリー＝ラッセル・ヒッチコックを待たなければならない。

アメリカ建築の独立宣言

二〇世紀初頭までの論客は、リチャードソンのスタイルそのものの本質については茫漠と触れるにとどまった。しかしその一方で、リチャードソンによるロマネスク的表現の創始を、こうした論客はおしなべて、アメリカ建築の独自性の初めての発露とみなしたたえた。たとえばスカイラーは、建国百年博覧会と同時期のトリニティ教会の完成を、アメリカ建築のイギリスからの独立宣言にもたとえている。

われわれの政治的独立宣言の百周年が、同時にわれわれの建築的独立宣言をもたらしたということは極めて重要である。その年、ボストンのトリニティ教会が竣工した。そのデザインは即座に人気を博し、満場の拍手喝采をもって受け入れられ、続く一〇年のアメリカ建築の歩みは盤石なものとなった。これは「植民地《コロニアル》」建築の伝統からの、初めての真の脱出だった。それまでわれわれは母国〔イギリス〕の建築の流行を追いかけていたのであり、フレンチ・ゴシックやイタリアン・ゴシックまでもイギリスを経由して輸入していた。かくしてわれわれの建築的独立宣言は政治的独立宣言からちょうど一〇〇年後に続いたのである。[31]（「ラッセル・スタージスの建築」、一九〇九）

このスカイラーの言葉は二〇世紀初頭に発せられたものだが、これと同じ感覚は一八七〇年、八〇年代当時から存在していた。リチャードソンに見いだされたアメリカ建築の独自性はそのとき、様式的執着に対する無頓着のなかに捉えられている。

本章でこれまで取り上げた論客は、国内の「クイーン・アン」的動向を、ゴシックからクラシックへの移行ではなく、それら両者の融和の始まりと捉えた。このような理解がアメリカでこそ可能だったのは、当時の論客たちが語る通り、このころの建築論壇に、「われわれアメリカ人が〔クラシックとゴシックの〕どちらの派に生まれついてもいない」（前出ゴシック・リバイバル三書目の書評、一八七四）こと、「われわれアメリカ人にはある決まった中世芸術様式に対する生まれ持っての根深い好みもなければ、すべての侵略者に対して地方的な発展の名声を護る生得の本能もない」（M・G・ヴァン・レンセリア、一八九二）ことへの自覚が遍在していたためである。[32]

一八六〇年代後半以降のクラシックとゴシックの融合の模索は、そのような国民意識を背景に試みられ、リチャードソンの建築表現のなかに一つの解をみた。依然茫漠とした認識のなかにおいてではあったものの、ヴァン・ブラントが「建築の現状とこれから」[33]（一八八六）のなかで解釈したリチャードソン起源の「〔アメリカ〕独自のリバイバル」の革新性もまた、このような、国民感情としての様式的無頓着から起こったものだった。

われわれが取り組んでいる実験は、偏見や愛国感情とは無縁だという点で、興味深く、将来を期待させるものである。思うに、こうした感情こそがイギリス芸術の進展の深刻な妨げとなっている。こうしたマイナーなリバイバルのなかでも、逞しい半円アーチ、強健な柱、力強い柱頭、半野蛮で豊かな彫刻に、より洗練されたローマ美術の記憶がまざり、オーベルニュのロマネスク様式のリバイバルはもっとも面白く、期待できるものである。H・H・リチャードソン氏はこの様式を可能性の限界まで推し進めた点で大いに賞賛に値する。（傍点著者）

このときヴァン・ブラントは、イギリス的心性を脱したなかで行われたグレコ＝ローマンとゴシックの融合においてリチャードソンの功績をたたえた。そしてその後に発表された「歴史様式と現代建築」(34)（一八九二―三）のなかでは、ヴァン・ブラントはさらに、自らを含み、自国の建築論壇がそれまで依拠していた国外からの影響をすべて否定するようになる。それは、リチャードソンの表現が現れたことによって、アメリカの論客がイギリス、フランスの論客に依拠する切迫性がもはやなくなったことの最初期の表れである。

一八八六年の「建築の現状とこれから」時点のヴァン・ブラントは、ピュージンとラスキンの名を挙げ、「最初で最大のイギリスのリバイバルである中世芸術のリバイバルは意識《コンシエンス》の覚醒を根拠とした」、「歴史上唯一の芸術の精神革命の瞬間」であること、また、これらの論客が、「建築表現は構造によって制御されるべきであり、装飾は自然の秩序に則るべき」だと説いたことを語った。しかしその後の「歴史様式と現代建築」の語りでは、もはやこうした外国の理論家に対する評価は無化するのである。

イギリスではピュージン、ラスキン、イーストレイク、〔ジョージ・エドマンド・〕ストリートを筆頭とする多くの論客、またフランスではヴィクトル・ユゴーとヴィオレ＝ル＝デュクが仕掛けた論争は、このムーブメントに改革という意義を与えた。その標語は「真実」である。しかし彼らが実際に説いたのは抽象的な真実ではなく中世の真実であり、これらの文豪の建築界の弟子たちは原理と造形、精神と文字を分けることができなかった。彼らはつまるところ、ギリシャ人を、中世の一般建築家を、たしかな勝利へと導いた原理を応用し、現代的精神を適切に表現することができるよう建築を高めようとするよりも、むしろある様式の全体性を保つことに係《かかずら》っていたのである。（傍点著者）

この段階に至って、ヴァン・ブラントの文筆のなかでは、ラスキンに加え、ヴィオレ＝ル＝デュクの超克さえも目論まれるようになった。このときにはもはや、ここに示される過去の論客は誰ひとりとして顧みられるべきものとはみなされなくなっていた。

またヴァン・ブラントの論法で特筆されるのは、ここで彼が並み居るゴシシストの名を挙げながら、彼らに対する言及を通じて、中世の建設原理だけではなく、ギリシャ人の建設原理もまた並行して語っていることである。

他方、この「歴史様式と現代建築」発表と同時期の『「ギリシャの線」とその他の建築論』[35]（一八九三）の出版は、シカゴ万国博覧会に伴うクラシシズムの隆盛にあわせて、ヴァン・ブラントが三〇年前に唱導した親クラシシズムの超越論が再び日の目をみる機会となった（図4-13）。ここでヴァン・ブラントは、一八六〇年代初頭に発表し、同書の巻頭論文として掲げた「ギリシャの線」に新たに「現代建築に対する影響」の題を付加し、かつて自身が唱導した超越論的美論の現代的意義を世に問うた。

図4-13　H. V. ブラント（撮影年不詳）

その書評にあたったのはピーター・ワイトである[36]。彼はヴァン・ブラントの同年代として、一八五〇年代以降の国内建築論壇の動向を、自身を含むイギリス派と、ヴァン・ブラントらのフランス派の派閥闘争とみていたが、この書評にもその認識は明示されている。

ただし実情からすれば、ヴァン・ブラントの「ギリシャの線」初出と再発表を隔てる三〇年間の国内の建築論壇は、ハントを画期とするボザール教育受容を不可避的なクラシシズム隆盛の背景を有しながらも、クラシックとゴシックの融合を目指して展開していったという大勢を有していた。ワイトはその書評のなかで、ヴァン・ブラントは「もっと現代フランスのデザインに思いやりをかけてもよかったし、今世紀イギリスの偉大なゴシック・リバイバルに対して死亡記事を書いてもよかった」と書いた。ヴァン・ブラントがその道を辿らなかったのは、彼もまた、ときの論壇の展開のなかでクラシックとゴシックの融和を模索していたためである。

他方ワイトが思いみたアメリカ建築の発展は、あくまでゴシック・リバイバルの道を辿るものであり、彼はこの理解に則り、彼自身が定義した「フランス派」であるはずのリチャードソンの建築表現に、アメリカ国内のゴシック・リバイバルの前途を託した。すなわち、「リチャードソン率いるロマネスク・リバイバルが生きた現実として続いていくならば、〔……〕ゴシックの線から遠ざかるのではなく、自然とそれに近づいていく」はずなのである。この言明に示される通り、ワイトはリチャードソンのロマネスクに明確にゴシシズムをみた。もともとゴシックとクラシックの融合を目指していたリチャードソンの建築表現は、その両義的性質ゆえに、むしろ両陣営の再度の派閥分裂を象徴することとなったのである。

クイーン・アンの短期王朝――J・スチュワードソンの自棄

建築の実践における派閥闘争をみたとき、シカゴ万国博覧会というクラシシズム隆盛の転機は、ワイトがヴァン・ブラントの論のなかにゴシック・リバイバルの死亡宣告をみた以上の力でゴシックの実践者たちの意気を削ぐこととなった。その博覧会は、それまで融合が目指されていたクラシシズムとゴシックとのあいだの新たな分裂の画期となったのである。アメリカではその後も教会建築や学校建築において新たなゴシックの表現は模索されることとなるが、その後改めて「ゴシックの死」が論じられるようになるまでの二〇年間は、クラシック陣営によって、様式上のいわゆる「ゴシックの延命《ゴシック・サバイバル》」（キンボール&エジェル、一九一八）[37]期とみなされるようになる。

建築家ジョン・スチュワードソン（一八五八―一八九六）が没する直前に発表した「アメリカの建築——ある予測」（一八九六）[38]には、シカゴ博覧会以後のクラシシズムの隆盛が国内のゴシック・リバイバルの実践者にもたらした敗北感が最も悲痛なかたちで表現されている。

スチュワードソンもまた、アルフレッド・ハムリンと同時期にボザールに留学（一八七九―八二）した建築家として、ワイトの言に照らせば「フランス派」である。しかし建築家としてのスチュワードソンは、ボザール留学後の一八八五年からウォルター・コープ（一八六〇―一九〇二）と組み、ブリンマー大学、ペンシルバニア大学、プリンストン大学などのキャンパス計画や校舎設計を通じて、建国百年博覧会後のアメリカ最後のゴシック・リバイバルである、カレジエイト・ゴシックの潮流を作りあげてきた張本人だった。その実践の軌跡は次章で詳細に辿られることとなる。

しかしそのスチュワードソンさえ、シカゴ万国博覧会の開催とリチャードソニアン・ロマネスクの衰退以後のアメリカにおいて、「リチャードソン派から育った（……）古典のプロポーションと古典の様式を支持する大きな力」が「好くと好かざるとにかかわらずわれわれのもとに暴力的に押しかけてきている」現実に屈服するほかはなかった。

スチュワードソンの史観によれば、リチャードソンまでの国内建築界はフランスのヴィオレ＝ル＝デュク、イギリスのラスキンの活動にもたとえられ、明確に反クラシシズムの性質をみせていた。しかしその両国の試みも、自国アメリカの試みもまた失敗したという認識はいま、スチュワードソンの歴史的総括を悲観的な色に染めた。

建築界最強の頭脳がこの圧倒的に見える勢力（クラシシズム）に立ち向かった。ヴィオレ＝ル＝デュクは、この

図 4-14　ペンシルバニア大学法学部（コープ&スチュワードソン，フィラデルフィア，1898-1901 年）
真正の「クイーン・アン」(R. A. クラム)．しかしスチュワードソンの捨て鉢な「予測」の通り，大学建築でゴシック・リバイバルを開拓した自身の事務所も，彼亡きあとにはクラシシズムに舵を切った．

国でリチャードソンが行ったように、フランスでクラシシズムを敵に戦った。〔……〕イギリスではラスキンが息まき、苛だちながら、ルネサンスの行軍に対して高尚な論を書いていた。誰もが彼が書いたものを読み、かなりの人間がそれを実践した。しかしその結果がどうだ？　ヴィオレ＝ル＝デュクが創始した小さな派閥も、たとえ存在するにしても、今ではまるで存在しないかのようだ。〔……〕ラスキンは英語の達人として引用されるが、この文明化社会の有名な劇場や公共建築には、古典建築の原理で設計されていない建物はない。

この絶望を背景に、スチュワードソンはついに、その論内でクラシシズムを自棄的に賛美するまでになる。――「これから国内全土で学術的なアカデミック建築〔の実践〕が進行することで、古典の波が訪れ、それはアメリカ人に対し、ヨーロッパにおける数世紀間の影響とも比肩する影響力を誇ることになる」。

そうしてこの展望は、スチュワードソンらの建築的実践にも色濃く反映することとなる。ラルフ・アダムス・クラムはスチュワードソン没後のコープ&スチュワードソンの建築表現を「真正の『クイーン・アン』」[39]と呼んだが（図4-14）、それらの設計は、時期的には建国百年博覧会前後にもたらされたクイーン・アン・ムーブメントからは遥かに遅れたものである。ここに至って彼らはカーが定義した通りのクイーン・アンを試みたのだったが、当時のアメリカの文脈に照らせば、それは最盛期のゴシック・リバイバルからの漸進的離脱ではなく、ゴシック・リバイバルの敗北を認めた実践者の、諦念の表現にも等しかった。

（1）"American Elasticity," *The Architectural Review and American Builder's Journal* (Philadelphia), Vol. 2, Jul. 1869, p. 7.

（2）Henry Van Brunt, "The Latest Literature of Art," *The Atlantic Monthly*, Vol. 44, No. 262, Aug. 1879, pp. 161-162.

（3）"The Architectural Exhibition at the Centennial I," *AA&BN*, Vol. 1, 24 Jun. 1876, p. 203.

（4）Alfred Dwight Foster Hamlin, "The Battle of Styles," *The Architectural Record*, Vol. 1, No. 3, Jan.-Mar. 1892, p. 270.

（5）"The Limits of Mediaeval Guidance," *The New Path*, Vol. 1, No. 12, Apr. 1864, pp. 158-160.

（6）「クイーン・アン」の定義をめぐるアメリカ国内の錯綜した議論については、『アメリカン・アーキテクト』の論説を中心にJames D. Kornwolf, "American Architecture and the Aesthetic Movement," *In Pursuit of Beauty: Americans and the Aesthetic Movement*, New York, The Metropolitan Museum of Art, 1986, pp. 346-347で調査がなされている。

（7）"The Queen Anne School," *The Architect*, Vol. 9, 24 May 1873, p. 271.

（8）Robert Kerr, "Architectural Prospects: The Queen Anne Style," *The Architect: A Journal of Art, Civil Engineering, and Building*, Vol. 11, Jan. 1874, pp. 1-2.

（9）Idem, "The Problem of National American Architecture," *The Architectural Record*, Vol. 3, No. 2, Oct.-Dec. 1893, p. 123.

（10）John James Stevenson, "The Recent Reaction of Taste in English Architecture," reported in "Re-Renaissance," *The Architect: A Journal of Art, Civil Engineering, and Building*, Vol. 12, 4 Jul. 1874, p. 1.

（11）"The Style of Queen Anne," *The British Architect*, Vol. 1, 23 Jan. 1874, pp. 56-57.

（12）"The Style of Queen Anne," *The American Builder: A Journal of Industrial Art*, Vol. 10, Apr. 1874, p. 84.

（13）[Henry Van Brunt.] "American Institute of Architects: Boston Chapter," *AA&BN*, Vol. 2, 17 Feb. 1877, pp. 53-54.

(14) Henry Van Brunt, "On the Present Condition and Prospects of Architecture," *The Atlantic Monthly*, Vol. 57, Mar. 1886, pp. 374–384; *Architecture and Society*, pp. 158–169.

(15) R. B., "Queen Anne," *AA&BN*, Vol. 5, No. 183, 28 Jun. 1879, p. 206.

(16) Alfred Jansen Bloor, *Architectural and Other Art Societies of Europe: Some Account of Their Origin, Processes of Formation and Methods of Administration, with Suggestions as to Some of the Conditions Necessary for the Maximum Success of a National American Architectural-Art Society, with Its Local Dependencies*, [New York,] The Committee on Library and Publications, 1869.

(17) Idem, "Annual Address by A. J. Bloor, F. A. I. A.," *AA&BN*, Vol. 2, 24 Mar. 1877, Supplement, pp. i–xv.

(18) なおブロワーによる後年の発言には、彼のこの認識の変化の一因が、一八七一年の『フォルス・クラウィゲラ』の刊行（第一章注14、第三章注71参照）にあったことが示唆されている（Alfred Jansen Bloor, "American Domestic Architecture I," *The Art Journal*, New Series Vol. 5, 1879, pp. 57–62）。

ここでブロワーは、ラスキンが「中世様式を動機としないすべての建物を敵に回した激しい撲滅運動を唱導した」のが、たんに個人的な嗜好にすぎないと断じている。ブロワーがそう言いえたのは、ラスキンが『フォルス・クラウィゲラ』のなかで、「新世界〔アメリカ〕ではニューヨーク全体は火事で完全に破壊されてもいい」と語った（と、ブロワーが記憶していた）ことに大きな原因があった。ブロワーの解釈によれば、ラスキンによるこの発言は、ニューヨークの建築が、「彼〔ラスキン〕が好んだ中世様式に準拠して建てていないため」だった。ラスキンは実際には、ニューヨークが「火事で」壊されればよいとは語っていない。しかし、一八七一年シカゴ大火のおりにこのような発言があったことがブロワーの連想を呼んだのだろう。

いずれにせよ、『フォルス・クラウィゲラ』によるこの言及には出版当時からアメリカ人読者の強い反感を買っていた背景があった。それは建築界にも共有された感情として、ラスキンに対するネガティブなイメージ形成の一翼を担った。アメリカ人による『フォルス・クラウィゲラ』該当部への反応については"Editor's Drawer," *Harper's New Monthly Magazine*, Vol. 43, No. 256, Sep. 1871, pp. 638–639 等を参照。

(19) 前注参照。

(20) Henry Van Brunt, "The Latest Literature of Art," *The Atlantic Monthly*, Vol. 44, No. 262, Aug. 1879, pp. 160–170.

(21) Eugène Véron, *Æsthetics*, W. H. Armstrong, tr., London, Chapman and Hall and Philadelphia, J. B. Lippincott & Co, 1879; originally published as *L'Esthétique* by C. Reinwald et Cie (Paris) in 1878.

(22) Philip Gilbert Hamerton, *The Life of J. M. W. Turner*, R.A., London, Seeley, Jackson, & Halliday, 1879.

(23) Jacob von Falke, *Art in the House: Historical, Critical, and Aesthetical Studies on the Decoration and Furnishing of the Dwelling*, Charles C. Perkins, tr. Boston, L. Prang and Company, 1879; originally published as *Die Kunst im Hause: Geschichtliche und kritisch-ästhetische Studien über die Decoration und Ausstaltung der Wohnung* from Gerold (Wien) in 1871.

(24) Charles Callahan Perkins, "Editor's Preface," *Art in the House*, p. iii.

(25) S [Montgomery Schuyler], "Concerning Queen Anne," *AA&BN*, Vol. 1, 16 Dec. 1876, pp. 404–405. スカイラーとの同定については *American Architecture and Other Writings*, p. 641 参照。

(26) Idem, "Recent Building in New York," *Harper's New Monthly Magazine*, Vol. 67, Sep. 1883, pp. 557–578; included in *American Architecture and Other Writings*, pp. 453–487 as "Concerning Queen Anne."

(27) Henry Hobson Richardson, *A Description of Trinity Church*, [Boston, 1877?]

(28) Henry Van Brunt, "Henry Hobson Richardson, Architect," *Architecture and Society*, p. 172. 元記事は *The Atlantic Monthly*, Vol. 58, No. 349, Nov. 1886, pp. 685–693.

(29) [Montgomery Schuyler,] "The New Church in Boston," *The World*, 11 Feb. 1877, p. 4.

(30) Peter Bonnett Wight, "H. H. Richardson," *IA&NR*, Vol. 7, No. 7, May 1886, pp. 59–61.

(31) Montgomery Schuyler, "Russell Sturgis's Architecture," *The Architectural Record*, Vol. 25, No. 6, Jun. 1909, pp. 405–410.

(32) [Russell Sturgis?,] "Talbert's Gothic Form; Colling's Art Foliage; Examples of Modern Architecture," *The North American Review*, Vol. 118, No. 1, 1 Jan. 1874, p. 211; Mrs. Schuyler [Mariana Griswold] Van Rensselaer, *English Cathedrals:*

Canterbury, Peterborough, Durham, Salisbury, Lichfield, Lincoln, Ely, Wells, Winchester, Gloucester, York, London, New York, The Century Co., 1892, p. xiv.

(33) Henry Van Brunt, "On the Present Condition and Prospects of Architecture," *The Atlantic Monthly*, Vol. 57, Mar. 1886, pp. 374–384; *Architecture and Society*, pp. 158–169.

(34) Idem, "The Historic Styles and Modern Architecture," *The Architectural Review*, Vol. 1, No. 7, 1 Aug. 1892, pp. 59–61; Vol. 2, No. 1, 2 Jan. 1893, pp. 1–4; included in *Architecture and Society*, pp. 289–304.

(35) Idem, *Greek Lines and Other Architectural Essays*, Boston and New York, Houghton Mifflin and Company, 1893.

(36) Peter Bonnett Wight, "Henry Van Brunt: Architect, Writer and Philosopher," *IA&NR*, Vol. 23, Nos. 3–6, Apr.-Jul. 1894, pp. 29–30, 41–42, 49–50, 60–61.

(37) Sidney Fiske Kimball and George Harold Edgell, *A History of Architecture*, New York and London, Harper & Brothers Publishers, 1918, p. 559.

(38) John Stewardson, "Architecture in America: A Forecast," *Lippincotts' Monthly Magazine*, Vol. 57, Jan. 1896, pp. 132–137. *AA&BN*, Vol. 51, No. 1049, 1 Feb. 1896, pp. 51–52 に再掲。

(39) Ralph Adams Cram, "The Work of Cope & Stewardson," *The Architectural Record*, Vol. 16, No. 5, Nov. 1904, p. 424.

第五章　ゴシックの死か再生——さらばラスキンの時代

金色のペンは言った。「あのね、愚痴りたいのは僕のほうだよ〔……〕だって君！　君はつい昨日、新しいラスキンひと揃いのページを切って楽しんでいたはずじゃないか」。

「ラスキン！」象牙のペーパーナイフは震えた。「うげっ、俺はああいうゴミカスクズは大っきらいなんだ。俺は真人間が書いた本に向いてたんだ。盗まれてニューヨークに連れて来られる前は良かったよ。

ブランダー・マシューズ「象牙のペーパーナイフの嘆き」、一八九二年(1)

1　ラスキン受容「第二の泡沫」〔一八八八―一九一〇〕

社会主義者ラスキン

アメリカ人初の女性建築批評家、マリアナ・グリスウォルド・ヴァン・レンセリア〔一八五一―一九三四〕が「ラスキンの影響の第一の泡沫は去った」[2]と書いたのは一八八〇年代末のことである。

しかしそれは同時に、アメリカのラスキン受容に「第二の泡沫」が起こる時期でもあった。これはおおよそ、バッファロー、シラキューースなどのアップステート・ニューヨークまでを含むアメリカ中西部でよく推進された、社会思想家としてのラスキン受容である。この現象は、作家エドワード・ベラミー〔一八五〇―一八九八〕がSFユートピア小説『顧みれば』[3]（一八八八）を発表したこの時期、これらの都市で労働運動が高まりをみせていたことと直接的な関わりがある。一八八六年にはシカゴで八時間労働を求めたメーデーが行われ、その主体であった合衆国カナダ職能労働組合連盟（FOTLU）が同年、オハイオ州で国内初の全国的労働組合であるアメリカ労働総同盟（AFL）として改組されるなど、中西部は実践的な労働運動の中心地だった。

こうした動向に対応して中西部の建築家たちもまた、建設労働の健全性の議論でラスキンの社会思想に言及するようになる。その最も早い例は、ネブラスカ州オマハを拠点に活動した建築家シドニー・スミス〔生没年不詳〕がシカゴの『ビルディング・バジェット』に寄稿した、「熟練労働と不熟練労働」[4]（一八八八）である。ここでスミスは国内の職人の建設技能の低さを批判し、建設労働者の賃金の適正化をその一つの解決案に掲げながら、このように語る。

――「ラスキン氏に与して分業がイギリスの労働者の劣化の原因となり彼らを機械に変えたと信じる者には、この国にも応用可能な、それらしい先例がある。しかし〔……〕彼らは、『資本』と『労働』のあいだの開きに対する責任をまだ果たしてはいない」。

ルイス・サリヴァンが一八九〇年に発表した「サブ・コントラクティング」[5]もまた、建築生産全体の適正化に対する関心の高まりに呼応して構想されたものだった。これはミネソタ州セントポールで開かれた全米建設者組合の第四回大会で読まれたものであり、ボストン発行の公式記録に収録されたほか、シカゴの『インランド・アーキテクト』にも報告されている。それは、「勤勉な機械工や、工匠、発明家などの技能習熟者」など、本来建設に従事する者に対する、「責任や、報酬や、公衆からの評価の公平・公正な分配」を妨げる、ゼネラル・コンストラクトのシステムへの反対論である。サリヴァンはここで特に、「知の巨人」であり「気高き友人」であるラスキンの『この最後の者にも』(一八六二)から次の一節を長文で引用することで、建築生産における労働条件の改善と流通の透明性の確保や、それらから帰結する建築の質の向上を訴えた。

ものを買うときには常に、自分が買うものの製造者に対して、自分がどのような生活条件を引き起こすかを第一に考えること。第二に、自分が払った総額が製造者に適正であるかどうかを考えること。第三に、この自分が買ったものがどれだけはっきり食糧、知識、快楽のために利用されるかを考えること。第四に、最速かつ最も役に立つ流通先は誰か、どのような方法かを考えること。いかなる取引でも情報は完全に開示し、必ず履行する。すべての行為において、成果の完成度と愛らしさに拘らなければならない。[6]

社会思想家としてのラスキン＝モリス——シカゴとボストン

中西部の工業都市が労働運動の大規模な実践をみたのと並行して、ボストンでは主に文筆において、イギリスの動向と呼応したキリスト教社会主義運動の高まりをみた。その中心となったのは『キリスト教社会主義とは何か』[7](一八九〇）の著者であるウィリアム・ドワイト・ポーター・ブリス（一八五六—一九二六）および、ブリスが一八九〇年頃に設立に携わったボストンのエピスコパル教会「チャーチ・オブ・ザ・カーペンター」、そしてその機関誌である『ドーン〔暁〕』（一八八九—九六）である。この活動には芸術家として写真家フランシス・ワッツ・リー（一八六七—一九四五）、建築家からはラルフ・アダムス・クラム（図5-1）も参画した。そうして後二者はじきに、クラムの旧友であり協働者でもあった建築家バートラム・グッドヒュー（一八六九—一九二四）とともに、ウィリアム・モリスのケルムスコット・プレスの書籍やセンチュリー・ギルドの機関誌『ホビー・ホース』（一八八四—九四）の造本を範とした美術批評誌、『ナイト・エラント〔遍歴の騎士〕』（一八九二—九三、図5-2）を創刊する。

彼らの活動のなかで、社会思想家ラスキン、社会思想家モリスというイメージの形成は、一八九〇年頃に急速に進むこととなる。その嚆矢としての業績は、ともに一八九一年に公刊された、ブリスによる『ジョン・ラスキンのコミュニズム』[8]および、リーによる『ウィリアム・モリス——詩人、芸術家、社会主義者』[9]である。そしてこの社会主義者としてのラスキンとモリスの受容には、イギリス人のフェビアン協会員ウィリアム・クラーク[10]（一八五二—一九〇一）による情報流入の跡が明らかである。クラークは一八九一年、ボストンの文芸誌『ニューイングランド・マガジン』に「ウィリアム・モリス」[11]を寄稿し、「現在の政治商業的社会生活は芸術と完全に敵対しているという思想をラ

図 5-1　ラルフ・アダムス・クラム（1890 年頃）

図 5-2『ナイト・エラント』創刊号表紙（1892 年）
ケルムスコット・プレスの造本を範とした美術批評誌．寄稿者の顔ぶれは当時のボストンの人脈を象徴する．

図5-3 ウィリアム・モリス
F. W. リー『ウィリアム・モリス――詩人，芸術家，社会主義者』（1891年）より．

スキンから吸収した」モリス像を紹介したが、この記事はそのまま、リーの『ウィリアム・モリス』の序章となった。

イギリスを範とした社会主義とエステティシズムの結びつきは、オスカー・ワイルド、モリスからの選集である『社会主義下の人間の魂』(12)（一八九一）のような書籍の発刊にも認めることができる。その編者は同書の三人目の著者であるウィリアム・オーウェン（一八五四―一九二九）に帰してよい。オーウェンは一八八四年にイギリスからアメリカに渡った無政府主義者だったが、彼にとって、「顧みれば《ルッキング・バックワード》分裂は避けられなかった」(13)過去の社会主義運動の再統合のために、ワイルドとモリスの社会思想をアメリカに広めることには象徴的な意味があったのである。というのもオーウェンによれば、「両者は個人主義を生気とし、渾然一体を精髄とする芸術の通訳者として世界的な評判を有している」のであり、彼らの芸術分野の取り組みはそのまま、社会主義運動の一体的・世界的展開の象徴だったのである。

もともとモリスはアメリカ国内では詩人として認知されていたが(14)、こうした一八九〇年頃に集中した紹介によって、彼はその後のアメリカで社会思想家かつ工芸家であるとみなされ、世紀末以降の国内のアーツ・アンド・クラフツ運動の主要な参照点となる（図5-3）。アメリカ人による単著として初めてモリスの伝記記述が公刊されたのは芸術家村ロイクロフト創設者のエルバート・ハバード（一八五六―一九一五）による『ウィリアム・モリス』(15)（一九〇〇）であり、およそこのころを機に、アメリカ国内のモリス関係書籍・記事はさらなる増加傾向をみせる。

なお、ボストンの『ナイト・エラント』寄稿者の顔ぶれは、そのとき当地を拠点としていた主要な美術家たちの人脈を浮かび上がらせる。そこにはクラム、グッドヒュー、リーの他にチャールズ・エリオット・ノートンがおり、また、エリオット・ノートンのハーヴァード大学の門下からは、ルネサンス美術史家バーナード・ベレンソン（一八六五―一九五九〉や、日本から帰国後にボストン美術館で日本美術のキュレーターとなった画家、アーネスト・フェノロサ〈一八五三―一九〇八〉が名を連ねていた。またそこには、美術教育に関してフェノロサの協働者であったアーサー・ウェズリー・ダウ〈一八五七―一九二二〉もいた。

フェノロサの従兄弟である建築家ジョゼフ・ライマン・シルスビー〈一八四八―一九一三〉は、この時期のボストンとシカゴの情報交流を象徴する。シルスビーはフィリップス・エクセター・アカデミーとハーヴァード大学に学んだニューイングランダーであり、大学卒業後には創設初期のMIT建築学部でウィリアム・ロバート・ウェアに学び、ウェア&ヴァン・ブラント事務所、ウィリアム・ラルフ・エマーソン事務所を経て、一八七三年にはシラキュース大学建築学部の初代教授となる。シルスビーの最初の建築事務所は当地にあったが、一八八〇年代にはバッファロー、シカゴにも進出し、ウィスコンシンを離れたフランク・ロイド・ライト〈図5-4〉の初めての雇用主となる〈一八八五―八八〉。ライトにフェノロサを紹介したのはシルスビーだったともされており、ボストンのクラム、シカゴのライトという同年代の建築家二人のジャポニズムも、ボストンに発する同じ人脈を情報源として形成されたと考えられる。[16]

同時にこの二都市の動向の並行性は、社会主義者としてのラスキン受容、モリス受容にも見いだすことができる。ボストンのラスキン＝モリス熱はまたシカゴにもあり、それはライトの回顧にも明らかである。八〇年代末頃、シカゴの知的サークルのなかでは、「善良なるウィリアム・モリスとジョン・ラスキンが目立っていた」。[17]

図5-4　F. L. ライト（1895年）

かくしてボストン、シカゴおよびアップステート・ニューヨークは、この並行する動向のなかで一八九〇年代末には国内のアーツ・アンド・クラフツ運動の拠点となる。エリオット・ノートンを初代会長とするボストン・アーツ・アンド・クラフツ協会および、ライトが設立したシカゴ・アーツ・アンド・クラフツ協会の設立はともに一八九七年のことであり、シカゴ大学のホイットマン研究者オスカー・ローウェル・トリッグス（一八六五―一九三〇）は一八九九年、シカゴにインダストリアルアート・リーグを設立した。またエルバート・ハバードは一八九五年、バッファロー近郊のイースト・オーロラ村にロイクロフトを建設した。これと同時期、テネシー州では「ラスキン・コロニー」の第一次建設が試みられている（一八九四―九六）。

「ゴシックの本質」の非本質性――シカゴの一八九〇年代とライトのラスキン受容

このようにラスキンは、一八八〇年代末以降、ときに建築家も巻き込んだ社会実験の端緒として受容された。しかし、こと建築論壇の展開に関して言えば、このラスキンに対する評価が、建築理論家としてのラスキンの再考・再評価に結びつくことはなかったと言ってよい。ニューヨーク、シカゴ、ボストンという三都市の建築論壇はそれまで、相互干渉の跡はみせながらも、おのおの異なる文脈で「ラスキンの建築思想」を受容していた。しかし、それ以後この三都市をとりまく環境はすべて、ふたたびラスキンの建築論の有効性を否定する論調を加速させるように働いたのである。

まずボストンとニューヨークに共通の問題として、これらの都市の建築論壇では、社会主義者＝芸術批評家としてのラスキン＝モリスという認識自体が一八九〇年代以降もさほど定着しなかった。

これはそもそも、アメリカの建築界がモリス受容に積極的でなかったことに一因がある。

すでに示した通り、エリオット・ノートンはモリスの旧友であり（第三章3節参照）、ヘンリー・ホブソン・リチャードソンもまた、トリニティ教会でモリス商会のステンドグラス（デザインはエドワード・バーン＝ジョーンズ）を用いている。また建国百年博覧会直後にもモリスの工芸論として『装飾芸術――その現代生活と進歩との関係』（一八七八）のボストン版が現れ、一八八〇年代初頭には工芸家としてのモリスを紹介する記事も存在した。[18] [19] しかしそのようななかでも、一八九〇年以前のアメリカ建築界には、モリスのデザインや理論を積極的に説き勧める理由がなかったのだと言ってよい。建国百年博覧会直後の建築界がモリスにかけた関心は古建築物保護協会（SPAB、一八七七年設立）の活動を中心としたものであり[20]、その後関心は薄れる。

他方ニューヨークの建築論壇には、前述のような、社会思想家としてのラスキン＝モリス受容自体が観察されない。工芸家としてのモリスの紹介が建築論壇で本格的に行われたのも、世紀末になってから、すなわちモリス没後のことであり、それはおおよそ、ラッセル・スタージスが寄稿した「ウィリアム・モリスの芸術」[21]（一八九八）と、極めて遅い。

モリス受容と並行した一八九〇年代のラスキン受容とは一面において、一八九二年にケルムスコット・プレスから刊行された、『ヴェネツィアの石』第二巻の抄録『ゴシックの本質』[22]（一八九二）の受容だった。ボストンの『ナイト・エラント』にリーが寄稿した「ケルムスコット・プレスのウィリアム・モリス氏の作品に示されるタイポグラフィの美について」[23]（一八九二）は、この『ゴシックの本質』刊行後すぐ、同書を図版入りで紹介した。スタージスも無論、「ウィリアム・モリスの芸術」のなかで同書について触れている。

しかしアメリカのそれまでのラスキン受容を鑑みれば、このとき『ゴシックの本質』が国内、特に東海岸の建築論壇で新たな指標として受け入れられるはずはなかった。スタージスが「ウィリアム・モリスの芸術」のなかで語るところによれば、「『ヴェネツィアの石』二巻の「ゴシックの本質」と名づけられたラスキンの有名な一章は一八五三年の出版時から、ゴシック・リバイバルを引き起こそうとしていた人間の手引き」であったという[24]。しかし「それはもちろん、ゴシック建築の説明としては全く不適当なものである。というのも、実際、件の著者はこの様式の本質である構造的な部分を全く考えていない」のである。

東海岸では、構造の合理性の文脈でラスキンを援用することは、一八六〇年代半ばよりほとんど不可能なものとなっていた。一方中西部に目を向けると、イリノイ大学のネイサン・クリフォード・リッカーは一八八七年、国内の建

図5-5 J. ラスキン
W. スティルマン「ジョン・ラスキン」(1888年) より.

築教育論のなかで、イギリスの現代建築の質が高いことをラスキンの文筆に帰し、それが「四半世紀の若き建築家たちに働きかけ、彼らをイタリアとフランスの最高傑作に導くことで、それらが彼らに設計と構造を教え」たのだと語っている[25](「建築家教育」、一八八七)。ほか一八九〇年代初頭までは、シカゴの建築家にとって、建築設計の「第一のそして最高の原理はラスキンが真実の燈と呼び、ヴィオレ＝ルデュ〔ママ〕クが誠実と呼んだもの[26]」(N・S・パットン「建築設計」、一八九一)であることが可能だった。

第二章にすでに示した通り、アメリカ中西部の建築論壇では、ラスキンは一八七〇年代初頭にも工業美論の推進のために援用されていた。一八八〇年代末以降の社会思想家ラスキンの受容にいたるまで、中西部ではその後も、ラスキンの建築論に対する否定的な解釈が主流を占めることはない。ウィリアム・スティルマンがニューヨークの『センチュリー・マガジン』(『スクリブナーズ・マンスリー』後継誌)に「ジョン・ラスキン」(一八八八、図5-5)を発表し、「彼の芸術批評は〔……〕根本的に、取り返しのつかないほどに間違っている[27]」と痛罵したさいにすら、シカゴの『インランド・アーキテクト』誌による抜粋記事はラスキンの人柄のよさを強調するものとなっていた[28]。

モリス＝ラスキン理論の無効性

このように、一八九〇年以前のシカゴには、ニューヨークやボストン以上に肯定的な援用先としてラスキンを受容する素地が整っていた。先のサリヴァンやライトの言及にもみられる通り、その地では、建築論壇でも社会思想家としてのラスキン＝モリスがよりよく受容された。

ただしそのシカゴにあっても、ラスキンに対する肯定的な援用は一八九〇年代を通じて無くなっていく。当地の建築論壇の動向が他分野・他所のラスキン受容との動的な関連をもったことで、ラスキンはもはや、建築生産の後進性の象徴となり果せるのである。

社会学者ソースティン・ヴェブレン（一八五七—一九二九）が当時新設のシカゴ大学のティーチング・フェローとなるのは一八九二年のことだが、その後彼が『有閑階級の理論』(29)（一八九九）を発表するまでの一〇年足らずのあいだに、社会学的観点からみたラスキン、モリスの理論には本質的な疑義がきたされるようになる。当地では、一八九〇年頃にラスキン、モリスが称揚された、社会思想家としての文脈それ自体のなかで、両者の理論の無効性が語られるようになる。

ヴェブレンはその著作の中で、「ジョン・ラスキンとウィリアム・モリスが当時非常に熱心な広報となった下手物礼賛」のことを「顕示的浪費《コンスピキュアス・ウェイスト》」の象徴として悪しざまに描いた。その考察によれば、機械作業と手作業を見分ける指標はその不完全性にあり、この両者に推進された手作業は、その不完全性によってこそ高価値をもつ。そうして「彼らの時代以降、この根拠に基づいて粗雑と徒労のプロパガンダが始まり進展した」事情は、ヴェブレンが容認できるものではなかった。なぜなら、「機械製製品の概観は手作りの品物と比較するとおしなべて出来栄えが高く、デザインの細部施工の精度も高い」上に、かつ廉価だからである。ヴェブレンにはラスキンとモリスの取り組みを擁護すべき理由はなかった。

そうしてヴェブレンの論は、ライトのアーツ・アンド・クラフツ論にただちに取り込まれることとなる。ライトがヴェブレンからの影響を明示したのは一九一〇年の「個人の主権《マナー》(30)」である。このときライトは、アメリカ建築の悪趣味をフランスとイギリスの影響、すなわちボザールと荘園の表層的な模倣に類型化し、その後者に「ラスキンとモリスの理念」を当てはめ、「われわれの『顕示的浪費』の最も典型的な例」に挙げた。このときライトは「ソースティン・ヴェブレンを読め」と読者を促しながら、ラスキン、モリス受容を推進力としたアーツ・アンド・クラフツ運動に明確に対立的な立場をとった。

しかし、これに先立つ一九〇一年に、シカゴのハル・ハウス（一八八九年開設の大規模セツルメント・ハウス）で行った講演「機械のアーツ・アンド・クラフツ」[31]には、ライトのより複雑な両面感情を見てとることができる。ライトはその論のなかで、「すべての芸術家はウィリアム・モリスを愛し褒めたたえる」と語り、「芸術のために最善を尽くした彼〔モリス〕は、偉大なる道徳家ラスキンとともに、偉大なる社会主義者として歴史のなかに生きるだろう」と賛辞を送りながらも、「個人の主権」と同様の論旨で両者を非難した。それは、「機械は芸術の高き理想、世界が未だ見たことのない高い理想を実現することができる」と主張するライトにとって、「ウィリアム・モリスの弟子たちが逆の見解に固執している」現状が後進性の象徴であったためである。

ここであえてモリスの弟子の瑕疵を指摘していることにも見られる通り、「機械のアーツ・アンド・クラフツ」におけるライトは、モリスやラスキン本人のことを表面上あくまで顕彰する態度を崩さなかった。しかしライトは実際には、両者が「芸術家を信奉した」ことを由々しいものと受け止め、事実上その芸術観を根本から否定していたのだった。次の言明は、そのような二面性から、手仕事を手仕事のゆえに誇る「芸術家」にはもはや存在意義がないことを断じたものである。

> 当時ウィリアム・モリスとラスキンが「近代性」と「機械」に対して抱いた感情はもっともだった。しかし、それと同じ感情をいま抱く芸術家にとっての最善は、自分たちがまだ偉大な仕事ができる場所で、社会学的に考えて待ち、働くことだ。芸術活動の分野では彼らは明らかな害を及ぼす。今までにもすでに、彼らは救いようのない色々な損害を与えてきた。

ライトと同様の両面感情は、二〇世紀初頭の同時期のクラムの文筆にも表れている。クラムはかつて『ナイト・エラント』創刊号のなかで、自身の「イデアリズムの回復」[32]の理念をラスキン、モリスおよびリヒャルト・ヴァーグナーの三人に託し、当時クラム自身をも苛んでいたデカダンス[33]の克服を鼓舞した。しかしこの時期を経たのち、再びアメリカ建築に対するラスキンの功績を語るとき、クラムは彼の人格を次のように描くのである。

彼は驚くべき才能を有した、芸術上の非凡なカルヴァン主義者だった。どうしようもなくドグマチックで、ジュネーヴのごとく狭量な。誠実で、熱意にあふれ、刺激的で、史上もっとも信用ならない建築批評家・建築論者。しかし彼は、何千年に一人いるかいないかの、非の打ちどころのないほどの説得力のある言語能力に恵まれていた。(「教会建築」、一九〇五)[34]

クラムの協働者のグッドヒューはクラムの文筆の特徴を「ラスキニズムだが極めて仰々しいラスキニズム」[35]であると形容した。しかしその特質と、クラム本人のラスキンに対する解釈・態度の変遷とはまた別の問題である。クラムもまた時代相を反映し、ラスキンに対し矛盾した表象を抱えることとなった。[36]

2　最後のゴシック・リバイバル？　［一八三三―一九二二］

カレジエイト・ゴシック――最後のゴシック・リバイバル

しかしラスキン、モリスに対するこのような敵意の反面、ライトとクラムの両者は、自らの設計原理を明確にゴシック建築の原理に据えていた。ラスキン、モリスの言説あるいは人格に対する非難、懐古趣味に対する蔑視は無論、

図5-6 陸軍士官学校（クラム，グッドヒュー&ファーガソン，ニューヨーク州ウエストポイント，1903-10年）土木的スケールをもつ20世紀ゴシック・リバイバルの代表作．その建設と同時期，建築論壇でもゴシック・リバイバルが蘇生した．

ただちに広義のゴシック・リバイバルそのものの否定を意味していたわけではなかったのである。ライトの「個人の主権」は当時中世主義者とみなされていたラスキン、モリスの影響に対する論難を一つの論点としていた反面、現代の「蘇《リバイブド》ったゴシック」に対する信仰告白でもあり、この潮流のなかでの「建築家とは、自らの任務の本質《オーガニック・ネイチャー》を心に描くことで内側から自己統御を行う人間である」という、自己規定の論ともなっていた。一方クラムは、ライトとおよそ同時期に拾遺論集として『ゴシック・クエスト』[37]（一九〇七）を発表し、その序文のなかで、自身の建築家としてのキャリアを中世の聖杯伝説になぞらえた。ゴシシストのクラムが建築家として「馬を走らせるのは、〔……〕人間ではなく神の特性であり、かつ肉と血の目には知覚されない美と真実」にまみえるための「至福直感《ビューティフィック・ビジョン》」を求めてのことに他ならない」のである。

ライトとクラムは一九世紀末以降のアメリカの建築家のなかでも最も明示的にゴシック主義者を自認した二人であり、特にクラムは一九〇二年にウエストポイント陸軍士官学校（図5－6）のコンペティションに勝利して以降、文筆においても実践においても、二〇世紀最大のゴシック・リバイバリストとなる。

そして市井の建築にアメリカン・ボザールが全盛を誇ったその時代にあっても、特定の分野ではなお、アメリカのゴシック・リバイバルは様式表現の上でも議論の上でも、この二人の個人的な信条をこえた広がりをもって継続していた。

一九世紀末からこの点で理論と実践双方の焦点とされたのは、大学をはじめとする教育機関の建築である。おおよそギルデッド・エイジ末の一八九〇年代初頭から一九二〇年代末の世界恐慌頃まで、アメリカの大学建築ではゴシック様式が主流の一つを占め、それは当時から「カレジエイト・ゴシック」と呼ばれ、ゴシック建築の性質をめぐる議論に一つの言説空間を与えた[38]。

大学建築とラスキン

アメリカでゴシックの校舎が建てられはじめたのは一九世紀初頭のことだが[39]、この様式が大学校舎のために一般的に採用されるようになるのは三〇年代から四〇年代にかけてのゴシック・リバイバル初期の現象である。この時期のゴシックの校舎には、アレクサンダー・ジャクソン・デイヴィスによるニューヨーク大学校舎（一八三三、図1-21参照）を筆頭とし、ハーヴァード大学ゴア・ホール（R・ボンド、一八三八）、イェール大学図書館（H・オースティン、一八四二—四五、図5-7）、ニューヨーク自由大学（J・レンウィック・ジュニア、一八四九）などが挙げられる。これらの多くにはイギリスの名門大学で用いられたチューダー・ゴシックへの参照がみられる。なかでもニューヨーク大学校舎は「原型であるオックスフォードやケンブリッジのカレジエイト建築を十二分に思い起こさせる[40]」だけの形式の類似はみられないものの、二〇世紀初頭のモンゴメリー・スカイラーによって、アメリカにおけるカレジエイト・ゴシックの出発点とみなされた。

一九世紀末の回顧によって「アメリカの大学の建築は四〇年代以降ほぼすべてゴシック様式に明け渡された」（A・R・ウィラード[41]、一八九七）と語られるように、一八八〇年代までのアメリ

図5-7　イェール大学図書館（現ドワイト・ホール，コネティカット州ニューヘーブン，H. オースティン，1842-45年）
アメリカにおけるチューダー・ゴシックの大学建築初期例．イギリスの名門大学を範とする．

図5-8　アラムナイ・ホール（A. J. デイヴィス，コネティカット州ニューヘーブン，1851-53年）

図5-9　チャンセラー・グリーン（W. A. ポッター，ニュージャージー州プリンストン，1871-73年）
いわゆる「ラスキニアン・ゴシック」最後期の例.

カの新築校舎は多くの場合がゴシック様式を採用した。しかし一八四〇年代末からはラスキンの文筆がアメリカの建築論壇でほぼ独占的な人気を誇ったため、大学のゴシックの表現にも、この時期のラスキン受容を反映した変化が起こった。ラスキンの建築論から特に模範とされたのは、『建築の七燈』や『ヴェネツィアの石』に示される、建材の自然色を装飾に活かした積石造のゴシック建築である。その応用例はヴィクトリアン・ゴシックのなかでも特に「ラスキニアン・ゴシック」と呼ばれ、大学建築に限らず、教会を含む公共建築でも当時広く試行された。一八五〇年代以降でこれに分類される大学建築には、初期のものにノット・メモリアル・ホール（ユニオンカレッジ、E・T・ポッター、一八五八―七九、図2-2参照）やストリート・ホール（イェール大学、P・B・ワイト、一八六四）など数例がある。

なお、一八五三年の『イェール・リテラリー・マガジン』に匿名で発表された「大学建築に対する提言」[42]が、大学建築に関してラスキンの建築論を援用した最初期の例である。ここで論者は『建築の七燈』の「奉献の燈」「力の燈」(Lamp of Power)「真実の燈」の三原則を援用し、大ぶりの石材によって本格的な石積みで建てられたアラムナイ・ホール（イェール大学、A・J・デイヴィス、一八五一―五三、図5-8）の「古のカレジエイト・ゴシックの魂」を讃えた。

しかし、一九世紀アメリカの大学で建設活動が盛んになるのは、復員兵を含む生徒数の増加や産業資本家の富の増大をみた南北戦争終結後のことである。ハーヴァード大学メモリアル・ホール（W・R・ウェア&H・ヴァン・ブラント、一八六六―七八、図4-10参照）やイェール大学のファーナム・ホール（R・スタージス、一八六九―七〇、図2-3参照）はこの新しい建設活動の嚆矢である。プリンストン大学（カレッジ・オブ・ニュージャージー）は特にこの時期のゴシック的建築表現の実験場としての性格が強く、ウィリアム・アップルトン・ポッター（一八四二―一九〇九）によるチャンセラー・グリーン（一八七一―七三、図5-9）をはじめとして、リチャード・モリス・ハントのマレイ・シアター（一八七九）やマルカンド・チャペル（一八八一―八二）など、明らかなラスキニアン・ゴシックを含む、さまざまな積石造のゴシック建築が建設された[43]。

しかしこれらの校舎群は、当時のアメリカ建築界一般の流行として、ゴシック・リバイバル一般の表現であることに止まった。それらは特に大学の校舎の表現として求められたのではなく、さらには個別の建築表現の実験としての性格が強かった。このためスカイラーをはじめとする一九世紀末以降の論客は大学建築に関しても、「ラスキンの長説法によって宣伝された『ヴィクトリアン・ゴシック』は概して『個性』を引き出すことをとりわけ重視し、礼譲や統一性を排除することさえあった」[44]という点を、前時代のゴシック・リバイバルに対する非難の矛先とした。

また一九世紀末以前のアメリカの大学校舎の多くは、既存の校舎を含めた周辺環境とはほぼ無関係に、広大な敷地に独立して新築されていた。そのため一九世紀末には、個別作品としての個性の強調とともに、この一体的なキャンパス計画の欠如も批判された。つまり前時代のキャンパスは「無計画に成長した、〔……〕一体的な効果も、グループ・プランもない」ものだったのである（A・M・ギゼンズ「グループ・プランV」[45]、一九〇七）。

図5-10　シカゴ万国博覧会（1893年）
アメリカにおけるルネサンス・リバイバル隆盛の転換点，通称「ホワイト・シティ」．これ以後の20年あまり，市井の大建築のなかに白亜のクラシシズムが大流行した．

実験場としての大学キャンパス

アメリカのゴシック・リバイバルは大学の敷地に広大な実験場を持った。しかし、そこで試行された表現形式は多様であり、当時のアメリカにはそれら同士に調和をもたらす設計手法が乏しかった。

この状況の転機となったのは、一八九三年のシカゴ万国博覧会である（図5-10）。しかしそれに先だち、のちのカレジエイト・ゴシックの特質となるいくつかの要素が一八七〇、八〇年代にすでに萌芽していたことは特筆される。

中庭型の一体的プランニング手法は、イギリスのゴシック・リバイバル建築家ウィリアム・バージェス（一八二七―一八八一）による、一八七三年のトリニティ・カレッジ計画案（図5-11）によってアメリカに移入されたものである。ここでバージェスは、巨大な中庭型校舎が一列に連なり、建物の長軸上に図書館および礼拝堂を配置する案を提案した。

スカイラーは本国イギリスから移入されたこの案に「オックスフォードの魂」を読みとった[46]。しかしこの計画は一八七〇年代アメリカの大学としては規模を超過しており、予算も限られていたため一部の実現にとどまった。その後、この案を参照した同様の中庭型キャンパスは、のちの大規模なカレジエイト・ゴシック・ムーブメントの発端、シカゴ大学のキャンパス（図5-12）に実現される[47]。

また、多色で装飾を重視したラスキニアン・ゴシックからの離脱、という一八七〇年代のアメリカ建築界の一般的傾向を、ゴシックの大学建築のなかでいち早く試行したのはチャールズ・クーリッジ・ヘイト（図5-13）である。

図 5-11　トリニティ・カレッジ計画案（W. バージェス，コネティカット州ハートフォード，1873 年）
アメリカにおける中庭型大規模キャンパス計画の嚆矢（部分的に実現）.

図 5-12　シカゴ大学計画案（H. I. コッブ，イリノイ州シカゴ，1891 年）
ギルデッド・エイジの巨大資本が可能にした一体的・大規模キャンパス開発.

図 5-14　コロンビア大学旧キャンパス（1894 年）
一街区のなかの漸進的開発．左にハミルトン・ホール（C. C. ヘイト，1880 年），中央に図書館（同，1884 年）．図 4-6 参照．

図 5-13　C. C. ヘイト
（撮影年不詳）

一九世紀末のスカイラーは、ヘイトによる、一八七〇年以前のあるコンペティション応募案を「ラスキネスク」にもかかわらず禁欲的な表現で、多彩色でもないという点で記憶していた[48]（「C・C・ヘイトの作品」、一八九九）。続けてスカイラーの回想に耳を傾ければ、ヘイトはその後コロンビア大学鉱山学部校舎（一八七四）のなかで、空白の壁を大胆に使用し装飾を抑制することで、「ヴィクトリアン・ゴシックとして極めて異例な」表現を模索することとなる。このような遷移期を経て、同大学のハミルトン・ホール（一八八〇）では「厳密に『カレジエイト』な、とても興味深い建物で、昔に建てられた非常識な校舎を囲み隠した」（図 5－14）。それは、のちのカレジエイト・ゴシック建築を特徴づける、チューダー・ゴシック様式への回帰、色彩と装飾の抑制といった特質を備えたものだった。

このハミルトン・ホールは鉄道敷設に伴うキャンパスの移転によって竣工間もなく取り壊されることとなった。しかしヘイトがここで導入したチューダー・ゴシックはその後のカレジエイト・ゴシックの建築家たちの参照点となり、自身やコープ＆スチュワードソンの設計をはじめとして、一九世紀末以降のアメリカに多数実現することとなる。

こうしてヘイトは、二〇世紀初頭には「この国でゴシック・カレジエイト様式を最初に導入した」（同前ギゼンズ、一九〇七）人物であるともみなされるようになった。

大規模キャンパス開発のムーブメント——需要・資本・方法

一八九〇年代に入ると、大学キャンパスにおけるゴシック建築はそれまでの個別的な建設から様変わりし、中庭型を基調とした一体的な「キャンパス計画」として構想・実施されるようになる。一般的な現象として、大規模なキャンパス開発はこのギルデッド・エイジ末期から始まるが、これには、この時期の大学経営の状況を取り巻く三つの大きな要因が影響していた。

それは第一に、南北戦争以降における、高等教育機関の学生数の大幅な増加である。[49] アメリカで学生数の統計がとられ始めたのは一八六九年のことだが、その時点で六万人程度だった学生は一八九〇年頃には三倍弱となり、一九〇〇年時点では二四万人に達しようとしていた。これと並行して教育機関の数も増していったが、その後も続くこの指数関数的な学生数の増加には対応しきれなかった。学生収容の問題は、実際的な問題として大学経営の要だった。

また次に、一九世紀末以降の校舎の建設は、ギルデッド・エイジに生まれた資本家の莫大な額の寄付金に支えられていた。[50] 一九世紀中葉以降の商工業の発達に伴い、慈善家が高等教育・研究機関の設立や寄付に投ずる金額は非常な勢いで増加していった。エズラ・コーネルによるコーネル大学設立(一八六五)からスタンフォード夫妻によるスタンフォード大学設立(一八九一)のあいだに、彼らが投入する私財はやはり指数関数的な増加をみせ(五〇万ドルから二〇〇〇万ドル)、カレジエイト・ゴシック最初の一体的キャンパス開発例となったシカゴ大学も、ジョン・ロックフェラーから三〇〇〇万ドルの寄付を受けている。他大学においても一九世紀末以降の寄付額は大幅に上昇した。大規模な建設活動は、このような経済状況によって可能になった。

学生数の増加とそれに対応しうる建設費の獲得は、当時の大学キャンパスに開発の必要性と可能性を与えた。そうして、この機会に実質的な手段を与えたのが、一八九三年のシカゴ万国博覧会で採用された都市計画手法である。このイベントによって、エコール・デ・ボザール由来の、軸性と対称性を基調とした大スケールの幾何学的設計システムがアメリカに移入されたのである。

以降、この手法は国内開催の博覧会の多くで用いられるようになり、市井の建築活動では、この万国博覧会でもたらされた都市計画手法を活かし、大規模な街区開発を目的とする「シティ・ビューティフル」ムーブメントが始まる。そうして、アメリカのキャンパスに「ランドスケープ・アーキテクチャー」の必要性が叫ばれ始めたのもこれとほぼ同時期のことである。このとき、従来個別に無秩序に建てられてきた校舎群への反省として、「建物と建物、また建物と敷地の自然環境を調和させること」を目標としたムーブメントが始まったのである（「カレッジ・ビューティフル」、一九〇三）[51]。アメリカにはそれまでにもヴァージニア大学（T・ジェファーソン、一八一七—二六、図1-5参照）を筆頭とする幾何学的キャンパス計画は存在した。しかしシカゴ万国博覧会のいわゆる「ホワイト・シティ」に用いられた手法は、それまでの手法でキャンパス計画に対応できた規模をはるかに超えており、複雑な計画にも対応することができた[52]。

このように、一九世紀末以降のアメリカの大規模キャンパス開発は、需要、資本、方法という三要件が揃ったことで生まれたムーブメントだった。ただしその最初期には、ボザールの計画手法とカレジエイト・ゴシックの建築表現はまだ融和していなかった。

シカゴ万国博覧会は、それまでのゴシック・リバイバルの隆盛から、ボザールを範としたフレンチ・ルネサンスあるいはクラシシズムへの転換点であり、その潮流はコロンビア大学の新キャンパス（マッキム、ミード&ホワイト、一八九三—一九〇〇、図5-15）を嚆矢として、大学キャンパスの様式選択や設計手法にも影響を及ぼした。建築史家ジョージ・ハロルド・エジェル（一八八七—一九五四）による『今日のアメリカ建築[53]』（一九二八）中の次の言及などは、

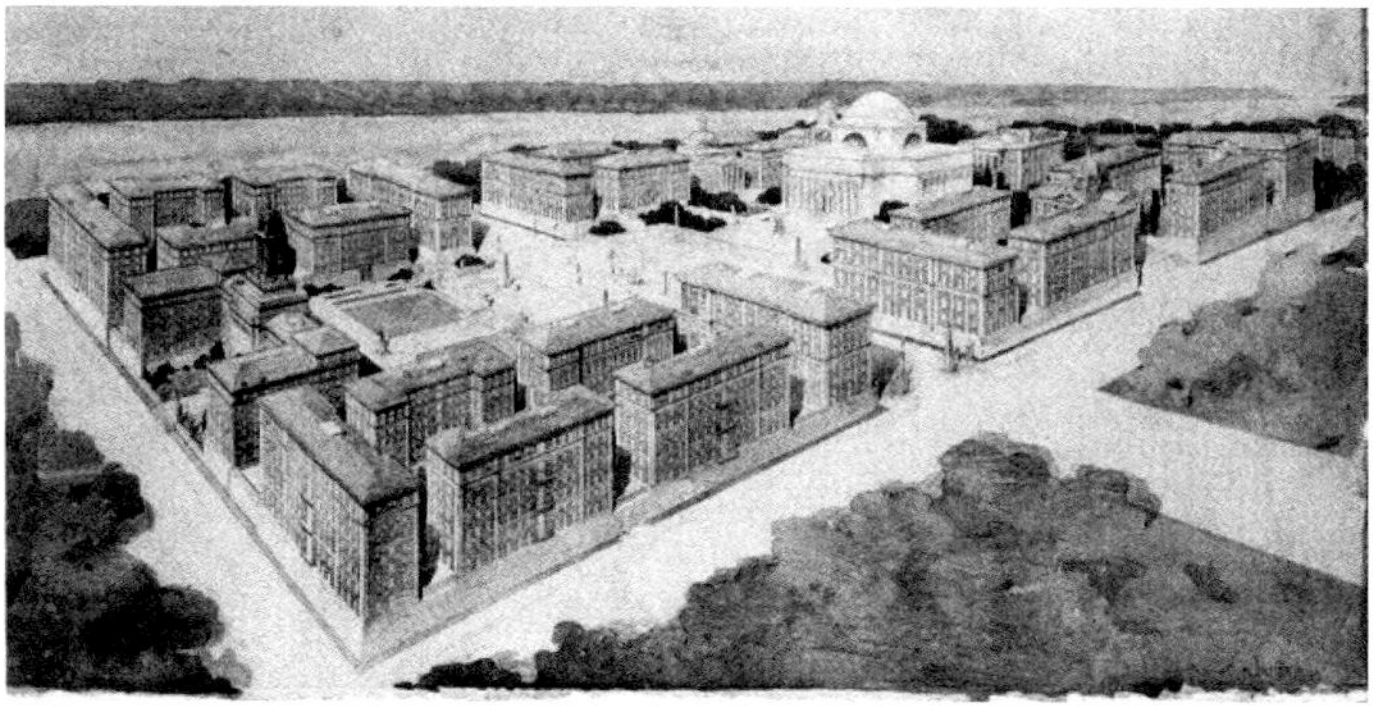

図5-15 コロンビア大学新キャンパス（マッキム，ミード&ホワイト，NYC，1893-1900年）
明確な軸線をもとに行われた一体的「キャンパス計画」．右上に焦点をなすロウ記念図書館の設計者はC. F. マッキム．天井にはヴィオレ＝ル＝デュクの名が刻まれる．

こうしたアメリカン・ボザール隆盛を語るさいの、第二次大戦前におけるアメリカ建築史の常套的記述である。

ロマン主義リバイバル以降、合衆国ではゴシックは死に絶えることはなかったが、シカゴ博覧会後の九〇年代、アメリカがクラシシズムを国家様式とするよう転向してからはいささか疎んじられるようになった。ゴシックは主に教会のなかで生き延びたのだった。ヴィクトリア期に建てられた多くのモニュメントが犯した愚行を鑑みれば、この不人気ももっともなことだった。

しかし実際にはこの時期にも、大学建築では依然としてゴシック様式が尊ばれていた。この点において、一九世紀末のカレジエイト・ゴシック・ムーブメントは一八三〇年代以降のゴシック・リバイバルの延長線上にある。たしかにシカゴ万国博覧会と前後して、世俗建築、特に公共建築にゴシック様式が採用されることは少なくなった。しかしスカイラーがいみじくも指摘している通り、「その間にも、大学建築に関してゴシックは相応しくないと思っていたのは、新しいフランス式建築を実践する超過激派だけだった」(54)のである。

カレジエイト・ゴシックの特質――イギリスの出自とフランスの手法

しかし一九世紀末以降のカレジエイト・ゴシックは、建設予算の爆発的上昇のほか、ヴィクトリアン・ゴシックからチューダー・ゴシックへの移行や、イギリスの中庭型校舎に対するフランスのボザール的計画手法の導入をみたという点で、それまでのゴシック・リバイバルとは一線を画していた。

それまでのゴシック・リバイバルを主導していたのはヴィクトリアン・ゴシックだったが、これは二〇世紀初頭の感覚からすれば「特に広範囲を指す言葉であり、非常に自由で『折衷的』」(55)（スカイラー、一九一〇）な術語だった。これは、その過去の建築家たちが、ときにゴシックに限らない、歴史的、同時代的なさまざまな参照源を用いて現代的なゴシック的表現の可能性を模索したことに対する批判的言及である。

一方、カレジエイト・ゴシック・ムーブメントではそれに代わり、オックスフォード大学をはじめとするイギリスのチューダー・ゴシックが主な参照源とされた。二〇世紀初頭の批評によれば、こうして「イギリスのオックスフォード、ケンブリッジのカレジエイトの伝統」を伝えるこれらのチューダー様式の建物は、同時代人の目からみて「アメリカの大学建築に新しい要素を導入し、着実に好まれるようになった」のだった(56)。

この様式選択には、①アメリカの知的ルーツがイギリスにあるとみなされていたこと、②学問環境として中庭型が好まれたこと、③ゴシック・リバイバル建築に近代性の表現が求められていたこと、などの複合的な要因があったが、カレジエイト・ゴシック・ムーブメント初期から批評分野で強調されたのはこのうちの①である。一八九四年の『アーキテクチュラル・レコード』に掲載されたシカゴ大学の批評記事はこのムーブメント最初期のカレジエイト・ゴシック批評だが、ここで評者は、この大学の「建築様式はケンブリッジやオックスフォードなど、古いイギリスの大学をできるだけ想起させるように選択されている」(57)（傍点著者）と語った。

その後もカレジエイト・ゴシックの源流をオックスフォード大学に求める論考は多数現れるが、なかでもこのムーブメントの主要な論客である建築家クラムは、アメリカ白人のアングロ＝サクソンの出自と、キリスト教文明の伝統を背景にこの点を強調した。クラムにとって、「様式は歴史的、人種的関連から展開し〔……〕なければ意味がない[58]」のであり、そのためアメリカの大学校舎は「遺伝的にわれわれのものである学校建築、すなわちパドヴァやヴィッテンベルクあるいはパリではなく、オックスフォードやケンブリッジの類型のものでなければ[59]」ならなかった。またクラムは、一九一二年の王立英国建築家協会の講演のなかで、「われわれは皆、半世紀前まで骨も血も伝統もイングリッシュ、むしろブリティッシュだったのだ[60]」と、カレジエイト・ゴシック・ムーブメントにおけるヴィクトリアン・ゴシックからの離脱と、イギリスのルーツ、すなわちチューダー・ゴシックへの回帰を主張した。

中庭型の大学建築

また中庭型の大学建築は、大学組織を世俗とは隔絶された宗教的コミュニティとみなす当時の思潮によっても支持された。これは、当時急速に発展を続けていた、自国の経済状況に対する自覚の反映である。当時のアメリカでは、自国の経済的自立を誇る気運が高まっていた一方で、その自負の延長として、自国の知的独立を求める動きもまた盛んだった。

「カレッジ・ビューティフル」ムーブメントは、シカゴ万国博覧会以後の「シティ・ビューティフル」ムーブメントと相補的な活動として、「単に商業的なだけではない[61]」アメリカの文化的矜持を象徴した。その知的生活の明確な表現として、都市的喧騒を遮断する中庭型のキャンパス計画は最適な選択だった。すなわち、この中庭型の「配置の理由は、一度大学の土地に入ったあとにはできる限り学生から外部環境を排除すること、〔……〕シカゴのせわしい商業環境を学生の意識から追い払い、古来の大学建築にみられる、穏やかな品格をもつ特殊な雰囲気で彼をとりまくこと[62]」だった。

こうして中庭型の校舎は、イギリスのルーツを示唆することのほかにも、「単なる贅沢だけでなく、それらの校舎が象徴するもの全体」すなわち「科学、文学、宗教ほか、すべての知的文化」を意味する媒体の一つとみなされるようになった(A・ハムリン、一九〇三)[63]。

その後、アメリカの大学キャンパスに求められる隔絶性、静寂性が宗教活動や宗教コミュニティとの類推で語られるようになったのは、「アメリカ大学建築の発展」[64]が発表された一八九七年のことである。ここで論者のアシュトン・ウィラードは、「中庭のまわりに構成員を密集配置させ一体化させる」オックスフォード大学に言及し、それらの校舎は「一人の主教のもとに集う英国教会コミュニティ同士のグループのように一体となって建っている」と語った。それまで「そのような団結の概念はアメリカにはなかった」が、一九世紀末以降のカレジエイト・ゴシック・ムーブメントではこの質こそが求められた[65]。

こうした特質を含む大学建築として当時スカイラーが特に称賛したのは、イェール大学のヴァンダービルト・ホール(C・C・ヘイト、一八九四)である。「ヴァンダービルト中央のゲートは背後の空間に対し、それまでにはなかった囲繞されているような感覚や修道院性をもたらし、そこを明らかな、紛れもない『カレジエイト・クアドラングル』に変える」ものだった(「米国大学の建築Ⅱ」[66]、一九〇九)。この校舎は街路に対し開いたコの字型のボリュームを持つが、その左右と背後の土地もまた、街区全体が中庭型に囲繞されるよう再開発された[67]。

スカイラーによれば、「校舎がゴシックでなければならないというのは、そこが宗教団体の活動場所にならなければならないという、ほぼ自明な一事による。〔……〕そうしてそれは、半ば教会のような、半ば住宅のような、中世において修道院建築に応用され、爾来『カレジエイト』の名で知られるようになったもののようでなければならないということが、ほぼ同様に論理的に帰結する[68]」。

しかしカレジエイト・ゴシック黎明期のアメリカには依然として、イギリスの中庭型モデルに則りつつ、広大な敷地にゴシックのキャンパスを計画する新たな方法が欠けていた。トリニティ・カレッジやシカゴ大学のキャンパス計画は、中庭型であるとはいえ、イギリスの出自を感じさせるものではなかった。アップルトン・ポッターによるイースト・パイン・ホール（プリンストン大学、一八九七）は中庭型の平面を有していたものの、規模としてはそれまでの単体の校舎の新築と変わらない小さなものだった。また、クラムによって一九世紀末カレジエイト・ゴシックの発端とみなされたペンシルバニア大学の計画案も、形式としてはシカゴ大学に類似のものであり、それを応用し得る敷地面積は限られていた。

図5-16 鉄道駅とブレア・ホール（コープ&スチュワードソン，ニュージャージー州プリンストン，1897年）
広大な敷地には難しい中庭の効果を鉄道駅（画面手前）との関係で象徴的に表現．裏手には既存の散発的開発が控える．

そうしたなか、広大なキャンパスに建物単体で「イギリス的」修道院性をもたらす試みは、シカゴ万国博覧会直後のコープ&スチュワードソンによって先駆的に試みられている。彼らは厳密な中庭型ではなく、俗と聖を隔てる界壁として、敷地境界に沿ったゴシックの校舎を設計することで、「昔の修道院の伝統に由来する」、「立派な入口から入り」、「連続した建物に完全に囲まれた[69]」中庭の効果を、キャンパス域の中に校舎単体で達成することに成功した。この試みの発端は、一八九四年に竣工したブリンマー大学のペンブローク・ホールである。また、その後プリンストン大学に実現したブレア・ホール（一八九七、図5-16）は、鉄道駅と隣接するキャンパス域に修道院的性質をもたらし、イギリス的・修道院的な大学の理念をさらに直截に表現した[70]。

コープ&スチュワードソンが開発した壁体状のゴシック建築は、イギリスのルーツを示すものとして主にチューダー・ゴシックを採用し、建築物単体で広大なキャンパス域に聖域性をもたらすことができ、漸進的な開発が可能である、といった点でカレジエイト・ゴシックによるキャンパス計画の展開の画期となった。アルフレッド・ハムリンは一九〇三年、「アメリカの新しい大学建築は、個々に建てるというアメリカの伝統的なシステムに従う場合でさえ全体の統一と全体的効果を確保しようとしている」(71)（傍点著者）と語ったが、ときのキャンパス計画にその指針を与えた者こそコープ&スチュワードソンだった。(72)爾来、キャンパスは「マテリアリズムに対抗する囲壁都市」(73)として設計されるべきものとなった。

ボザールの手法への従属

その後間もなく、カレジエイト・ゴシックの大規模キャンパス計画にはボザールの計画手法が導入されるようになり、軸線をもちながら、「イギリス的」カレジエイト・ゴシックの中庭型校舎を単位としたキャンパス計画が現れる。この手法はまず、コープ&スチュワードソン自身によるセントルイス・ワシントン大学計画（ミズーリ州セントルイス、一八九九）によって試みられた。これは巨大な更地に計画された、敷地の長軸中心に明確な軸線が設定された直行グリッドの計画である。しかし、ペンブローク・ホール同様のチューダー・ゴシックの門の先からは軸線が左右に切り替わっていく操作がなされており、長軸におよそ線対称に配された中庭型校舎にも、対称形が崩され、歩者に対するピクチャレスクの効果が意図されていた。

そして同様の手法は、プリンストン大学整備拡張計画（R・A・クラム監修、一九〇七—二九、図5-17）、リード・カレッジ（A・E・ドイル、一九一二頃）、デューク大学（H・トランバウアー、一九二五頃）等の計画でその後応用されることとなる。

このうち、ウッドロウ・ウィルソン学長時代に始まるクラムのプリンストン大学整備拡張計画はコープ&スチュワードソンが現地に実現した手法を推し進め、既存キャンパスで方向づけられた漸進的開発の全体像を新たに示した。ここでは、最古の校舎であるナッソウ・ホール（一七五六）周辺に形成されていたキャンパスの核を活かし、この校舎を通る対称軸を設定して東西に中庭型の校舎が配置されている。また、コープ&スチュワードソンが開発した界壁状の校舎は、中庭型校舎を連続配置しキャンパス域を囲う壁体にする、という手法へと展開した。中庭型校舎と大軸線の融合――アメリカのキャンパスの広大な敷地に秩序をもたらすためには、アングロ＝サクソンの出自を重視し当時のボザールの流行を辛辣に非難したクラム自身でさえ、[74]その手法の便宜には抗えなかったのである。

中庭型校舎を連続配置するこの手法はセントルイス・ワシントン大学計画にも萌芽しており、その後のリード・カレッジ計画やデューク大学計画でも用いられている。しかし、後二者では軸線と対称性がさらに強調され、オープンスペースも巨大化した。また、そのおのおのが長軸のアイストップにモニュメンタルな高塔を有した点も特筆される。一九一〇年以降のカレジエイ

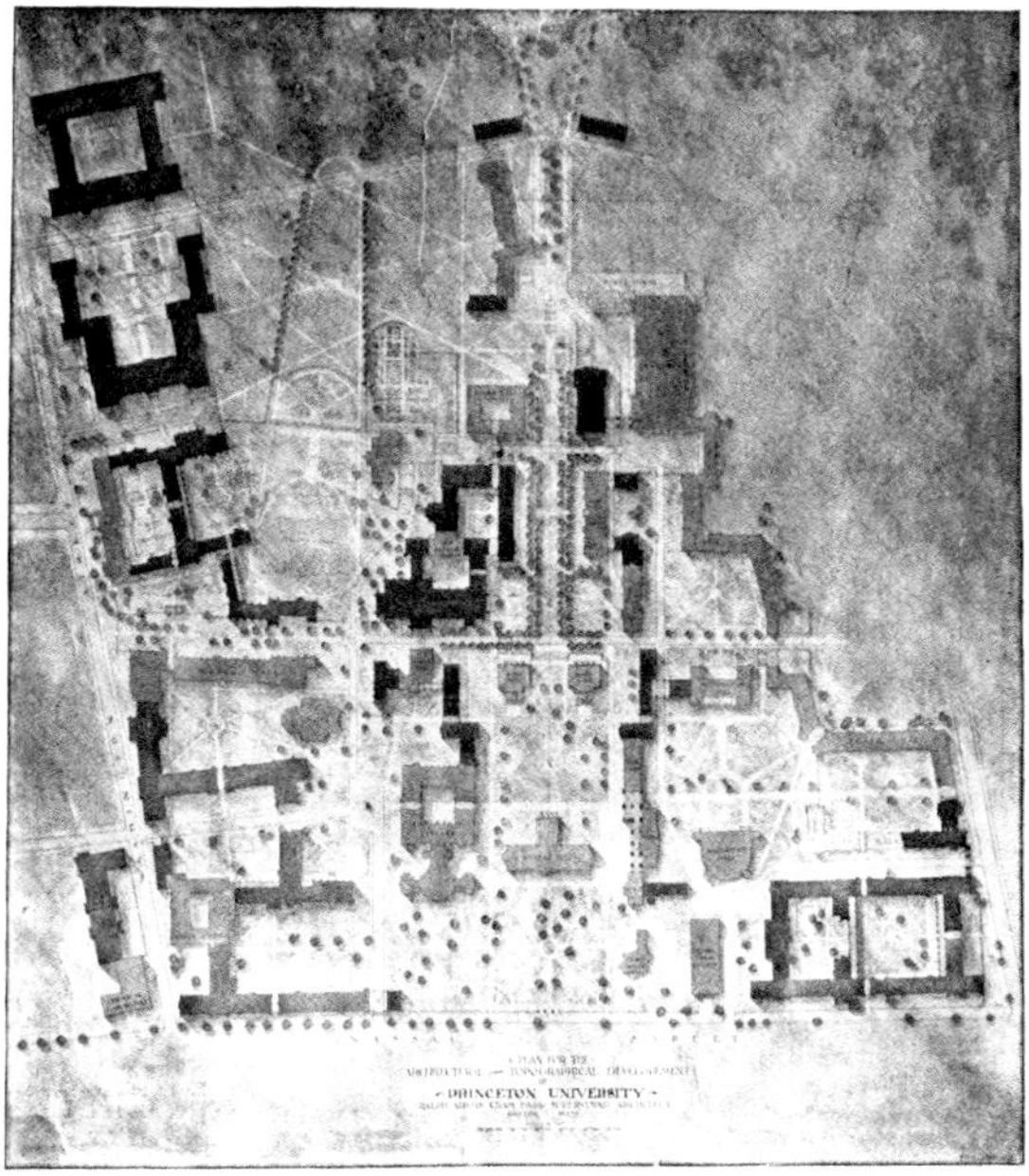

図5-17　プリンストン大学整備拡張計画（R. A. クラム監修, 1907-29年）

イギリス式中庭型プランとフランス式軸線システムの混交（計画案）. プリンストン大学最古のナッソウ・ホール（中央下方）を通る軸線をもとに, キャンパス全体でゆるやかな左右対称を保ちながら, 中庭型校舎が連続する. 右下方に「く」の字のブレア・ホール.

ト・ゴシックの大規模キャンパス計画では、むしろボザールの計画手法が前面に押し出されてくるのである。

そして一九二〇年初頭には、ボザールの手法を活かしたカレジエイト・ゴシックのキャンパス計画は、アメリカ国内ではすでに確立した手法として言及されるようになる。このころ、都市計画家ヴェルナー・ヘーゲマン〔一八八一―一九三六〕とエルバート・ピーツ〔一八八六―一九六八〕は、「完璧に均衡がとれ、最良の現代思想に軸が合った」ゴシックならば「ルネサンスの特質をもつ計画と必ずしも矛盾しない」と語っている（『アメリカン・ウィトルウィウス』[75]、一九二二）。そしてこの言及にもみられる通り、この段階に至っては、カレジエイト・ゴシックの特質はボザールの手法に従属するまでになった。

3　ゴシック的なるものの近代　〔一八八八―一九〇六〕

カレジエイト・ゴシックの近代性――構造・単彩・無装飾

アメリカのゴシック・リバイバルの一般的動向として、一八九〇年代以降に理論的基礎とされたのは、ヴィオレ＝ル＝デュクのなかに理解された構造合理主義だった。その来歴は本書のこれまでの展開のなかに含まれているが、カレジエイト・ゴシックの全盛期とは、チャールズ・ハーバート・ムーアの『ゴシック建築の発展と性質』[76]（一八九〇）やスタージスの『欧州建築史研究』[77]（一八九六）をはじめとして、ヴィオレ＝ル＝デュクの理論を援用したゴシック史論がアメリカ国内に乱立した時期である（第三章1節参照）。

こうした史書にも示される通り、当時ゴシック建築の原理は第一に理性的な構築理論であると理解されていたのであり、その雛形とされたのも、ヴィオレ＝ル＝デュクの生地フランスのゴシックだった。たとえばスカイラーは、カレジエイト・ゴシックの議論のなかですら、「イギリスの大聖堂はフランスの大聖堂のピクチャレスクな退化版であり、同様に、イギリスのカレジエイト・ゴシックはイギリスの大聖堂のピクチャレスクな退化版である[78]」と述べている。アメリカのカレジエイト・ゴシックは、イギリスの大学建築を模範としながらも、建設理論の点ではフレンチ・ゴシックに立脚して実践されていた側面があった。

一九世紀末以降のカレジエイト・ゴシック・ムーブメントは、世紀中葉以降に国内で流行を極めたヴィクトリアン・ゴシックに対する反省を動機に有していた。このムーブメントはそのためにこそ、大学建築という限られた実践領域を超え、当時の建築論壇に現代建築の特質を語る場を与えた。それが引き寄せた話題は、過去にはラスキンに、その後はヴィオレ＝ル＝デュクによりよく結びつけられて語られた、建築における真実性と装飾性の問題である。つまりこのムーブメントは、一八三〇年代から継続された国内のゴシック・リバイバルの終端に位置づく潮流として、前時代の論題を継承したのである。

アメリカのゴシック・リバイバルのなかで、構造の合理性・真実性の問題は、常にこの様式に付託されて表現され語られた論題である。表現手法の差異はありながら、積石造建築においてこの理念を追求したという点では、カレジエイト・ゴシックもまた、ヴィクトリアン・ゴシック期に行われた議論と実践の延長であるほかはなかった。

一九世紀末以降、カレジエイト・ゴシックになぞらえてこの点の批評を推し進めた先鋒はスカイラーである。その彼によってカレジエイト・ゴシックの石造建築最古の参照点とされたのは、一八三〇年代以降のアレクサンダー・ジャクソン・デイヴィスによる校舎群である。特にニューヨーク大学の校舎（図1-21参照）は「コロンビア大学が当時までに建ててしまった、あるいは未来建てようとしていた見せかけの建築〔の伝統〕を拭い去り根絶させた建築として激賞された[79]。すなわちこの校舎は、それまでアメリカ建築全般に存在しなかった、真正の大規模石造建築の元祖だとみなされたのである。スカイラーは「単彩の、品のよい本物のグレイストーンでそれを建てることができた」デイヴィスの幸運をたたえ、「商業的必要に迫られた取り壊しのときまで、ニューヨークという砂漠のなかで本

図5-18　プリンストン大学礼拝堂（R. A. クラム，1924-28年）
「狂騒の20年代」にあえて原理的な積石造が試されたゴシック・リバイバル建築.

当にオアシスのような建築だった」と、その建築を回顧した。

アメリカ初期の学校建築に対する同様の称賛は、ウエストポイント図書館（一八四一）と学生宿舎（一八五一）にも向けられた。前時代の国内のゴシック建築は積石造を模倣したシャム・コンストラクションだったが、「そうしたことはウエストポイントにはない。図書館と学生宿舎はなるべきものになっており、実直な積石造建築であり、素材の組み合わせ方もよい[80]」。

そうして前時代の積石造建築に対するこの再評価は、現代のカレジエイト・ゴシック建築にも同様に当てはめられた。スカイラーはヘイトに対する批評のなかで、彼の設計を「建物の『仕上げ』は構法の隠蔽ではなく、構法の明示でなければならない[81]」という理念を表現するものとしてたたえた。クラム&ファーガソンのウエスト・ポイントもまた、「構造の説明のために本質的でない装飾をすべて拒否した[82]」点において評価されるべきものだった。

しかしカレジエイト・ゴシックに対する同様の批評は、スカイラーのみによってなされていたわけではない。一八九七年、アシュトン・ウィラードは、一九世紀前半頃のゴシックを「皮相のものである」と断罪し、イェール大学のヴァンダービルト・ホールを「完全に茶色の石材で建設され、誠実で実直な」建物であると語った（同前「アメリカ大学建築の発展」）。

カレジエイト・ゴシックの実践のなかで、この文脈の積石造建築に固執し続けたのはクラムである。一九二〇年代、プリンストン大学に彼が設計した礼拝堂（一九二四―二八、図5-18）は、「ゴシックとは建設原理であるとともに、設計スキームでもあり、知識の精神である」[83]ことを示すために、鉄筋コンクリートや鉄骨などの現代的な建材を退け、強いて原理的な石造であることにこだわった。

「装飾芸術のない建築」

アメリカの大学建築に批評分野から真実性の質が見いだされるようになるには、こうしたスカイラーの批評活動を待たなければならない。しかし一八六〇年代以降のゴシック・リバイバル建築の実践には少なくとも、多彩色で装飾的なヴィクトリアン・ゴシックからの離脱を目して、色彩の面でも装飾の面でも、より簡素な表現を模索していく動向がみられた。スカイラーによれば、「建築家は自らの誤りゆえに設計を細部からのみ学」[84]んでいたが、この点をいち早く克服したのもヘイトである。しかし実際には、同様の兆候は歴史上「ラスキニアン」に位置づけられてきたスタージスらの大学建築にもあてはまることである（図2-4参照）。

カレジエイト・ゴシック論争の開始にわずかに先だちスタージスが発表した「装飾芸術のない建築」[85]（一八八八）は、この記事の発表当時までにはすでに明白なものとみなされるようになったヴィクトリアン・ゴシックの失敗を総括しながら、シカゴ万国博覧会を超えて展開していくカレジエイト・ゴシックの動向を予見していた。

ここでスタージスは、装飾的ゴシックが一八八〇年代末までに衰微した状況の要因を、①「芸術家的職人は建築家のディテール・ドローイングなしに、中世の手法に則り装飾彫刻をする」（＝建築家のドローイングに忠実であるべき現代建築には独創的石工の出番がない）、②「建材を隠蔽してはならないということだけではなく、単なる装飾や効果のために不必要なパーツを使ってはならないという意味での誠実な建設が行われている」（＝構造と独立した余剰な彫刻装飾が求められなくなっている）、③「パーツが大きくなるのではなく、パーツを増やすことで建物のサイズを大きくしている」（＝建物の規模の増大傾向と従来規模の彫刻装飾が釣り合っていない）という三点のなかにみた。こうした事情から、

「近年では、十分な独創性を有した芸術家的職人に独立した装飾を任せることができなくなって」おり、さらなる建設の巨大化に伴い、「〔建築〕装飾の独創性はもはや望むべくもなく、〔……〕表現芸術では装飾は放棄されるべき」（傍点著者）ものとなった。

しかしスタージスはこうした現状を捉えながらも、美的建築の可能性そのものに悲観的だったわけではない。彼は手仕事の彫刻装飾の衰微のなかに、新たな装飾概念を提唱する機会を捉えたのである。

スタージスによれば、建築に応用される彫刻装飾には本来、独立した彫刻作品としての性質と、建物の部分としての性質がある。それを前者と捉えた場合、出来上がる装飾は「〔芸術家個人の〕目的の、目的それ自体のための忠実な再現であり、再現される場所とは無関係」である。他方、後者と捉えた場合の主問題は、「その作業の場所や周囲との関係なのであり、正確な描写をする必要もなければ、描写された造形の実存在さえ不問である」。

このような論理によってスタージスは、細部の配置・布置を主とする知的操作として、「装飾」概念を再定義した。それと同時に彼は、実体的な細部造作としての装飾に対し、それを淘汰されていく対象として分析する以上に、その不必要性を暗示した。

一八六〇年代以降のアメリカのゴシック・リバイバルは、建設の合理性・直截性を志向し、次第に無装飾に近づいていった。スタージスが一八七〇年代初頭に発表した「現代建築」[86]はこの動向の初期にあって、アメリカの建設活動全般を指し「装飾にはおそらく未来はない」こと、「これからは正しく無装飾に建てられた建物が不快に映ることはなくなる」ことを説いていた（第二章4節参照）。その二〇年後にスタージス自身によって再び取り上げられた装飾論は、建設技術の向上に伴うゴシックの実践を斟酌し、さらに別の角度から現代建築の無装飾化を推し進めた。

「ゴシックの現代的利用」論争——現代ゴシックの無様式性

その後の議論では、フレデリック・ラム〔一八六二―一九二八〕が一九〇五年の『クラフツマン』誌で提起した「ゴシックの現代的利用」[87]論争が、国内のゴシック・リバイバル論争として、ゴシックの現代性について語られた最後の大規模なものだった。それは当時のスカイラーが述べているように、時期的にはまさしく、「ウエストポイントの拡張のために明確にゴシックの設計が採用されてから、厳密な教会用途以外でゴシックの適切性を議論することが、ここ約二〇年よりも許されるようになった」[88]という時宜を得た論争だった。

ラムはボザールに学びニューヨークを拠点としていたステンドグラス作家だったが、同時にニューヨーク建築同盟およびTスクエア・クラブ（フィラデルフィア）にも所属し建築界とも交流を持っていた。そこで彼は、「現代におけるゴシックの利用のされ方のなかに未来の建築様式の発展についての示唆があることを示す」ための発話として長論を発表し、コロンビア大学の建築史家アルフレッド・ハムリンのほか、遠隔地の建築家からバートラム・グッドヒュー、サミュエル・ハウ、ルイス・サリヴァンらの応答を得た[89]。

ラム本人の寄稿による「ゴシックの現代的利用」は機能的、構造的要件への順応性の高さからゴシック建築を推進した論考だが、このとき現代的ゴシックのモデルとされたのがカレジエイト・ゴシックであったことは、当時のゴシックの実践からすれば自然なことだった。その論のなかでラムは、ニューヨークおよびその近郊に位置する、モリス高等学校〔一八九七〕、ニューヨーク市立大学（G・B・ポスト、一九〇三―〇七）や、クラムらのウエストポイント、ヘイトの神学校などを挙げ、それらが採光、換気、衛生やプランニング、構造の諸点で「現代的要求を極めてよく満足する」ものであることを説いた。

他方ラムによれば、高層ビル建築に関しても、ゴシックには様式表現上の有利がある。ここで彼は、サイラス・アイドリッツ〔一八五三―一九二一〕によるニューヨーク・タイムズ社屋（一九〇三―〇四）および、フランシス・ハッチ・キンボール〔一八四五―一九一九〕によるトリニティ・ビルディング（一九〇四―〇七、図5-19）を挙げ、これら

図5-19 トリニティ・ビルディング（F. H. キンボール，NYC，1904-7年）前景にR. アップジョンのトリニティ教会を臨む（図1-3参照）．摩天楼時代のゴシック・リバイバル擁護論に援用された．

がクラシシズム建築の様式表現と比較し、「現代的要求を満たすのに十分な高さを得られる可能性があるのはゴシック建築のなかだけ」であることの例証となっていると論じた。

しかし、ラムのこの発話と建築界からの反応とのあいだには齟齬があった。というのも、ラムの論はクラシシズムへの対立姿勢から「現代建築に匹敵する作例を見いだせるのはゴシック建築のなかだけ」だと主張したものの、これに対する応答記事はハウのほかすべて、様式表現としてのゴシック擁護に固執するラムの論調に批判的だったのである。

当時すでに著名なゴシック・リバイバリストであったグッドヒューさえ、様式論の観点からゴシックを推進することを憚っただけでなく、ゴシシストを自認することもまた避けた。むしろ彼は、「ラディカルで」「革命的で」「現状に満足しない」抽象的な態度・構えを指すものとして、「ゴシシスト」よりも「ロマンティシスト」の呼称を好んだ。これらは「保守的で」「反革命的で」「現状に満足した」クラシシストとの対をなすが、ここでグッドヒューが言う「クラシシズム」とは、特定の様式表現に固執する、すべての保守的態度のことを表している。この意味でいえば、真のゴシシスト＝ロマンティシストは、「一二世紀の修道僧がアーチとフライングバットレスを歓迎したように〔……〕スティール造やコンクリート造を歓迎する」のであり、さらに「尖頭アーチやピナクルへの『さらば《ヴェイル》』がある程度スティールフレームや強化桁への『ようこそ《アヴェイ》』であったとしても、われわれはゴシシストと呼ばれてよい」のだった。

ハウにせよ、「現代は建設の時代である」という点で、「現代の需要がわれわれを駆り立て、フランスのE・ヴィオレ＝ル＝デュク氏や、アメリカのH・H・リチャードソンやイギリスのE・W《〔ママ〕》・ピュージンのような人間を探し求めさせる」のだと言及するにとどまり、ラムのクラシシズムに対する敵対感情には与しないことを特に断っている。

ゴシック様式の正当性をめぐるこの温度差には、ウィリアム・モリスを参照点とし中世をモデルとして推進された新興のアーツ・アンド・クラフツ運動と、それ以前の半世紀のあいだにゴシック派とクラシック派の確執をみながら両者の統合を志向していた建築論壇との、歴史認識の懸隔が如実に表れていた。

アメリカの建築論壇では一八七〇年代の時点ですでに、アメリカ建築の「ゴシック的発展」が必ずしも歴史様式としてのゴシック擁護ではないことは明言されていた。こうした様式観を、「ゴシックの誠実」と「ルネサンスの洗練」を両立させる「クイーン・アン」化の過程であると捉えたのはスカイラーである（第四章2節参照）。それと同様の歴史認識・現状認識はその後の建築界にもながらえ、ラムに対する一様な反論として、二〇世紀初頭に再び顕現したのだった。

ここではクラシシスト史家であるハムリンも、構造とプランニングの合理性という点では、現代がゴシックの原理に則っていることを認めている。特にプランニングに関しては、現代のカレジエイト・ゴシックの発揚を示唆し、このように語った。

> 一五世紀イギリスの大学のカレジエイト建築は一四世紀イギリスの教会とは全く異なる形式を採用した。なぜなら一五世紀イギリスの建設者たちはその時まだ、ゴシック的論理の真の原理に従って実践していたからである。

そうしてハムリンはこのカレジエイト建築に関する議論を敷衍させ、論理に基づく新たな形式の開発および、構造

図5-20　プルーデンシャル・ビルディング（ニューヨーク州バッファロー，アドラー＆サリヴァン，1896年）
現ギャランティ・ビルディング．サリヴァンの建築表現をゴシックかクラシックか．自身は中立無関心の立場を表明した．

体の装飾方法という二点において、サリヴァンやダニエル・バーナム（一八四六—一九一二）によって設計されたオフィスビルディング群（図5-20）もまた、「真のゴシックの流儀」に適うものだとした。

しかしその一方でハムリンは、様式的細部に関しては、現代は「煎じつめればわれわれはゴシックの原理ではなくクラシックの原理に則って進んでいる」（傍点著者）のだと断じ、ラムに反論する。つまり、「アーチ構造、ヴォールト構造にギリシャ様式を順応させ、その様式を使うはっきりした意図をもってその構造を設計しているという点で、われわれはローマ人とそのまま同じことをしている」のである。

ハムリンもまた、スカイラーのクイーン・アン論と同様、ゴシック建築に象徴される「実用的・構造的要求の純理論的な満足」と、古典建築に象徴される「威厳と大らかさと品」の両立を現代建築の指標とした。「二〇世紀の芸術的設計の進歩を特徴づけることとなるのは、折衷主義——賢明で分別があり、大胆で芸術的な折衷主義——なのである」。

他方、ハムリンに名指しされたサリヴァン本人は、「われわれの、現実の、生きたアメリカの問題はクラシックにもゴシックにも関係しない。それが関係するのは、いま、ここにいるわれわれだ」と主張し、ラムが提起した様式選択の問題を一蹴した。

この論争が明るみにしたのは、様式表現上の視覚的対立にもかかわらず、歴史様式のくびきからの解放を求める潮流が共有されていたこと、あるいは、それら歴史様式の原理の抽象によって、より包括的な現代建築の指針を獲得しようとしていたことである。同じ志向はまた、同時期に発表されたクラムの次の一文にも明示されている。

　本質的なのは、プロポーション、構成、有機的関係、有機的成長の法則なのである。すべての良き建築にはこうした法則が根本にある。それらは、ギリシャ建築、ローマ建築、ゴシック建築、日本建築あるいはエコール・デ・ボザール流建築の別なく、結局は全く同じなのである。(90)

　このクラムの論に応答し、スカイラーは『アーキテクチュラル・レコード』に「ゴシックは死んだか(91)」を発表した。ここで彼は「ゴシック建築は古典建築よりも出発点として道理に叶い未来がある」と語ったが、その論法はグッドヒューやクラムと同じく、特定の歴史様式の支持とは関係がない。というのもスカイラーは、「『ゴシックの原理』とは実質的には、『現在の仕事に精を出せ《オックク・アージェ》』という単純な一事」に過ぎないと考えていたのである。その原理は様式的細部とは全く関わりのないものであり、「ゴスでそれを行う人間もいれば、ボザーティストでそれを行う人間もいる」ものだった。

　アメリカの建築論壇ではすでに一八七〇年代より「ゴシックの原理に則ったクラシック」も理論上可能なものとなっていた。そして同様の認識はその後の二〇世紀初頭にも、見かけ上の様式的対立の背後に継続していたのだった。

4　亀裂と決壊　［一九〇一―一九一一］

「ボザールの影響」論争――現代クラシックの無様式性

様式の統合、あるいは様式の無化をめぐるこの議論は当時、シカゴ博覧会以降にクラシシズムを実践した建築家のなかにさえ共有されたものだった。「ゴシックの現代的利用」論争から二年後、一九〇七年の『アーキテクチュラル・レコード』誌上では、アメリカ建築界に対するボザールの影響が特集された。ここで編集者は、ジョン・スチュワート・バーニー〔一八六九―一九二五〕、アルフレッド・ハムリン、ポール・フィリップ・クレ〔一八七六―一九四五〕という三人の著名なボザール卒業生から論を募り、「現代のフランス式メソッド」の有効性について語らせた。[92]

しかしここでのアメリカ人寄稿者は悉く、ボザールの教育システムに対して否定的な論を展開する。

まずバーニーの論は、「現在合衆国で最も強い影響をもたらしているのが現代フランス派である」現状を鑑みつつ、「エコール・デ・ボザールの理論と教育はわが国の現代的需要には適さない」のではないか、という疑義を表明するために起草されたものである。というのもバーニーによれば、ゴシックの伝統を見放しクラシシズムに走ったという点で「現在のアメリカ建築は、ルネサンス初期のフランス建築と極めて似た立場にある」のである。さらにボザールの教育は、ドローイングそれ自体の美しさを過度に重視し、現実の建設との関係が希薄である。「しかし結局、プランは実条件に適ったリアルなプラン、リアルな建物配置でなければならないのである。どれだけきれいに描けていようとも、彼の本来の仕事はドローイングではない。彼の本来の仕事は建設と配置なのだ」。

この記事は物議を醸すこととなり、「この記事は発表されるべきものではなかった。執筆者は恩知らずだ。裏切り者だ。そして何と言ってもつむじ曲がりだ」[93]といった苦情まで寄せられた。バーニーはこれに対し、「わが国の国家建築様式は因習ではなく、真理の上に築かれる[94]」と応酬した。

そしてボザールの教育システムに対する同様の批判は、ハムリンの第二稿によってさらに強調されることとなる。ただしハムリンはまず、①当時唯一の職能教育を供給した、②製図技能に新しい水準を与えた、③大規模なプランニングとコンポジションができるようになった、という三点については、ボザール教育のアメリカに対する技能的な貢献を評価した。

しかし自身の経験に照らして、「パリの学校の伝統では常に、設計者の変わった行動は制限させられ、よい成績をとれと教えられ、一般に認められ、すでに確立されたものを徹底的に教えこまれるようなところが常にある」。対してハムリンの考えかたによれば、「独創性や新機軸は設計者の成熟に任せるしかないものであり、学生に最も必要とされる訓練は、建築の構想や表現の基本的な部分である」。

そこでハムリンは、アメリカの初期のボザール卒業生の美点が、その学校の規律を脱した点にこそあったのだと論じた。彼によれば、ハントとリチャードソンを筆頭とする初期のボザール出身建築家にはフランス・モデルの模倣がほとんどなく、「ネオ＝グレコのレノックス図書館〔R・M・ハント、一八七一—七七、図5-21〕でさえ他とは強く異なるデザインとなって」おり、「リチャードソン氏も、キャリアのごく初期の時点でルネサンスのモチーフを離れ、ロマネスクを選んだ」。すなわち、アメリカ土着の建築的感性は、アメリカの建築家がフランスの教育に依拠し始めた時点からすでに萌芽し、単なるフレンチ・クラシシズムの模倣とは異なる道を辿っていたというのである。

図5-21　レノックス図書館（R.M.ハント，NYC，1871–77年）
アメリカのエンジニア的感性はフランス受容に独自性をもたらし，模倣以上の表現を導いた（A.ハムリン）．

ハムリンによれば、その感性を導いたものこそ、一九世紀中葉以降に自国で発展し始めた、エンジニアリングの動向だった。かくして彼は、「アメリカが完全に自分の土地で始めた取り組みの結果としての科学的建設手法」に関しては「伝統的なフランス建築には類例はなく、また、真に的を射た助言という意味では、それらがその新種〔のアメリカ建築〕に与えられるものはほぼない」と断じ、アメリカの建築界はボザールを範とすべきではないと結論づけた。

他方、クレが寄稿した「エコール・デ・ボザール——その建築教育の意味するもの」は、バーニー、ハムリンらが展開したボザール教育の非実践性・教条主義に対する非難に応戦した。後二者はフレンチ・ルネサンスの様式教育をボザール教育の悪しき象徴として語ったが、クレがジュリアン・ガデ〔一八三四—一九〇八〕を筆頭とするボザールの教師に見いだし、かつ「アメリカ建築がそれに従って進歩を遂げてきた」と考えていたのは、様式的議論とは無関係な、次のような建築の大原則だったからである。

1　プログラムに忠実であり、それに精通していること。また、その建物のなかで保たれるべき性質を正しく理解すること。

2　敷地、場所、気候によって、プログラムがどう表現されるかは決定的に変わる。

3　建築的構成は建造可能なものでなければならない。建造不可能な構想は笑止千万である。必要以上に難しい、必要以上に複雑な建設計画は良いとは言えないか、悪いものである。

4　建築の第一の前提条件は真実性である。建築における非真実にはすべて言い訳ができない。他の工夫や技量を理由にそれらの非真実の一つが見過ごされたとき、その建物はやはり、芸術として劣等であるという印象を与える。

5　抵抗力は実効的なだけでは十分ではなく、はっきりと見えなければならない。

6 設計は必要な犠牲を払って進展する。設計はまず善でなければならないが、加えて美でもなければならない。そのため設計は、建物の実用性と美の双方を考慮して行わなければならない。性格《キャラクター》を獲得するためには美の要素として多様性を用いる。

この時期のクレの論を特徴づけているのはこのような、サリヴァンと同様の、歴史様式への無関心である。しかしアメリカ国内の議論のなかで、建築の真実性を重視するこうした原理的な主張は、よりよくゴシック建築の連想を生んだ。クレはこの翌年に同誌に「真実と伝統」[95]を寄稿し、バーニーと同様の観点から、ドローイング重視で実用性を無視するボザール建築家を風刺した（図5-22）。このボザールの悪習に代わるものとしてクレが掲げたのもまた真実性の観念だったが、同記事には直ちに匿名の投書が寄せられ、次のような辛辣な非難をぶつけた。

あなたにはゴシックの亡霊がとり憑いているようですが、その亡霊は、自分で考えたことがなく、自分で考えるつもりもなく、他の誰か、望むらくはすでに死んでいる誰かに、自分たちのために考えてもらおうとする、卑しく狭量な頭脳のなかにしか居ないものです。（アメリカン・アーキテクト「ミスター・ブラウニー殿」、一九〇九）[96]

図5-22 P. P. クレ（1914年）

しかし実際には、この批判を招いたクレの論はラスキンの名と真実の観念に触れたのみであり、そこにゴシック建築賛美の内容は含まれていなかった。ただ、たしかにクレの記事は、当代のアメリカン・ボザールの流行に対する交戦態勢とも読まれえたはずである。時代と生活に尻を叩かれ、否応なく因習に縛られ続ける建築家、すなわち「自分で考えるひまがない」凡才建築家像を描きだしたクレの寓話には、現代建築の実践に対する痛烈な皮肉が込められていた。

「ラスキンや〔トマス・〕カーライルみたいな人間はスミスやブラウンに勝手に説教するが、それはさしずめ、聖フランチェスコが鳥に、聖アントニオが魚に説教するようなものだ。スミスもブラウンも鳥や魚なんだ、説教されたところで変わりゃあしない」。そしてさらに言う。「唯一の希望は進化だ。超人を人間にとって代わらせなけりゃあいけない」。

ブラウニーは開いた口が塞がらなかった。「進化しろと言われても！」進化は遅々としたプロセスだ。それに、超人が四万年後にきっとおそらく真実な建築を建てるだろうなんていう偶然をあてにしたって、何の慰めにもなりゃしない。

建築家である限り、彼はその間にも建てなければならなかった。彼はふたたび、教会を、住宅を、銀行その他を一生懸命設計した。だがクライアントの趣味は常に彼の趣味と合うとも限らない。自由に使える資金は雀の涙ほど。敷地もよくない。何より自分には才能がない。その才能の限界を最初に認めたのは自分だった。誰もが天才になれるわけではない[97]。

スタージス＝ライト論争の奇妙

二〇世紀初頭のアメリカとは、一方では歴史様式からの離脱やそれらの原理の抽象化が目論まれながら、他方において、クラシックとゴシックの派閥分裂が増長の兆しをみせる時期でもあった。それは一八九三年のシカゴ万国博覧会に伴うクラシシズムの隆盛からしばらくして、ウエストポイントのコンペティションを一つの契機にふたたび「ゴシックの原理」の正しさを語りうるようになったためである。クラシシストの牙城はここに至ってにわかに揺らいだ。

その反動である。

さらにこのゴシック・リバイバルの再浮上の経緯は、世代を隔てたゴシシスト同士の反目を浮かび上がらせることともなった。建国百年博覧会以後、あるいはトリニティ教会の建設以後に建築家としてのキャリアをはじめた世代の建築家たちにとって、それ以前の国内のゴシック・リバイバルは評価すべからざるものだった。そうして彼らの歴史認識は、過去の運動がラスキンを奉じたものだったという理解のために一層、前世代のゴシシストに対する怨嗟と結びつくのである。

なかでも、一九〇六年竣工のラーキン・ビルディング（図5-23）をめぐる批評家スタージスと設計者ライトの論争には、ともにアメリカ建築の「ゴシック的発展」を奉じた二人の、世代間の齟齬が痛ましく表れている[98]。

図5-23　ラーキン・ビルディング（F.L.ライト，ニューヨーク州バッファロー，1904-6年）
R. スタージス「バッファローのラーキン・ビルディング」（1908年）より．かねてより無装飾建築の可能性を論じてきたスタージスだったが，そのラーキン・ビルディング評は設計者ライトを激昂させることとなった．

スタージスによるラーキン・ビルディングの批評は本来、自身がSATAの頃より模索してきた、脱歴史様式の合理的建築理論がようやく具体化した、その建物の賞賛にあてられていた。ところがライトはスタージスの評価をそのようには受け取らず、逆に苛烈な反論文で応答を試みた。

そうして、この齟齬を生み出した大原因の一つこそ、「ラスキンの建築思想」をめぐるそれぞれの解釈であり、歴史観だったのである。

無様式性に関するスタージスのラーキン・ビルディング批評は、次のような迂遠な語りによって始まる。

新古典的なるもの、ゴシック的なるもの、フレンチ・ロマネスク的なるものの追跡は水泡に帰した。ある期間を総合すると、われわれは一八五〇年代と同様、生きた建築様式はもとより、いやしくも建築と呼ばれるべき何物からも遠い。われわれが考察している建物が新しい姿を装っているということには、これらのことを認めた上で気づかなければならない。

スタージスのこの冒頭部は、歴史様式の模倣に縛られ続けたアメリカ建築に対する最大級の皮肉であると読むべきである。ラーキン・ビルディングはその呪縛から初めて逃れた作品である、スタージスはそう言いたかった。「建築を愛する人間がおよそ初めてこのような伝統的な様式・派閥と完全に距離をおいた建物を見たら、驚きの衝撃、愉快の逆の驚きの感情を抱く」だろう、歴史様式の知識のある人間は「おおかた、図1〔本書図5-22〕に示されるこの記念碑を途轍もなく醜い建物だと言うはずだ」――スタージスのこの言葉の真意を、それまでの彼の批評活動を総覧してきたわれわれは知っている。スタージスは右の言及のほかにも、ラーキン・ビルディングは「職人魂が表現された作品であり、全くいけ好かない。それは昔は芸術作品であったかもしれないが今は違う、という意見が建築美術を愛するおおかたの総意だろう」と書いている。しかしこれらは本来、創意の介入を嫌う保守的な（古典）美術愛好家の意見を逆説的に代弁したものだった。

しかしライトはこの、「ラーキン・ビルディングは醜い、いけ好かない」という評価をそのままスタージスの意見として受け取った。齢七〇を過ぎたギルデッド・エイジの建築家。ライトの理解からすれば、「スタージスはラーキン・ビルに何らかの特別な意義を感じとったようだが、生涯を通じて伝統的様式に傾倒したためにそれを受け入れることができなかった」のである。

しかし繰り返されなければならない。スタージスが例示した酷評と、スタージス自身によるラーキン・ビルディングの評価はむしろ好対照なのである。

というのもスタージスはその批評のなかで、「この建物の設計者は実務上の必須条件として必要なもの以外は備えさせない覚悟」であること、そして「この設計者が自身の指針として定めた第一の原理とは、単に建築装飾と見えるものをすべて回避し、建築的〔＝装飾的〕効果のために建造物に何かを足さないこと」だと捉え得ていたのである。スタージスにとって、ラーキン・ビルディングは「よく考え抜かれた設計であり、構造やすべての電気器具のディテールのおのおのが手をかけて検討されている」佳作だった。

その上で指摘された、「光と影の芸術」である建築の側面にライトの手がまわりきっていなかったという点は、スタージスの批評のなかではむしろ些細なことだった。ラーキン・ビルディングの造形を抽象芸術としてみたとき、その造形原理はスタージスにとって概ね称賛すべきものと映ったのである。そのためスタージスは、「抽象造形作品として、それ自体醜いかその逆のものであるかと見たとき、状態が完璧で手入れが行き届き、人間の思考と目的が示された作品《オブジェクト》のなかにはそれほどひどく醜いものはない」と、様式建築の愛好家に対し、合理主義的建築観の立場から反省を促しもした。スタージスはまた、「すべてが実用性を視野に入れて行われているのにもかかわらず、装飾しよう、美化しようとする取り組みもまたなされている」点でも、この建造物に建築たるべき質が萌芽している姿を見た。

ライトのラスキン／スタージスのラスキン

スタージスの論は自身の当惑を反映したようにもとより晦渋であり、そこにははじめから読者との齟齬を起こす可能性があった。そうして、そこでスタージスがラスキンを援用して批評を展開したことが、ライトの誤解をさらに助長した。

ラーキン・ビルディングの賞賛のためにスタージスが語ったラスキンとは時代錯誤の象徴である。「商業ビルを良き古き意味で建築的に〔＝装飾的に〕することでは建築は何も得られない」ことはスタージスも認めており、「五〇年以上前にラスキンが指摘した」美術と商業活動の敵対関係はいまや改められなければならなかった。この点でラーキン・ビルディングは、現代の建設技術が避けられぬ条件としてある現代、「建設やディテールなどで昔の様式がわれわれに提供すべきものをすべて拒否したとき、なお依然として問われうる問い、『設計の仕方を知っている設計者は〔そのとき〕いかに設計したか？』」に対する有効な回答と映った。商業活動と芸術活動を切り離すラスキンの美術観は、スタージスにとっても乗り越えられるべき対象だったのである。

しかし、ここでスタージスがラスキンを援用したという事実こそが、ライトに激越な反論文を書かせる一つの動機となったのである。ライトはその反論文、「スタージス氏の批判に対する応答」のなかで、スタージスによるラスキンへの言及を取り上げこのように怒りを顕わにした。

> 日々のパンを獲るための活動は芸術に敵対しない！　ラスキン氏の影響〔こそ〕が芸術に敵対したものなのであり、それがわれわれの発展を妨げて半世紀が経ち、それによってわれわれは少なくとも四半世紀の遅れを食った。彼はわれわれの美学上の問題の本質を偽造し、自らの後ろに未だに片付かない反動主義者の列をのこした。新しい状況や新しい道具は必然的にわれわれのものであり、それらはわれわれに好機を与える。しかし彼ら保守主義者はその好機を無視して満足している。

しかしライトが「日々のパンを獲るための活動は芸術に敵対しない」と語ったとき、それはスタージスによるラスキン批判と同一の点を主張していたのである。

そしてライトは、自身がラーキン・ビルディングで試みた幾何学立体による造形に関しても、スタージスの批評に対する敵愾心をむきだしにした。ライトの設計は「自分がさまざまな建物の中にすでに記録したものを活字で記録することを欲し、混じりけのない、純粋な造形を単位に考えることを好んだ」結果なのであり、その「むきだしの、ごまかしのない造形をスタージス氏がありえないと感じた」ことには我慢がならなかった。つまるところライトはスタージスが「仮面〔＝付加的装飾〕を主構造だと言っている」ものと理解していたのだったが、これもまた、ラーキン・ビルディング批判に示されたスタージス本人の建築観とは相容れない。

ライトがスタージスのラーキン・ビルディング批評をここまで逆様に理解したのは、ライトの世代に受容されたラスキンが、歴史様式への拘泥、手仕事の過度な尊重、盲従的な自然礼賛といった諸点において、一九世紀の建築美学の瑕疵を代表する存在であったためである。ライトの世代の建築家にとって、ラスキンとは過去の因習の体現である。同じことはこの当時のスタージスのラスキン観にも当てはまっていた。しかしライトはむしろ、スタージスこそラスキンのそうした後進的な建築観のデマゴーグだと考えていたのだった。

そうして、ライトがこの時点で抱いたラスキン嫌悪には、もはやスタージスのような両面感情や留保はなくなっていた。他の論考で語っている通り、ライトの歴史認識によれば、「ラスキンとモリスの理想、パリのボザール教育はアメリカで特に流行っており、〔われわれを〕どんどんと混乱させ当惑させ、そしていくつかの点ではわれわれが見逃してしまったチャンスを露呈させた(99)」からである。

葬り去られる歴史

そうして、およそこの世代以降、ギルデッド・エイジのアメリカ建築史はラスキンへの悪感情とともに闇に葬り去

図 5-24 「無装飾の設計スタディ」(1911 年）掲載の保管倉庫（ホラバード＆ローチ，シカゴ，建築年未詳）19 世紀前半生まれの論客による最後期の無装飾建築論.

られることとなる。ラスキン受容に関して以降の建築論壇の潮流を形づくることとなるのはシドニー・フィスク・キンボール〔一八八八—一九五五〕、タルボット・ハムリン〔一八八九—一九五六〕およびルイス・マンフォード〔一八九五—一九九〇〕ら一八九〇年頃に生まれた建築史家たちであり、それに続きヘンリー＝ラッセル・ヒッチコック〔一九〇三—一九八七〕、ジェイムズ・マーストン・フィッチ〔一九〇九—二〇〇〇〕らの世代が現れる。

ラスキンをめぐる世代間の表象のずれは、スタージスとライトの相互理解の妨げのなかに初めて顕著なかたちとなって現れた。そうしてその溝は、少なくともこの二人の関係に関する限り、ラーキン・ビルディング批評の発表直後にスタージスが没したことによって解消すべからざるものとなる。

スタージスの建築観を痛罵したライトの文章は、スタージスの訃報に重なり掲載が見送られた[100]。その後、この一連の論争はラーキン社によって同年一冊のパンフレットとしてまとめられたが、もとよりこれは少部数発行であり、それが後年発見されたのは一九八〇年代初頭のことである。誤解に基づく二人の、あるいはライトからの一方的な反目は、このような経緯によって当時表立つことはなかった。

スタージスの死去に接して『スクリブナーズ・マガジン』に追悼文を寄稿したのはスカイラーだったが[101]、二〇世紀初頭のこの時期にあっては、建築理論家・実践家としてのスタージスの特質を記録しえたのはもはや彼しかいなかった。スタージス以前に、すでにヘンリー・ヴァン・ブラントおよびフレデリック・ロー・オルムステッドは一九〇三年、アイドリッツは一九〇八年に没していた。二〇世紀の最初の一〇年がアメリカ建築論壇の一つの転機であったのは、これをもって、一八五〇年代のラスキン受容を経験した主要な論客がアメリカにほとんどいなくなるということである。スカイラーもまた肺炎のために一九一四年に世を去る。本書でこれまで言及したなかで一九一〇年代にも批評の筆を揮ったのは、「無装飾の設計スタディ」[102]（一九一一、図5-24）をはじめとするワイトのみとなった。

スカイラーはその追悼記事のなかで、スタージスが「青年期にラスキンの雄弁の魔法に屈しなければならなかったのは必然的なこと」だった時代相に触れながら、そのようにラスキンの建築論を奉じたなかでも、「彼が自然とその派における厳格に論理的なものの実践者としての役割についた」ことを語った。そうしてスカイラーは、スタージスの建築美観の中核を次のようにまとめ、その理性的性質を強調した。――「自身の作品の美のほとんどを、本人は論理の帰結だったと感じていたのではなかったか。というよりもそれは、実際には大部分が〔論理の〕副産物だったのである」。

アメリカ建築論壇の展開に対するスタージスの功績とはまさしく、スカイラーが語ったような理性的建築理論の普及にあった。しかしスタージスが生前に展開した理論の数々も、スタージス＝ライト論争にも象徴される世代間の断絶、前時代への怨嗟によって、それ以後、ゆうに現在まで顧みられることはなかった。

図5-25　R.スタージス（撮影年未詳）SATA結成前後の青年期.

スタージス、ヴァン・ブラント、ワイトら一八五〇、六〇年代にラスキンを受容した世代は、その後の時勢の変化と並行した「ラスキンの建築観」の解釈の変化に応じながらも、青年時代の彼らを鼓舞したラスキンの肖像を棄てきることはなかった（図5-25）。その振り切れない執着が最も痛切なかたちで表現されているのは、スタージスが一九〇一年に『建築の七燈・建築と絵画』の解

図 5-26　J. ラスキン
『建築の七燈・建築と絵画』
（1901 年）より．

説として寄稿した「ラスキンの建築論[103]」である（図 5-26）。

すでに幾度も見てきた通り、アメリカ建築界では、ゴシック建築の理論家としてのラスキンの地位はすでに一八七〇年代末に凋落していた。「彼〔ラスキン〕はゴシックの建設技術の意義を完全に嗅ぎとっていたわけではなく、ゴシックのヴォールト理論も理解していなかった」と言い切れ、「一八五八《ママ》年を皮切りにフランスの〔ヴィオレ＝ル＝デュクの〕書籍がいくつか出現したこと」を重要視する解説はそのまま、ラスキンの権威が失墜しきる二〇世紀初頭までにスタージスが経験した、アメリカ建築論壇のあゆみと一致する。

スタージスはこれを機会に、その他の点についてもラスキンの建築批評の瑕疵を事細かにあげつらった。この解説文が奇妙だったのは、こうした非難を主として構成されているために、原著者ラスキンのプロモーションとしては全く用をなしていないことである。

しかしそれでもなお、スタージスはその解説の末尾で次のように語り、ラスキンの建築論から何物かを看取するよう読者を促すのだった。

> 『建築の七燈』のような著作については、問題は例として挙げられた建物やディテールが正しく批判されているか否かではない。問題は、そこで語られた提言が与えるに値し、とるに値するか否かということであり、全体を総合して芸術の徒の役に立ちうるか否かということである。

(1) Brander Matthews, "The Lament of The Ivory Paper-Cutter," *The Knight Errant*, Vol. 1, No. 1, Apr. 1892, p. 18.

(2) Mariana Griswold Van Rensselaer, *Six Portraits: Della Robbia, Correggio, Blake, Corot, George Fuller, Winslow Homer*, Boston and New York, Houghton, Mifflin and Company, 1889, p. 95.

(3) Edward Bellamy, *Looking Backward, 2000–1887*, Boston and New York, Houghton, Mifflin and Company, 1888.

(4) Sidney Smith, "Skilled and Unskilled Labor," *The Building Budget*, Vol. 4, Jan. 1888, pp. 6–7.

(5) Louis Henry Sullivan, "Sub-Contracting: Shall the National Association Recommend That It be Encouraged?" *IA&NR*, Vol. 15, No. 2, 15 Feb. 1890, pp. 18–19; *Official Report: Fourth Annual Convention of the National Association of Builders of the United States of America*, Boston, Alfred Mudge & Son, 1890, pp. 85–88. Idem, *Louis Sullivan: The Public Papers*, Robert Twombly, ed., Chicago and London, The University of Chicago Press, 1988, pp. 67–72所収。

(6) *Ibid*., p. 71. サリヴァンの原文は引用部すべてイタリック。「ライブラリ・エディション」第一七巻一一三頁参照。なお、『この最後の者にも』イギリス版初版はJohn Ruskin, *"Unto this last": Four Essays on the First Principles of Political Economy*, London, Smith, Elder, 1862. アメリカ版はサリヴァンが「サブ・コントラクティング」を発表した直後の一八九一年に論集のかたちで出版される。後注8参照。

(7) William Dwight Porter Bliss, *What is Christian Socialism?*, Boston, The Society of Christian Socialist, 1890.

(8) John Ruskin, *The Communism of John Ruskin: Or, "Unto This Last"; Two Lectures from "The Crown of Wild Olive"; and Selections from "Fors Clavigera,"* William Dwight Porter Bliss, ed., New York, The Humboldt Publishing Co., 1891.

(9) Francis Watts Lee, *William Morris: Poet, Artist, Socialist: A Selection from His Writings together with a Sketch of the Man*, New York, Humboldt Publishing Company, 1891.

(10) クラークについてはPeter Weiler, "William Clarke: The Making and Unmaking of a Fabian Socialist," *Journal of British Studies*, Vol. 14, No. 1, Nov. 1974, pp. 77–108; Herbert Burrows and John A. Hobson, eds., *William Clarke: A Collection of His Writings with a Biographical Sketch*, London, Swan Sonnenschein & Co., 1908を参照。

(11) William Clarke, "William Morris," *The New England Magazine*, New Series Vol. 3, No. 6, Feb. 1891, pp. 740–749.

（12） Oscar Wilde, William Morris and William C. Owen, *The Soul of Man under Socialism, The Socialist Ideal-Art, and The Coming Solidarity*, New York, The Humboldt Publishing Co., 1891.

（13） Owen, "The Coming Solidarity" in *ibid*., p. 39.

（14） アメリカで発売された初期のモリス書目には William Morris, *The Earthly Paradise*, Boston, Roberts, 1868; idem, *Love is Enough: Or, the Freeing of Pharamond, a Morality*, Boston, Roberts Brothers, 1873; idem, *The Æneids of Virgil: Done into English Verse by William Morris*, Boston, Roberts Brothers, 1876 などがある。

（15） Elbert Hubbard, *Little Journeys to the Homes of English Authors: William Morris*, East Aurora, NY, Roycrofters, 1900.

（16） ライトとフェノロサの出会いについては Douglass Shand-Tucci, *Boston Bohemia 1881-1900*, Amherst, University of Massachusetts Press, 1995, p. 96 参照。

なおクラムは二〇世紀初頭の訪日後に日本建築論を発表したほか（Ralph Adams Cram, *Impressions of Japanese Architecture and the Allied Arts*, New York, The Baker & Taylor Company, 1905）、建築家として幾つかの日本風の建物を実現した。また、一九二〇年代には津田塾大学のキャンパス計画を手がけた。横手義洋「建築家ラルフ・アダムス・クラムの津田塾大学キャンパス計画に関する研究」（『日本建築学会計画系論文集』第七七巻第六七一号、二〇一二年一月、一四三―一四八頁）および、同「米国アーツ・アンド・クラフツ運動下におけるラルフ・アダムス・クラムの日本建築観とその受容に関する研究」（前掲書第七八巻第六八七号、二〇一三年五月、一一九七―一二〇五頁）参照。

（17） Frank Lloyd Wright, "Roots," *Writings and Buildings*, selected by Edgar Kaufmann and Ben Raeburn, New York, Horizon, 1960, p. 20.

（18） William Morris, *The Decorative Arts: Their Relation to Modern Life and Progress: An Address Delivered before the Trades' Guild of Learning*, Boston, Roberts Brothers, 1878. イギリス版は同年 Ellis and White（London）より出版されている。

（19） アメリカでウィリアム・モリスの工芸家としての側面が強調されはじめたのは一八八〇年代初頭からのことである。William Morris, "Hints on House Decoration," *AA&BN*, Vol. 9, Nos. 263-265, 8, 15, 22 Jan. 1881, pp. 16-18, 28-30, 41-43. 以降、

Francis Marion Crawford, "False Taste in Art," *The North American Review*, Vol. 135, 1 Jul. 1882, pp. 89–98; "William Morris at Work," *AA&BN*, Vol. 17, No. 495, 20 Jun. 1885, pp. 296–297 などに取り上げられる。

(20) "The Destruction of Wren's London Churches," *AA&BN*, Vol. 3, No. 125, 18 May 1878, p. 169; "A Question of Restoration," *ibid.*, Vol. 6, No. 202, 8 Nov. 1879, p. 145; William Morris, "The 'Restoration' of St. Mark's," *ibid.*, Vol. 6, No. 205, 29 Nov. 1879, p. 174.

(21) Russell Sturgis, "The Art of William Morris," *The Architectural Record*, Vol. 7, No. 4, Apr.-Jun. 1898, pp. 441–461.

(22) John Ruskin, *The Nature of Gothic: A Chapter of the Stones of Venice*, London, George Allen, printed by William Morris at the Kelmscott Press, Hammersmith, 1892.

(23) Francis Watts Lee, "Some Thoughts upon Beauty in Typography Suggested by the Work of Mr. William Morris at the Kelmscott Press," *The Knight Errant*, Vol. 1, No. 2, Jul. 1892, pp. 53–63.

(24) ただしこれ以前のアメリカの建築界では『ヴェネツィアの石』の人気は『建築の七燈』ほどではなく、論壇にも同箇所を引用・示唆したゴシック論は当時まで現れていない。本書第一章5節参照。

(25) Nathan Clifford Ricker, "The Education of the Architect," *IA&NR*, Vol. 9 No. 8, Jun. 1887, p. 76.

(26) Normand Smith Patton, "Architectural Design," *IA&NR*, Vol. 17, No. 2, Mar. 1891, p. 19.

(27) William James Stillman, "John Ruskin," *The Century Illustrated Monthly Magazine*, Vol. 35, Vol. 3, Jan. 1888, p. 358.

(28) "A Phase of Ruskin's Character," *IA&NR*, Vol. 11, No. 7, Jun. 1888, pp. 74–75.

(29) Thorstein Veblen, *The Theory of the Leisure Class: An Economic Study of Institutions*, New York, The Macmillan Company, 1899.

(30) Frank Lloyd Wright, "The Sovereignty of the Individual," *Writings and Buildings*, p. 95; first published in idem, *Ausgeführte Bauten und Entwürfe von Frank Lloyd Wright* by Ernst Wasmuth AG (Berlin) in 1910.

(31) Idem, "The Arts and Crafts of the Machine," *Brush and Pencil*, Vol. 8, No. 2, 1 May 1901, pp. 77–90; included in *Writing and Buildings*, pp. 55–73.

(32) Ralph Adams Cram, "Concerning the Restoration of Idealism, and the Raising to Honour Once More of the Imagination," *The Knight Errant*, Vol. 1, No. 1, Apr. 1892, p. 13; idem, "On the Restoration of Idealism," *The Gothic Quest*, New York, The Baker and Taylor Company, 1907, p. 26.

(33) Idem, *The Decadent: Being the Gospel of Inaction: Wherein are set forth in Romance Form certain Reflections Touching the Curious Characteristics of These Ultimate Years, and the Divers Causes Thereof*, [Boston,] private print, 1893.

(34) Idem, "Ecclesiastical Architecture paper V, The United States," *The Brickbuilder*, Vol. 14, No. 7, Jul. 1905, pp. 138.

(35) Bertram Grosvenor Goodhue, "The Written Work of Ralph Adams Cram," *The Chap-Book*, Vol. 4, No. 10, 1 Apr. 1896, p. 455.

(36) 一八八一年から八六年にかけて書かれたクラムの日記のなかには、みずからの精神的成長とラスキン受容の関係に触れた次のような箇所がある（□□は難読部分）。「第一期　私は冷笑的で、□□で、□□で、突発的な怒りに溺れ、正義、誠実、道義の原理を必死になって主張している。私はすべての肉体的快楽を棄て、精神的幸福のみに耽る。宗教の乱用を発見し、私はシステム全体を呪うようになる。カーライル、ラスキンを読む。私はごますり共の存在に絶望する。自分には悪の猛攻を止めるために何もできないからだ。私は不機嫌で根暗である。私は常に独りであり、世界の悪についてくよくよ考えている。私は人間最高の進歩として芸術を、特にラファエル前派を崇める。□□。私は沢山読む。□□にとても乱暴な手紙を書く。／第二期　□□と父の影響で私は徐々に直ってくる。□□私はスペンサー、ダーウィン、エマーソンを読む。私は科学と文学に没頭する。私は勉強好きになり、□□哲学的□□私は短気をコントロールし平和を主張する。／第三期　私は科学を超□□。私は仏教に興味を増していく。〔……〕私は仏教の教えを多く取り込み、知っているすべてのひとにそれを説教する。私は激しく宗教的になり、穏やかになる」。Douglass Shand-Tucci, *Boston Bohemia 1881–1900*, Amherst, University of Massachusetts Press, 1995, p. 32.

(37) 前掲 Ralph Adams Cram, *The Gothic Quest*, New York, The Baker and Taylor Company, 1907.

(38) カレジエイト・ゴシックの発展を通史的に考察した先行研究にはグレン・パットン、カルダー・ロス、ポール・V・ターナーらの先行研究があり、特にターナー研究はアメリカの大学建築全般の歴史的展開を論じた浩瀚な通史として、以後の研究の重要な参照点であり続けている。Glenn Patton, "American Collegiate Gothic: A Phase of University Architectural Development," *The Journal of Higher Education*, Vol. 38, No. 1, Jan. 1967, pp. 1–8; Calder Loth and Julius Trousdale Sadler, Jr., *The Only Proper Style: Gothic Architecture in America*, Boston, New York Graphic Society, 1975; Paul Venable Turner, *Campus: An American Planning Tradition*, Cambridge, Mass., The MIT Press, 1984; Eugene J. Mackey III and Paul J. Wuennenberg, *Collegiate Gothic: An Architectural Overview*, Mackey Mitchell Associates, 2001; Michael J. Lewis, *The Gothic Revival*, New York, Thames & Hudson, 2002.

なお本書では「カレジエイト・ゴシック」の定義を最広義にとり、一八九〇年代以降一九二〇年代頃まで、アメリカの建築論壇のなかで「大学的なゴシック」であることが言及された建築およびキャンパス開発全般を指すこととする。無論、同時代の論壇のなかで取り上げられずとも、明らかにゴシック様式を採用した新しい校舎やキャンパス計画は存在する。しかし本書でそれらがカレジエイト・ゴシックとして取り上げられる（著者独自の判断でそれらを「カレジエイト・ゴシック」であるとする）場合は、この様式をめぐる論争が下火となった一九一〇年代以降の作例に限る。

（39）アメリカの高等教育機関における最初期の例には聖マリア神学校のチャペル（M・ゴドフロワ、メリーランド州ボルチモア、一八〇七）がある。Turner, *op. cit.*, p. 110.

（40）Montgomery Schuyler, "Architecture of American Colleges IV: New York City Colleges," *The Architectural Record*, Vol. 27, No. 6, Jun. 1910, p. 455.

（41）Ashton R. Willard, "The Development of College Architecture in America," *The New England Magazine*, New Series, Vol. 16, No. 5, Jul. 1897, p. 521.

（42）w., "One Suggestion to College Architecture," *The Yale Literary Magazine*, Vol. 18, No. 6, May 1853, pp. 240–244.

（43）以下はクラムによる傍証。「ジョン・ラスキンは大学建築は作らなかったようだが、それを作る人間を生んだ。州同士の戦争（＝南北戦争）のあと一八八〇年に至るまで、新たなゴシックは彼の巨大な影響を表現した。それらはわが国の大学に反旗を翻したと言っていい」。Ralph Adams Cram, "The Work of Cope & Stewardson," *The Architectural Record*, Vol. 16, No. 5, Nov. 1904, p. 335.

(44) Montgomery Schuyler, "Architecture of American Colleges III: Princeton," *The Architectural Record*, Vol. 27, No. 2, Feb. 1910, p. 148.
(45) Alfred Morton Githens, "The Group Plan V: Universities, Colleges and Schools," *The Brickbuilder*, Vol. 16, No. 12, Dec. 1907, p. 219.
(46) Montgomery Schuyler, "Architecture of American Colleges VII: Brown, Bowdoin, Trinity And Wesleyan," *The Architectural Record*, Vol. 29, No. 1, Jan. 1911, p. 160.
(47) Turner, *op. cit.*, p. 219.
(48) Montgomery Schuyler, "The Works of Charles Coolidge Haight," *The Architectural Record*, Great American Architects Series, No. 6, Jul. 1899, p. 2.
(49) Thomas D. Snyder, ed., *120 Years of American Education: A Statistical Portrait, U. S. Dept. of Education, Office of Educational Research and Improvement*, Washington, D.C., National Center for Education Statistics, 1993, p. 75.
(50) John Seiler Brubacher and Willis Rudy, *Higher Education in Transition: A History of American Colleges and Universities*, Fourth Edition, New Brunswick and London, Transaction Publishers, 2008, p. 377.
(51) "The College Beautiful," *The Nation*, Vol. 77, No. 1988, Aug. 1903, p. 109.
(52) なお、キャンパスのボザール的計画手法はオルムステッドらによってシカゴ万国博覧会以前にスタンフォード大学のキャンパス計画(一八八七)で先駆的に試みられている。Turner, *op. cit.*, pp. 169-172.
(53) George Harold Edgell, *American Architecture of To-Day*, New York and London, Charles Scribner's Sons, 1928.
(54) Montgomery Schuyler, "The Work of Cram, Goodhue & Ferguson," *The Architectural Record*, Vol. 29, No. 1, Jan. 1911, p. 87.
(55) Schuyler, "Princeton," p. 149.
(56) Githens, op. cit., p. 219. なお、当時カレジエイト・ゴシック・ムーブメントを理論と実作双方で推進していたクラムは、この嗜好の発展について、一八八一年にアメリカに渡ったイギリス人建築家、ヘンリー・ヴォーン〔一八四五—一九一七〕

が手掛けた聖パウロ学園の教会（ニューハンプシャー州コンコード、一八八六―九四）の影響も指摘している。Ralph Adams Cram, "Recent University Architecture in The United States," *The Architect & Contract Reporter*, 24 May 1912, p. 335.

（57）Charles E. Jenkins, "The University of Chicago," *The Architectural Record*, Vol. 4, No. 2, Oct.-Dec. 1894, p. 240.

（58）Ralph Adams Cram, "Architecture in America" in *Gothic Quest*, p. 157.

（59）Idem, "The Work of Cope & Stewardson," p. 415.

（60）Idem, "Recent University Architecture," pp. 333-334.

（61）Alfred Dwight Foster Hamlin, "Recent American College Architecture," *The Outlook*, Vol. 74, No. 14, Aug. 1903, p. 799.

この点について、中庭型カレジエイト・ゴシックの最初の実現例であるシカゴ大学のキャンパスが博覧会の敷地に隣接し、その委員の多くが博覧会委員との兼任だったことは特筆すべきである。また当時の報告では、シカゴはアメリカの巨大な経済発展に加え、「過去四半世紀の切迫感が可能とした以上の、さらなる知的生活を表現することができる」都市だとされた。Jean F. Block, *The Uses of Gothic: Planning And Building The Campus of The University of Chicago, 1892-1932*, Chicago, University of Chicago Library, 1983, p. 3 および Robert Herrick, "The University Of Chicago," *Scribner's Magazine*, Vol. 18, No. 4, Oct., 1895, p. 401 参照。

（62）Jenkins, op. cit., p. 240.

（63）Alfred Hamlin, op. cit., p. 799.

（64）Willard, op. cit., pp. 513-534.

（65）Ibid., p. 513.

（66）Montgomery Schuyler, "Architecture of American Colleges II: Yale," *The Architectural Record*, Vol. 26, No. 6, Dec. 1909, p. 409.

（67）Turner, *op. cit.*, p. 218 ではヴァンダービルト・ホール建設前後の区画平面が比較されている。

（68）Schuyler, "The Works of Charles Coolidge Haight," p. 14.

（69）Alfred Hamlin, op. cit., p. 792.

(70) この点は当時の批評でも指摘され激賞された。Schuyler, "Princeton," pp. 156–157 および Cram, "Recent University Architecture in The United States," p. 335 参照。

(71) Alfred Hamlin, op. cit., p. 792.

(72) 類似の特徴的試みは、ヴァンダービルト・ホール（C・C・ヘイト、一八九四）を端緒とする同時期のイェール大学のキャンパス改造にもみられる。Turner, *op. cit.*, p. 218 ではヴァンダービルト・ホール建設前後の区画平面が比較されている。

(73) Ralph Adams Cram, "Princeton Architecture," *The American Architect*, Vol. 96, No. 1752, 21 Jul. 1909, p. 24.

(74) Idem, "The Case against the École des Beaux Arts," *The Gothic Quest*, pp. 297–319.

(75) Werner Hegemann and Elbert Peets, *The American Vitruvius: An Architects' Handbook of Civic Art*, New York, The Architectural Book Publishing, 1922, p. 115.

(76) Charles Herbert Moore, *Development & Character of Gothic Architecture*, London and New York, Macmillan and Co., 1890.

(77) Russell Sturgis, *European Architecture: A Historical Study*, New York, The Macmillan Company and London, Macmillan & Co., 1896.

(78) Schuyler, "The Works of Charles Coolidge Haight," p. 33.

(79) Idem, "New York City Colleges," p. 455.

(80) Idem, "The Architecture of West Point," *The Architectural Record*, Vol. 14, No. 6, Dec. 1903, p. 464.

(81) Idem, "The Works of Charles Coolidge Haight," p. 12.

(82) Idem, "The Work of Cram, Goodhue & Ferguson," p. 98.

(83) Ralph Adams Cram, "Some Architectural and Spiritual Aspects of the Chapel," *The Princeton Alumni Weekly*, Vol. 28, No. 32, 25 May 1928, p. 988.

(84) Schuyler, "The Works of Charles Coolidge Haight," p. 3.

(85) Russell Sturgis, "Architecture Without Decorative Arts," reported in "Architectural Associations," *The Engineering and*

Building Record, Vol. 19, No. 2, 8 Dec. 1888, p. 26. 同論は一八八八年のニューヨーク建築同盟大会で読まれた。

（86） Idem, "Modern Architecture," *The North American Review*, Vol. 112, Nos. 1–2, Mar.–Apr. 1871, pp. 160–177, 370–391.

（87） Frederick Stymetz Lamb, "Modern Use of the Gothic: The Possibility of New Architectural Style," *The Craftsman*, Vol. 8, No. 2, May 1905, pp. 156–170.

（88） Montgomery Schuyler, "The Work of Barney & Chapman," *The Architectural Record*, Vol. 16, No. 3, Sep. 1904, p. 209.

（89） Alfred Dwight Foster Hamlin, "Style in Architecture," *The Craftsman*, Vol. 8, No. 3, Jun. 1905, pp. 325–331; Bertram Grosvenor Goodhue, "The Romanticist Point of View," *ibid.*, pp. 332–333, Samuel Howe, "The Architectural Awakening," *ibid.*, pp. 333–335; Louis Henry Sullivan, "Reply to Mr. Frederick Stymetz Lamb on 'Modern Use of the Gothic': The Possibility of New Architectural Style," *ibid.*, pp. 336–338.

（90） Ralph Adams Cram, "The Development of Ecclesiastical Architecture in America," *The Gothic Quest*, p. 156.

（91） M. S. [Montgomery Schuyler], "Notes & Comments: Is Gothic Dead?; Gothic Revivals," *The Architectural Record*, Vol. 19, No. 1, Jan. 1906, pp. 66–67.

（92） John Stewart Barney, "The Ecole des Beaux Arts, Its Influence on Our Architecture," *The Architectural Record*, Vol. 22, No. 5, Nov. 1907, pp. 333–342; Alfred Dwight Foster Hamlin, "The Influence of the Ecole des Beaux-Arts on Our Architectural Education," *ibid.*, Vol. 23, No. 4, Apr. 1908, pp. 241–247; Paul Philippe Cret, "The Ecole des Beaux Arts: What Its Architectural Teaching Means," *ibid.*, Vol. 23, No. 5, May 1908, pp. 367–371. バーニーはコロンビア大学卒業後にパリのボザールに入学したとされるが、Carlhian and Ellis, *Americans in Paris* 中の名簿には入学は確認されない。

（93） Paul Phillippe Cret, "Our National Style of Architecture Will Be Established on Truth Not Tradition," *The Architectural Record*, Vol. 24, No. 5, Nov. 1908, p. 381.

（94） Ibid. 記事題の通り。

（95） Idem, "Truth and Tradition," *ibid.*, Vol. 25, No. 2, Feb. 1909, pp. 107–109.

（96） American Architect, ["Dear Mr. Brownie,"] *ibid.*, Vol. 25, No. 4, Apr. 1909, p. 304.

(97) Cret, op. cit., p. 109.

(98) Russell Sturgis, "The Larkin Building in Buffalo," *ibid.*, Vol. 23, No. 4, Apr. 1908, pp. 311–321. Frank Lloyd Wright, "Reply to Mr. Sturgis's Criticism" in Jack Quinan and Frank Lloyd Wright, "Frank Lloyd Wright's Reply to Russel Sturgis," *Journal of the Society of Architectural Historian*, Vol. 41, No. 3, Oct. 1982, pp. 240–242.

(99) Wright, "The Sovereignty of the Individual," p. 94.

(100) Jack Quinan, "Frank Lloyd Wright's Reply to Russel Sturgis," p. 240.

(101) Montgomery Schuyler, "The Field of Art: Russell Sturgis," *Scribner's Magazine*, Vol. 45, No. 5, May 1909, pp. 635–636.

(102) Peter Bonnett Wight, "Studies of Design Without Ornament," *The Architectural Record*, Vol. 29. No. 2, Feb. 1911, pp. 167–177.

(103) Russell Sturgis, "Ruskin on Architecture" in John Ruskin, *The Seven Lamps of Architecture; Architecture and Painting*, New York, D. Appleton and Company, 1901, pp. iii–xvi. この解説部はのちにRussell Sturgis, *Ruskin on Architecture: A Critical and Biographical Sketch*, New York, D. Appleton and Company, 1906として独立に出版される。

第六章　ラスキンの見えざる牙城——建築史は兵士である

同時代人のための、私は「橋」だ。過去と現在という二つの岸をつなげる橋なのだ。私はこれまで、膨大なゴシック建築を前にした群衆が、それらが本当に美しいのかどうかわからずに口ごもっているのをよく目にしてきた。恐縮なことだが、彼らには、ラスキンその他のあまたの指導者とともに、私のこともまた保証人として頂きたい。われわれには、その建築は崇高な美を湛えていると言い切れる。ああ！　もし私に、彼らが献身の対象としている当のものから気を逸らさせる、あの誤解を氷解させることができたならば。

オーギュスト・ロダン『フランスの大聖堂』、一九一四年(1)

1　世紀末ラスキン・ブームの光と影　［一八八九—一九〇三］

ラスキンの死まで

アメリカではウィリアム・モリスとラスキンを端緒とするアーツ・アンド・クラフツ運動の始まりは一八九〇年頃にあり、これをきっかけにラスキンに対しては、美術批評家としてよりも社会思想家としての理解が優勢を占めるようになる。新興の工芸分野は、そのように理解されたラスキンを理念的支柱とした。

しかし、それ以前に国内にラスキン受容の背景を有していた東部の建築家・建築批評家はおしなべて、この動向には与しなかった。一方、シカゴを中心とする中西部の建築界にはそれまでラスキンに対し肯定的な理解があった。しかしその中西部にあっても、ソースティン・ヴェブレンの取り組みや、より盛んになった建築界内部の都市間情報交流をもとに、ラスキンという点に関しては、一九〇〇年頃までには東部論壇との世論の一致をみた。

このような建築界の動向は、単にアーツ・アンド・クラフツ運動の推進者たちとの齟齬をみせていただけでなく、より広い、一般的な読者との認識の懸隔ともなって現れている。

一八九〇年代初頭とは、ニューヨークのチャールズ・E・メリル社がロンドンのジョージ・アレン社から版権を買い取り実現した、アメリカ初の正規版のラスキン叢書、通称「ブラントウッド・エディション」[2]（一八九一—一九六、図6-1）の出版時期である。この正規版の出版は当時大々的に宣伝され、国内の批評誌や新聞はようやく丁寧な印刷・造本でラスキンが読めることを喜んだ。

ブラントウッド・エディションの出版前にも、アメリカ初のラスキン・アンソロジーである『自然、芸術、道徳と信仰における真実と美』（初版一八五八）や『若き少女、淑女への書簡とアドバイス』（初版一八七九）は版を重ね、一

102 The Critic Number 548

Charles E. Merrill & Co.'s Authorized (Brantwood) Edition
OF
RUSKIN'S WORKS.

IMPORTANT ANNOUNCEMENT.

London, August, 1890.

Mr. GEORGE ALLEN begs to announce that Ruskin's Works will hereafter be published in America by Messrs. CHARLES E. MERRILL & CO., of New York, who will issue the only authorized editions.

In accordance with a contract with Mr. Ruskin's English publishers, upon which the above notice was based, we have the pleasure of announcing the publication of the Brantwood Edition of Ruskin's Works, in 21 volumes. *This is the only edition published in this country with Mr. Ruskin's consent, and from the sale of which he derives a profit.* The illustrations have been prepared under the author's personal supervision, and the type, paper and style of binding are in accordance with his suggestions. Each of the prose works contains a special introduction by Prof. Charles Eliot Norton, of Harvard College, explaining the purposes for, and the conditions under which it was written. These introductions from the pen of Mr. Ruskin's most intimate friend and most acute and sympathetic critic, many of them containing extracts from personal letters written while the works were in preparation, give to this edition a rare and unique value. The two volumes of poetry written between the ages of seven and twenty-six, with an appendix of later poems now first collected from original manuscript and printed sources, are edited in chronological order, with notes, biographical and critical, by Mr. Ruskin's secretary, William G. Collingwood, M.A. The chronological arrangement of the poems—the author's age at the time of writing being printed at the top of each page—illustrates in a most interesting manner the development of his mind and style. The two volumes of poems have been copyrighted in this country under the new law, and the attention of the public is called to the fact that, by virtue of this copyright, we shall hereafter be *the only publishers in this country able to supply Ruskin's works in a uniform style of binding.* This edition is intended to include what Mr. Ruskin and his literary advisers regard as the essential and permanent part of his writings.

The unillustrated volumes, bound in dark green cloth, will be sent by mail, postpaid, on receipt of $1.50 each, and the illustrated volumes for $2.75.

All English editions of Ruskin now in print are kept in stock or will be imported at short notice.

"Messrs. Charles E. Merrill & Co. publish the only authorized edition of the writings of Mr. John Ruskin, and among the different American editions which have appeared from time to time the only one which is worthy of a permanent place in a well-stocked library."—RICHARD H. STODDARD, *Mail and Express.*

The Chicago Journal:—An Honest Ruskin!—There is probably no other writer of the present century who has done so much to quicken the moral sense of English-speaking people, to persuade them of their duty as Christians and as men, and to elevate their ideas of thought and conduct as the eloquent art critic whose name heads this article. He has been a teacher in the highest and noblest sense of he term, and America, no less than England, acknowledges to the full her share of indebtedness to him for his wise counsel, as well as for the example of his generous and devoted life. But it is curious to reflect that whatever helpful instruction and whatever ethical inspiration the majority of his American readers have taken from his writings has been derived from a polluted source, for all hitherto existing editions of Mr. Ruskin's works have been of the pirated sort—unsanctioned by their author and bringing to him no remuneration. It would doubtless do a man good to read the Bible, even if he had to steal it; but if he were the kind of person to whom moral ideas appeal, he would not be likely to get very far in the perusal without feeling a little uncomfortable about the manner in which the book was acquired.

It is therefore a great satisfaction to be able to announce an authorized edition of the works of Mr. Ruskin, and the thought that the volumes have been honestly come by will doubtless add materially to the satisfaction with which they will be read. And this forthcoming "Brantwood" edition (New York: Charles E. Merrill & Co.) is not merely authorized, it is substantially Mr. Ruskin's own edition. Furthermore, Mr. Charles Eliot Norton, of Cambridge, the intimate friend of Mr. Ruskin, is to provide each volume of the American edition with an introduction descriptive of its purpose and of the circumstances under which it came to be written. . . .

Of their mechanical execution only praise can be spoken. The typography is beautiful and the paper has a warm and restful tint familiar to readers of Mr. Ruskin's English editions.

The Critic:—It is a long-delayed but highly appreciated compliment to America, that Mr. Ruskin has at length permitted his innumerable admirers here to follow his thought in an "authorized" edition of works long since classic and perennially fresh. It seemed as if Westminster Abbey were about to close over a great heart without this graceful act of recognition, if not of reparation, and as if American eyes were always to gaze on Ruskin's enchanted gardens through casual glimpses and crevices of the wall. At length, however, Mr. Ruskin has consented to be "Americanized"—to the extent at least of having a business representative in the United States; and the result is a series of volumes faultless in type, delightful in manufacture, and as unpretentious in externals as those Arabian houses which, without, present simply surfaces of plain wall, but within are all dazzling with play of flower and fountain. Each light, manageable volume is clad, like Robin Hood, in a robe of dark-green; within all is white, clean, pure, beautifully distinct and clear—a gem and a charm of print and leaf.

The Christian Advocate, N. Y.:—Indeed, we can say with emphasis, this "Brantwood" edition meets a public demand. Mr. Norton's introductions, though brief, are lucid and to the point. Everything in way of type, paper and binding has been done to make this new edition acceptable to the reading public.

The Boston Daily Traveller:—The announcement made some time since of an authorized American edition of Ruskin's works, made by the well-known publishing house of Charles E. Merrill & Co., New York, was received by the literary public with satisfaction, a satisfaction that is heightened by the appearance of the first two volumes of the edition. The American public is to be congratulated upon being able to obtain an elegant Ruskin at a moderate price. Of the mechanical execution of these volumes too much praise can hardly be spoken.

THE CHURCHMAN:—*"The Brantwood edition is the only fitting presentation of Ruskin's beautiful writings. The present edition is authorized, and in every way to be admired. We thank Messrs. Merrill & Co. for giving it to America.*

The Chicago Tribune:—The first edition of Ruskin's works published in this country by his authority is the Brantwood edition which Charles E. Merrill & Co have ready to-day, and which bears their name on the title page. Each volume contains an introduction by Charles Eliot Norton of Cambridge, Mass., who is the intimate personal friend of Mr. Ruskin. Heretofore the only edition of Ruskin within the means of a moderate income was the unauthorized American reprint of ——. Of course, the American reprint does not compare with this edition of the Merrill's and it is only a few cents cheaper. Then there is a moral satisfaction in buying an "authorized" edition of a book that is worth more than the difference in money.

The Boston Advertiser:—An admirable edition of Ruskin is the "Brantwood," now appearing from the house of C. E. Merrill & Co. In the language of the introduction, by Prof. Charles Eliot Norton, to the "Seven Lamps of Architecture," "it is a tardy attempt to deal honestly by one to whom just and honorable treatment has been so long denied, and to whom so large a debt, alike moral and material, is due."

The Sunday-School Times:—The new authorized American "Brantwood" edition, of Ruskin's works is much more satisfactory than its predecessors in this country none of which has been a creditable piece of bookmaking.

NEW ORLEANS TIMES-DEMOCRAT.—*"The pirated editions through which Americans have made the acquaintance of this author have added to the outrage of robbery, the insult of cheapness and ugliness in the matter of paper and binding, and the reproduction of illustrations. All these injuries receive an atonement, somewhat tardy, it is true, but gratifying to all parties, in the neat binding and beautiful type and paper of the 'Brantwood' edition."*

The New York Independent:—Prof. Charles Eliot Norton has undertaken to write an introduction to each volume. This will lend the edition (the "Brantwood") an exceptional value, as Mr. Norton is very chary of his written words; and is one of the very few men among us whose judgment in matters of art and letters is of sterling worth.

The Congregationalist.—Ruskin's "Seven Lamps of Architecture" leads off a new edition—to be called the Brantwood edition—of his chief works, and its publishers are in future to issue all his publications in this country. It is pleasant to know that the form of this edition has been approved by Mr. Ruskin, and that its sale will profit him as well as the American publisher.

THE LITERARY WORLD, BOSTON.—*"In simple elegance this new edition deserves, indeed, to be 'approved by him,' and, with the aid of Prof. Norton's introductions, it will undoubtedly commend itself to the taste, as well as to the conscience, of American disciples of the great art-critic who has taught our generation so sound a gospel."*

⁂ *For sale by all booksellers, or sent by mail on receipt of price.* *Send for Circular.*

CHARLES E. MERRILL & CO., 52 & 54 LAFAYETTE PLACE, NEW YORK CITY.

図6-1　ブラントウッド・エディションの広告（1892年）
世間一般とのラスキン受容の齟齬．ようやくアメリカ正規版のラスキン本が出版され，国内のラスキン研究も盛んだったその時期，建築論壇では，中西部でさえラスキンの名声は失墜し始めていた．

八九〇年頃にも新版が出版されている。(3) また一八八〇年代末からは『文豪の家庭生活』(4)（一八八九）やエルバート・ハバードの『偉人の故郷への小旅行』(5)（一八九五）、また『最近の著述家の略歴』(6)（一八九九）など、ラスキンに対する関心は英国人作家の現地生活への興味というかたちでも表れるようになった。この時期には新たな選集も数多く出版され、一八九四年にはアメリカ版の別の全集も現れた。(7) その後、『アトランティック・マンスリー』の編集者となる文芸評論家ブリス・ペリー（一八六〇―一九五四）は、『芸術経済論』（一八五七）を皮切りに経済学論考を発表する以前の初期の美術論を取り上げ選集(8)（一八九八）を編み、「狭く見すぎると気まぐれの連続のようにも感じられる」（「編者の序」）彼の文筆が、「美と善に対する気高き情熱と、不正と悪に対する気高き軽蔑」において一貫性を有していることを強調した。こうした動向のなかで、考古学者チャールズ・ウォルドスタインによる『ジョン・ラスキン――現代思想と現代生活に対するその影響』(9)（一八九三）は、アメリカ人研究者によるラスキンのモノグラフ研究の嚆矢的位置を占めた。

また、ラスキンの晩年に彼のアシスタントを務めたウィリアム・コリングウッド(一八五四―一九三二)による『ジョン・ラスキンの芸術教育』[10](一八九一)や『ジョン・ラスキンの生涯と作品』[11](一八九三)をはじめ、当時イギリスで書かれたラスキン関連書籍のなかには、アメリカで同時発売されるものも少なくなかった。そうしたなかには『テニソン、ラスキン、ブラウニングの記録』[12](一八九二)やラスキンの『大学学友宛書簡集』[13](一八九四)、『ジョン・ラスキンの聖書言及』[14](一八九八)、『ラスキン、ロセッティ、ラファエル前派』[15](一八九九)などが含まれ、一八九〇年代末には、フランス人美学者ロベール・ド・ラ・シズランヌ(一八六六―一九三二)の『ラスキンと美の宗教』(一八九七)の英訳版(ロンドン、一八九九)もアメリカの出版社から出版されている[16]。あるいは、イギリスの経済学者ジョン・アトキンソン・ホブソン(一八五八―一九四〇)による『社会改革者ジョン・ラスキン』[17](一八九八)はアメリカ版が先行した。

そうして一九〇〇年に知らされたラスキンの訃報は、アメリカ国内のこうしたラスキン・ブームに拍車をかけた。ラスキンの没後にはイギリスでさまざまな伝記が発表されたが、これらはほとんどアメリカ版としても出版されている。『クレョン』創刊前後のラスキンとの親密な交友関係を描いたウィリアム・スティルマンによる『あるジャーナリストの自伝』[18](一九〇一)や、チャールズ・エリオット・ノートンによる『チャールズ・エリオット・ノートン宛ジョン・ラスキン書簡集』[19](一九〇四)は、こうしたイギリス国内の伝記研究を補填し、アメリカとラスキンの繫がりを強調した。そのほか二〇世紀初頭には、オスカー・ローウェル・トリッグスの『アーツ・アンド・クラフツ運動史』[20](一九〇二)やワシントン・グラデンの『光の目撃者たち』[21](一九〇三)で社会思想家として言及されたほか、エリオット・ノートン序論による『ラスキンの神曲論』[22](一九〇三)などの文学論も出版された。

JOHN RUSKIN.

The Man Who Has Been Offered the Poet-Laureateship of England.

John Ruskin, the world-famous critic and author to whom Gladstone has offered the poet laureateship of England

JOHN RUSKIN.

was born seventy-four years ago in London and was the son of a wine merchant. He was educated at Oxford and two years after leaving college published his first work under the title of Modern Painters, Their Superiority in the Art of Landscape Painting to All the Ancient Masters. His career since then is too well known to need recapitulation here. It has been rumored of late that his mind was affected and the Rev. Dr. T. DeWitt Talmage, who called on Mr. Ruskin last summer, has corroborated the rumor. The above picture of Mr. Ruskin is reproduced from his latest protograph and is a good likeness of him as he looked a year ago.

MR. JOHN RUSKIN INSANE.

MISFORTUNES OF THE FAMOUS ENGLISH ART CRITIC.

Some of the Episodes in His Eventful Life Which Has Made Him Famous—His Will Made all England Laugh—How His First Book Was First Received in England.

NEW YORK, Aug. 26.—A special cable dispatch to the Sun from London says that John Ruskin, the famous author and art critic, is insane. John Ruskin has done more toward the renaissance of art than probably any other man in this century. Like the ancestors of Newman and Gladstone, his forefathers were business people; so that when the young Ruskin at the age of twenty-four essayed to give the British public some instruction in art matters he was laughed at, as it was considered impossible that the son of a shopkeeper should have the refined nature capable of comprehending the æsthetic.

JOHN RUSKIN.

図6-2 「ラスキンの癲狂」(『デイリー・イブニング・ブレティン』1887年8月26日，右図）とラスキンの病状を伝える新聞記事（『ミルウォーキー・ジャーナル』1893年5月18日，左図）
ラスキンは1870年代より精神病の発作に悩まされていた．1889年夏，自伝『プラエテリタ』(1885-89年）終章を書き上げたのち，病状が悪化し絶筆とされる．

死者に鞭打つ

一八九〇年代アメリカのラスキン・ブームの開始はラスキン自身の重篤・絶筆と重なっており、数多くのメディアがその動静を報じた（図6－2）。そのなかには建築メディアも含まれており、一八九〇年一月の『アメリカン・アーキテクト』はいち早く、一面でこの悲報を伝えた[23]。しかしラスキンの建築理論家としての信頼性がすでに失墜し、その建築論がむしろ国内の建築思想の展開に対立的なものと捉えられていた当時にあって、同紙の紹介の仕方は建築専門誌として極めて奇妙なものだった。

というのもこの記事は、新しい世代の建築界の読者に『二つの道』、『黄金の河の王様』、『塵の倫理』を薦めながら、ラスキンの「建築批評の信頼性は危うい」ものであるため、『建築の七燈』や『ヴェネツィアの石』の推薦順は後手にまわしたのである。そして読者の関心は、『建築の七燈』でも特に、設計論とはかかわりの薄い「記憶の燈」のみに振り向けられた。

しかしこの『アメリカン・アーキテクト』は、この時期のラスキンの読者層の拡大に対応して、その後新たなラスキン受容の展開を模索してもいる。一八九〇年代半ばには、アンリ・ラブルースト(一八〇一—一八七五)の子息であるフランス人建築家レオン・ラブルースト(一八四六—一九〇七)が『建築・建設事典』[24]に寄稿した、ラスキンとゴットフリート・ゼンパーの様式論の比較記事が訳出掲載された[25]。

ここでラブルーストは、『建築の七燈』に要約されるラスキンの芸術哲学が「理想と現実という人間のなかの二つの要素に基礎をもつ」ものであり、それゆえラスキンが「正しさの度を超えることなく、空想の過ちから逃れ、マテリアリズムの俗悪を避け得ている」こと、そして「ラスキンの哲学とゼンパーの哲学の中核が共通している」ことを論じた。——「彼らはともに精神的要素と物質的要素を重要視している。精神的要素は魂の優れた性質を基礎とし、物質的要素はわれわれの官能を満たすことのできる高等な快楽を基礎とする。この二つの要素はいっときも分離してはならない。一方が他方を強化するのだ」。

しかし、ここでの選者の意図とは裏腹に、当時のアメリカ建築界には、物心両面の必要条件を満たす抽象的・原理的なものとしてラスキンの建築論を理解した読者は極めて限られていた。少なくとも東部では、「ラスキン氏の作品の読書を誰かに勧めたり、余計な宣伝をしたりするのはいつも気乗りがしない[26]」(「ラスキンの最も役立つ著作」、一九〇〇)という腫れ物に触るような扱いは、一八九〇年代以降のアーツ・アンド・クラフツ全盛期にも引き続き、『アメリカン・アーキテクト』内部のラスキンの語られかたにねじれを生じさせていた。

世紀末の建築界をとりまくこのような忌避感は、一九〇〇年のラスキンの訃報に接してさえも曝け出された。

『スクリブナーズ・マガジン』[27]や『ダイアル』[28]、『ノース・アメリカン・レビュー』[29]、『カレント・リテレチュア』[30]などの主力文芸誌はこの死に接し追悼論文を掲載したが、そうしたなかでも『アメリカン・アーキテクト』の第一報は、「ジョン・ラスキンが語ったことのほとんどに反対した多くの人々も彼の死に触れて喪失感を覚えることだろう」[31]という語りだしの、それまで建築界に渦巻いていたラスキンとの確執が露骨な記事となっていた。

その直後の『アメリカン・アーキテクト』には追悼記事も、掲載された。[32]しかしこれは、「現代社会が芸術批評ではなく社会主義観を尋ねてラスキン氏の作品を読んでいるのは不思議なことである」と、世紀末のラスキン受容の時代相に触れ、絵画論を中心にラスキン批評を展開しつつも、ラスキンの建築理論に関する言及が皆無の、建築専門誌に掲載された記事としては奇妙な論となっていた。

『アメリカン・アーキテクト』のこれらの記事は匿名だったが、こうした辛辣な追悼記事は記名のものにすら主流を占めた。一九〇〇年の『アーキテクチュラル・レビュー』には訃報のほかボストンの建築家ウィリアム・ロングフェロー〔一八三六―一九一三〕による追悼記事が掲載されたが、[33]これもまた、建築理論家としてのラスキンへの非難を基調とした。一八三〇年代半ば、ラッセル・スタージスと同年に生まれたロングフェローにとってみれば、自身が生きた時代の建築界で「この著者〔ラスキン〕の存在を目につかないようにすることは不可能なこと」だった。その圧倒的なプレゼンスは「追従する人間の心酔も生み、敵対する人間の嫌悪も生んだ」のだったが、この追悼記事を執筆している時点のロングフェローが後者に与していたことはその論の運びから明らかだった。

ロングフェローには、ラスキンが「自らの直感によって他の文筆家には見えなかった数多くの真実を切り開いた」功績を漠然と指摘したほかは、建築理論家としてのラスキンを評価することが絶えてなかった。それはロングフェローが、ラスキンの「建築研究が質に劣り、領域も狭く〔……〕建築家の目というより、画家の目で建物を見た」のだとみなしたためである。また、ラスキンの建築論はこうした理由を含めて拙速なものであるために、「注意深い読者は彼が論じた結論を各段階で疑わなければならない」。総じて、「彼には批評家の重要な資質である、バランスのとれた判断力が欠けていた」。

スタージスもまた、当時『スクリブナーズ・マガジン』で担当していたコラム欄をラスキンの追悼記事にあてた[34]。しかしここでのスタージスも、「これからの世代にとって、ラスキンの作品には、それだけ長く懸命な研究が必要なほど重要なものはない」と、ラスキンの美術批評の重要性を等閑視している。

あるいは、ジョン・ラファージが『インターナショナル・マンスリー』に寄稿した「ラスキン、芸術と真実」[35]も、「ラスキン氏の思想のなかの誤りの糸のもつれを解くのは難しい」と語っている。というのも、ラスキンは「ひとに辛く当たりたがり、我を張り自分の意見を押し通したがるために、いくら正しいこと、重要なこと、高尚なことを述べていても、絶対に目立つ間違いを犯し、それが気にかかってしまう」のである。

2　ゴシック観の変遷とラスキン　［一八九二―一九一八］

正しさからリアリティへ――ゴシックの脱・純粋合理主義

しかしラスキンに対するこうした激しい忌避の潮流も、二〇世紀初頭の建築論壇に起こったいくつかの変化を要因として軟化傾向をみせる。その一つは、前章で扱ったカレジエイト・ゴシックの隆盛である。このゴシックの実践・批評のなかで進められた理念の追求は、前章までに語りおこした限りでは、すべて理性の範疇で行われたものである。一九世紀末の建築論壇に根づいた「ラスキンの建築論の非合理性」というイメージとは、そうした理性的建築を国内のゴシック・リバイバルの理念的目標に定めるなかで、早くも一九世紀半ばから形成されてきたものだった。

しかし二〇世紀初頭のゴシック・リバイバルは、そうした合理性に加え、それ以上の美に対する志向が共有されて

図6-3　総合神学校（C. C. ヘイト，NYC，1887年）
「真の」ゴシックは論理的建設を超越する．

いたという点で、一九世紀末までのものとは一線を画していた。

ただしこの動向の萌芽はすでに一八九〇年代初頭にもみられた。当時マリアナ・グリスウォルド・ヴァン・レンセリアは『イギリスの大聖堂』（一八九二）のなかで、チャールズ・ハーバート・ムーアが採用した、構造合理性に絞った狭義のゴシックの定義に「少々異議を唱えてもよいだろう(36)」と語っていた。

世紀末のモンゴメリー・スカイラーも、単純な合理的帰結としての構造物はいまだ真の建築ではないと主張していた。彼は一八九九年の批評のなかで、「正しい《トゥルー》」ゴシックと「真の《リアル》」ゴシックを区別し、チャールズ・クーリッジ・ヘイトの切り詰められたカレジエイト・ゴシック（図6-3）は「建設の論理と構造の機能的表現がとことんまで突き詰められた、正しいプリミティブなゴシック」ではなく、「論理的建設が限界に至り、表現されていないものはもう何もない真のゴシック、フランスの大聖堂のゴシックの先在を示唆する(37)」ものだとした。

そして二〇世紀初頭、「ゴシックの現代的利用」論争のなかでも、同様の論旨は他の論客によって繰り返される。ここでアルフレッド・ハムリンは、ゴシックとそれ以外（エジプト、ギリシャ、ローマ）を「論理の原理」と「理想の原理」に区別し、前者のゴシックを、「現実的要求や建設上の条件を純論理的に満足させるところから始まり、そのようにして考えだされた形式に〔……〕輪郭や装飾の美を着せる(38)」二段階を経た表現形式であるとし、前者の理性的設計のみでは建築美は達成されないと論じた。

この時期ラルフ・アダムス・クラムが現代的ゴシックとしてイギリスのゴシックを推奨したのもまた、合理性以上の建築の質によるためである。というのも、クラムが「フランスとイギリスは両極に位置するが、たとえ論理的完成度が遥かに劣っていたとしても私にはイギリスのゴシックのほうが偉大であり、よりゴシックであるように思われる」と主張しえたのは、イギリスのゴシックが、古代ギリシャ建築のプロポーションやコンポジションに対し、「ローマが理解しえなかった純粋な建設と設計の論理を加え、さらに〔……〕美への情熱を加えた」のだという史観のためだったのである（「教会建築4——イギリス」[39]、一九〇五）。

『ノース・アメリカン・レビュー』の援軍要請

ゴシック建築が主に純理的な建設原理として解釈されていた一九世紀後半を経て、二〇世紀初頭には、感性的な側面がより強調されるようになる。こうした認識の変化は、同時期の、国外からのゴシック論移入のされ方にも反映している（図6‐4）。この潮流は国外からの新たなゴシック建築思想に対する需要を生じさせたが、そこで国内の建築論壇には、ラスキンに対する新たな解釈が生まれることとなる。

図6-4　A. ロダン『フランスの大聖堂』（1914年）図版
他国からの新たなゴシック建築観の受容．知識を超える「真のゴシック」の希求．

「ゴシックの現代的利用」論争（第五章3節参照）と同年の一九〇五年に『ノース・アメリカン・レビュー』で紹介された、イギリスの美術史家ジェラルド・ボールドウィン・ブラウン（一八四九—一九三二）とフランスの彫刻家フランソワ＝オーギュスト＝ルネ・ロダン（一八四〇—一九一七）の記事は、建築論壇のこの新たなラスキン受容の始まりを象徴している[40]。これらはいずれも、それまでアメリカに優位だったゴシック建築の構造発達史観に批判を加えるものだった。

ブラウンの記事は、イギリスの建築家エドワード・プライヤー(一八五二—一九三二)の『英国ゴシック芸術史』(41)(一九〇〇)、ドイツの美術史家ゲオルク・デヒオ(一八五〇—一九三二)らによる『西洋教会建築』第二巻(42)および、チャールズ・ハーバート・ムーアの『ゴシック建築の発展と性質』(43)に語られるイギリス・ゴシック批判を比較検討し、構造発達史の観点のみから描かれるゴシック建築史に異議をさしはさんだ。ブラウンが取り上げたゴシック建築史書はすべてこの史観を採用したものだとされたが、彼によれば、ゴシック発祥の地であるフランス以外の地域的様式が「すべて単にフランスのみに由来するものなのか、何かしら独自の非依存性を有しているのか」は、ゴシック建築史記述一般の問題として見直されなければならなかった。

それは主に、ブラウンがイギリスのゴシックに認める建築美が、構造的要素を主要因としないためである。イギリス人は「折衷に対して国家的天分を有しているため、芸術では全体的印象の魅力を堪能し、厳密な美学的規範を応用することには抵抗を感じる」のであり、その意味では小規模の教会がみせるクラフツマンシップこそが、ブラウンの考えるイギリス的ゴシックの精華だった。

そうして、このゴシック観を土台としたブラウンの批判は、ドイツ、フランス、アメリカのゴシック史論や、それらの国々のゴシック建築観そのものにも向けられた。ブラウンは、イギリスのゴシック建築には構造的観点が希薄であるという批判を認める論のなかでまず、ドイツの美術史家カール・シュナーゼ(一七九八—一八七五)の論を取り上げ、自国のゴシック建築観の象徴にラスキンを置きこのように語った。

装飾と構造の接続に関して、テクトニクスには芸術的側面からみた建設哲学が含まれる。シュナーゼは、この決定的な原理に対する認識がジョン・ラスキンの著作のなかにも見いだされないことに軽い驚きを示し、イギリスでは中世の建設者も現代の批評家もこうしたテクトニックの原理をしかるべく評価できていないと考えた。

そしてブラウンは、「ヴィオレ＝ル＝デュクが『〔フランス中世建築〕事典』[44]で、最近ムーア氏が『ゴシック建築〔の発展と性質〕』に関する著作で」、同様の構造的観点からゴシック建築の歴史を読み解いたことで、ゴシック史論にはイギリス対他国という対立構造が出来上がっているのだと語る。この点に関して、構造の観点から自国の大規模建築を取り上げたプライヤーの史論には作例の選択の仕方に遺漏があった。ブラウンはこのような論理でのみ一面的に語られるゴシック建築史に異議を唱え、「ゴシック建築があたかもそれだけに依拠しているかのように〔構造を〕誉めそやし、そのシステムを同様の極にまで推し進めていない〔ゴシック〕芸術の各様相を全くゴシックでないと言って除外するのは間違っている」と主張した。

他方、ロダンによる「フランスの大聖堂・教会におけるゴシック」は、ゴシック建築は建設に関する知識に基づくものであるとみなしながらも、その知識の基底に自然愛が存在すべきこと、また、生命的な「真のゴシック」の実現のためにはその自然の造形原理自体に建設者が没入すべきことを語っている。

ロダンが観じた「古代の大建造物の美は、ゴシックの彫刻家が自然を誠実に学び、それを実践することによって得られる」一面において応用自然科学としての側面をもつ。しかしそれと同時にロダンは、徒弟時代の師がヴィオレ＝ル＝デュクから聞いたという、「知っていることをすべて忘れることでゴシックが創作できる」という文言を引き合いにだし、「この〔ヴィオレ＝ル＝デュクの〕表現には隠れた意味がある」こと、すなわち「真のゴシックを作り出すためには根底的な知識が必要」なのだと主張した。

では、その「根底的な知識」とは何か。ロダンによれば「生命は力と美がさまざまに入り混じって成り立っている」ものであり、ゴシックの原理に則った建設のためには、そうした生命の不可解性を直覚することが不可欠なのである。この意味での真のゴシック建築は、「森林の神秘的な生命に満ちている。これは、芸術家の簡約能力によってそれ〔ゴシック建築〕がその生命を再現し、岩や木々――すなわち『自然』――を現出させているからである」。

この科学的かつ神秘主義的なゴシック建築理解に関して、ロダンが筆頭に挙げたのがラスキンだった。ロダンはその論の冒頭で、「フランスの古代の大聖堂・教会を初めて理解した外国人の一人はラスキンである」と語った。

これらの論考が国内の建築論壇でどのように迎え入れられたかは定かではない。ただし少なくとも、ブラウンが論じた構造発展史観への疑念や、ロダンが論じた構造合理主義以上の建築の神秘性といった論点は、当時のアメリカ国内で展開していたゴシック論との親和性が高かったといえる。

これらの論考の出現と並行して、一九〇〇年前後には、ラスキンに対する激しい嫌悪の情は、建築論壇でもある面では軟化傾向をみせた。前章の通り一九〇一年にスタージスの序による『建築の七燈・建築と絵画』(45)が発売されたこと、また、その序論が間もなく独立のパンフレットとなった(46)（一九〇六）ことは、国内のゴシック論の盛り上がりとともに、ラスキン受容に関する時宜を象徴している。また、その序論にみられるスタージスの姿勢も、依然ラスキンの理論の細目に対する非難の態度は保ちながら、追悼論文の時点とは一転しており、こうしたラスキンの建築論が「全体を総合して芸術の徒の役に立ちうるか否か」について、最終的に好意的な判断を下した。

図 6-5 A. K. ポーター（1920 年頃）

図 6-6 J. ラスキン（1843 年）『クラフツマン』（1909 年）より．没後，ラスキンの建築論と人格に対する評価に複雑な両面感情が噴出する．

こうしたゴシック観の変遷とラスキンに対する再評価の兆しのなかでゴシック史家・ロマネスク史家としてのキャリアを始めた人物に美術史家アーサー・キングスリー・ポーター〔一八八三―一九三三、図6-5〕がいる。ポーターもまたムーア同様、構造の発展からゴシック建築の成立を論じた一人であり、『中世建築の起源と展開』[47]〔一九〇九〕では「新生ゴシックの不動のロジックには偶然はほとんどなく、目立った革新もなく、長年部分的にのみ理解されていた構造法を先に進めたことによって完成に至った」という説を、ギリシャ建築からロマネスク建築にいたる漸進的な建築構造の発展に一巻を費やして語ったものだった。

そしてポーターもまた、スタージスによる『建築の七燈・建築と絵画』の序論と同様、「事実や判断ではありとあらゆる誤りを犯している」ラスキンの建築論を痛罵しながらも、そのなかに「ふんだんに含まれる『超越論的美学』にはなおも否定すべからざる価値がある」ことをあえて強調した。あるいは、一九一八年の『建築を超えて』[48]のなかでは、「私が知る限り建物も建てず、明らかな欠陥もあるものの、ラスキンは歴史上の建築批評家のなかでも最も偉大である」（傍点著者）とまで語った（図6-6）。

アール・ヌーヴォー――アメリカ建築界におけるその「非」受容

二〇世紀初頭とは同時に、フランスを筆頭とするアール・ヌーヴォー・ムーブメントが国内に移入された時期でもあった。この国外動向の移入のされ方もまた、建築論壇におけるラスキンのイメージ形成と無関係でありえない。当時建築界でアール・ヌーヴォー受容を先導したのは『アーキテクチュラル・レコード』である。同誌は一九〇二年に特集を組み、現地フランスから彫刻家・工芸家アレクサンドル＝ルイ＝マリー・シャルパンティエ[49]〔一八五六―一九〇九〕および建築家エクトール・ギマール[50]〔一八六七―一九四二〕の二人、またアメリカ人からは、社会哲学者のハーバート・クローリー[51]〔一八六九―一九三〇〕の記事を掲載した。

これらの記事のなかで、フランスの寄稿者二人はともにアール・ヌーヴォーの起源がモリスにあることを明言した。一方のシャルパンティエは「未来の芸術」としてのアール・ヌーヴォーを「民衆芸術であり、モリスが語ったような、『民衆のために、民衆によって作られた芸術』」であると定め、他方のギマールは、近年の「花の要素の翻訳に基づいた」アール・ヌーヴォーの取り組みが、フランスではヴィクトル・ルプリク＝ロベール[52]〔一八二〇―一八八七〕、ベルギーではヴィクトル・オルタ〔一八六一―一九四七〕、イギリスではラスキン、モリスおよび挿絵画家ウォルター・クレイン〔一八四五―一九一五〕の活動に発端をもつと語った。

そしてクローリーは、彼らの発言に応答し、アール・ヌーヴォーの造形原理の起源をラスキンに求め、それを次のようにまとめている。

> 「論理」と「調和」という最初の二つの原理から、ギマール氏が、長らく叫ばれながら功を奏さなかった、建築の実践に対する理性的・道徳的革新を念頭においていることが明らかである。すなわち彼は、建物の構造、デザイン、装飾のすべてに、完全性と全体性を同時に与えようとしているのである。目的が達せられれば、それら内部と外部はおのずから、それらが建てられた材料の表現となり、それらが具体化させる構造原理の表現となり、それらが建てられた目的の表現となる。〔……〕すでに仄めかしたように、これらの原理は建築の実践ではみられなかったものの、少なくとも、ラスキンの初期の文筆以降の批評を特徴づけてきたものである。（傍点著者）

しかし建築界外部から発せられたこうした言葉も、当時のアメリカの建築論壇に広まっていた「ラスキンの建築観」の解釈と相容れるものではなかった。

スタージスが同時期に同じ『アーキテクチュラル・レコード』に発表した「イギリスの装飾とウォルター・クレ

イン」[53]（一九〇二）は、当時アール・ヌーヴォーの想源として知られたラスキン、モリス、クレインの理論と実践に全く価値を置かなかったという点で、アメリカ建築界の特異なアール・ヌーヴォー受容（非受容）を特徴づけている。

当時のスタージスの理解によれば、アール・ヌーヴォーを含む、イギリスを範としたアーツ・アンド・クラフツ運動の広まりは、それらがイギリスを範とし、ラスキン、モリスを指導者に仰いだという、まさにそのことによって、あらかじめ発展性が阻害されていた。

このことを示すために、スタージスはまず、イギリスの芸術の実践をとりまく不健全な状況を、イギリス国内のラスキンのプレゼンスの強さになぞらえた。「大英帝国は、ラスキンがイングランドとスコットランドに住み、そこで説教し働いたという事実に大変な影響を与えられている」――この状況のなかでイギリス人は、「ラスキンの影響は大したことがないと思う、有害だと思うなどとは、どれだけそう思おうとも、印刷物のなかで自分から自由に発言することができない」という袋小路に行き当たった。この点、遠隔地アメリカはそのようなラスキンの睨みからは自由であり、スタージスには、現在ヨーロッパを席巻するラスキンの影響下にあえて与する理由はなかった。

そしてスタージスは、現在のイギリスの建築・工芸運動がラスキンを奉じているのが、ラスキンの建築・芸術理論が正しいためではなく、その名声に追従者の目が眩んでいるだけなのだと喝破する。つまり、「ラスキンに関する意見でアメリカ人とイギリス人が相容れない」ことの主原因は、「ラスキンがイギリス人だからであり、イギリス人の目から見て一九世紀の文学界に輝いているから」という、単純な自国贔屓によるのである。この論理はモリス、クレインにも及ぶ。スタージスはその論のなかで、社会思想家や詩人としてのレッテルをはがせば、彼らのデザインそれ自体は取るに足らないものだと一蹴した。

ヨーロッパの動向に対する同様の軽視は、ボストン・アーツ・アンド・クラフツ協会に属しＭＩＴで教鞭をとった建築家、チャールズ・ハワード・ウォーカー（一八五七―一九三六）の論にも見てとることができる。スタージスの論

DESIGNS FOR SILKS. GEORGE DE FEURE.

DECORATIVE PAINTINGS, RESTAURANT KONSS, PARIS. GEORGE DE FEURE.

CHAIRS. GEORGE DE FEURE.

last syllable. Absolute and complete violation of the simplest constructive forms or conditions, an archaistic affectation in every detail and a lack of sense of proportion is evident in every line. Desire for the unusual becomes a cult with him, no one thing can be done rationally, but must be tortured to become new in idea. The Haus Behrens at Darmstadt is also very unusual, especially on the exterior, on which the corner brick pilasters are thin and attenuated, and the usual lack of sense of proportion appears which is characteristic of Art Nouveau exteriors.

Prof. Josef Hoffmann, of Vienna, is among the best of the Art Nouveau designers. His work is that of an artist, refined, restrained. It is the very apotheosis of well proportioned simplicity, austere to the last degree, and therefore a good background and foil to any good applied art. It has in it the very element of quiet refinement which makes the simplest of colonial work so attractive. It must be confessed that in the few points where Prof. Hoffmann has introduced pictures or lamps or bits of decoration, he has done so with an asceticism that smacks not so much of the cloister as it does of poverty, either of purse or of perception. It is, however, on the whole, one of the best presentations of refined taste, and the association of Austrian artists, the "Secessionists," showed excellent judgment in selecting Prof. Hoffmann to install their exhibit, for his work is structural, refined and in good taste, though lacking body. It is safe to presume that he would do admirable work in any style he chose to adopt for the time being. It was worthy of being a setting for much finer work than was displayed on its walls. If Art Nouveau maintained the high standard of Prof. Hoffmann in the hands of its other exemplifiers, it would justify its existence. As a matter of fact, the delicacy of Hoffmann's work is that of some of the artists of the Renaissance, and there is a suggestion of the Portal of S. Giovanni Evangelesta in Venice in his door treatment between the galleries. Tullio Lombardi and Hoffmann would have had tastes in common, but the Italian is easily the more accomplished designer.

In addition to the work shown in the various expositions, Herr Koch publishes in his magazine on interior decoration (*Innen-Dekoration*) various examples of exteriors and interiors

DESK BY MARGARET JUNGE.

SEAT WITH BOOKSHELVES. G. SERRURIER-BOVY.

MARGARET JUNGE.

GERTR. KLEINHEMPEL.

DRESSER. G. SERRURIER-BOVY.

17

図6-7　C. H. ウォーカー「アール・ヌーヴォー」(1904年)
アメリカの建築界ではアール・ヌーヴォーは歓迎されなかった.

から二年後の『アーキテクチュラル・レビュー』に、ウォーカーが寄稿した「アール・ヌーヴォー」[54]（一九〇四）は、「過去の芸術と比較すると重大視するのは極めて難しい」として、この動向を痛罵した（図6−7）。ウォーカーによれば、アール・ヌーヴォーは「基礎がほとんどないか皆無のまま空想に頼っている」のであり、「そのために教育を受けつけず、構造の法則を破り、プロポーションを無視し、原因と結果を判別することができていない」。それが現在小芸術分野で流行しているのは、建築とは異なり「構造が深刻な因子ではないから」でしかないのである。ほかインディアナポリスを拠点に活動したルイス・ヘンリー・ギブソン（一八五四―一九〇七）もまた「真の建築」[55]（一九〇六）のなかで、「その〔アール・ヌーヴォーの〕美は騒がしすぎる。その美が編成の悪い構造を覆っているのである。エンジニアリングが悪く、造形も構成も無理矢理だ」と語った。

アメリカの建築論壇では、アーツ・アンド・クラフツやアール・ヌーヴォーといったヨーロッパの動向は、このように辛辣な批判を受けるのが大勢だった。このため、それらの現代性をめぐる議論は二〇世紀初頭に早々に頓挫する。

このアール・ヌーヴォー受容のなか、その起源とされたラスキンはやはり、アメリカの建築論壇内部では後進性の象徴とみなされた。この二〇世紀初頭、構造合理主義を超えた現代的ゴシックが希求されるなかで気づかれるようになったラスキンの建築論の価値は同時に、別の観点からの新たな否定的圧力にも曝されることとなったのである。この短期間に、ゴシック建築をめぐる国内の議論の歴史的背景や、同時代的な内的衝動、国外からの新たな情報が混じて形成された「ラスキンの建築観」は極めて多義的かつ相互に矛盾したものとなり、以後アメリカ人の論客がラスキンにとりうる態度を、それまで以上に両面感情に支配された複雑なものとした。

3 異説アール・ヌーヴォー〔一八九三―一九一八〕

C・ブラグドンの広告戦略

しかしアメリカ建築界によるアール・ヌーヴォーに対する拒絶の姿勢は、ヨーロッパからもたらされた動向の直接模倣を拒絶した、という意味に限られたものだった。

というのもこのアール・ヌーヴォー受容は他方において、国内の類似の動向との比較によって、その国内動向自体を総括する機会を与えたのだった。アメリカの建築論壇は、アール・ヌーヴォーの意義に否定的ながら、その否定の論理の延長線上に自国の建築思想の独自性を確認する。

二〇世紀初頭のアール・ヌーヴォー受容にあたってその役を担った一人に、ロチェスターを拠点として活動した建築家クロード・ブラグドン〔一八六六―一九四六〕がいる。ブラグドンによるアール・ヌーヴォー批判は同時に、国内の機能主義建築思想の展開の明示を目的としたものであり、それ以後の彼の取り組みによって、アメリカの建築論壇には次第に、機能主義の創始がルイス・サリヴァン一人の功績であるという神話が形成されていく。

その発端となったのは、ブラグドンが一九〇三年にアメリカ建築同盟（Architectural League of America）大会（セントルイス）で発表した「アール・ヌーヴォーとアメリカ建築」[56]である。

この論考は、大陸のアール・ヌーヴォーを、「イギリスで実を結ばなかったゴシック・リバイバルのごとき、時代遅れのゴシック建築様式の再建ではなく、ゴシック芸術の根本原理である表現性、発明性、自由と個性の再建に向けての、初めての組織だった、人気もある取り組み」であると定義し、それと並行する動向としてサリヴァンの建築思想を紹介した。ブラグドンによれば、サリヴァンは「私が呼ぶところのゴシック的知性」を有した人物、すなわち「強力なまでに個人であり、自然愛好者であり自然研究者であり、論理家であると同時に神秘主義者」だった。つまりブラグドンは、サリヴァン自身が同時期、自らの建築思想がいかなる過去の様式も援用していないと語り、「生きたアメリカの問題はクラシックにもゴシックにも関係しない」[57]（「ラム氏への応答」、一九〇五）と語ったのとは裏腹に、サリヴァンを明確にゴシシストと見なしたのである。

ここでブラグドンは、サリヴァンの建築思想とアール・ヌーヴォー思潮との近親性に言及しながら、前者の建築観の中核が「形態は機能に従う《フォーム・フォロウズ・ファンクション》」という定式にあることを語った。

この有名な文言はサリヴァンが「芸術的観点からみた高層オフィスビルディング」[58]（一八九六）で発したものであり、その発表当時は協働者のダンクマール・アドラー（一八四四—一九〇〇）が「スティール構造と厚板ガラスの様式上の影響」[59]のなかでまず激賞したものである。

しかし今日の歴史的な視座でみれば、これらの言及をもって、その定式の開発そのものをサリヴァンの独創に帰することはできない。当時の論壇をひろく見れば、自然を範とした機能主義的芸術観それ自体には、たとえばジョン・バローズ（一八三七—一九二一）のホイットマン再評価[60]が先行していた。建築論壇でも、スカイラーは一八九四年の「現代建築」[61]の中で、ラルフ・ワルド・エマーソンの「問題」[62]（一八四〇）、ジョルジュ・キュビエ（一七六九—一八三二）の『四肢動物化石骨の研究』(63)（一八一二）、ヴィオレ＝ル＝デュクの『建築講話』(64)（一八六三）を援用し、「建築の形態は考案される《インベンテッド》のではなく、自然の形態のように進化によって発達させられる／開発される《デベロップド》のだ」という原理をすでに明示していた。このときスカイラーがエマーソンの引用を援用しながら「自然の有機体に非常に似ている有機体の一つ」であると語ったのはゴシックの大聖堂だったが、同じ創造の原理はヴィオレ＝ル＝デュクの機関車のアナロジーを通じて、シカゴ万国博覧会で展示されたフランス最新の巡洋艦《ジャン・バール》（図6-8）の造形原理のなかにも見いだされていた。それは「機能に従って開発されながら〔……〕それらの機能の表現への意識的言及がない」、無意識のエンジニア的創造行為として称揚された。

図6-8　防護巡洋艦《ジャン・バール》
M. スカイラー「現代建築」（1894年）より，1889年進水のフランス軍艦．エンジニアによる有機体創造の例示．

　こうした時代状況を鑑みるならば、「高層オフィスビルディング」に語られた定式はサリヴァン独自のものであったというより、当時国内にすでに広まっていた創作観を再提示したものだったと言える。同時期にはフランク・ロイド・ライトもまた自然を範にとり同じ定式を語っているが(65)、サリヴァンがその定式を自身の独創だと認識すること自体が、ブラグドンによる二〇世紀初頭の紹介ののちであると考えられるのである(66)。

サリヴァンの建築思想とアール・ヌーヴォー

　さて、「アール・ヌーヴォーとアメリカ建築」を執筆したブラグドンには、大陸の動向と比較したサリヴァンの建築思想・建築表現の優越性を論じることに一つの主眼があった。

　もとより、アール・ヌーヴォーの表現の質自体に対しては、ブラグド

図6-9 「ゴールデン・ドアウェイ」（L. H. サリヴァン，シカゴ，1893年）
絢爛な細部装飾の単位が反復．シカゴ万博の「ホワイト・シティ」に建設されたこの建物こそがアール・ヌーヴォーの主要な影響因である（C. ブラグドン）．

ンもまたスタージス、ウォーカー同様の低評価である。彼によれば、「アール・ヌーヴォーのスタイルでデザインされた建物は、創造物であることは感じさせるものの、自制心のない放縦な空想の産物であるようにも感じられる」のであり、その表現は「造形の度がすぎており、線はねじ曲がり、全体的な印象として落ち着きがなく歪んで」いた。それは「結局不合理で正しくないかもしれない」もの、「成果としては失敗」のものだとみなされたのである。それでもブラグドンがその動向を評価しえたのは、それが現代のクラシシズムに対する、ゴシック・リバイバル勢の対抗と理解されたことによる。

他方、同時代のゴシック・リバイバルとして、サリヴァンの取り組みはアール・ヌーヴォーの理念との親近性があり、かつ、その理念をより十分に実作に表現していた点でブラグドンの意に適っていた。ブラグドンがその論の中で「われわれは我々自身のアール・ヌーヴォー建築を持っている」と豪語したのはそのためである。そしてブラグドンは、アール・ヌーヴォーの起源自体がサリヴァンにあるとさえ述べるのである。

サリヴァン氏のシカゴやコロンビアン博覧会（＝シカゴ万国

博覧会）の建物（図6−9）はフランスの装飾芸術美術館のコミッショナーの興味を引き、彼らはパリの美術館のためにサリヴァンの装飾のドローイングや写真や鋳造された現物を確保した。そしてヨーロッパ中の同様の機関がそれらの複製を手に入れた。頭のなかでアール・ヌーヴォーが生まれかけている人間に、こうした手本が強い影響を及ぼしたということも大いに考えられることである。

　ブラグドンがここで述べたような経緯や影響関係が実際にあったかどうかは不明である。いずれにせよ、この論理によってブラグドンは、アメリカのアール・ヌーヴォー受容以前に遡り、国内の動向それ自体を、より純粋な「アール・ヌーヴォー的」なものとして語ることを得たのである。そうして、ここでブラグドンがサリヴァンのアール・ヌーヴォー的建築思想の中核として広めたのが、「『形態は機能に従う』という彼の定式」だった。

図6-10　ナショナル・ファーマーズ・バンク（L. H. サリヴァン，ミネソタ州オワトナ，1908年）
煉瓦現しの仕上げ，半円アーチの窓，浅浮彫状の縁取りなど，容易な分類を許さない多義的なディテールの複合体．

　この定式はその後の一九〇五年七月、すなわち『クラフツマン』で「ゴシックの現代的利用」論争が行われた翌月、サリヴァン本人の申し出により、「芸術としてみた高層オフィスビルディング」の抄録のかたちで同誌から再提載された（「芸術としてみた形態と機能」）。[67]

　他方一九〇八年には、サリヴァンのボザール時代の同窓生であり、のちの協働者でもあったステンドグラス・デザイナーのルイス・J・ミレット（一八五三—一九二三）によって、ナショナル・ファーマーズ・バンク（一九〇八、図6−10）の批評の際に再び触れられる。[68]しかしブラグドンとは異なり、このときミレットは、その定式に象徴されるサリヴァンの建築思想が、「ゴシック、リチャードソニアン・ロマネスク、イタリアンとコロニアル、クラシックとフランス芸術」など、過去の一連のリバイバルから自立した展開を辿ったことを強調した。

有機的建築と形式的建築

「ゴシックの現代的利用」論争にもみられるように、当時の建築論壇では、サリヴァンの建築表現はよりよくゴシックの原理と結びつけられて語られた。そうしてこの連想は、ブラグドンによるサリヴァンの理論の紹介を通じてさらに宣伝されていく。

そのなかで注目されるのは、ブラグドンによるこの紹介のなかで、サリヴァンの「形態は機能に従う」が神秘主義的なものとして伝えられていったということである。そうしてそれは、サリヴァンの文言としてではなく、ブラグドン自身の建築観を言い表すために、ブラグドンの言葉として用いられるまでになっていく。

サリヴァンを「自然愛好者であり自然研究者であり、論理家であると同時に神秘主義者」として紹介した「アール・ヌーヴォーとアメリカ建築」の時点で、ブラグドンには、サリヴァンの定式に神秘主義的な性質を付託する兆候がすでに現れていた。

そしてそれ以後、主題をエマーソンの「運命」[69]（『コンダクト・オブ・ライフ』）中の文言から明示的に、副題をラスキンの『建築の七燈』から暗示的につけた『美しき必然――神智学と建築に関する七つの小論』[70]（一九一〇）では、「偉大かつ至高の言語としての建築芸術はたった三文字から展開し、人類は幾世代を通じ、それによって自らの移りゆく思想傾向を表現してきた」のだというサリヴァンの言葉は、ブラグドン自らの神秘主義的建築観のなかに取り込まれた。ここで言う「三文字」が「F・F・F」、つまり「フォーム・フォロウズ・ファンクション（＝形態は機能に従う）」であることは論をまたない。

このときブラグドンは、現代思潮のなかに「現代神智学がその一局面であり、科学が精神的な意味を持ち始めたことがその一つの表れである」神秘主義的動向を認め、それは「ゴシック精神のある種の転生であり、ゴシック精神へのある種の回帰」の兆しなのだと語った。ブラグドンが語るその「精神」とは、自然の原理を知悉するという点では科学的精神でありながら、それを抽象化しより純粋に具現化させるという点では、造物主としての人間に、半神としての性質が付与されたものでもあった。その創作論は、エマーソンの「美」[71](『自然』)の一文を示唆する、書内の以下の言及に要約されている。

世界を統治する「美しき必然」というものが存在する。それは自然の法則でもあり、同時に芸術の法則でもある。芸術とは理想化された宇宙《クリエイション》であり、人間の意識を通り抜けたがゆえにより高き神《パワー》となった自然なのである。

この前提に則りブラグドンが推進してきたのが「形態は機能に従う」というサリヴァンの定式だったが、この『美しき必然』では、サリヴァンが言及したとする「三文字」が何であるのかには触れられず、その三文字を基礎としたゴシック建築論も展開されない。むしろ同書の数秘術的図像学分析は、建築そのものがもつ神智学的性質を主張するために、全時代の建築に応用されるべきものだった。

しかしその後、『建築とデモクラシー』[72](一九一八)でのブラグドンは、自らが奉じるゴシック建築観を広告するために、暗示的に、しかし明らかにサリヴァンの定式を援用した。それは半ば剽窃の側面をもつ援用だった。

ここでブラグドンは、建築の原理を大きく二種、ゴシック建築に代表される「有機的」建築と、ルネサンス建築に代表される「形式的」建築に区別した(図6-11)。その定義によれば、「機能が形態を創造したように見え、あらゆる場所について形態が機能に従い、機能が変われば形態も変わるような場合、その建造物は『有機的』」(傍点著者)

であり、対して、「建物が顔を現さずに仮面しか見せないようなら、その仮面がどれだけ美しかろうがそれは『形式的』建築である」。

ブラグドンがその「機能が形態に従う」という文言の出自をサリヴァンに帰していたことは「アール・ヌーヴォーとアメリカ建築」の時点で明らかであり、当時のサリヴァン自身も、それが自身のものであるという認識をブラグドン宛の書簡のなかで示している[73]（ちなみに、この書簡は一九〇四年七月、すなわち、ブラグドンの「アール・ヌーヴォーとアメリカ建築」とサリヴァンの「芸術としてみた形態と機能」のあいだに送られた）。しかしこのような互いの認識がありながら、「デモクラシーの預言者」サリヴァン賛美の書である『建築とデモクラシー』のブラグドンは、その定式を自身のものとして扱い、逆に、サリヴァンの建築思想の解説にあたっては、それに一度も触れなかった。

図6-11　オットー・リートの幻視
『建築とデモクラシー』（1918年）より，有機的建築観によるクラシック建築の例示．ここにもやはり，「ゴシックとクラシックの融合」のモチーフが現れている．

4　クラシシスト史家の煩悶　［一九一八―一九三五］

F・キンボールと「舌の混乱」――アンチ＝プロ機能主義者ラスキン

当時このようなことが可能だったのには、この定式のプレゼンスや、それがサリヴァンのものであるという認識がアメリカの建築界にさほど広がっていなかったという事情も考えられる[74]。

ブラグドンが『建築とデモクラシー』を発表したのは、フィスク・キンボール（図6－12）とジョージ・ハロルド・エジェルが『建築史』のなかに史上初めて「機能主義《ファンクショナリズム》」の項目を設けたのと同じ一九一八年のことである。

このとき『建築史』で語られた機能主義とは、「折衷主義ムーブメントとは根本的に異なる方向の〔……〕自然科学への傾斜の一部」であり、「形態を機能と環境に適合させるという生物学的概念と一体のもの」だった。しかしこう定義されながら、書内で実際に言及される機能主義とは、鉄、ガラス、鉄筋コンクリートなどの新たな建材を重視した構造合理主義以上のことを意味するものではなかった。

この意味での機能主義の始まりは、フランスではサント・ジュヌヴィエーヴ図書館（H・ラブルースト、一八四三―五〇）、イギリスではジョセフ・パクストンのクリスタル・パレス（一八五一）から始まると論じられ、他方、アメリカの機能主義の始まりは一八九三年のシカゴ万国博覧会頃のルネサンス・リバイバルに定められる。

しかしこの『建築史』のなかでは、この潮流のなかでサリヴァンが機能主義者であったのは、「クラシシズムのモニュメント群に並んでロマネスクとサラセンのモチーフの名残があるものの、建物類型、材料および構造システムの現代性・新奇性を表現することを本質的な取り組みとした」という、書内で定義された「機能主義」とはおよそ関係のない性質のためである。キンボールとエジェルにはこのとき、「生物学的概念と一体のもの」である機能主義としても、あるいは、クラシシズムの潮流の作例としても、サリヴァンの建築の成果を評価すべき明確な視点を有していなかった。

図6-12　F. キンボール（1915年頃）

その後キンボールが初めて「形態は機能に従う」に言及したのは、一九二四年の「近代建築とは何か」[75]および、その翌年のサリヴァン追悼記事「巨匠ルイス・サリヴァン」[76]である。ただしここで特筆されるのは、前者においてはむしろ、この定式が「ラスキンとヴィオレ＝ル＝デュクの六〇年代の文筆に由来する」ものと描かれていることである。

なお「近代建築とは何か」が書かれた一九二四年とはサリヴァンの自伝の発表年だが、その序を担当したブラグドンは、ここでは、「機能が形態を決め、形態は機能を表現するという信念を抱いていた」サリヴァン像に触れている。[77]一方、サリヴァン自身によるその細目の説明は、この自伝のなかでは一部をなすにとどまる。[78]その後この定式はヘンリー＝ラッセル・ヒッチコックの『モダン・アーキテクチャー』（一九二九）を経て、ヒュー・モリソン（一九〇五―一九七八）によるサリヴァンの伝記『近代建築の預言者』（一九三五）などに繰り返され、サリヴァンが発した金言として、近代建築史の一般知識となっていった。[79][80]

さて、キンボールの「巨匠ルイス・サリヴァン」は、サリヴァンを一九世紀ヨーロッパの建築理論家に比肩する初めてのアメリカ人として紹介したものだが、ここでキンボールがラスキンに対してみせた理解は「近代建築とは何か」同様、キンボールの文筆の経歴に照らして異質なものだった。というのもキンボールはここで、サリヴァンのことを「ラスキン、ヴィオレ＝ル＝デュク、ゴットフリート・ゼンパー、オットー・ヴァーグナーといった、一九世紀のごく少数の科学派の思想家・設計者・指導者たちと結びついている」と語り、続く『ヴェネツィアの石』からの引用によって、ラスキンもまた構造合理主義の唱道者であったと主張するのである。

建物はすべて、固有の前提条件と目標達成努力を表現している。構造法則を理解することで、自分が取り組むおのおのの新しい建物に関する努力の仕方がわかる。〔……〕このような不変の構造法則に反し、そのため不自然で奇怪なものとなっている建物や建物の様式は甚大な数にのぼるが、そうしたものは皆すみやかに排斥することができる。[81]

たしかにキンボールには、この前後にもラスキンを同様の論点から紹介することがあった。一九一八年の『建築史』では、依然彫刻的細部に関する言及であると断りながらも、ラスキンが唱導した中世回帰が「プロポーションなどの抽象的な質ではなく、材料と構造における誠実性、情熱と思考の証拠」を求めたものであったと語られている。また一九二八年に発表された『アメリカ建築』も、「芸術分野に誤って導入されたラスキンの道徳的価値体系のもと、コロニアル期が誠実な伝統的職人技能の黄金時代であると賛美されてきた」ことに対する敵愾心と反証を最大の執筆動機に有していたものの、ラスキンが「建設の真実性」を求めた論客であったことには触れられている。

「巨匠ルイス・サリヴァン」がラスキンの機能主義者としての側面を強調する目的で書かれたことは、ウォルター・パッチ宛の書簡のなかにも明かされている。[82] その記事は、建築の純科学的な性質を重視したためではなく、むしろ「建築の美点を構造に対する忠実性にみる、現在はびこっている現実主義的あるいは科学的〔建築〕理論」に対する、クラシシストとしての異議申し立てとして書かれたのだった。

「巨匠ルイス・サリヴァン」によれば、「自然に対する真実性を追い求めた狭量な取り組みのなかで、印象派や機能主義者の実に多くの者たちは様式性《フォーム》をすべて失ってしまった」のであり、そのなかでサリヴァンのみが、機能主義者でありながら、同時に「幾何学的単純性を有する普遍言語という意味での古典的要素へ

図6-13　ウェインライト・ビルディング（アドラー＆サリヴァン，ミズーリ州セントルイス，1891年）『巨匠ルイス・サリヴァン』（1925年）より．サリヴァンは「ゴシック的」機能主義の実践を通じてクラシシストの造形感覚を復権させた（F. キンボール）．

の回帰」を達成しえた〔図6－13〕。そのためにこそキンボールはサリヴァンに対し、ルネサンスの大画家を示唆する「巨匠《オールド・マスター》」の名を冠したのだった。対して「ラスキンはまだ、ゴシックを通じた救済活動の道を考えていた」。――ラスキンは、有機的建築観を有した機能主義者であるがゆえに時代遅れとみなされたのである。

一方でこの時期には、また新たな視点からラスキンの建築観が論難されるようになる。『建築史』でキンボールの共同執筆者だったジョージ・ハロルド・エジェルは、キンボールの『アメリカ建築』と同年に『現代アメリカ建築』[83]（一九二八）を発表し、ラスキンに対する否定の態度を明確にしている。これもまたクラシシズムをアメリカ建築の伝統と捉えた史書だが、その冒頭でエジェルは、ラスキンの建築論のなかに理解された「倫理的誤謬」を喝破し、ルネサンス建築およびルネサンス建築を範とした現代アメリカ建築の正当性を主張した。

それ〔建築の倫理的議論〕は今後おそらく、ジョン・ラスキンの文筆に表れるような野蛮なドグマティズムをもって繰り返されることはないだろう。この理論は本質的に、芸術と道徳思想、品行、倫理とを混同している。しかし芸術とそれらは関係がない。ラスキンはルネサンス建築を一様に「不道徳」だと論難し、この問題を明確に議論の俎上に載せた。無論われわれはこの大批評家の仕事を軽くみてはならない。〔……〕しかし彼の仕事はもう終わった。彼の理論は廃れた。現代生活のなかでは、それらは救済であるよりむしろ躓きの石だ。

エジェル自身が書内で明示しているように、「芸術と倫理を混同した」人物としてのラスキン批判は、アメリカの論壇にも受容された、イギリスの建築史家ジェフリー・スコット〔一八八四―一九二九〕による『ヒューマニズムの建築』(84)(一九一四)の発表以降に可能となった論法である。

ゴシック対クラシック――機能主義の所在をめぐる史論の対立

ここで時代を遡り、一九一八年という同年に発表されたブラグドンの『デモクラシー』とキンボールらの『建築史』が明らかにするのは、一九世紀末以降のクラシック・リバイバルと、二〇世紀初頭以降のゴシック・リバイバルを背景に再燃した、両陣営の分裂である。一方のブラグドンは現代建築の特質に「ゴシック精神」を定め、その基底に「形態は機能に従う」の定式を据えた。他方キンボールらはアメリカ建築の正統をクラシシズムの系譜に見いだし、構造合理主義の観点から語られる機能主義の動向もまた、クラシシズムの特質であると語った。

機能主義はクラシシズムの潮流であると主張するキンボールらの意志は、国内のゴシック・リバイバルをめぐる『建築史』の記述の恣意性に如実に表れている。というのも彼らは、アメリカ建築の機能主義(『建築史』が語るところの「構造的純理性」)の発祥を、「ラスキンとヴィオレ＝ル＝デュクの教え」を奉じた前時代の「ゴシシスト」に求めながらも、年譜にはそれらの動向を含めず、近代の機能主義の動向をクラシシストとしてのベンジャミン・ヘンリー・ラトローブ(一七六四―一八二〇)の系譜に遡ったのだった(図1-4参照)。他方、ギルデッド・エイジのゴシック・リバイバル自体は折衷主義の亜流として矮小化された。

アメリカ建築史の正史とは

合理的建築思想の起源・系譜をゴシックとクラシックのいずれに辿るべきかという問題は、ブラグドンとキンボールの、機能主義の様式上の所在をめぐる対照的な立場にも、すでに派閥対立のかたちで示されていた。そしてこの問題は、その後のアメリカ建築思想史の通史構想に常についてまわることとなる。

この議論をめぐって特徴的だったのは、一九三〇年代半ばまではクラシック陣営に属した論客の誰しもが、一九世紀中葉以前のクラシシズムの実践に構造合理主義的なものを付託する決定的な論理に欠けていたということである。むしろ、彼ら自身のクラシシズム建築に対する認識は、それを合理的なものとみなそうとする意思と決定的に矛盾していた。

それは、一九世紀末にチャールズ・トンプソン・マシューズ（一八六三―一九三四）やアルフレッド・ハムリン、モンゴメリー・スカイラーによってアメリカ建築史が書かれるようになった時点から顕在化していた問題だった。マシューズは一八九六年の建築史書のなかで直接的に、アメリカのグリーク・リバイバルでは「不幸なことに、ギリシャの原理が用いられたのではなく、ギリシャの形式が模写されただけだった」[85]と総括した。また、同年に発表されたアルフレッド・ハムリンの『建築史教本』[86]も、ジラード・カレッジ（一八三三―四七、図1-2参照）に代表されるグリーク・リバイバルの佳作を「現代の機能には明らかに不完全に適合させられた模倣だ」としている。

しかしこれらの論客は、一面ではこのように国内のグリーク・リバイバルの否定的側面を挙げながら、おのおのの仕方で、それがアメリカ建築の伝統にとって肯定的な意義をもつことを強調した。

マシューズの場合、その肯定への転化はゴシック・リバイバルとの比較のなかで行われた。「グリーク・リバイバルに続くゴシック・リバイバルは、熟練していない人間から明確なルールという予防手段を奪い、そのかわりに感傷と熱狂しか与えなかった」。つまりマシューズは、後続の動向を「混乱と無秩序の始まり」であると捉えることによって、先立つグリーク・リバイバルの比較的優位を主張したのである。

一方、アルフレッド・ハムリンによるクラシシズムの価値づけは、無条件、というより、実質的には無根拠なものだった。彼は右に語られたようなグリーク・リバイバルの瑕疵を指摘しながら、それを「全面的に成功」なものであり、「合衆国ではイギリスやドイツ以上に満足のいく成果を生み出した」のだと語った。というのも、アメリカのグリーク・リバイバルの建築家は「ギリシャ建築の魂を真に理解していた」からである。しかし書内では、その結論にいたる具体的な理由は全く語られない。

またこれらの論客は、自国のクラシシズムを合理主義的なものとみなしうるための理論家を持たなかった。このことは単純に、キンボールらの『建築史』以前に書かれたクラシシズム擁護論がいずれも、この観点から誰をも援用しえていないことに示される。一八六〇年代から七〇年代半ばにかけて、ボザール受容の初期の試みのなかでヴィオレ＝ル＝デュクにその役を担わせようとしたのはヘンリー・ヴァン・ブラントであり、このとき彼は、合理的なものとしてのクラシシズムという認識を、ある拡がりをもってアメリカ建築界に浸透させることができた。しかし一八七〇年代末以降にはそのような解釈はもはや主流を占めることはなくなり、一八八〇年代以降には、ヴィオレ＝ル＝デュクは国内の論壇で完全にゴシック・リバイバルの論客であるとみなされるようになる（第二章3節、第三章1節参照）。

その後、キンボールらが『建築史』の時点で合理主義的・機能主義的なクラシシズム建築理論家として辛うじて援用できたのはイタリアの理論家フランチェスコ・ミリツィア（一七二五―一七九八）だったが、ミリツィアを援用することが自国のクラシシズムの伝統の擁護にならないことは、ここでミリツィアの理論とラスキン、ヴィオレ＝ル＝デュクの理論を同一視せざるを得なかった論者自身が自覚していた(87)。

他方彼らは、ゴシック・リバイバルがラスキンおよびヴィオレ＝ル＝デュクという二人の理論家を有していたという意識を共有しており、それに影響された過去の国内動向が、一方では折衷的なものでありながら、他方では合理的な建設を目指したものであったという認識を有していた。この二人の理論が過去にその運動の中で実際に参照されていたか、いかに参照されていたかという実証的観点は乏しかったものの、少なくとも彼らには、ゴシック・リバイバルを構造合理主義の動向であったとみなしうる理論家の存在があった。

建築の「アメリカン・スピリット」

キンボールらの『建築史』に始まる二〇世紀のアメリカ建築史論の展開とはまさしく、クラシシスト史家による「アメリカ的」建築理論家の獲得に懸ける闘争だった。

初期のアメリカ建築史研究と『建築史』までにはおよそ二〇年の隔たりがあるが、その間に興隆したルネサンス・リバイバルは、ハムリン自身を含むボザール勢によってすら、実践性と創造性の欠如から論難の対象となっていた（「ボザールの影響」論争、第五章4節参照）。国内の論壇には、自国の建築的伝統をクラシシズムに据える衝動がありながら、遠過去に関しても近過去に関しても、まず実践の観点から積極的にそれを裏付けることができなかった。

そこでまずキンボールらの『建築史』は、「ナショナル・ピリオド」の建築の画期となるグリーク・リバイバルの発端をトーマス・ジェファーソン（一七四三―一八二六）に求めたが、この時点での論法はアメリカの建国理念に依拠した側面が強かった。彼らの論法によれば、「コロニアル様式には美点もあるが垢ぬけないものであった」ために、「人々は新しい、主権を有する共和制の州連合に相応しく、また、じきにそこから一つになる偉大な国に相応しい建築を確立させようとした」のである。

そのとき、「政治・社会機構に加えて、アメリカの共和国の理想と人道主義の理想に関係するすべての建物には、ヨーロッパの伝統とは極めて異なる解決が求められた」。そうして、この問題に応答すべく古代ギリシャに範を求めたのがジェファーソンだった。その様式の選択は第一に、「その古代人の共和国に新しい州連合との最も近い類似があると感じられた」ためだった。

しかし、こうしてジェファーソンによって創始されたクラシシズムには、エンジニアリングとしての美点もあったという。なぜならその後、「国内外に生まれたエンジニアや建設者やアマチュアが団結し、それらに大スケールとアカデミックな性格を吹き込んだ」からである。
つまりキンボールらは、こう語ることによって、「彼らが生きる現代の」クラシシズムの起源をなす、一九世紀のグリーク・リバイバルがエンジニア主導であったことを示唆したのだった。
しかしこの語りも、シカゴ万国博覧会以降のクラシシズムを語る段になって破綻を起こす。たしかに彼らには、その博覧会によって「この共和国の設立者たちが当面のあいだ、古典建築を永久の国家様式にするという目的を達した」という実感があった。しかしその『建築史』の記述のなかでは、一九世紀末以降の佳作に位置づけたマッキム、ミード&ホワイトのペンシルバニア・ターミナル駅（一九〇四―一〇、図6-14）さえもが、「ローマのテルマエからそのままコピーされ、実用上の機能がほとんどない」ものとして否定的に評価された。そうして彼らは、他のクラシシズム現代建築についても、クラシシズムを採用したという様式面からのみそれらを賛美した。

また彼らはこのとき、「建設の純理性はラトローブの設計の質である」としながらも、この博覧会を画期とする機能主義理論の始原を「ラスキンとヴィオレ＝ル＝デュクの教え」に求めざるをえなかった。

キンボールはその後、一九二八年に発表した『アメリカ建築』(88)のなかで、「創造的精神や新しい造形感覚は〔アメリカ連邦〕共和国の創設とともに現れた」のだと主張した。

図6-14　ペンシルバニア・ターミナル駅（マッキム，ミード&ホワイト，NYC，1904-10年）
マッキム事務所の代表作の1つで，巨大なホールを有する鉄道駅（現存せず）．しかし自国のクラシシズム建築は往々にして，国家理念との乖離で取り沙汰された．

ここで彼が「アメリカ的」建築観の始原に求めたジェファーソンの建築観の理解は、一九二〇年代半ばの機能主義理論の隆盛を反映し、より直接的にサリヴァンの「形態は機能に従う」との親和性の強いものとなっている。すなわちここでキンボールは、ジェファーソンの建築思想を理性的・合理的なものとみなしたほか、その基底に自然の合目的性という観念があったことを指摘したのだった。ここでジェファーソンは「法律を学んだために論理的思考を求めた」建築家として描かれるが、彼の設計のなかで「想定された適法性と合理性には、自然との共通点があった」。

そうしてキンボールは、その自然を範とした合目的的設計原理の起源を、ルネサンスを生きた一人のイタリア人クラシシストに帰した。つまり、ジェファーソンの設計思想は「間違いなく、パラーディオ自身が『建築、自然の模倣者』と書いたときに感じたものだった」のである。——「ここにはジェファーソンの基礎概念の一つである、自然法則とのかかわりがある」。

この論法によってキンボールは、「アメリカ的」機能主義的建築思想の起源がラスキンとヴィオレ＝ル＝デュクという二人のゴシシストに先だち、ジェファーソンに始まるクラシシズムの伝統のなかに萌芽していたことを示した。しかしこの理屈にキンボール自身が納得していたかどうかは疑わしい。少なくともそこには、自説を裏づけるだけの実証的証拠が欠けていた。

アルフレッド・ハムリンの子息であるタルボット・ハムリン（一八八九—一九五六）もまた、クラシシスト史家として、キンボールの『アメリカ建築』に二年先だち、『建築のアメリカン・スピリット』(89)（一九二六）を発表する。ここでもまた建築の「アメリカン・スピリット」の起源はグリーク・リバイバルに求められたが、タルボット・ハムリンはそれを一九世紀初頭の「建築科学」塾の広告（図6-15）と結びつけた。彼はこの操作によって、その当時のアメリカに「建築に対する一般の興味の高まりだけでなく、構造《メカニックス》の側の需要も存在したはずだ」ということを示唆し、一八、一九世紀のグリーク・リバイバルが「土着のクラフツマンシップという伝統的本能」である工業とも結びつくことの例証を試みたのである。

しかし彼もまた、グリーク・リバイバルを「〔アメリカの地に〕深く根差した、全国的な感情を表現した」ものだと評価しながらも、建築表現の上では「皮相な」ものだとせざるを得なかった。

126 THE PAGEANT OF AMERICA

TO MILLWRIGHTS,
Carpenters, Cabinet-Makers, Ship-Builders, Masons, &c. who practice in their professions,
THE SCIENCE OF
Architecture.

Those who are desirous of learning the principles or theory upon which they are founded, according to Mathematics—as, Mensuration, Gauging, &c. together with drawing (as well as others, who wish to learn Mathematics, in particular, in all its various branches) are informed that WILLIAM SCHULTZ proposes, by the particular desire of some of his most intimate friends, to open a *NIGHT SCHOOL* on the 1st of October, 1813. To commence at 6 and continue till 9 o'clock in the evening. Private lessons from 9 to 12 in the forenoon, and from 2 to 5 in the afternoon. Price per quarter 10 dollars.

N. B To render the above learning easier comprehensible to all classes, they are respectfully informed that Draughts, Drawings, Paintings, &c. will be exhibited with that view, and consequently will render the knowledge easier known, and proficiency sooner acquired. It is hardly necessary to mention, that Mathematics, including its many branches, is the mother of invention as the principles are governed by philosophy, in application to the arts, &c.

Any further information may be had by applying at No. 5, Courtland-St. or at the New-York Free-School.

Printed by Hardcastle & Van Pelt, No. 86, Nassau-street.

278 From a broadside, 1813, in the New York Historical Society

"THE SCIENCE OF ARCHITECTURE"

A BROADSIDE of 1813 shows that in this early period there must have been not only a growing popular interest in architecture, but also a demand on the part of the mechanics for an education to fit them to supply the need of a great amount of new building. It was this growing interest in architecture which helped the spread of the Greek Revival.

A GREEK REVIVAL COUNTRY RESIDENCE

THE period of the Greek Revival was remarkable for the widespread knowledge of the style and the correctness of forms used everywhere. This came about through the wide distribution of carefully-made books showing plans, elevations, and details in the Greek style. Minard Lafever's *Modern Builders' Guide*, New York, 1833, second edition, 1841, was one of the best. The illustration (No. 279) is one of its plates which shows a large Greek Revival "Country Residence."

279 From Minard Lafever, *Modern Builders' Guide*, New York, second edition, 1841

THE FERRIS HOUSE, NEW YORK

IN execution, few Greek Revival houses are as rich or many-columned as the published designs. Given four Greek Doric columns, a pediment, and smooth walls, the result is the typical Greek Revival house. Windows, not being Greek forms, were sometimes difficult to handle. The Ferris house, Bronx Borough, New York, is a typical example of an attempt to be Greek.

280 From a photograph by Frank Cousins

図 6-15 「建築科学」塾の広告（1813 年）とグリーク・リバイバル
『建築のアメリカン・スピリット』（1926 年）より．アメリカ的クラシシズムを代表する建築理論家の不在のために，クラシシスト史家はさまざまな論法で科学思想とクラシシズム建築の実践を結びつけようとした．

5　簒奪と再統合　［一九一五―一九三六］

A・ハムリンの三批判――実践的クラシシストの計略

自国のクラシシズムの伝統の評価にかかわる以上の問題点を背景としたために、クラシック派の建築史家から仕掛けられる一九一〇年末以降の史学的派閥闘争は、国内のゴシック・リバイバルの否定に動機づけられていたという点を一つの大きな特徴とする。

それと同時に彼らは、それまでゴシック建築の特質として語られてきた構造の真実性・合理性を、新たにクラシシズムの特質としても語るようになる。これをもってクラシック派の建築史家は、クラシシズムの原理に則った新建築の展望と、そのルーツとしてのクラシシズムの系譜を基調とした、合理主義的アメリカ建築史を書きうるようになるのである。

この簒奪の過程を最も象徴的に表しているのは、アルフレッド・ハムリン（図6-16）が一九一五年から一九二〇年にかけ『アーキテクチュラル・レコード』に断続的に発表した、「ローマ建築とその批評家」（一九一五）、「ゴシック建築とその批評家」（一九一六）、「ルネサンス建築とその批評家」（一九一七―二〇）の三部作である。(90)

一連の論考がこの順で発表されたことには戦略がある。

第一部の「ローマ建築とその批評家」はこの三部作全体の命題として、「古代ローマはさまざまな面で他のどの文明よりも現代に近かった」ことを主張する導入編である。しかしハムリンがそう主張しうるためには、ローマ建築の意義を軽視した過去の国内のゴシック史論に反証を加えなければならない。また、そうしたゴシック史論で採用されたゴシック建築観そのものも、ローマ建築の美点の評価に応用するためには改められなければならない。第二部の

「ゴシック建築とその批評家」の主目的は、そのための「ゴシック」の再定義にある。これらの議論によりローマ建築の美点が語られるのをまって、ローマ建築を範としたルネサンス建築の美点、ひいては自国の現代建築がルネサンスを範とすることの正当性を語りうるようになる（第三部「ルネサンス建築とその批評家」）。

その連載開始から遡ること七年、「ボザールの影響」論争にさいしてのハムリンの論点は、ドローイング能力を重視し実用的設計条件を軽視する、実践性の欠如したボザールの教育方針だった。そこでハムリンは、クラシシズム擁護におけるこの点の克服のために、自らが実務建築家としてクラシシズムを実践していることを示さなければならなかった。

そこでハムリンは、この三部作のなかでまず、過去の著名なゴシック擁護者がすべて座学に基づいていた、と指摘した。つまり、彼らのゴシック建築論の非実践性を示唆するという迂回路によって、クラシシズムの実践性を反語的に浮びあがらせようとしたのである。

第一部の「ローマ建築とその批評家」冒頭では、スタージス、ハーバート・ムーア、スカイラー、ヴァン・レンセリア、キングスリー・ポーターといった、ゴシック賛美の観点からゴシック史論を編みながら、「この芸術〔＝建築〕の実践的、創造的デザインという一側面をまるごと未踏査の土地」に残したアマチュア批評家は、すべてハムリンの論敵とされた。たしかにスタージスは実務建築家としての経歴を有していたが、ハムリンに語らせれば、そのスタージスも、「イェールのマルカンド・チャペル[91]および他の二、三の建物の設計者として知られているものの、開業建築家であるよりも、常に好んで研究者および好事家を職業とした」人物だった。

図 6-16　A. ハムリン（1895 年）

この指摘をすることによってハムリンには、当時のアメリカ建築界のなかに、歴史家兼実務家として「建築について書くことを試みなければならず、建築を批判する資格がある」のが自身一人であることを公言することができるようになった。ハムリン自身はボザールのジュリアン・ガデのスタジオ（一八七八―八一）および、マッキム、ミード&ホワイトの事務所に勤めた（一八八二―八三）という建築の正統教育を受けた経歴をもち、アメリカ古典研究学校（アテネ、一八八六―八八。W・R・ウェアと協働）などで実践を積んだ実務建築家でもあった。

ラスキン、公開処刑の意義

ゴシック建築批評家・史家らに対するこうした敵愾心を含んだ論のなかで、ハムリンの主な論難の対象がラスキンの建築論となることは自然の成り行きだった。ハムリンの認識によれば、ラスキンはアマチュア建築批評家として、ゴシック建築を賛美したなかでもアメリカに最も影響力のあった一人であり、その論の無効性を示すことがつまり、自国のゴシック・リバイバルの系譜の否定、さらにはクラシシズムの伝統の肯定に繋がるからである。――「ラスキンの『建築の七燈』と『ヴェネツィアの石』は英語で書かれた本の中で最も広く読まれてきたが、彼は画家であり、芸術学の教授であり文士なのであって、受けた教育においても実践においても全く建築家ではなかった」。加えて、「ラスキンは情熱的な中世主義を有し、ルネサンスに対して強い反感感情を抱いていたため、その〔ルネサンス建築の〕真価を全く理解しなかった」。このように、この一連の論考の全編で、ハムリンはラスキンが「建築に対して無知」であることを再三繰り返した。

ハムリンによれば、ラスキンのこうした反ルネサンスの著作が及ぼした影響は概して否定的なものだった。さらにラスキンは、かつての熱狂的受容があったからこそ、ゴシシスト勢の内部でさえ唾棄されなければならない存在なのである。次に引用する一節は、クラシシスト・ハムリンによる苛烈な扇動の典型である。

彼〔ピュージン〕の取り組みはジョン・ラスキンの超越論的な説教によって受け継がれ、大いに支持された。〔……〕しかし彼〔ラスキン〕の建築批評は詩的想像力と宗教的熱狂、道徳熱および、間違った理論が異常に混ざり合ったものだった。あれほどまでのドグマチックな積極性や文学的雄弁をもって自説を展開する批評家は前後不出であり、自身が扱う主題についての基礎知識が極めて薄弱にもかかわらず、あれだけの広い聴衆と追従者を獲得したのも彼しかいない。(「ゴシック建築とその批評家」)

このように語るハムリンがラスキンの建築論にみた大きな瑕疵とは二点あるが、「その第一点は、美学と倫理学の両分野を区別できないこと」である。ここでハムリンが指摘する「倫理学《エシックス》」とは実際には神秘主義に等しく、ラスキンがルネサンス建築を論難したのは、それが「懐疑的精神の具現化であり、神秘主義や真の宗教の破壊者であり、また神秘主義的、宗教的中世が象徴し生み出したすべてのものの破壊者」であるためによった。第三部の「ルネサンス建築とその批評家」で語られる通り、「ルネサンスの歴史建築の魅力とは主に、知的ではなく美的であること、示唆的ではなく断言的であること、想像力ではなく視覚に訴えかけること」なのであり、ラスキンがゴシック建築に理解したとされる特質とは好対照をなす。

またハムリンによれば、ラスキンの第二の瑕疵とは、建築のディテールを本質と捉え、その批評に拘泥した点である。そもそもラスキンは、「まず建てられ、そこから装飾されるものとして建物を考えていた」。かくしてラスキンの著作は、「建築そのものを全く誤ったかたちで提示し、建築の価値に対する真の理解の発展を非常に遅らせた」。

「美のロジック」とゴシック建築

しかしハムリンは、ローマ建築、ルネサンス建築の再評価にあたり、ゴシック建築そのものの否定を手段としたの

図6-17　マーチャンツ・ナショナル・バンク（L.H.サリヴァン，アイオワ州グリネル，1914年）
A.ハムリン「ゴシック建築とその批評家」（1916年）より，ゴシック建築の「美のロジック」．構造の論理だけではない，視覚的論理から組み立つ建築の図示．

ではなかった。「ゴシック建築とその批評家」で明かされる彼の認識によれば、たしかに「ラスキンの熱心な建築批評は、英国大衆の趣味に対する影響があったという点で、大英帝国自身やフランスの優れたゴシック建築のための、完全に誤った評価基準が作られるのに一役買った」。しかし、それはラスキン一人が責めを受けるべき事柄であり、その「完全に誤った評価基準」はそもそも、現代では全く信じられていない。そう考えたハムリンは、ラスキン以外のゴシック建築史家に対する反論にあたっては、ゴシック建築の劣等性を説くのではなく、従来国内に広まっていたゴシック建築観を拡充する方針をとった。そうして、その新たな評価基準をローマ建築、ルネサンス建築にあてはめるのである。繰り返すが、第二部の「ゴシック建築とその批評家」の全編は、その目的を達成するための道具立てである。

この策略のなかで、アメリカのゴシック・リバイバルがヴィオレ＝ル＝デュクの『フランス中世建築事典』受容に発端をもつという主張はハムリンにとって重要なものである。

というのも、この一連の論考のなかでハムリンが示そうとしたのは、建築設計のなかには構造のロジックの他に、相補的なものとして「美のロジック」が存在するのだということ、「建築とは結局すべてが科学であることはなく、芸術的要素が優れて強いものなのであり、想像力や純粋な造形美を愛する心はそのなかで相応の存在意義を有する」のだ、ということだからである。ヴィオレ＝ル＝デュクの著作は、ハムリンがこの三部作を書いた当時、純合理的なものとしてのゴシック建築唱導の書とみなされていた。ハムリンの意図はまず、そのように狭義に捉えられたゴシック建築の解釈を、拡張し、改めることにあった。

ハムリンの認識では、「ヴィオレ＝ル＝デュクが『〔フランス中世建築〕事典』のなかで初めて根本的な論理を解き明かし、フレンチ・ゴシックの形式とディテールの進化が、構造要件に応用された冷静な論理的思考にどの程度支配されてきたかをはっきりさせて以来、特にアメリカ人批評家はこの、論理という質に熱心な関心を注いで」きていた。ゆえに建築の構造的合理性に対する議論はいまや、国内では十分に尽くされている。しかし同時に、それらが「フレンチ・ゴシックの発展における構造の論理を徹底的に強調し、〔……〕それを唯一の『真の』ゴシックであると言って憚らない」風潮は、ハムリンにとって受け入れるべきものではなかった。なぜなら、ゴシック建築においても、「ヴォールト柱はヴォールト・リブを支えるために必要ではない」が、「これらの造作の一つひとつは美学的スキームのなかで正当かつ必要な位置を占めている」という点で、「美のロジック」に則っているのである。そう語ったハムリンは特にフランボワイヤン・ゴシックをゴシック建築の極致と定め、サリヴァンのマーチャンツ・ナショナル・バンク（一九一四、図6－17）との親近性を示した。

「論理のロジック」とローマ建築

そうしてこの論旨は、構造合理性と視覚効果の中道を求めたローマ建築評価および、そのようなローマ建築を範としたルネサンス建築評価に繋がる。それこそが、第三部の「ルネサンス建築とその批評家」の執筆意図である。

というのも、こう語ることによってハムリンは、同様の美的必要性の充足が、視覚芸術としてのローマ建築の設計理論の中核をなす正統なものであること、ピラスターなどの「騙し、すなわち我々が錯覚と呼ぶ種類の騙しはある芸術形式にとってはまさしく本質なのであり、そうした『騙し』がひとに不快な思いをさせることは全くない」ことを示しえたのである。他方、ローマ建築は同時に、構造的観点にも基づいて建設されてもいた（図6－18）。

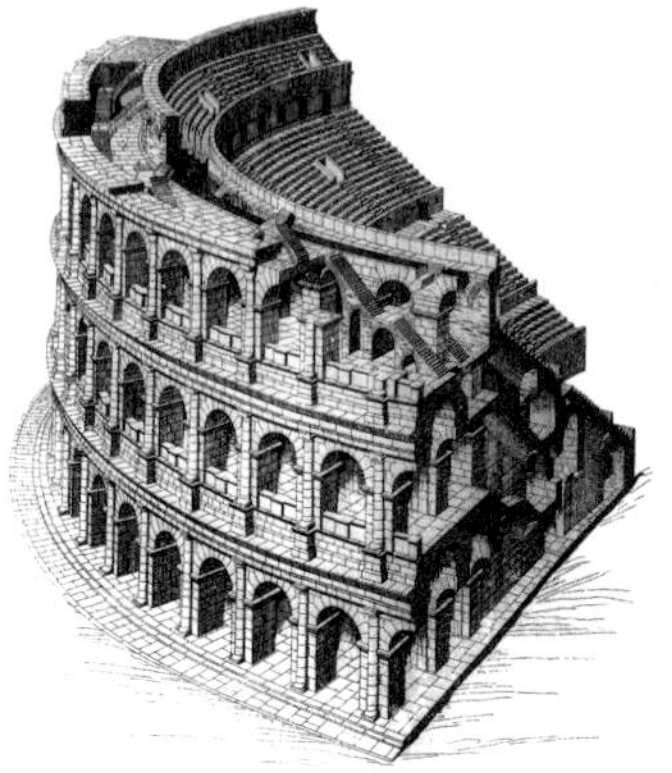

図6-18　コロセウム（J. ガデ画）
A. ハムリン「ローマ建築とその批評家」（1915年）より，ローマ建築の「論理のロジック」．視覚的な美だけではなく，構造や機能などの現代的要求を満たしうることの図示．

ハムリンは第一部の「ローマ建築とその批評家」ですでに、ローマ建築のそのような性質を直接的に主張するのではなく、ゴシック建築もそのような両義性を有していると論じることによって、間接的にこの問題にアプローチしようと試みていた。

第二部の「ゴシック建築とその批評家」の冒頭にもやはり、同じ企図は明確に表れている。ここでのハムリンによれば、ローマ建築とは、「ギリシャの理想から、新たな環境下の新たな問題を解決するための、全く新しい類型の進化に至る中間段階」、つまりギリシャ時代とルネサンス時代の中間段階に生まれた建築なのであり、ゴシック建築にもまた、同様の中間段階に生まれたことによる中道性がある。

「ゴシック建築とその批評家」連載第二回の副題であり、主要テーマでもある「ゴシックの定義」が、ゴシック建築そのものの特質より、ゴシック建築とローマ建築との接点を強調するものであったということは、このようなハムリンの戦略を反映した必然である。ゴシック建築とは、「中世の西・北ヨーロッパで成長した、ロマネスク建築にすでに存在していた原理・造作を胚として始まり、側廊つきの十字型教会の建設と装飾の問題を解決するさまざまな取り組みのなかで発展した一群の様式」なのであり、さらに遡れば、ローマ建築にもこの意味でのゴシック建築の原理は胚胎していた。「論理のロジック」と「美のロジック」に関する現代的需要に同時に応える設計思想、それこそがゴシックの建築思想であり、同時に、というより、起源としてはゴシックに先立つローマ建築の設計思想なのである。

つまりハムリンの意図からすれば、ゴシック建築の特質そのものを抽象することはここでは重要ではなかった。眼目とされたのは、ロマネスク建築を介して、ゴシック建築が間接的にロ！マ建築の出自を有し、さらに、ギリシャ建築の美の理念を共有しているのだ、ということを示唆することだったのである。この系譜を指摘することによってハムリンには、「必要性の論理が伝統的理想の支配を克服した」ローマ建築と、それを範としたルネサンス建築が、現代の応用に特に適したものだと主張することもできた。

第三部の「ルネサンス建築とその批評家」は、その内容こそ建築物の細部に拘泥したものだった。しかしそれは、第一部の「ローマ建築とその批評家」の時点ですでに、第二部にすら先だち、ルネサンス建築の現代的応用の妥当性を以下のように宣言していたためである。

この建築〔＝ローマ建築〕の形式、意匠、構造配置やディテールは並外れてフレキシブルであり、さまざまな環境、プログラムおよび目的に順応させることができる。これらの形式や意匠が今日研究され模倣されているのには相応の理由がある。ルネサンス人がローマの形式と意匠を復活させたのは、一五世紀、一六世紀の芸術家に新たな創造力が欠けていたためにコピーを始めたということではない。このばかげた非難は、ラスキンとファーガソンが不相応に出まわらせたものだ。その時代の人間がインスピレーション源を本能的にローマのモデルへと変えたのは、ルネサンス人が文明の新時代をもたらし、ゴシック芸術ではもはや満たせない新しい要求が生まれたからである。

さて、ハムリンのこのようなルネサンス建築擁護に対して、その連載開始から三年後、三部作の完成をまたずに、「反ローマ建築」(92)（一九一八）をもってハムリンに反論したのはキングスリー・ポーターだった。

ポーターによれば、たしかにローマ建築は、「いかなる歴史様式よりも一九世紀のアメリカ建築との類似性があり」、「その様式はこの国の現代の建築教育の土台となっている」。しかしそこには、創造にかける「神聖な喜びの火花」が

図6-19　H=R. ヒッチコック（1930年頃）

図6-20　L. マンフォード（1926年頃）

決定的に欠けている。ポーターの現状理解によれば、ローマ建築を「軽率に賞賛・模倣することは現代アメリカ芸術に有害な影響を作り出している」のだった。ポーターにとって建築とは、内因的な「装飾的」質（「プロポーション、色彩、線、マッシング」）と外因的な「説明的」質（「どう話すかではなく、何を話すか」）の両立によって高度に成立するものであり、後者に劣るローマ建築とルネサンス建築は「中世の建造物の偉大なる知的性質に欠けて」いた。

H=R・ヒッチコックの歴史理論——クラシックとゴシックの「バロック的」統合

これらの史論は単純に史学的興味から書かれたものではなく、アメリカ建築の伝統を西洋および自国の過去に求め、現代建築の方針を定めるという実践的意図が明らかなものだった。それは当時の国内の建築史家の広範を巻き込んだ、クラシックとゴシックの二派にはっきりと分かれた派閥闘争であり、建築史とはこの内紛を戦う兵器にも等しかった。彼ら建築史家によるアメリカ建築史論は大別してハムリン父子、エジェル、キンボールおよびヘンリー=ラッセル・ヒッチコック（図6-19）らによる記述と、ルイス・マンフォード（図6-20）、チャールズ・ハリス・ウィタカーらによる記述の二組に分かれる。後者がゴシック的伝統のなかにアメリカ建築の伝統を見いだしたのに対し、前者はクラシシズム的伝統のなかにそれをみた。

このように対立する史観は、出版された史書の数の上では互角だったと言える。しかし当時の批評を振り返れば、ゴシック史観陣営に対するクラシック史観陣営の論難は、その逆に比して極めて苛烈なものだった。

マンフォードの『スティックス・アンド・ストーンズ』[93]（一九二四）やウィタカーの『ラムセスからロックフェラーまで』[94]（一九三四、図6-21）にはおのおのキンボール、フレデリック・ガットハイム（一九〇八―一九九三）の書評が存在するが[95]、これらはいずれも辛辣なものだった。前者の批評はマンフォードとキンボール共通の知人であるウォルター・パッチがその「怒号」に辟易し、「『ヘラルド』の読者にさえ意味をなさなかったはずだ[96]」との感想を漏らすほどであり、ガットハイムの批評もまた、ウィタカーがゴシック賛美の史観を採用したことに対し、「著者はどうやら、自説を論理的に追及した結果、『暗黒時代』〔=中世〕がクラフツマンシップと建設にとっての理想の時代だなどという馬鹿げた見解に至ったことに気づいているようだ」、「中世に関する議論全体が〔……〕科学的歴史家の著作と食い違っており、ユゴーやラスキンの態度のように、ルネサンスの扱いにはロマン主義的な反感につきものの欠陥だらけだ」、と敵対感情を露わにした。

ヒッチコックによる近代建築のプロパガンダもまた、特に自国のゴシック・リバイバル史を貶め、クラシック・リバイバルを合理主義的な動向として称揚する点に特徴づけられる。

ヒッチコックは自身の処女出版である『モダン・アーキテクチャー——ロマンティシズムと再統合[97]』〔一九二八〕のなかで、オランダのヘンドリク・ベルラーへ〔一八五六—一九三四〕、ドイツのペーター・ベーレンス〔一八六八—一九四〇〕、フランスのオーギュスト・ペレ〔一八七四—一九五四〕および自国のフランク・ロイド・ライトら、「『新しい伝統』がエンジニアリング・建設と建築〔=美的操作〕とを再び結びつけた」功績を語るさい、建築の合理性に関する重要展開をすべてクラシシストの功績に帰した。その発端にあたる「一九世紀第一世代の優れた建築家は、いずれの場所においても、おお

図6-21　RCAビルディング（R. フッド，NYC，1931-33年）
『ラムセスからロックフェラーまで』（1934年）より．ゴシシストのウィタカーは，その無味乾燥をセント・パトリック教会（左隅）との対比で皮肉った．

よそ合理主義的クラシシストと定義すべき」であり、「第二世代」のゴシシストの動向は、特にアメリカ建築に分裂をもたらしたとして唾棄される。ヒッチコックによれば、「〔ヘンリー・ホブソン・〕リチャードソンおよび、意識的・無意識的に『新たな伝統』に属するその後の人物以外では、アメリカの一九世紀後半の建築は、おそらく他のどこよりもおしなべて無価値なものだった」のである。

それはとりもなおさず、「リチャードソン以前のムーブメントがイギリスのゴシック・リバイバルの影響でしかなく」、なかでもアメリカはイギリスから悪影響しか受け取らなかったためである。「イギリスのクラフツマン建築の全面的な影響も、ネオ＝ジンジャーブレッド〔装飾過多をお菓子の家になぞらえ揶揄〕のイーストレイク様式以外には、二〇世紀以前にはほとんど届いておらず」、ほかラスキン受容に伴う折衷主義的傾向は、アメリカ建築にさらなる弊害をもたらした。なぜなら、「世紀中葉にラスキンがイタリアン・ゴシックからの借用の実験をよく考えもせずに始めたことが、真剣な建築と最も品のない建物を見分けることを難しくした」主要因だったからである。この怨嗟を反映してのことだろう、ヒッチコックはおそらく意図的に、この現代建築史書の索引から「ラスキン」の項を省きさえした。

他方、「少なくともヴィオレ＝ル＝デュクは優れた理論家であり、いかなるクラシシストよりも遠大な合理主義を文筆のなかで開拓した」のだった。「イギリスのラスキンとは全く違い、〔……〕一般原理を策定したのは他の誰でもないヴィオレ＝ル＝デュクそのひとなのである」。

しかしこのときのヒッチコックの認識によれば、ヴィオレ＝ル＝デュクの理論は本人の実作のなかにはほとんど具現化されず、また、アメリカへの影響もなかった。

闘争の止揚と「新しい伝統」

ただし、このようにラスキンの理論の否定的影響あるいはヴィオレ＝ル＝デュクの理論の影響のなさを強調しながらも、ヒッチコックは同時に、「中世主義者の極めてドグマチックな合理主義」がもっていたであろう、ゴシック・リバイバルの範疇を超えた波及力を意識してもいた。ヒッチコックもまた、キンボールやアルフレッド・ハムリン同様、単純なクラシシズムへの回帰のなかに現代建築の特質を認めたわけではなかったのである。

この意識は、ヒッチコックによる書題の選定そのものにも反映されている。そこに掲げられた「再統合」は、第一義的には建築設計における技術と美術の統合を意味する。しかしヒッチコックはそのほかにも、一九世紀広範の建築史のなかにゴシックとクラシックの「再統合」の過程をみたのである。

そうしてヒッチコックは、その再統合に「バロック」の語を冠した。加えて彼は、その「バロック的」アメリカ建築史のダイナミズムを表現するために、「ロマンティシズム」の語にも独自の解釈を当てはめた。

ヒッチコックの定義によれば、「理論上は、ロマンチストはある一時代のリバイバルのみの正当性を信じる」回顧的人格・時代動向のすべてに当てはまり、この意味では、クラシシスト、ゴシシストの両陣営が目するおのおののリバイバルは、いずれもロマンティシズムである。そうして、その「二大派閥による激しい闘争」の止揚こそが、ヒッチコックが『モダン・アーキテクチャー』のなかで「新しい伝統」とみなした現代建築の主潮流である、バロック的統合の過程だった。建築史家ドナルド・エグバート〔一九〇二―一九七三〕が書評のなかで当時いち早く指摘した通り、「一八世紀中葉のクラシック・リバイバルは通例ロマンティックの時期には含まれないが、彼〔ヒッチコック〕は慣例的に建築のロマンティックの開始とされる時期よりかなり早い、一七五〇年にロマンティシズムの始点を定めた」[98]のである（なお、ルイス・マンフォードはヒッチコックのこの工夫に気づかなかった）[99]。

この再統合の開始を告げる一九世紀中葉の論考として、ヒッチコックは「その時代最大の批評家であるラスキンの著作と、その時代で最も実直でおそらく最大の建築家であるピュージンの著作」ではなく、その若干年長であるイギリス人建築家ジョージ・ギルバート・スコット〔一八一一－一八七八〕による「未来の建築」[100]〔一八五七〕を選んだ。それは表面上、まずスコットが理論と実践双方の雄弁・多作を兼ね備えた人物であるとされたためである。理論家・建築家としてのスコットのこうした全人性は、その文筆が、「イギリスだけでなく大陸も含めて、中世主義者の知的理論をより幅広く代表している」ものだと言いうるために重要視された。

しかしヒッチコックが一章を費やしスコットの論を検討した直接の動機は、スコットが「一三世紀のヴォールトから向こうを見られない中世主義者の極めてドグマチックな合理主義を避け」、「新しい伝統」の一つの特質である、ゴシックとクラシックの統合をいち早く予見していたことにある。

実践面でのスコットは、「ラスキンが提案したイタリアン・ゴシックを歩み寄りの核として選択したことで、深刻な誤りを犯した」。しかしそれは、ヒッチコックの論のなかでは問題とはならない。なぜなら「スコットは、自分も参加しているムーブメント内部の先見の明のある人間も、敵対するクラシシストのなかの人間も、本当は新しい建築を探しているのだと確信していた」からである。そしてヒッチコックはさらに、スコットの先見性を以下のように指摘した。

> スコットは少なくとも暗黙のうちに、新たな建築が真に新たな美学を求めていること、その美学はどのような過去の美学とも必ずしも一致する必要はなく、さらにはすべての過去の美学に共通の特徴とさえも、ゼロではないにせよ必ずしも同意する必要はないことを認めていた。

ただし、このように過去の美学からの完全な離脱の可能性を語りつつも、ヒッチコックはあくまで、ゴシックとクラシックの様式的対立と統合を主題とした。この点におけるヒッチコックとスコットの見解の相違とは、ゴシック・

19. Bibliothèque Sainte-Geneviève, Paris, by Henri Labrouste. 1843-1850

20. House near Chicago, by Frank Lloyd Wright. 1910

図6-22　H＝R. ヒッチコック『モダン・アーキテクチャー』（1928年）図版
「中世よりも後期クラシック寄り」の再統合を例証するために同一ページに配置された2図．上図は鋳鉄構造をクラシシズムの建築美に取り入れた記念碑的作品，サント・ジュヌヴィエーヴ図書館（H. ラブルースト，パリ，1838-50年）．下図はロビー邸（シカゴ，1909-10年）の設計者F. L. ライトはゴシシストを自任していた．

リバイバリストとしてのスコットが「古典的であるよりもはるかにずっとゴシック的な様式」のなかで様式の統合が果たされると予想した一方で、ヒッチコックが現代にみた「この融合の帰結が実際には中世よりも後期クラシック寄り」（傍点著者）だったことである（図6-22）。

『モダン・アーキテクチャー』の書内で再三語られるように、このヒッチコックの現状理解には、狭義のゴシック・リバイバルのなかの、狭義の「ラスキンの影響」を極度に重視したための怨嗟が影響していた。この感情に伴いヒッチコックは、イギリスとアメリカのゴシック・リバイバル関連の動向に肯定的意義を見いだすことができなかったのである。この両国では、ラスキンによる「イタリアン・ゴシックを復活させる取り組みが道を外させた」のである。ラスキンの説教が「新しい伝統」の一要素である「良きクラフツマンシップを引き起こすことはそうそうなく」、ラスキンの文筆の影響下にある現代建築は「一様に、目立つ衣装で構造を包むことになる場合がほとんどだった」。――そのようなゴシック・リバイバルの負の歴史が「新しい伝統」の優勢な要素とみなされることは、この『モダン・アーキテクチャー』の時点では全く不可能なことだった。

『インターナショナル・スタイル』の歴史観――ゴシックのルネサンス

その後ヒッチコックは気鋭の建築家フィリップ・ジョンソン〔一九〇六―二〇〇五〕とともに『インターナショナル・スタイル』[101]（一九三二）を発表するが、ここでヒッチコックが展開した史論もまた、前著と同様、「リバイバルがバロックの規律を破壊したときに様式なる概念が堕落し始めた」こと、そして現代においてそれが「再び正しく創造的なものになった」ことを主題とする。

しかし『モダン・アーキテクチャー』と『インターナショナル・スタイル』が決定的に異なっていたのは、後者の歴史記述のなかでは、前者が孕んでいた史観と実証の矛盾が解消されているという点である。というのもここで、ヒッチコックの「バロック的」統合の理論は、ゴシック、クラシック両陣営に対する同等の重みづけのなかで語られうるようになるからである。『モダン・アーキテクチャー』発表時点のヒッチコックによれば、「バロックとはモダン期における最終的な、完全に統合された様式段階なのであり、そこでは情緒的な回顧と知的実験のバランスが、無意識なままでに自然に保たれる」。それは同時に無意識的な様式の統合の結果でもあったはずだが、当時のヒッチコックは肯定的な意味での「情緒的な回顧」も、「知的実験」も、主にクラシック・リバイバルが波及させたものであるとみなさざるをえなかった。

それはヒッチコックがイギリスのゴシック・リバイバルを重視しながらそこに価値を見いだせなかったという矛盾によるものだが、『インターナショナル・スタイル』ではこの点が克服されている。

前著の段階でもヒッチコックは、ヴィオレ＝ル＝デュクに託された構造合理主義を建築理論史上の画期とみなしていたが、ゴシック・リバイバル内部におけるその通時的な影響力については黙さざるをえなかった。しかしその後ヒッチコックは、フランス人考古学者サロモン・レナック〔一八五八―一九三二〕によって書かれた現代建築史観を見いだしたことによって、ヴィオレ＝ル＝デュクの時代を経て、「一九〇四年になってもなお、現代建築を専らゴシックの再生《ルネサンス》のたぐいであると考えることが可能だった」ことを示しえたのである。次のレナックからの引用は、『インターナショナル・スタイル』本編の巻頭に掲げられ、同書の歴史観の主調をなした。

ゴシック建築によって普及した定式の前には大いなる未来がある。一六世紀から現代まで主流を占めたグレコ＝ローマン建築のリバイバルに続くのは、異なる材料を十全に理解することによる、さらに永続的なゴシック様式の再生だ。

ここにおいて、ヒッチコック初期の歴史記述は自身の理論との整合性をみせることとなる。おぼろげに予感されながらも実証しえなかった、世界規模で生き永らえる「ゴシックの原理」――フランスで指摘されたその実在は、ヒッチコックの歴史記述のための画竜点睛だった。『モダン・アーキテクチャー』で語られた現代建築の「中世よりも後期クラシック寄り」の止揚、『インターナショナル・スタイル』で語られるところの、「構造の問題の取り扱い方ではゴシックと関係があり、意匠の問題の取り扱い方ではクラシックにより近く、機能の取り扱い方を最重要視している点ではどちらとも異なる」という止揚は、このレナックからの引用に対する反論として、「現代様式とゴシックの関係は視覚的なものであるよりもむしろ観念的なものであるということ、実践の問題であるよりもむしろ原理の問題なのだということ」、そうして、「意匠においては、主要な現代建築家はゴシックの大志よりもギリシャの平静を得ようとしている」ことの二点を指摘することで論理づけられたのである。

図6-23　ペンシルバニア美術アカデミー（ファーネス＆ヒューイット，フィラデルフィア，1871-76年）
尖頭アーチの上にマンサード屋根が載り、北側立面で鉄骨トラスを露出させ装飾とするなど，さまざまなモチーフが混在．図4-9参照．

ヒッチコックが現代建築に思いみた平衡は、かつて一九世紀後半の理論と実践で模索された「クイーン・アン」的統合の理論との親近性があるが（第四章2節参照）、ヒッチコック自身はその時代の自国の建築史を忌み嫌い、特にフランク・ファーネスの設計を以前から酷評していた。[102]『インターナショナル・スタイル』のなかに語られる、「クラシック・リバイバルと中世リバイバルから折衷主義が引き継いだ、歴史様式を模倣し改良するという奇妙な伝統」が現代においても「あっけなく忘れ去られてはいない」という、「バロック的統合」の過程に対する肯定的評価は、ほとんどリチャードソンの建築表現に向けられたものだった。

そしてヒッチコックは、『インターナショナル・スタイル』の出版から四年後に『H・H・リチャードソンとその時代』[103]（一八三六）を上梓する。これはリチャードソンに対するラスキンの影響を否定する、あるいは、リチャードソンが国内で初めてラスキンの影響から脱し、フランスからの影響によって「理に適った建設として建築を理解する感性」の創始者となったことを主張する史書だった。

このようにアメリカ建築へのイギリスからの正の影響を否定し続け、ラスキンへの嫌悪を公にして憚らないヒッチコックだったが、この強烈な感情ゆえに、彼はその後もラスキン受容史に対する関心を抱き続けることとなる。実にこのヒッチコックこそが、本書で扱うラスキン受容史のパイオニアであるということは、ここで指摘しておくべきだろう[104]。

またヒッチコックは、文筆上ではほぼイタリアネイト・ゴシックの影響源としてのみラスキンに言及していった半面、ラスキンの文筆のなかにそれ以外の何らかの重要性を見いだしていた。

そのため、自身が「バロック的統合」の理論の主要な援用先としたスコットの書籍でさえ、「ラスキンやピュージンのものより重要だと言うことはできない」（『モダン・アーキテクチャー』）のである。その重要性が具体的に何であったのかという問題は、スタージスの『建築の七燈・建築と絵画』の序論や、ヒッチコック自身が『モダン・アーキテクチャー』の献辞に掲げたハーヴァード大学時代のメンター、ポーターが『中世建築の起源と展開』や『建築を超えて』のなかで行った複雑なラスキン賛美のごとくに、容易な史学的追究を拒むものである。

ここで些細ながらヒッチコックの心理を読む手がかりになりうるのは、一九五一年に渡米し、彼のもとに学んだイギリス人建築史家、コーリン・ロウ（一九二〇—一九九九）の回想である。——「イェールで知り合ったラッセル・ヒッチコックの性格はきっと、究極的にはキングスリー・ポーターによって形成されたのだろう[105]」。

（1） Auguste Rodin, *Les Cathédrales de France*, Paris, Librairie Armand Colin, 1914, p. 51.

（2） John Ruskin, *Works*, Brantwood edition, 22 vols., Charles Eliot Norton, intr., New York, Charles E. Merrill, 1891-1896.

（3） Idem, *The True and Beautiful in Nature, Art, Morals and Religion: Selected from the Works of John Ruskin*, Louisa Caroline Thuthill, ed., New York, Wiley & Halsted, 1859; New York, John Wiley, 1890. Idem, *Letters and Advices to Young Girls and Young Ladies: On Dress, Education, Marriage, Their Sphere, Influence, Women's Work, Women's Rights, &c.*,

&c., New York, John Wiley & Sons, 1879; New York, J. Wiley & Sons, 1888.

(4) Hattie Tyng Griswold, *Home Life of Great Authors*, Chicago, A. C. McClurg and Company, 1889.

(5) Elbert Hubbard, *Little Journeys to the Home of Good Men and Great*, New York and London, G. P. Putnam's Sons, 1895.

(6) Hattie Tyng Griswold, *Personal Sketches of Recent Authors*, Chicago, A. C. McClurg and Company, 1899.

(7) John Ruskin, *The Complete Works*, 26 vols., New York, Bryan, Taylor & Company, 1894.

(8) Idem, *John Ruskin: The Two Boyhoods, The Slave Ship, The Mountain Gloom, The Mountain Glory, Venice, St. Mark's, Art and Morals, The Mystery of Life, Peace*, Bliss Perry, ed., New York, Doubleday & McClure Co., 1898.

(9) Charles Waldstein, *The Work of John Ruskin: Its Influence upon Modern Thought and Life*, New York, Harper and Brothers, 1893.

(10) William Gershom Collingwood, *The Art Teaching of John Ruskin*, New York, G. P. Putnam's Sons and London, Percival and Co., 1891.

(11) Idem, *The Life and Work of John Ruskin*, 2 vols., London, Methuen & Co. and Boston, Houghton, Mifflin and Co., 1893.

(12) Anne Isabella Thackeray Ritchie, *Records of Tennyson, Ruskin, Browning*, New York, Harper & Bros. and London, Macmillan, 1892.

(13) John Ruskin, *Letters Addressed to a College Friend During the Years 1840–1845*, New York, Macmillan & Co. and London, George Allen, 1894.

(14) Idem, *The Bible References of John Ruskin*, Mary Gibbs and Ellen Gibbs, eds., New York, Henry Frowde and London, George Allen, 1898.

(15) Idem, *Ruskin: Rossetti: Preraphaelitism*, William Michael Rossetti, ed., New York, Dodd, Mead and Company and London, George Allen, 1899.

(16) Robert de la Sizeranne, *Ruskin et la Religion de la Beauté*, Paris, Librarie Hachette et Cie., 1897; idem, *Ruskin and the Religion of Beauty*, the Countess of Galloway, tr., London, George Allen, 1899; New York, James Pott & Co., [1899]. 『ダイ

アル』に書評がある。William Morton Payne, "Three Books about Ruskin," *The Dial*, Vol. 29, 16 Oct. 1900, pp. 264–265.

(17) John Atkinson Hobson, *John Ruskin: Social Reformer*, Boston, Dana Estes & Company, 1898.

(18) William James Stillman, *The Autobiography of a Journalist*, 2 vols., Boston, Houghton, Mifflin and Company and Cambridge, Mass., Riverside Press, 1901.

(19) John Ruskin, *Letters of John Ruskin to Charles Eliot Norton*, Boston and New York, Houghton, Mifflin and Company, 1904.

(20) Oscar Lovell Triggs, *Chapters in the History of the Arts and Crafts Movement*, Chicago, The Bohemia Guild of the Industrial Art League, 1902.

(21) Washington Gladden, *Witnesses of The Light: Being the William Belden Noble Lectures for 1903*, Boston and New York, Houghton, Mifflin and Company, 1903.

(22) John Ruskin, *Comments of John Ruskin on the Divina Commedia*, George P. Huntington, ed., Charles Eliot Norton, intr., Boston and New York, Houghton, Mifflin and Company, 1903.

(23) "The Latest Rumor concerning Mr. Ruskin's Health," *AA&BN*, Vol. 27, No. 735, 25 Jan. 1890, p. 49.

(24) Paul Amédée Planat, *Encyclopédie de l'Architecture et de la Construction*, 6 vols., Paris, Librairie de la Construction Moderne, [1888–1892].

(25) Léon Labrouste, "Style" *AA&BN*, Vol. 44, Nos. 957–958, 960–963, 28 Apr., 5, 19, 26 May, 2, 9 Jun. 1894, pp. 39–40, 47, 71–72, 83–85, 95–97, 107–108. ラスキンとゼンパーの比較は第二記事と第三記事。

(26) "Ruskin's Most Useful Books," *AA&BN*, Vol. 67, No. 1256, 20 Jan. 1900, p. 18.

(27) William Crary Brownell, "John Ruskin," *Scribner's Magazine*, Vol. 27, No. 4, Apr. 1900, pp. 502–506.

(28) "John Ruskin," *The Dial*, Vol. 28, No. 327, 1 Feb. 1900, pp. 73–75; "The Artist and the Man," *ibid.*, Vol. 28, No. 331, 1 Apr. 1900, pp. 239–241; "The Architecture of the Mind," *ibid.*, Vol. 29, No. 343, 1 Oct. 1900, pp. 218–219.

(29) Charles Waldstein, "John Ruskin," *The North American Review*, Vol. 170, No. 4, 1 Apr. 1900, pp. 553–561. なお、この追悼

論文の著者チャールズ・ウォルドスタインは、一八九三年に『ラスキンの作品と現代思想・現代生活に対するその影響』を発表した考古学者（本文参照）。同書の元となった論考は同題で *Harper's New Monthly Magazine*, Vol. 78, No. 465, Feb. 1889, pp. 382–418 に掲載された。その後大幅な増補を経て出版に至る。

『ノース・アメリカン・レビュー』にはその後、イギリスの作家ヴァーノン・リー〔一八五六—一九三五〕による「ラスキンに関する追記」も掲載される。Vernon Lee, "A Postscript on Ruskin," *The North American Review.*, Vol. 177, No. 564, Nov. 1903, pp. 678–690.

(30) "Ruskin," *Current Literature*, Vol. 27, No. 3, Mar. 1900, p. 193.

(31) "Death of John Ruskin," *AA&BN*, Vol. 67, No. 1257, 27 Jan. 1900, p. 25.

(32) S. Beale, "John Ruskin," *AA&BN*, Vol. 67, No. 1259, 10 Feb. 1900, pp. 45–46.

(33) ["Obituary of John Ruskin,"] *The Architectural Review*, Vol. 7, No. 2, Feb. 1900, pp. 20–21; William Pitt Preble Longfellow, "John Ruskin," *ibid.*, Vol. 7, No. 4, Apr. 1900, pp. 42–43.

(34) Russell Sturgis, "The Field of Art: Art Criticism and Ruskin's Writings on Art," *Scribner's Magazine*, Vol. 27, No. 4, Apr. 1900, pp. 509–512.

(35) John LaFarge, "Ruskin, Art and Truth," *International Monthly*, Vol. 2, 1 Jul. 1900, pp. 510–535.

(36) Mrs. Schuyler [Mariana Griswold] Van Rensselaer, *English Cathedrals: Canterbury, Peterborough, Durham, Salisbury, Lichfield, Lincoln, Ely, Wells, Winchester, Gloucester, York, London*, New York, The Century Co., 1892, p. xiv.

(37) Montgomery Schuyler, "The Works of Charles Coolidge Haight," *The Architectural Record*, Great American Architects Series, No. 6, Jul. 1899, p. 33.

(38) Alfred Dwight Foster Hamlin, "Style in Architecture," *The Craftsman*, Vol. 8, No. 3, Jun. 1905, p. 329.

(39) Ralph Adams Cram, "Ecclesiastical Architecture paper IV: England," *The Brickbuilder*, Vol. 14, No. 6, Jun. 1905, p. 114.

(40) Auguste Rodin, "The Gothic in the Cathedrals and Churches of France," *The North American Review*, Vol. 180, No. 2, 1 Feb. 1905, pp. 219–229; Gerald Baldwin Brown, "English Gothic Architecture," *ibid.*, Vol. 180, No. 5, 1 May 1905, pp. 704–

719. なお、ロダンの記事は没後すぐに同じ『ノース・アメリカン・レビュー』に再掲されている。“The Gothic in France,” *The North American Review*, Vol. 207, 1 Jan. 1918, pp. 111–121.

(41) Edward Schröder Prior, *A History of Gothic Art in England*, London, G. Bell and Sons, 1900.

(42) Georg Dehio and Gustav von Bezold, *Die kirchliche Baukunst des Abendlandes: Historisch und systematisch Dargestellt*, Vol. 2, Stuttgart, Arnold Bergsträsser Verlagsbuchhandlung, 1901. 記事中では一八九八年刊とされている。

(43) Charles Herbert Moore, *Development & Character of Gothic Architecture*, London and New York, Macmillan and Co., 1890.

(44) Eugène Emmanuel Viollet-le-Duc, *Dictionnaire raisonné de l'architecture française du XIe au XVIe siècle*, 10 vols., Paris, Bance, 1854–1868.

(45) John Ruskin, *The Seven Lamps of Architecture; Architecture and Painting*, New York, D. Appleton and Company, 1901.

(46) Russell Sturgis, *Ruskin on Architecture: A Critical and Biographical Sketch*, New York, D. Appleton and Company, 1906.

(47) Arthur Kingsley Porter, *Medieval Architecture: Its Origins and Development*, 2 vols., New York, Baker and Taylor Company, 1909.

(48) Idem, *Beyond Architecture*, Boston, Marshall Jones Company, 1918

(49) Alexandre-Louis-Marie Charpentier, “An Interview on ‘L'Art Nouveau’ with Alexandre Charpentier,” interviewed by Gabriel Mourey, *The Architectural Record*, Vol. 12, No. 2, Jun. 1902, pp. 123–125.

(50) Hector Guimard, “An Architect's Opinion of ‘L'Art Nouveau’,” *The Architectural Record*, Vol. 12, No. 2, Jun. 1902, pp. 126–133.

(51) Herbert David Croly, “The New World and the New Art,” *The Architectural Record*, Vol. 12, No. 2, Jun. 1902, pp. 136–153.

(52) ヴィオレ＝ル＝デュクの弟子であり、国立装飾美術学校（l'École Nationale des Arts Décoratifs, 1877–）の初代建築学教授。ギマールは記事内で「ルブ《〔ママ〕》リク・ロベールとパリの装飾芸術中央連合（Union Centrale des Arts Décoratifs de Paris）」と紹介している。

（53） Russell Sturgis, “English Decoration and Walter Crane,” *The Architectural Record*, Vol. 12, No. 7, Dec. 1902, pp. 685–691.

（54） Charles Howard Walker, “L’Art Nouveau,” *The Architectural Review*, Vol. 11, No. 1, Jan. 1904, pp. 13–20.

（55） Louis Henry Gibson, “True Architecture,” *AA&BN*, Vol. 89, No. 1579, 31 Mar. 1906, pp. 111–122.

（56） Claude Fayett Bragdon, “L’Art Nouveau and American Architecture,” *The Architectural Review*, Vol. 10, No. 10, Oct. 1903, pp. 141–142.

（57） Louis Henry Sullivan, “Reply to Mr. Frederick Stymetz Lamb on ‘Modern Use of the Gothic’: The Possibility of New Architectural Style,” *The Craftsman*, Vol. 8, No. 3, Jun. 1905, pp. 336–338. 前章参照。

（58） Idem, “The Tall Office Building Artistically Considered,” *Lippincott’s Monthly Magazine*, Mar. 1896, pp. 402–409; included in *The Public Papers*, pp. 103–113.

（59） Dankmar Alder, “The Influence of Steel Construction and Plate-Glass upon Style,” *AA&BN*, Vol. 54, No. 1088, 31 Oct. 1896, pp. 37–39; *The Proceedings of the Thirtieth Annual Convention of American Institute of Architects*, 1896, pp. 58–64; idem, “Function and Environment,” in Lewis Mumford, *Roots of Contemporary American Architecture: A Series of Thirty-Seven Essays dating from the mid-Nineteenth Century to the Present*, New York, Dover Publications, 1972, pp. 243–250.

（60） 「現在の批評ではホイットマンの作品の正当性と価値はほとんど認められていない。彼の作品の目的は、わざとらしい外観の芸術——詩の可視的で触知できる装飾（アーキテクチャー）——を最小限に抑え、あるいはそれを完全に避け、野外の自然や、生長や、流れや、宇宙的で躍動的な力の精神を刻みこむことである。そしてその作品のかたちは、有機的自然に本来備わった造形法則のみに従う。〔……〕真の芸術家は魂の態度でわかる。彼は自然と人間のことを、生き生きと、熱をこめて見つめる。それは単なる、ものを知り、ものごとの道理を知る人間——科学者——の態度ではない。ものごとを感情的、精神的に楽しみ、その楽しみを他人とともに味わう人間の態度だ。芸術衝動だけから、あるいは、主に芸術衝動から生じた大芸術作品など存在しないだろう。ゴシック・中世芸術は宗教的衝動を起源にもっていた」。John Burroughs, “Art and Life

Once More," *The Dial*, Vol. 15, No. 178, 16 Nov. 1893, pp. 288–289.

(61) Montgomery Schuyler, "Modern Architecture," *The Architectural Record*, Vol. 4, No. 1, 1894, pp. 1–13; included in *American Architecture and Other Writings*, pp. 99–118.

(62) [Ralph Waldo Emerson,] "The Problem," *The Dial*, Vol. 1, No. 1, Jul. 1840, pp. 122–123.

(63) Georges Cuvier, *Recherches sur les ossemens fossils de quadrupeds: où l'on rétablit les caractères de plusieurs espèces d'animaux que les révolutions du globe paroissent avoir détruites*, Paris, Chez Deterville, 1812.

(64) Eugène Emmanuel Viollet-le-Duc, *Entretiens sur l'architecture*, tome premier, Paris, A. Morel et Cie, 1863; *Discourses on Architecture*, Henry Van Brunt, tr., Boston, James R. Osgood and Company, 1875.

(65) Frank Lloyd Wright, "Architect, Architecture, and the Client," unpublished speech delivered in 1896, *Frank Lloyd Wright: Collected Writings*, Vol. 1, Bruce Brooks Pfeiffer, ed., New York, Rizzoli, 1992, p. 31.

(66) Claude Fayette Bragdon, *More Lives Than One*, New York, Cosmio, 2006, p. 156; first published in 1938 from Alfred A. Knopf (New York).

(67) Louis Henry Sullivan, "The Architectural Discussion: Form and Function Artistically Considered," *The Craftsman*, Vol. 8, No. 4, Jul. 1905, pp. 453–458.

(68) Louis J. Millet, "The National Farmers' Bank of Owatonna, Minn.: Louis H. Sullivan, Architect," *The Architectural Record*, Vol. 24, No. 4, Oct. 1908, pp. 249–254.

(69) Ralph Waldo Emerson, "Fate," *The Conduct of Life*, Boston, Ticknor and Fields, 1860, pp. 41–42.

(70) Claude Fayette Bragdon, *The Beautiful Necessity: Seven Essays on Theosophy and Architecture*, Rochester, NY, The Manas Press, 1910.

(71) Ralph Waldo Emerson, "Beauty," *Nature*, Boston, James Munroe and Company, 1836, pp. 19–31. 本書第1章1節参照。

(72) Claude Fayette Bragdon, *Architecture and Democracy*, New York, Alfred A. Knopf, 1918.

(73) Idem, *More Lives Than One*, p. 156.

(74) 一九一〇年、スカイラーはサリヴァンへの言及なしにこの定式を批評に用いた。“Architecture of American Colleges III: Princeton,” *The Architectural Record*, Vol. 27, No. 2, Feb. 1910, pp. 158.

(75) Sidney Fiske Kimball, “What is Modern Architecture?,” *The Nation*, Vol. 119, Jul. 1924, pp. 128–129.

(76) Idem, “Louis Sullivan: An Old Master,” *The Architectural Record*, Vol. 57, No. 4, Apr. 1925, pp. 289–304. この記事は「アメリカの旧建築と新建築」としてドイツでも発表された。Idem, “Alte und neue Baukunst in Amerika: Der Sieg des jungen Klassizismus über den Funktionalismus der neunziger Jahre,” *Wasmuths Monatshefte*, Vol. 9, 1925, pp. 225–239.

(77) Louis Henry Sullivan, *The Autobiography of an Idea*, New York, Press of The American Institute of Architects, 1924.

(78) *Ibid.*, p. 290.

(79) Henry-Russell Hitchcock, *Modern Architecture: Romanticism and Reintegration*, New York, Payson & Clarke, 1929.

(80) Hugh Morrison, *Louis Sullivan: Prophet of Modern Architecture*, New York, The Museum of Modern Art and W. W. Norton & Company, 1935, p. 251; revised edition (New York and London, W. W. Norton & Company, 1998), p. 215

(81) 第一巻第二章「建築の価値」(The Virtues of Architecture) より。「ライブラリ・エディション」第九巻七一一頁。

(82) Letter of Fiske Kimball to Walter Pach, 8 May 1925, in *American Artists, Authors, and Collectors: The Walter Pach Letters 1906–1958*, Bennard B. Perlman, ed., Albany, NY, State University of New York Press, 2002, p. 185.

(83) George Harold Edgell, *American Architecture of To-Day*, New York and London, Charles Scribner’s Sons, 1928.

(84) Geoffrey Scott, *The Architecture of Humanism: A Study in the History of Taste*, London, Constable & Co. and Boston and New York, Houghton Mifflin Company, 1914.

(85) Charles Thompson Mathews, *The Story of Architecture: An Outline of the Styles in All Countries*, New York, D. Appleton and Company, 1896, p. 440.

(86) Alfred Dwight Foster Hamlin, *A Text-Book of the History of Architecture*, New York, Longmans, Green, and Co., 1896, p. 403.

(87) Sidney Fiske Kimball and George Harold Edgell, *A History of Architecture*, New York and London, Harper & Brothers

Publishers, 1918, p. 506.

(88) Sidney Fiske Kimball, *American Architecture*, Indianapolis and New York, The Bobbs-Merrill Company, 1928.

(89) Talbot Faulkner Hamlin, *The American Spirit of Architecture*, New Haven, Yale University Press, 1926, p. 125.

(90) Alfred Dwight Foster Hamlin, "Roman Architecture and Its Critics," *The Architectural Record*, Vol. 37, Nos.5–6, May-Jun. 1915, pp. 425–436, 494–515; "Gothic Architecture and Its Critics," *ibid.*, Vol. 39, Nos. 4–5, Apr.-May 1916, pp. 339–354, 419–435; Vol. 40, No. 2, Aug. 1916, pp. 97–113; "Renaissance Architecture and Its Critics," *ibid.*, Vol. 42, No. 2, Aug.-Sep. 1917, pp. 115–125, 266–272; Vol. 46, No. 1, Jul. 1919, pp. 57–76; Vol. 47, No. 5, May 1920, pp. 408–423. 以下、本節中の引用はこの三部作全体から行う。

(91) バテル・チャペル（一八七四—七六）の誤り。

(92) Arthur Kingsley Porter, "The Case Against Roman Architecture," *The Architectural Record*, Vol. 43, No. 1, Jan. 1918, pp. 23–36; included in idem, *Beyond Architecture*, pp. 1–15.

(93) Lewis Mumford, *Sticks and Stones: A Study of American Architecture and Civilization*, New York, Boni and Liveright, 1924.

(94) Charles Harris Whitaker, *The Story of Architecture: From Rameses to Rockefeller*, New York, Halcyon House, 1934.

(95) Sidney Fiske Kimball, "Sticks and Stones," *New York Herald Tribune*, 26 Oct. 1924, p. 3; Frederick Albert Gutheim, "From Rameses to Rockefeller," *The American Magazine of Art*, Vol. 27, No. 12, Dec. 1934, pp. 695–696.

(96) Letter from Walter Pach to Lewis Mumford, 12 Dec. 1924, in *The Walter Pach Letters, 1906–1958*, p. 207.

(97) Henry-Russell Hitchcock, *Modern Architecture: Romanticism and Reintegration*, New York, Payson & Clarke, 1929.

(98) Donald Drew Egbert, "Review: Modern Architecture," *The Art Bulletin*, Vol. 12, No. 1, Mar. 1930, p. 98.

(99) Lewis Mumford, "Modern Architecture," *The New Republic*, Vol. 62, No. 798, 19 Mar. 1930, p. 131.

(100) George Gilbert Scott, "The Architecture of Future," *Remarks on Secular & Domestic Architecture, Present & Future*, London, John Murray, 1857, pp. 258–274. ヒッチコックの原文では *On Gothic Architecture* となっている。Hitchcock, *op.*

cit., p. 66.

(101) Henry-Russell Hitchcock and Philip Johnson, *The International Style: Architecture Since 1922*, New York, W. W. Norton & Company, 1932.

(102) Hitchcock, *op. cit.*, pp. 71–72; idem, *The Architecture of H. H. Richardson and His Times*, 1936; MIT Press paperback edition (third printing), Cambridge, Mass. and London, The MIT Press, 1975, p. 293.

(103) 前注参照。

(104) ヒッチコックのラスキン受容史研究については江本弘「〈学界展望〉建築史学におけるラスキン受容史」(『建築史学』第七十一号、二〇一八年九月)一〇七―一三三頁および、本書エピローグ参照。

(105) Colin Rowe, "Henry-Russell Hitchcock," *As I Was Saying: Recollections and Miscellaneous Essays*, Vol. 1, Alexander Caragonne, ed., Cambridge, Mass. and London, The MIT Press, 1996, pp. 11–24.

終章　ティフォンの玉座——アメリカ近代建築史論の成立

グラッドストンが　なおも仰がれ、
ジョン・ラスキンが「宝庫」こしらえ
スウィンバーンも　ロセッティもまだ
こきおろされていた　ころ。

悪臭ただよわせ　ブキャナンが声を荒げる。
彼女のその　ファウナのこうべが
画家と姦夫の　慰みものになっていた　ころ。

バーン゠ジョーンズの画稿は
彼女の瞳を　留めおいたが、
テートでは　その目はいまだに
コフェチュアの口説きに　応じない。

かそけきは　せせらぎの水の目、
まなざしは　虚ろ。
英製ルバイヤットの　産声いまだ高き
そのかみ。

エズラ・パウンド「ヒュー・セルウィン・モーバリー」、一九二〇年(1)

1 クラシシズムの保守と前衛 ［一九〇九―一九二五］

F・キンボールとW・パッチ

一九一〇年代から二〇年代にかけ、アメリカの建築論壇は第一次世界大戦に大陸ほどの大きな影響を蒙ることなく自国の様式論争を継続させていった。当時モンロー主義をとりヨーロッパの紛争に不干渉であったアメリカが、ウッドロウ・ウィルソン治下に大戦に参戦するのは開戦後しばらく経ってからのことである。またアメリカは、この戦争のなかで本土戦を経験することもなかった。

そうしたなかでの文化的ナショナリズムの拡大は、ハーバート・クローリーによる一九〇九年の『アメリカン・ライフの未来』[2]のなかにも見てとることができる。クローリーは「われわれのアメリカの過去はいかなるヨーロッパ諸国と比較しても独自の性格を有している」と語り、民主主義に則った自国の発展は「疑う余地のない」信仰の問題であると読者の愛国感情を煽った。

図7-1 《階段を降りるがさつ者（地下鉄のラッシュ・アワー）》（1913年）
M. デュシャン《階段を降りる裸体No. 2》のパロディ．アーモリー・ショウはアメリカ大衆の目をヨーロッパに向けた．

アメリカで通史としての自国の建築史が書かれ始めるのは一九一〇年代末からのことだが、それにはこうした愛国意識の高まりに加えて、一九一三年にニューヨーク、ボストン、シカゴを巡回した国際現代美術展（通称「アーモリー・ショウ」、図7−1）以降の現代美術受容も影響していた。その文物流入は、アール・ヌーヴォー受容以降、国内の美術・建築論壇の目がふたた

図7-2　W. パッチ（1909年頃）

びヨーロッパの動向に向けられる大きなきっかけとなった。同時に建築界では、それが国外動向との比較の機運を生む遠因の一つともなった。

この現象には、当時の美術界・建築界の人脈も重要な要因として働いた。アーモリー・ショウの主導者の一人であるウォルター・パッチ（一八八三―一九五八、図7―2）は一九二〇年代初頭より建築論壇との交流をもち始め、フィスク・キンボール、ルイス・マンフォードとはそれぞれ個人的な交友関係をもっていた。

なかでもキンボールの建築批評は、パッチらによる現代芸術受容との直接の並行性があった。特に彼が一九二四年に発表した「現代建築とは何か」(3)は、パッチらによって紹介された、前衛芸術のクラシシズム＝形式性の観念をアナロジーとして現代建築批評を試みたものである。

その論のなかでキンボールは、マッキム、ミード&ホワイト事務所のドラフツマンであったジョセフ・モリル・ウェルズ（一八五三―一八九〇）が担当したヴィラード・ハウス（一八八二―八四、図7―3）をアメリカ建築史上の重要作品に位置づけ、彼をそれ以後のボストン公共図書館（一八九五、図7―4）などに代表される、この事務所のクラシシズムへの傾斜を決定づけた人物であるとした。

それはなぜかといえば、キンボールにとっては、「絵画の美点が『自然に対する真実性』にあるという写実主義理論に初めて反対したのがセザンヌだったように、建築の美点は構造に対する真実性にあるという、現実的で科学的な理論に初めて反対したのがウェルズだった」(4)（傍点著者）のである。彼はパッチ宛の書簡のなかで「現代建築とは何か」の主題をこのように漏らした。

合理的なだけでは建築は建築たりえない。アルフレッド・ハムリンが『アーキテクチュラル・レコード』で展開した三批判(5)と同時期、キンボールもまた、「論理のロジック」に加えた「美のロジック」の存在を指摘し、それこそをクラシシズムの美点とした。キンボールにとってその「美」とは古典建築の形式性と同義であり、建築の設計では、合理的建設に先だちその美の姿が思い描かれていなければならない。そのような設計理念を、「現代建築とは何か」のキンボールは次のように語っている。

> 構造の工夫を装飾として用いることを誓い、最終的な外観に先入観を持たずに建設から始めるというのではいけない。構造的発想は完成作品にとってはアピールとはならず、二次的な手段に格下げしなければならない。

だからこそ「現代建築とは何か」のなかでは、オフィスビルの設計で「形態は機能に従う」という金言を推し進めたルイス・サリヴァンは、形式性回復の端緒に位置づきながらも、ゴシック陣営に配されることとなった。

この時期の他の論考のなかでも、キンボールはラスキンやヴィオレ＝ル＝デュクの後継としてサリヴァンに言及している。これもやはり、キンボール自身がゴシック・リバイバルの論理であるとみなし

図 7-3　ヴィラード・ハウス（マッキム，ミード＆ホワイト，NYC，1882-84 年）
F. キンボール『アメリカン・アーキテクチャー』（1928 年）より，J. M. ウェルズが決定づけた古典様式回帰．

図 7-4　ボストン公共図書館（マッキム，ミード＆ホワイト，ボストン，1895 年）
シカゴ万博とともにアメリカン・ルネサンスの隆盛を象徴する，マッキム事務所のクラシシズム建築の代表作．

た機能主義＝構造合理主義に、現代建築の要素としての不足をみたためである。

なかでも「現代建築とは何か」の翌年に発表された「巨匠ルイス・サリヴァン」(6)は、アメリカ建築史の過渡期にサリヴァンを位置づけた重要論考である。

その論のなかでキンボールは、純粋な合理性を抜けだし形式性を獲得したサリヴァンの建築表現を評価した。しかしサリヴァンは依然として「モネであり、ウェルズはセザンヌ」だった。つまりサリヴァンにはまだ、過去のゴシシズムの残滓が取り払いきれていなかったのである。

キンボールはこの追悼記事のなかでもサリヴァンをクラシシズム陣営に位置づけてはいた。しかしその実感からすれば、サリヴァンはやはり構造合理主義を超えざるゴシシストに過ぎなかった。

「究極の神秘主義」――現代人の新たな智

キンボールは絵画・建築におけるクラシシズムの優位を示すためにラスキンに言及した。

他方のパッチはむしろそれに先だち、現代美術の発展を鼓舞するためにラスキンに言及していた。現代絵画の形式性とはパッチにとって神秘主義的な含みをもち、そのような霊性を伴う創造行為を示唆するために、ラスキンに言及することには象徴的な意味あいがあった。二〇世紀前半以降のゴシック論が構造合理主義の超克を志向し神秘主義的な傾向をみせていたのと並行し、このときパッチは、現代絵画のクラシシズムに同様の傾向を読みとっていた。

パッチのこの現状理解が示されているのは、アーモリー・ショウの翌年、一九一四年に『センチュリー・マガジン』に寄稿された『モダンズ』の視点」(7)である。それは『創造か死か』というラスキンの偉大な警告」によって現代絵画の発展を鼓舞した檄文だった。

パッチはここでクラシシズムに「理性」、ロマンティシズムに「感性」をあてはめたが、この対応関係は当時の建築論壇の様式観からすれば真逆である。キンボールやハムリンのクラシシズム建築論によく示されているように、建築論壇のクラシシストはロマンティシズム（≠ゴシシズム）に科学性や合理性を対応させていた。

しかし、そのような分野間の認識の齟齬はここではさほど問題とはならない。彼らはいずれにせよ、理性と感性の二項対立を前提としながら、おのおのの仕方でこの二者のあいだに折り合いをつけようとしていた。

パッチの論旨に立ち戻るならば、「クラシシズムとロマンティシズムの争いのあとに来たリアリスト」である現代人は、「最も偉大な教えを含め、過去の教えをすべて学びおえている」。すなわち現代人は、異なる時代の先人たちの美徳である、理性と感性をともに備えている。しかし「我々が過去の遺産に値し、それらの真価が理解できるのは、それに何かを付け足したときだけ」（傍点著者）である。感性が理性をさらに拡張し、理性が感性をさらに研ぎ澄ます——パッチの考える神秘主義とはそのような、現代人に許された新たな智のことを指す。

図7-5　アーモリー・ショウ展示室Ⅰ（「キュビストの部屋」）
ヨーロッパがもたらした前衛芸術は，クラシシズムの理性とロマンティシズムの感性が合一した究極の神秘主義である（W. パッチ）.

そこでパッチは、セザンヌをはじめルノワール、マティスやその後の世代のレイモン・デュシャン＝ヴィヨン、パブロ・ピカソやマルセル・デュシャンらキュビストの表現（図7-5）にみられるクラシシズムの傾向を概説しながら、論の末尾にいたり次のように語った。

一九世紀初期の心理と芸術がロマンティシズムの色合いを帯びていたように、リアリズムすなわち科学的精神も、後年の現在、自我を意識した論理的思考を超え、直感の力で取り組まれるべきものに対する興味を深めている。ルドンやピカソのような人物の作品のなかに神秘主義が存在するとすれば、それはラテン的明晰が備わった究極的な神秘主義である。

つまりパッチが思いみた現代人、「究極の神秘主義」を奉ずる「リアリスト」もやはり、ヘンリー＝ラッセル・ヒッチコックとは別様の解釈ではあったが、古典的世界観と中世的世界観との、前者寄りの統合の所産だったのである。

2　「悲劇の人」ラスキンの誕生　〔一九一二―一九三三〕

ラスキン生誕百周年

パッチはその後、一九二八年に『アナニアス、あるいは偽者の芸術家』[8]を発表する。それは不遇の前衛画家セザンヌを例に挙げながら、「時代精神を最もよく表現した絵画と、それを必要とする世間との接触が断たれ続けているとき、騙されているのは大衆なのだ」と語り、「妥協や感傷や、卑しい商業主義や、けちな観念論や、旧様式に対するだらしない信奉」を露呈する大衆迎合的絵画を名指しで酷評した、ポレミックな現代画家論《モダン・ペインターズ》だった。

これに対しウィリアム・ハウ・ダウンズ〔一八五四―一九四一〕は「ジョン・ラスキンとウォルター・パッチ――信念の防衛者」[9]で応じ、「ラスキンの『モダン・ペインターズ』の出版から約一世紀後の現代、タイプも理念も基準も全く異なる一方で、それと極めて似た特質をもち、全く同じ方法を用いた」パッチのドグマティズムを厳しく論難した。

このときダウンズは、パッチとラスキン両者の美術批評の基準を、自説を信じる強烈な個性の問題に帰した。ラスキンの批評全般をそのような個性の問題に関して論ずる傾向は、この書評に一〇年先立つ一九一九年、すなわちラスキン生誕百周年を境に、特にアメリカで目立ちはじめる。

それはこの年、レオ・スタイン〔一八七二―一九四七、図7-6〕が、クローリーらが創刊〔一九一四〕したニューヨークのオピニオン誌『ニュー・リパブリック』に寄稿した、「ジョン・ラスキンの敗北[10]」に始まる。

スタインはこのラスキン生誕百周年の機会に、現代生活に対するラスキンの思想・活動の影響のなさ、すなわち、その記事題にある通りの「ラスキンの敗北」の指摘に加えて、実社会の動向から乖離しながら志操を貫徹したラスキンの、人生そのものの悲劇的性格を強調した。

むしろ、その記事題に反してスタインが眼目としたのは後者でこそあり、彼には「ただラスキンの悲劇にのみ」関心があった。その悲劇とは、「真実が人を自由にすると信じた人間、不安に苛まれながらも自分自身がその真実の代表者であると信じた人間ならではの悲劇である」。『モダン・ペインターズ』を筆頭とする「彼の著作は狂喜に満ちた解説書であり、それによって読者は自然の体である壮麗、自然の魂である光輝の理解の深みへと誘われ」もしたが、その自然礼賛への誘いは当時のインダストリアリズムとの融和しがたい齟齬を起こすこととなった。

ここでラスキンが不幸であったのは、彼が「ノイローゼでありながら誠実だった」ためである。世俗的活動がたとえ醜の山を作るために邁進していたとしても、「それは本物の堆積なのであり、世界のなかで意味を持っている」。ところがラスキンは、「誠実だったがむき《マッド》になっており、真実が人を自由にするという単純な信念を抱いていた」ために、後世に正の影響力を残すことができなかった。ラスキンが信じた真実は半面の真実だったが、もう半面の真実である「世間の需要を正しく見積もることができなかった」。

図7-6　L. スタイン（1915-16年）

このスタインの記事に対し、イギリスでは建築家ウィリアム・リサビー〔一八五七―一九三一〕がすぐさま応答し、四月のアーツ・アンド・クラフツ協会会合にあたり反対論文「ラスキン――敗北と勝利」[11]を朗読、「ギリシャの精神がローマを支配下においたように、実際には多くの分野でラスキンはすでに征服者をうち負かした」のだと主張した。

対してアメリカでは、スタインの論を嚆矢として「信念を固守したがために現実との齟齬に苛まれた」ラスキンのイメージは新たな関心を呼ぶこととなり、イギリスの動向と連動しながら一つの潮流を生み出す。

スタインの記事にアメリカ国内で反応した記事にはまず「悲劇としてのラスキンのキャリア」[12](『カレント・オピニオン』、一九二一)がある。ラスキンの生誕百周年にさいし、イギリスではジョン・ハワード・ホワイトハウス(一八七三―一九五五)編集によって『預言者ラスキン』[13](一九二〇)が編纂されたが、『カレント・リテレチュア』の後継誌『カレント・オピニオン』は、この記念論集の読後の違和感を、スタインの論を参考にこのように語っている。――「寄稿者はすべてラスキンの天分のポジティブな面を強調しようとし、彼の影響が未だに刺激になっていることを示そうとしているが、全体からは理想主義の挫折の印象を受ける」。

そうして、イギリスからの帰化アメリカ人のフランク・ハリス(一八五六―一九三一)が当時創刊されて間もなく人気を博したニューヨークの文芸誌『アメリカン・マーキュリー』に発表した「ジョン・ラスキン」[14](一九二四)は、ラスキンの人生の悲惨さを、ラスキンとの個人的な親交に基づきさらに強調した。同論は「今まで会ったなかで一番身なりにがっかりした」出会いから、ラスキンが悪魔の幻覚をみた場に居合わせ、一〇年間の心神喪失をみた「ひどく悲しい」最期までを綴った追悼録である。『カレント・オピニオン』はこれを取り上げ、「ジョン・ラスキンの新事実――現代の預言者の悲劇的人生」[15]の題のもとに、最近アメリカで人気を増しつつあるラスキンに、この「悲劇」のイメージがつきまとっていることを語った。ラスキンの生誕百周年を機に、一般読者が「ラスキンに関して一番に思い出すのが悲しい顔だという時代が訪れた」のである。

この潮流のなかで、一九二九年にはアマベル・ウィリアムズ＝エリス(一八九四―一九八四)がイギリスでラスキンの伝記を発表したが、その題は『美しき悲劇』[16]であり、これもやはりアメリカの読者の関心を引くこととなった（図7-7）。『ニュー・リパブリック』はその書評のなかで「ラスキンの人生には悲劇の要素がすべて詰まっている」と語っており[17]、当時のアメリカにおけるラスキンのイメージを伝える。

THE NEW YORK TIMES BOOK REVIEW, APRIL 14, 1929 5

John Ruskin Lived and Died A Disappointed Man

In a Sympathetic Biography Miss Williams-Ellis Brings Out the Tragedy of His Career

John Ruskin.

From a Painting by A. Severn.

THE EXQUISITE TRAGEDY: AN INTIMATE LIFE OF JOHN RUSKIN. By Amabel Williams-Ellis. 371 pp. New York: Doubleday, Doran & Co. $3.50.

By HERBERT GORMAN

Two Introductory Books on Astronomy

THE SUN, THE STARS AND THE UNIVERSE. By W. M. Smart. 288 pp. New York: Longmans, Green & Co. $5.

THE PAGEANT OF THE STARS. By Willem J. Luyten. 387 pp. New York: Doubleday, Doran & Co. $3.50.

図7-7 「失意に生き，失意に死んだ男ジョン・ラスキン」（『ニューヨーク・タイムズ』1929年4月14日）

『美しき悲劇』書評．1920年代末のアメリカに広まった「悲劇の人」ラスキン像．

ラスキン・ブームの精神鑑定

無論、生誕百周年の年にはラスキンの美術論を扱った批評記事も現れている。[18] 以降のアメリカでは『カーライルとラスキンの社会哲学』[19]（一九二一）、『新時代の預言者たち』[20]（一九二二頃）、『ラスキンの社会正義観』[21]（一九二六）といった社会学的観点からの研究書も刊行されていく。しかし一九一七年に『クラフツマン』が『アート・ワールド』に吸収されたことに象徴されるアーツ・アンド・クラフツ運動の収束以降しばらくは、ラスキンに対する関心の主流はこうした伝記的側面、あるいは彼の心理的・精神的側面へとシフトしていた。

図7-8　B.ニューホール（1943-44年頃）

ただしアメリカではその間にも美術論・社会学分野におけるラスキンへの関心は潜在しており、一九三〇年代初頭にはヘンリー・ラッド（一八九五—一九四一）によって『ヴィクトリアンの芸術倫理——ラスキンの美学分析』[22]（一九三二）が発表されている。その書評を担当したのは写真家・写真史家のボーモント・ニューホール（一九〇八—一九九三、図7-8）である。[23] ここでニューホールは、ラスキンの「多作のなかに含まれる豊かな素材が現代ではほぼ全く見過ごされているのは残念なこと」だと語り、特に美学の分野で下火となっていたラスキン研究に新たな盛り上がりを期待した。

しかし、そう語るニューホール自身は、決してラスキンを肯定的に解釈していたわけではなかった。彼にとっては、ラスキンの著作は「説教じみた道徳話や頑固な偏見、近視眼的なところだらけ」だったのである。一九〇〇年のジョン・ラファージによるラスキンの追悼記事[24]を経て、ラスキン生誕百周年以降も彼の美論が「正しいこともあるが大抵は間違っている」（W・サージェント「芸術批評家としてのラスキン」[25]、一九一九）という認識が広まっていた当時にあっては、その理論の妥当性を論ずることには非常な困難が伴った。加えて、当時のラスキン再評価の機運はラスキン自身の「悲劇」を関心の背景としたものである。こうした時代状況を反映して、ラスキンの理論自体もまた、分裂や混沌といった悲劇的側面の心理を強調することで、辛うじて紹介の用をなすこととなったのである。ニューホールによれば、ラスキンの読解の困難とは、「ラスキンの文筆の核となっているのが『真実』と『美』と『倫理性』の闘争であり、相互関係」であるためであり、「ラッド氏を引用するならば、『彼の人生が、事実をありのままに見たいという欲望と、そうではないはずだと信じたい欲望の葛藤によって引き裂かれていた』」ためだった。

また同時期には、アメリカ建築界のラスキン受容史研究に対する関心のきっかけとなる、イギリス人画家レジナルド・ハワード・ウィレンスキー（一八八七—一九七五）の『ジョン・ラスキン』[26]（一九三三）もイギリスとアメリカで同時発売されている。その書評には哲学者フィリップ・ウィールライト（一九〇一—一九七〇）があたり（「ラスキンの精神鑑定」[27]）、「一徹のモダニストであるウィレンスキー」が抱いた、美術的細部を重視するラスキンの建築論への嫌悪に反論した。ウィールライトの認識によれば、「たとえどのような欠点があろうとも、建築の質と、建設プロセスに包含される社会学的因子との関係という、モダニストの理論が考慮すべきと考えている問題に注目した」ことは紛れもなくラスキンの功績だったからである。

アセンブリ・ライン

さて、こうして学術的研究対象としてのラスキンのイメージが変転を繰り返していくその裏で、一九世紀中葉から興った「科学の人」ラスキンのパブリック・イメージはなおも生き永らえ、この二〇世紀前半にもアメリカ工業を鼓舞し続けた。クリッパー船、鉄骨橋梁、鉄道それぞれの発達期に参照されたこのラスキン像は、フォードT型の量産に象徴される「自動車の時代」にもその姿を覗かせる。

ドイツ移民の建築家アルバート・カーン（一八六九—一九四二）設計によるフォード社ハイランドパーク工場の完成は一九一〇年のことだが、図7−9に示す新聞広告[28]が掲載されたのはそれからほどない一九一二年のことである。そ

図7-9　フォードT型の新聞広告（1912年）
フォードT型の工学的美を説くラスキン像（中列広告文）．木造船舶の時代，鉄橋設計の時代，鉄道の時代を生き延びた．

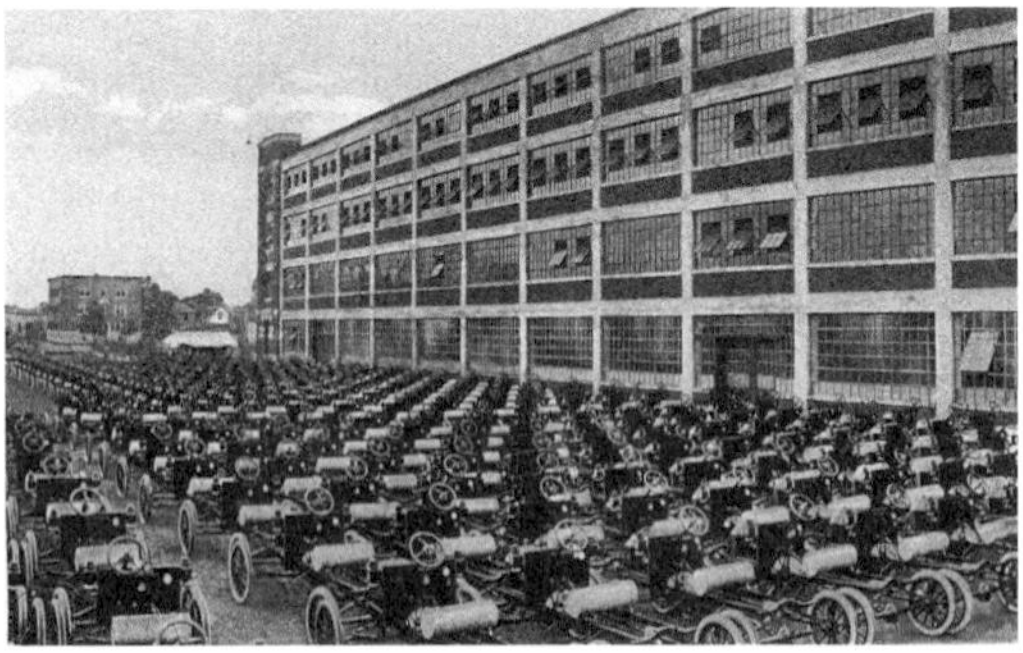

図7-10　フォード社ハイランドパーク工場（A. カーン，ミシガン州ハイランドパーク，1910年）
アメリカの自動車産業躍進の画期．1913年のアセンブリ・ライン稼働によって自動車の組立時間は飛躍的に短縮された．

れはすなわち、その工場で世界初のアセンブリ・ラインが稼働する前年にあたる（図7-10）。一九〇八年のT型販売開始から、車体価格が半額を割るまでにはそこからわずか数年である。

フォード社の成長にさらなる加速がかかることとなるその開始点に、「ラスキン」はまさしく、同社の標準モデルの機能美を説いたのだった。

【ランナバウト】
ジョン・ラスキン曰く、美とは「適切なもの」――目的を完璧に果たすもののことである。この基準で測るならばフォードは全世界で最も美しい車であり、――それが、われわれが今年七万五〇〇〇台を作らざるをえない、もうひとつの理由なのだ。

巻に生き続ける「科学の人」ラスキンの傍証はこれにとどまらない。

アメリカ工業の象徴としてのラスキン。建築論壇にあっては、それは複雑な両面感情のうちに辛うじて生命を保っていたイメージである。しかし論壇を離れた世界のなかでは、そのイメージこそが「ラスキンの建築論」を解釈するための基礎認識となっていたようである。一九一三年に竣工した世界最高の摩天楼、ウールワース・ビルディング（図7－11）の批評はその事実を鮮やかに物語る。かの「最高にして最大《ベスト・アンド・ビゲスト》」の批評家をモチーフにした葉巻「ジョン・ラスキン」がアメリカで製造され始めたのは二〇世紀初頭のことである。その後のラスキン生誕百周年、すなわち「悲劇の人」ラスキンのイメージ形成が始まったその時期に、その葉巻の新聞広告を目にした建築家は一体、いかなる感情をもってその広告文に目を通しただろうか（図7－12）。

図7-11　ウールワース・ビルディング（C. ギルバート，NYC，1910-13年）
1930年まで世界一の高さを誇った「商業の大聖堂」（240メートル）．足元と頂部まわりにゴシックの意匠がまとめられている．ただし内部はフランス帝政様式風．

図7-12　葉巻「ジョン・ラスキン」の広告（1919年）
かの「最高にして最大」（最下キャッチコピー参照）の美術批評家をモチーフとした葉巻．その品質がウールワース・ビルディングの建設工学になぞらえられている．

【ウールワース・ビルディングはなぜ崩れないか】

何がこの美の記念碑を可能ならしめたか。何が強風に耐える力を与え給うたか。

科学的建設がピラミッドを建てた。絹織機を回した。地下鉄を掘った。空を制した。

科学的建設とは、綿密な計画、絶えざる改良、――そして究極の完成を意味する。

近代的ハンドメイド葉巻「ジョン・ラスキン」は――科学的に建設されている。

使用されているハバナ葉は最高級。幾年の実験を経たブレンドにより、
マイルドで、大きく、冷たく、馥郁たる一服が実現した。

科学的建設が「ジョン・ラスキン」を最高の葉巻にした。価格はなんと七セント（三本二〇セント）。

ちょっと一服、吸えば納得。(29)


「ジョン・ラスキン」とは何者なのか。一方ではアナクロニズムの権化であり、一方ではアバンギャルドの精神的支柱である。一方では敗北を喫した夢想者であり、一方では水面下で勝利を収めた実践家である。一方では自然美を絶対視したドグマティストであり、一方では工業美の礎を築いた進歩主義者である。皮相の装飾を建築の本質と捉えたデマゴーグであり、機能の充足を金科玉条とする原理主義者であり、――「論理のロジック」を奉ずるゴシシストであり、クラシシズムの「美のロジック」を解しない木石である。

こうした多様な解釈を生じさせたものこそアメリカ社会である。そうであればこそ、社会的芸術である建築の歴史記述のなかでは、ラスキンの史的位置を問いなおす行為は常に、アメリカ文化に正道を見いだす試みにも等しかった。しかしその問いなおしによってこそ、歴史そのもの、アメリカ建築の過去そのものの姿はさらに、厚い解釈の雲井に隠れていった。

この歴史学的混迷はいかに打破されたか。それが次に語られる顛末である。

3　古層の発掘　［一九一五―一九五四］

建築理論家H・グリーノウの発見

アメリカでホレーシオ・グリーノウの建築理論が発見され、それが自国の機能主義建築思想の発端として位置づけられるようになるまでには、国内のラスキン受容に関して、このように複線を辿りながら相互に絡み合う複雑な展開があった。

一九三〇年代半ばまでのアメリカにはグリーノウに言及した記事や書籍は現れないが、それはこの期間においてもなお、建築理論家としてのグリーノウの存在に気づく者がいなかったという単純な理由による。

建築論壇に限れば、近代建築史論として初めてその存在と理論の先駆性に言及したのはドイツ人建築家ヴァルター・クルト・ベーレント（一八八四―一九四五）による『モダン・ビルディング』[30]（一九三七）である。

ただし、ドイツ・モダニズムの主要な推進者の一人であったベーレントがグリーノウに言及した事実も、ドイツ国内やヨーロッパ他国でそれまでグリーノウの理論が受容されていたということは意味しない。グリーノウの建築理論が発見されるまでには『モダン・ビルディング』刊行以前のアメリカに固有の文脈があり、当時この国に亡命していたベーレントは、個人的な人脈からその動向をいち早く知り得たのである。

グリーノウの建築理論はヴァン・ウィック・ブルックス（一八八六―一九六三）による文学史研究、『ニューイングランドの開花』[31]（一九三六、図7-13）のなかで二〇世紀に初めて発見・研究された。ベーレントがその成果を即座に自身の建築史記述のなかに取り入れることができたのは、この両者の友人であるルイス・マンフォードが情報のノー

図7-13　V. W. ブルックス『ニューイングランドの開花』(1936年)
H. グリーノウ再評価のきっかけとなったアメリカ文学史通史.

ドとして介在したためだと考えられる。

以下では、ブルックス、マンフォードをとりまく一九一〇年代以降の学問動向を振り返り、そのなかでいかに建築理論家としてのグリーノウの存在が気づかれ、論じられるようになったかを経時的に辿っていく。

『ニューイングランドの開花』にいたるブルックス、マンフォードの批評活動および歴史研究は一九一〇年代に始まり、特に一九二〇年代初頭に互いに知己を得てから、彼らの文筆活動は文学史研究と建築史研究の相補的発展をみせた。

彼らはまず、ギルデッド・エイジ以降のアメリカ文化が「安物のご都合主義《キャッチペニー・オポチュニズム》」[32]に堕していることへの反省として、一九世紀中葉のニューイングランドの知的文化を再評価し始めた。

その嚆矢となったのは、ブルックスが一九一五年に発表した『アメリカの成熟』[33]である。ここでは、南北戦争以後のアメリカ人の生活動向が「知識人《ハイブラウ》」の精神生活と「無教養人《ローブラウ》」の物質生活同士の分裂と、前者の衰微のなかに捉えられた。ブルックスの理想はこの二つの路線の「アメリカ人のみに可能な」均衡と融和にあり、超越論哲学と現実的な処世術を兼ね備えたラルフ・ワルド・エマーソンは彼にとってその体現者だった。しかしこのような全人性はエマーソンをはじめ、ウォルト・ホイットマン、ヘンリー・デイヴィッド・ソロー（一八一七—一八六二）、ハーマン・メルヴィル（一八一九—一八九一）ら名だたる文人が各自の主要作を発表した一八五〇年頃に頂点をなしながらも、その後衰退の一途を辿り、一八八二年の「エマーソンの死によって本当に終わりを告げた」のだった。

現代文明批判でもあり、同時にアメリカの知的源流を再提示したこの『アメリカの成熟』はその後の文学史・思想史研究に一つの潮流を生んだ。かくして、マンフォードの『ゴールデン・デイ』[34]（一九二六）や『ブラウン・ディケーズ』[35](一九三一)、あるいはヴァーノン・ルイス・パリントン(一八七一―一九二九)によるピュリッツァー賞史学部門受賞作『アメリカ思想の主潮流』[36](一九二七)などがそれに続くかたちで、「ニューイングランドのルネサンス満開期の画期である超越論ムーブメント」[37]研究は一九二〇年代半ば以降に大幅に進展することとなった。

山査子の花ざかり

その後の一九三六年に発表されたブルックス(図7-14)の『ニューイングランドの開花』は、ピュリッツァー賞史学部門および米国図書賞ノンフィクション部門をともに受賞し、上記の研究動向に新たな方向性を与えた研究である。

この『ニューイングランドの開花』が当時画期的だったのは、一九世紀中葉のアメリカにおける芸術思想・芸術論壇の形成場面に初めて史論として踏み込んだ点であり、この関心のなかでブルックスは建築理論家としてのグリーノウの活動を見いだしたのだった。

ブルックスのそれまでの研究の背景を鑑みれば、『ニューイングランドの開花』でのグリーノウの発見が、エマーソンの『英国気質』[38](一八五六)の精読を通じてなされたことは自明である。ただしグリーノウの理論の読解にあたりブルックスが典拠としたのはほとんど『ホレーシオ・グリーノウ追悼録』[39](一八五三)であり、刊行当初は全く理論書として読まれないまま、じきにその存在すら忘れられた同書は、このとき歴史上初めて芸術論・建築論集として読まれたのだった。

図7-14 V. W. ブルックス(1936年)

この『ニューイングランドの開花』は、エマーソンの次世代にあたるジェイムズ・ジャクソン・ジャーヴェス(一八一八―一八八八)、ジェイムズ・ラッセル・ローウェル(一八一九―一八九一)、ウィリアム・スティルマン、チャールズ・エリオット・ノートンといった、イギリスの動向と交渉をもった芸術批評家による論壇形成をクライマックスとする論壇史である。彼らはそれぞれ、ラスキンとの直接的な交流をもちながら、その時代のアメリカの芸術批評に功績をのこした人物たちである。エマーソンによるイギリスとの交渉はこの次世代の活動の先鞭であり、彼らの活動初期に発表された『英国気質』は、二国間の「精神的連帯の結果」としてイギリス文化の最善を紹介した、アメリカ旅行文学の最高傑作とみなされた。ブルックスは外国との人的交流がアメリカの芸術思想の形成に及ぼした具体的影響こそ語ることがなかったものの、ラスキンとの交流はその重要なものの一つに数えられていた。

ブルックスが注目した通り、その一方でエマーソンは、グリーノウの建築理論をラスキンの先駆として紹介した。そのためにこそブルックスは、現代の潮流に連なる機能主義的な芸術観が、一九世紀中葉にすでに国内で萌芽していたということを、グリーノウに対する言及を通じて例証することができた。

ブルックスの記述では、当時その芸術観の模範は、同時代の他の論客によっても、「適合性《フィットネス》の法則に従った」船舶の造形のなかに見いだされていたものとされる。しかし、ニューイングランドの知識人たちによって共有されたこの美的感覚をさらに明確化し伝道した――「クリッパー船を芸術作品としてたたえボストン人を驚かせた」――人物こそが、フィレンツェから帰還後のグリーノウだった。ブルックスはその彼の芸術観を次のようにまとめる。

> 古代ギリシャ人に倣うための正道とは、〔……〕彼らの原理を採用しながら、自らの気候や人民の需要から発して建てることである。それはクリッパー船という、我々の建築がなるべきものの模範がもつ強さである。それは自然の機能を完全に満たしている。その細部のすべては有機的である。〔……〕自然はすべての機能に対して一つの造形《フォーム》を与える。〔……〕内部配列を参照し、機能を全体形のなかに押し込める。〔デザインは〕中核から始め、外側に向かって行われなければならない。

そしてブルックスは、この「グリーノウが全国に伝導した〔……〕『機能的』理論」の紹介のなかで、一九世紀末以降の現代アメリカ建築の思潮に源流を見いだすという目的意識を明示してもいる。ブルックスによれば、こうしたグリーノウの建築理論は「ルイス・サリヴァンの『形態は機能に従い、機能は形態を創造する』というフレーズや、ルイス・マンフォードの文筆」に先駆け、それらをさらに詳しく展開した理論として、現代の建築理論の無意識的な参照点となってきたのだという。

「時代精神」の歴史

そうして先述のとおり、『ニューイングランドの開花』の発表以降、ブルックスの成果はまず、ヴァルター・クルト・ベーレントが翌年に発表した『モダン・ビルディング』のなかで初めて、アメリカ建築思想史のなかに組み込まれることとなった。この知識生産には、マンフォードを介した情報流入の跡を垣間見ることができる。

ベーレントとマンフォードは一九二五年にアメリカ地域計画協会（RPAA）会合で対面して以来の知己であり、その後緊密な協働関係を築いた盟友である。マンフォードは一九二五年にベーレントが編集に携わったドイツの『ディー・フォルム』誌に初期から参画し、アメリカ建築の動向をドイツに伝えた。一方のベーレントはマンフォードの『スティックス・アンド・ストーンズ』ドイツ語版の翻訳出版[40]（訳題『丸太小屋から摩天楼まで』、一九二六）に尽力した。また、一九三四年アメリカに亡命したベーレントはダートマス大学で教鞭を執ることとなるが、この選任を助力したのもマンフォードである[41]。そしてベーレントの『モダン・ビルディング』の出版には、マンフォードの紹介によって、彼が懇意にしていた出版社が選ばれた。

当時ベーレントは近代建築運動のなかでも特にアメリカの動向に注目していた。そのため、近代建築思想の世界史として書かれた『モダン・ビルディング』のなかでも、アメリカの記述には独立に一章が費やされ、近代建築思想の形成場面のなかの「アメリカの役割」が論じられている。

ベーレントによれば、アメリカが新しい世代の「ドイツ人建築家に決定的な衝撃を与えた」のは、穀物エレベーターやサイロといった、実用目的のためだけに工学的に設計された工作物だった。一方、一九世紀中葉に遡るアメリカのこの工業的動向は、当時の建築家・建築理論家の設計活動や批評活動との接点を持たなかったとされる。

しかし当時のアメリカ建築界には「アール・ヌーヴォー運動に遥かに先だち、イギリスのアーツ・アンド・クラフツ運動とも一部独立に」展開した「建設の根本的問題を再考する取り組み」があり、この点の解明もまたベーレントの主要な関心事となっていた。ヨーロッパの近代建築運動（広義の「新芸術運動《アール・ヌーヴォー》」）にはドイツのゴットフリート・ゼンパー、イギリスのウィリアム・モリス、フランスのヴィオレ＝ル＝デュクといった理論家の取り組みが背景にあり、一九世紀末にベルギーのアンリ・ヴァン・ド・ヴェルド（一八六三―一九五七）によって提唱された「論理的構想《ロジカル・コンセプション》」および「理性的な美《リーゾナブル・ビューティ》」は、最重要なものとしてその系譜上に位置づけられた。

一方ベーレントは、アメリカにはヘンリー・ホブソン・リチャードソン（「新たなアメリカン・バナキュラーの創始者」）、ルイス・サリヴァン（「新理論の創始者」）、フランク・ロイド・ライト（「有機的建築の創始者」）という三世代の建築家に、ヨーロッパの国際的な展開と切り離されながらも機能主義の系譜に位置づけうる、特異な建築思想の展開があったと指摘する（図7–15）。ベーレントは、アメリカは個人主義的な国であり「世代間を通じたムーブメントがない」としながらも、グリーノウの理論に始まるニューイングランダーの系譜を見いだそうとしたのである。

この系譜の始端に位置づけられたリチャードソンは、「現実主義的な感覚」を有した「ドラフツマンやデザイナーではない、真の建設者」として、アメリカ的感性を代表していた。ただしそうであるとはいえ、そのリチャードソンも一方では技術革新には疎かったとされ、その様式も、個人のなかでのみ完結したものとみなされた。ベーレントの認識によれば、アメリカの機能主義、あるいは有機的建築観の萌芽を画したのは、つまるところサリヴァンであり、彼がその思想を得たのは世界規模の「時代精神《ツァイトガイスト》」の啓示によるという。

一九世紀中葉に発端をもつこの「この機能主義理論の空気《エッセンス》」は、ヨーロッパでは先述の理論家たちによって代表される。そこでベーレントは、彼らと時代的に対応するアメリカの理論家としてグリーノウを対置させた。ベーレントによれば、アメリカではグリーノウが「講義や文筆のなかで四〇年代に早くも自然のなかで啓示された構造理論を発表していた」のであり、「ボストンに住んでいた少年時代のサリヴァンはそれを吸い込んだ」。かくして、グリーノウが唱道した「要素を束ねる役目は後代の課題となり、〔……〕金言や作例によって初めて新たな有機的建設理論を示しえたのがルイス・サリヴァンだった」。

図7-15 マーシャル・フィールド商会（H. H. リチャードソン，シカゴ，1885-87年）
石積みのアーチを大胆に用い，複数階にまたがる大開口を設けた「現実主義的」商業施設（W. C. ベーレント）.

ブルックスの『ニューイングランドの開花』とベーレントの『モダン・ビルディング』という最初期のグリーノウ研究はこのように、いまだ実証が及ばないなかで、二つの世代をへだてるおよそ四半世紀あまりの論壇の展開を等閑視しながら、グリーノウからサリヴァンへの機能主義の系譜を明示した。

同様の言及はその後、他のグリーノウ研究者によっても繰り返され、「時代精神《ツァイトガイスト》」を自明視したこの系譜は実証性に乏しいまま既成事実と化していった。しかし本書ですでに示した通り、サリヴァンが青年期を過ごした時期にはグリーノウの理論家としての存在は忘れられていたのであり、彼が直接グリーノウの文筆に触れたということは考えにくい（第一章3節参照）。

エマーソン研究とグリーノウ——ラスキンの影

これら一九三〇年代半ばの取り組みによって、アメリカの美術史・建築史分野には「グリーノウの機能主義」という新たな研究論題が生まれることとなり、以後の研究の進展をまって、グリーノウの建築理論は戦後のジェイムズ・マーストン・フィッチによる『アメリカン・ビルディング』[42]（一八四八）やマンフォードの『アメリカ現代建築の源流』[43]（一八五二）のなかで、アメリカ的近代建築思想の発端として言及されるようになる。

しかしアメリカの建築史家が自国の建築思想史上におけるグリーノウの位置づけを問題とするようになるには、『モダン・ビルディング』以後さらに十年以上の年月を要した。

それにはおそらく、『ニューイングランドの開花』によるグリーノウの建築理論の紹介や『モダン・ビルディング』によるアメリカ建築思想史へのグリーノウの組み込みが、文学史家および国外の建築家によってなされたものだという事情も影響していたはずである。この二著作は、一九五〇年前後のグリーノウ受容史研究のなかでもしばしば見落とされている。そのときこれらの初期研究に自覚的だったのは、ブルックス、ベーレント双方の友人であるマンフォード一人だった[44]。

この事情を反映して、一九三〇年代アメリカの建築家・建築史家のあいだではグリーノウの知名度はいまだ高くなく、グリーノウの建築理論の同時代的な先駆性や、建築思想史上の重要性といった論点は発展しなかった。一九三〇年代末以降のグリーノウ研究は、文学史や芸術史など、主に建築史分野以外で、エマーソンの芸術理論研究のなかで派生的に進展することとなる。

一九三八年にドナルド・マクレー〔生没年未詳〕が発表した「エマーソンと芸術[45]」は、『ニューイングランドの開花』によるグリーノウの発見以後のエマーソン研究として、一九世紀中葉に機能主義理論が定式化された功績をエマーソンに帰した先駆的業績である。ここでエマーソンは、「ホレーシオ・グリーノウとサミュエル・G・ウォードの助けを借り、機能主義や建設における厳格な必要の美を理論化」した人物として描かれる。

またこの「エマーソンと芸術」で特筆されるのは、『ニューイングランドの開花』以後のグリーノウ研究すべてに含まれる、ラスキンの芸術論との比較がやはり行われていることである。グリーノウの美論が一九世紀中葉のアメリカの思想界に果たした役割、あるいは、それが当時の美術思想をどの程度代表しえているかということの考察には、当時はエマーソンの『英国気質』を参考にするほかなかった。この書籍のなかでグリーノウとラスキンが併置されていたという歴史的事実が、必然的に両者の美論の比較研究を導くこととなったのである。

もっとも、このマクレーの研究でラスキンと直接比較されるのは、一九世紀アメリカの芸術思想を代表する、エマーソンとソローの二人である。ここでグリーノウの名には、この二人の自然観、建築芸術観を束ねるための象徴としての役割が担わされた。

マクレーによれば、ソローは「自然の贅沢・過剰に芸術が比肩することは不可能である」という思想から、被造物としての自然の優位を論じた。これに対し、ラスキンは自然をあるがままに見ず、「ラスキンが描く自然としてのみ叙述した」。マクレーが引用したソローの言葉によれば、ソローはラスキンの『モダン・ペインターズ』を読み、それが「アウトドア向きの本ではなかったとわかりがっかりした」。

またエマーソンは、「『様式の闘争』のどの派閥にも属さなかった」点でラスキンとは異なっていた。エマーソンは「素直に、建築は人間最高の性質のいち表現だと理解した」のであり、その彼が「『象徴』としての建築という、ピュージンやラスキンらが弄した〔ゴシック・リバイバルの〕概念周辺の理論をうち立てたと信じる理由はない」のである。

このマクレー研究を嚆矢として、エマーソンの芸術観に関する研究はその後フランシス・オットー・マシーセン

〔一九〇二―一九五〇〕による『アメリカン・ルネサンス――エマーソンとホイットマンの時代の芸術と表現』（一九四一）や、戦後研究の『スパイアズ・オブ・フォーム――エマーソン美学理論研究』（一九五一）、『エマーソンとグリーノウ――アメリカ美学における超越論のパイオニア』（一九五四）等に展開していく。[46]

なかでもマクレー研究に続いて発表されたマシーセンの『アメリカン・ルネサンス』は、ブルックスの『アメリカの成熟』、マンフォードの『ゴールデン・デイ』という一九一〇、二〇年代の初期研究の存在を明示的な影響源に有しており、一九世紀中葉のニューイングランドに発揚した芸術思想を包括的に描いた、『ニューイングランドの開花』以後の歴史研究として特筆される。

ここでマシーセンは、文学のホイットマン、建築のグリーノウという両者の理論を議論の中核に据え、それらの類似を論ずることで、対象とする時代の芸術思想が分野を超えた一体的な世界観に基づくことを示そうとした。この両者の芸術観が比較対象となりえたのは、ブルックスがグリーノウの業績を発見して以降、「自らの建築表現の刺激剤をホイットマンの機能主義のなかに見いだしたルイス・サリヴァン」の知的源泉が、建築批評を含めた一九世紀中葉のニューイングランドの知的文化全体に辿れるようになったためである。

マシーセンによれば、ホイットマンとグリーノウはおのおの詩作分野と建築分野のなかで、機能的・有機的全体性を目指した理論の唱道者だった。ホイットマンが詩作のなかで「個別の詩のことだけではなく、一つの有機体としての書物全体を考え、全体が部分の抽象的な和以上のもの、解体不可能な具体的存在物となる望みを携えて完成作品を考える」態度は、グリーノウの機能主義的建築観との類似をみせる。加えて、ホイットマンの理論のなかの機能主義的芸術の模範は「自然の開かれた原理」であり、それを応用した先には「人間と芸術がふたたび自然と融合する」境地があるとされた。

この芸術観・世界観の前提として、マシーセンはエマーソンの超越論の寄与についても言及した。しかし建築理論分野に関しては、「技術的詳細を知悉していたため、建築の有機的性質に関する議論をエマーソン以上に秩序だった結論へと導くことができた」のはグリーノウである。マシーセンの認識によれば、サリヴァンの系譜にのる建築観の主要素は、この機能主義的＝有機的美学と、「ディテールに対する厳格な関心」によって特徴づけられる。

これらすべての性質を総合すると、グリーノウはやはり、「フランク・ロイド・ライトや機能主義派によって採用された路線を直接に指し示した」先駆者なのである。

4　オーソドックスの神話　［一九一五―一九四八］

「ホレーシオ・グリーノウ――機能主義の先駆者」

一方、マシーセンの『アメリカン・ルネサンス』に数年先駆けた一八三九年、先のボーモント・ニューホールが妻のナンシー・ワイン・パーカー（ナンシー・ニューホール、一九〇八―一九七四）と連名で発表した「ホレーシオ・グリーノウ――機能主義の先駆者」[47]（一九三九）は、グリーノウの建築理論を一九一〇年の機械美学の発現（おそらくヨーゼフ・アウグスト・ルックス（一八七一―一九四七）の『エンジニア美学』[48]）、一九一九年のヴァルター・グロピウス（一八八三―一九六九）によるバウハウス開校、また一九二三年のル・コルビュジエ（一八八七―一九六五）による「住宅は住む機械である」に先立つものと位置づけ、世界規模の機能主義建築思想の起源とみなした論考である。

ここで特筆されるのは、「美は機能の裏づけである。動作は機能の示現である。個性は機能の記録である」というグリーノウの金言を解説するにあたり、彼らが造船を範とした隠喩を多数引用し、そうした隠喩がクラシシズムに属するものであることを示唆している点である。そうした引用のなかでも特に、「トロッティング・ワゴンやヨット《アメリカ》のなかで移動を最も単純な表現へと還元した人々は、ギリシャ寺院をありとあらゆる用途へと曲げて使

図7-16　ヨット《アメリカ》
1851年国際大会に勝利．その機能美を古代ギリシャ建築にたとえたグリーノウ像が20世紀に再提示された．

う人間よりも現段階においてアテネに近い」というグリーノウの言葉は、「厳格なマッスとボリューム、軽く繊細なプロポーション、職人の直接的な技量」をグリーノウが古代ギリシャ建築のなかに見いだしたことの重要な傍証に位置づけられた（図7-16）。そうして、この引用は同時に、ゴシシストであるラスキンの建築観と、グリーノウのクラシシズム建築理論を対照させる働きを有していた。

この「機能主義の先駆者」はたしかに、グリーノウの建築理論を紹介する目的で書かれている。しかしそこには、ラスキンの建築理論の無効性を示すというサブテーマがあった。だからこそこの論考は、グリーノウの建築理論の妥当性を論じるにあたり、「ラスキンの建築理論」に対する論難をその主たる方策とした。

無論、ここでの論者もやはり、ラスキンとグリーノウの建築理論の比較考察をエマーソンの『英国気質』の引用から引き出している。ただしここでは、グリーノウの建築理論は「ラスキンに先駆けた」（エマーソン）ものではなく、ラスキンのものとは真逆の理論である。特にラスキンとグリーノウの二つの建築理論の対照性は、ラスキンと、その同時代人であるイギリス人建築理論家レイシー・ガーベット（一八二四―一九〇〇）のあいだで行われた論争[49]に対する言及を通じて強調されている。つまり、「ラスキンがガーベット氏を叩き潰さなければならないと考えた」のは、「ガーベットの『設計論』が『ヴェネツィアの石』を攻撃しただけでなく、グリーノウのごとき異説を支持したから」なのである。

かくしてラスキンの建築理論は、一九世紀、同時代の先進的建築理論とは対照的な、時代錯誤の保守的なものと位置づけられ、したがって現代建築に対するその影響もまた否定されることとなった。

建築界を超えた影響

なお、この「機能主義の先駆者」は以後の建築史分野におけるグリーノウ研究の主要な参照点の一つだが、その執筆は写真家・写真史家の二人による。つまりこの論は、建築思想史に対象を限定したグリーノウ研究ではベーレント以降初のものであるにもかかわらず、建築家によるものでも、建築史家によるものでもなかった。

しかしベーレントの場合と同様、その論の着想には、ときの建築界界隈との情報交換が影響していたのだと考えてよい。ボーモント・ニューホールはヘンリー＝ラッセル・ヒッチコックの旧友であり、一九三五年にニューヨーク近代美術館（ＭｏＭＡ）の司書となったのも、ヒッチコックによるアルフレッド・バー・ジュニア（一九〇二―一九八一）への紹介を通じてのことだった。またニューホールは、「自分の思想に決定的な影響を与えた」[50]写真家であり、当時ニュー・バウハウスの学長としてアメリカに招聘されていたラースロー・モホリ＝ナジ（一八九五―一九四六）などとの交流から元バウハウス教師らとの面識を培い、一九三八年にＭｏＭＡで行われた「バウハウス一九一九―一九二八」展のカタログでは図書目録の作成を担当した[51]。

彼らはこうした人脈や仕事を通じて現代建築の国際情勢に関する最新知識を得た。

しかし、ことグリーノウやその建築理論に関しては、ヒッチコックはむしろ、ニューホール夫妻の業績を通じてそれを認知したものと考えられる[52]。同時に彼は、建築史家としてのキャリアを通じて、グリーノウの理論をほとんど重要視しなかった。

他方、ニューホール夫妻がグリーノウの理論を知ったきっかけは、ベーレント同様、マンフォードとの接触に帰すのが妥当である。ボーモント・ニューホールとマンフォードの知己は、一九三七年に前者がキュレーションした「フ

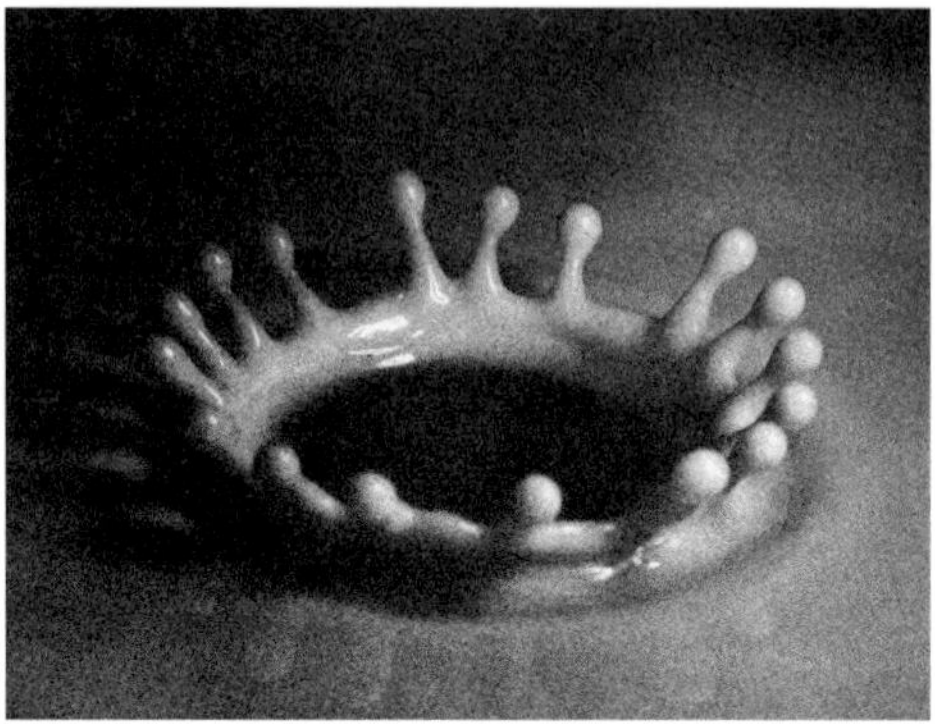

図7-17《ミルクの張られた皿に飛び込むミルク滴》『フォトグラフィ 1839-1937』(1937年) より．高速度カメラが可能にした視覚，機械そのものの機能美の表現．

ォトグラフィ一八三九―一九三七」展に対し、マンフォードが批評を執筆した頃に遡る。同展はマンフォードから「純粋に美学的な価値から写真を検討し評価することに欠けている(53)」との批判を受けたものの、この縁によって、両者は同展図録の改訂版編集のために協働する運びとなった(54)。

このマンフォードの批判は、ニューホール自身が写真芸術を従来の美術とは異なる範疇で捉えていたための必然的なものだった。ニューホールは「写真はその製造を統べる工学的・科学的法則の観点から研究されなければならない(55)」と考え、この視座からイギリスの写真家ピーター・ヘンリー・エマーソン（一八五六―一九三六）の写真技術（「科学的原理に基づいた芸術理論を聴衆の前に提示した(56)」）を評価し、その後のアルフレッド・スティーグリッツ（一八六四―一九四六）らのストレート・フォトグラフィ技術のなかに「機能主義の魂がアメリカの若い世代の写真家たちの心をとらえた(57)」姿をみた。

すなわちニューホールは現像された写真だけでなく、機能の集積である、機械としてのカメラそのものにもまた、機能主義の表現物としての可能性を見いだしていたのだった（図7-17）。グリーノウの理論は、ダゲレオタイプの完成と同時期の一九世紀中葉に発せられたものとして、建築批評の範疇を超え、科学的美学の萌芽一般を象徴していた。この観念は「機能主義の先駆者」に披瀝された機械賛美の前提ともなり、グリーノウの理論は、一九世紀中葉のイギリス人工学者サミュエル・クレッグ（一七八一―一八六一）による同時代的言及――「完璧なエンジンは余分な装飾を必要としない。美のためには構造要素のみで十分である」――とも並列させられた。

オーソドックスの神話――機能主義とグリーク・リバイバルの正史

かくしてニューホール夫妻のグリーノウ研究はその発表からほどなくして、スイスの建築史家ジークフリート・ギーディオン（一八八八―一九六八）による『空間、時間、建築[58]』（一九四一）に応用された。これは一九三〇年代末にハーヴァード大学で講じたチャールズ・エリオット・ノートン・レクチャーを基とした書籍だったが、「機能主義の先駆者」によるグリーノウの紹介はこの時宜を得ることによって、「建築とエンジニアリングの相関」の世界史を描いたこの大著のなかで、すぐさま年代記記述の先頭に挿入されることとなったのである。

一方、国内の建築史家のなかで『アメリカン・ルネサンス』や「機能主義の先駆者」の成果にいち早く応答したのはタルボット・ハムリン（図7―18）である。彼は一九四二年、父アルフレッド・ハムリンの三部作の続編として「アメリカのグリーク・リバイバルとその批評家[59]」を発表した。ここではグリーク・リバイバルからゴシック・リバイバルに移行する一八五〇年頃の国内の様式論争が取り上げられ、グリーノウは前者の中心的理論家に定められた。

ハムリンがこの論考でとった史観では、ゴシック・リバイバルの理念はダウニングの一八四〇年代の言説や、その後に国内で受容されたラスキンの理論に代表される。しかし、それは「適切性の原理を唱道しながら、同時に美の基礎に感傷や連想を受け入れた」折衷的なものであり、ハムリンはその潮流を「アメリカ的」建築思想の正史とは認めていない。彼によれば、アメリカ建築思想の主流とは、ギリシャ建築の模倣に抗いながらも古典の美の追求を試みたグリーク・リバイバルの系譜に見いだすべきものであり、その理念を代表したのがグリーノウだった。

図7-18　T.ハムリン（撮影年不詳）

アルフレッド・ハムリンの三部作の時点ではゴシシズムから簒奪されなければならなかった「論理のロジック」、また、タルボット・ハムリン自身が先立つ『建築のアメリカン・スピリット』[60]（一九二六）のなかで牽強付会な方法で主張しなければならなかったクラシシズムの科学性は、建築理論家グリーノウの発見によって、クラシシズムの専有物と見なされることが可能となった。この「アメリカのグリーク・リバイバルとその批評家」には、アメリカ近代建築史の通史構想にまつわる、この重要な形勢逆転の跡がとどめおかれている。

グリーノウの発見以前には、たとえクラシシズムの伝統のなかにアメリカ建築の正史を見いだそうとした論客であっても、国内のグリーク・リバイバルの評価には大きな留保があった。当時のアメリカ建築史の知識では、たとえその潮流にアメリカ建築の正史をみたとしても、それは一面において国家規模のコピイズム運動ともみなされていた。そうしたなかで、グリーク・リバイバルの美点をクラフツマンシップに求める試みは幾度かなされたが、建築界にグリーノウの認知が進むまでは、それを積極的に裏づける文献史料は決定的に欠けていた。

そこへ紹介されたグリーノウの機能主義理論は、自国のグリーク・リバイバルを「アメリカ的」建築の始原であり極致であるとみなした論客にとって、彼らが探しあぐねたクラシシスト兼機能主義者のアメリカ人理論家が現に当時存在したことの、何よりの実証的証拠だった。グリーノウとはすなわち、一九世紀中葉に急速な発展をみた「アメリカに特別で、アメリカ独自、アメリカ生まれの建築様式」を探求した、グリーク・リバイバル期最大の理論家だった。たしかにハムリンはグリーノウの理論を「良識派で中道派の批評」のものとして言及してはいたが、彼によるグリーノウの理論の援用がグリーク・リバイバルの美点を示すためだったことは、その論の展開から明らかである。ハムリンがその結語のなかで語っている通り、彼がグリーノウの建築理論の解説を通じて示そうとしたのは、「結局、最も重要な点として、構造形式と利用形態と外観形態を統合する感性」を生んだのがグリーク・リバイバルだったということ、そうして、「アメリカ建築の伝統において最も価値があり永続的であると見なせるもの――入念な造形の感性、品格の探求、理性的な簡潔性のごときものに対する信仰――の起源が、ここ〔一八五〇年以前のグリーク・リバイバル」に遡る」のだということだったのである。

グリーノウの文筆は、「第一次世界大戦後に発展することとなる、新たな二〇世紀的デザインの時代の到来を告げる建築批評家たちとまさしく同じ言葉と方法を使って、その彼らの思考を先駆けていた」。他方、一九世紀中葉以降のゴシック・リバイバルによってこの先駆的な感性は破壊され、「効果と建設が完全に分離する」事態となった。すなわち、アンドリュー・ジャクソン・ダウニングやラスキン、ピュージンらゴシック・リバイバルの論客が「論理と良識を根拠として」グリーク・リバイバルを駆逐したことこそ、アメリカ建築の不振を招いた主原因だった。なぜなら、そのような設計の質はすでにアメリカに存在していたのであり、後続のゴシック・リバイバルは同じ論法を用いて折衷主義的傾向をもたらしただけだったからである。

「アメリカの過去」の有用性

「アメリカのグリーク・リバイバルとその批評家」の発表から間もなく、一九四〇年代半ばには、機能主義の理論家としてのグリーノウの立場はより広い学問領域のなかで知られるようになっていった。アルバート・テン・アイク・ガードナー（一九一四―一九六七）が発表した『ヤンキー・ストーンカッターズ』[61]（一九四五）はグリーノウの著作名を自身の書名に転用し、歴史記述の主要参考文献に『ニューイングランドの開花』を採用したアメリカ彫刻史である。アメリカ初の彫刻家のなかでも、ここではグリーノウに「芸術と生活についてのより深い真実」に到達した「遥かに重要な人物」としての特別な立場が与えられ、機能美や装飾の排除といったグリーノウの芸術理論がつぶさに紹介された。

ただし一九四〇年代半ばの時点では、建築界におけるグリーノウ研究はいまだ進んでいなかったものとみてよい。この事情は、一九四七年に書かれた『フォーム・アンド・ファンクション』[62]の解説が、ライトやサリヴァン、あるい

図7-19『フォーム・アンド・ファンクション』（1947年）
その出版により，H. グリーノウの美術・建築論がようやく原文で読めるようになった．

はル・コルビュジエの建築思想の系譜を辿るものであるにもかかわらず、画家のアール・ローラン（一九〇五―一九九九）によって執筆されていることにも表れている。

他方、グリーノウの没直後に刊行された『追悼録』からの選集であるこの『フォーム・アンド・ファンクション』の出現をもって、それまで引用を通じてしか触れられなかったグリーノウの理論は、初めて広い読者に原文で読まれうる機会をえた（図7-19）。これはもともと一九四四年に七五部限定一〇頁程度の私家版として発行されたもの(63)に、大幅な増補と解説を付して発売されたものである。アメリカの建築史家はその全国出版の恩恵にあずかるかたちで、文学史、美術史分野に遅れてグリーノウの史的位置づけを論ずるようになる。

『フォーム・アンド・ファンクション』刊行直後の一九四八年、ロバート・B・シャファーが『建築史家協会雑誌』に寄稿した「エマーソンとそのサークル――機能主義の唱道者たち(64)」は、エマーソンの交友関係を中心に、グリーノウおよびサミュエル・グレイ・ウォード（一八一七―一九〇七）らによる、一八五〇、六〇年代の機能主義的建築観の発揚を辿った。この論文のなかでエマーソン、グリーノウ、ウォードらは「彼〔エマーソン〕の時代よりも現代においてより声高に唱えられている」理論、すなわち「誠実に表現された誤魔化しのない建設」と、「形態は機能に従う」に連なる系譜の開始点に位置づけられる。

そうして、タルボット・ハムリンの「グリーク・リバイバルとその批評家」以降この時点ですでに、この系譜の建築思想がクラシシズムに位置づくという認識は、建築史家のなかでも共有されるものとなっていた。シャファーはその論のなかで、現代の機能主義理論はエマーソンの著作「『自然』と関係をもちながらも、実際にはウィトルウィウス的な『フェルミタス〔＝強〕』と『ウティリタス〔＝用〕』の概念に由来しているようにも思われる」ものであると語り、グリーノウの理論もまた、アメリカ建築思想史のなかでは、そのローマ的建築観の始点に位置づけられた。それゆえにこそシャファーには、エマーソンがラスキンとグリーノウの理論に相同性を見いだしたことが不可解に映った。そうして『ニュー・パス』という、ラッセル・スタージスやピーター・ワイトらによる、「ラスキンに則ったゴシック・リバイバル推進誌」にグリーノウの文章が掲載された事実は「奇妙なこと」だと、混乱の色を露わにするのである。

建築理論家グリーノウの発見、そして『フォーム・アンド・ファンクション』の出版は「『アメリカの過去』の有用性の証左である」——そう語ったのは『ニューイングランド・クオータリー』の書評[65]である。そしてさらに述べる。「この『過去』は変わりゆく需要の役に立つよう常に再解釈されている」。

歴史の有用性、過去の再解釈。たしかにグリーノウの建築理論は、近代建築思想史上のアメリカのイニシアチブを強調し、さらにはクラシシストの史家が求めた理想のアメリカ人理論家像を提供したという点において、少なくとも二重の需要を満たしたのだといえる。それはまことに有用な発見だった。

歴史学とは果たして何のために存在しているのか？

図7-20　J. M. フィッチ（1947年）

歴史学は有用でなければならない。現代社会に対して、何らかの機能を果たさなければならない。アメリカ建築の正史をめぐる闘争とは、そのような義侠心に駆られた史家たちによる、アメリカ合衆国のアイデンティティ、およびその一員としての自らの存在理由を賭けた、半世紀前後、あるいは一世紀あまり続いた領土紛争にも等しかった。「近代性」の土地はすでにそこにあり、呼ばれるべき名前が与えられることを待ちながら、呼びたい幼名で呼ばれることを甘受し続けていた。

その既存の土地に、ついにクラシシズムの実名を与えたのはジェイムズ・マーストン・フィッチ（図7-20）の『アメリカン・ビルディング』[66]（一九四八）である（図7-21）。建築理論家グリーノウの発見から一二年目の悲願。フィッチはその処女作の冒頭で次のように語り、自国独自のクラシシズムの伝統を声高に宣言した。

図7-21　J.L.ダヴィッド《球戯場の誓い》（1791年）J.M.フィッチ『アメリカン・ビルディング』（1948年）のクラシシズム史観を象徴する.「彼は主人公をまず裸体で描き、それから時代に合うよう適宜服を着せた」——不変不滅なるものこそ古典である.

> クラシシズムは常に進歩の手段であり、徹底的な革命のための手段となっていた。クリストファー・レンに霊感を与えたローマはダヴィッドのローマではなく、アンゲリカ・カウフマンのギリシャはホレーショ・グリーノウのギリシャとは遠く隔たっていた。ジェファーソンと暴君ナポレオンがみた古典世界同士には星と星ほどの距離があった。

この『アメリカン・ビルディング』の成立をもって、その長きにわたる闘争はようやく終結した。

（1）Ezra Pound, "H. S. Mauberly," *The Dial*, Vol. 69, Sep. 1920, p. 287.

(2) Herbert David Croly, *The Promise of American Life*, New York, The Macmillan Company, 1909.
(3) Sidney Fiske Kimball, "What is Modern Architecture?," *The Nation*, Vol. 119, Jul. 1924, pp. 128–129.
(4) Letter of Fiske Kimball to Walter Pach, 8 May 1925, in *American Artists, Authors, and Collectors: The Walter Pach Letters 1906–1958*, Bennard B. Perlman, ed., Albany, NY, State University of New York Press, 2002, p. 185.
(5) 第六章5節（注91）参照。
(6) Idem, "Louis Sullivan: An Old Master," *The Architectural Record*, Vol. 57, No. 4, Apr. 1925, pp. 289–304.
(7) Walter Pach, "The Point of View of The 'Moderns,'" *The Century Magazine*, Vol. 87 , No. 6, Apr. 1914, pp. 851–864.
(8) Idem, *Ananias or the False Artist*, New York and London, Harper & Brothers Publishers, 1928.
(9) William Howe Downes, "John Ruskin and Walter Pach: Defenders of the Faith," *The American Magazine of Art*, Vol. 20, No. 8, Aug. 1929, pp. 455–459.
(10) Leo Stein, "The Defeat of John Ruskin," *The New Republic*, Vol. 18, No. 223, 8 Feb. 1919, pp. 51–53. なお、美術収集家であり美術批評家のスタインはそれまで妹のガートルード・スタイン〔一八七四—一九四六〕とともにパリに暮らし現地の芸術家と交流をもったが（一九〇三—一四）、ここへは一九〇七年にパッチの合流をみていた。
(11) William Richard Lethaby, "Ruskin: Defeat and Victory," *Form in Civilization: Collected Papers on Art & Labor*, London, Oxford University Press, 1922, pp. 183–187; second edition, Lewis Mumford, fwd., London, New York and Toronto, Oxford University Press, 1957, pp. 146–149. 初出は *Arts and Crafts Quarterly*, Apr. 1919.
(12) "Ruskin's Career Viewed as a Tragedy," *Current Opinion*, Vol. 70, No. 6, Jun. 1921, pp. 817–819.
(13) *Ruskin the Prophet, and Other Centenary Studies*, John Howard Whitehouse, ed., London, G. Allen & Unwin and New York, E. P. Dutton, 1920.
(14) Frank Harris, "John Ruskin," *The American Mercury*, Vol. 2, No. 5, May 1924, pp. 10–16.
(15) "New Revelation of John Ruskin: The Tragic Life of a Modern Prophet," *Current Opinion*, Vol. 77, No. 1, Jul. 1924, pp. 37–39.

(16) Amabel Williams-Ellis, *The Exquisite Tragedy: An Intimate Life of John Ruskin*, Garden City, NY, Doubleday, Doran and Company, 1929.

(17) Robert Morss Lovett, "The Tragedy of John Ruskin," *The New Republic*, Vol. 58, No. 746, 20 May 1929, p. 144.

(18) Walter Sargent, "Ruskin as a Critic of Art," *The American Magazine of Art*, Vol. 10, No. 10, Aug. 1919, pp. 387–393.

(19) Frederick William Roe, *The Social Philosophy of Carlyle and Ruskin*, New York, Harcourt Brace and Company, 1921.

(20) Newell Dwight Hillis, *Great Men as Prophet of New Era*, New York, Chicago, London and Edinburgh, Fleming H. Revell Company, 1922.

(21) John Ruskin, *Ruskin's Views of Social Justice*, James Fuchs, ed., New York, Vanguard Press, 1926.

(22) Henry Andrews Ladd, *The Victorian Morality of Art: An Analysis of Ruskin's Esthetic*, New York, Ray Lang and Richard R. Smith, 1932.

(23) Beaumont Newhall, "New Books on Art: The Victorian Morality of Art," *The American Magazine of Art*, Vol. 26, No. 6, Jun. 1933, p. 310.

(24) John LaFarge, "Ruskin, Art and Truth," *International Monthly*, Vol. 2, 1 Jul. 1900, pp. 510–535.

(25) Sargent, op. cit, p. 388.

(26) Reginald Howard Wilenski, *John Ruskin: An Introduction to Further Study of his Life and Work*, New York, Frederick A. Stokes Company, 1933.

(27) Philip Wheelwright, "Ruskin Psychoanalyzed," *The New Republic*, Vol. 78, No. 1007, 21 Mar. 1934, p. 164.

(28) "The Famous Ford Automobiles," *Crittenden Record-Press*, 30 May 1912, p. 2.

(29) "What Prevents the Woolworth Building from Caving In?," *The News Scimitar*, 22 Jul. 1919, p. 13.

(30) Walter Curt Behrendt, *Modern Building: Its Nature, Problems, and Forms*, New York, Harcourt, Brace and Company, 1937.

(31) Van Wyck Brooks, *The Flowering of New England 1815–1865*, New York, E. P. Dutton & Co., 1936.

(32) Idem, *America's Coming-of-Age*, New York, B. W. Huebsch, 1915, p. 9.

(33) 前注参照。

(34) Lewis Mumford, *Golden Day: A Study in American Experience and Culture*, New York, Horace Liveright, 1926.

(35) Idem, *The Brown Decades: A Study of the Arts in America 1865–1895*, New York, Harcourt, Brace and Company, 1931.

(36) Vernon Louis Parrington, *Main Currents in American Thought: An Interpretation of American Literature from the Beginnings to 1920*, 3 vols., New York, Harcourt Brace Jovanovich, 1927.

(37) *Ibid.*, Vol. 2, p. 379.

(38) Ralph Waldo Emerson, *English Traits*, Boston, Philips, Sampson, and Company, 1856.

(39) Horatio Greenough, *A Memorial of Horatio Greenough: Consisting of a Memoir, Selections from His Writings and Tributes to His Genius*, Henry Theodore Tuckerman, ed., New York, G. P. Putnam & Co., 1853.

(40) Lewis Mumford, *Vom Blockhaus zum Wolkenkratzer: Eine Studie über amerikanische Architektur und Zivilisation*, M. Mauthner, tr., Berlin, Bruno Cassier, 1926.

(41) Donald L. Miller, *Lewis Mumford: A Life*, New York, Grove Press, 1989, p. 429.

(42) James Merston Fitch, *American Building: The Forces That Shape It*, Boston, Houghton Mifflin Co., 1948.

(43) Lewis Mumford, *Roots of Contemporary American Architecture: A Series of Thirty-Seven Essays dating from the Mid-nineteenth Century to the Present*, New York, Reinhold, 1952.

(44) Idem, "Symbol and Function in Architecture," *Art and Technics*, New York, Columbia University Press, 2000, p. 116; first published in 1952.

(45) Donald MacRae, "Emerson and the Arts," *The Art Bulletin*, Vol. 20, No. 1, Mar. 1938, pp. 78–95.

(46) Francis Otto Matthiessen, *American Renaissance: Art and Expression in the Age of Emerson and Whitman*, London, New York [etc.], Oxford University Press, 1941.; Vivian Constance Hopkins, *Spires of Form: A Study of Emerson's Aes-*

thetic Theory*, Cambridge, Mass., Harvard University Press, 1951; Charles Reid Metzger, *Emerson and Greenough: Transcendental Pioneers of an American Esthetic*, Berkeley, University of California Press, 1954.

(47) Nancy Wynne and Beaumont Newhall, "Horatio Greenough: Herald of Functionalism," *Magazine of Art*, Jan. 1939, Vol. 32, No. 1, pp. 12–15.

(48) Joseph August Lux, *Ingenieur-Ästhetik*, München, G. Lammers, 1910.

(49) ラスキンとガーベットによる論争についてはRobert W. Winter, "Fergusson and Garbett in American Architectural Theory," *Journal of the Society of Architectural Historians*, Vol. 17, No. 4, Winter 1958, pp. 25–30参照。ガーベットの主著『設計論』の書誌情報は以下。Edward Lacy Garbett, *Rudimentary Treatise on the Principles of Design in Architecture as deducible from Nature and exemplified in the Works of the Greek and Gothic Architects*, London, J. Weale, 1850.

(50) Beaumont Newhall, *Focus: Memoirs of a Life in Photography*, Boston, Tronto, and London, Bulfinch Press, 1993, p. 251.

(51) Idem, "Bibliography of Bauhaus Publications," *Bauhaus 1919–1928*, Herbert Bayer, Walter Gropius, and Ise Gropius, eds., New York, The Museum of Modern Art, 1938, pp. 222–223.

(52) Henry-Russell Hitchcock, *Architecture: Nineteenth and Twentieth Centuries*, 4th edition, New Haven and London, Yale University Press, 1977, p. 599.

(53) Lewis Mumford, "The Art Galleries," *The New Yorker*, 3 Apr. 1937, p. 40.

(54) Newhall, *Focus*, p. 54.

(55) Idem, *Photography 1839–1937*, New York, The Museum of Modern Art, 1937, p. 41.

(56) Idem, *The History of Photography*, New York, The Museum of Modern Art, 1964, p. 97.

(57) Idem, *Photography 1839–1937*, p. 71.

(58) Siegfried Giedion, *Space, Time and Architecture*, Cambridge, Mass., Harvard University Press, 1941, pp. 150, 594.

(59) Talbot Faulkner Hamlin, "The Greek Revival in America and Some of Its Critics," *The Art Bulletin*, Vol. 24, No. 3, Sep. 1942, pp. 244–258.

(60) Idem, *The American Spirit in Architecture*, New Haven, Yale University Press, 1926.

(61) Albert Ten Eyck Gardner, *Yankee Stonecutters: The First American School of Sculpture, 1800–1850*, New York, Metropolitan Museum of Art by Columbia University Press, 1945.

(62) Horatio Greenough, *Form and Function: Remarks on Art*, Harold A. Small, ed., Berkeley, University of California Press, 1947.

(63) Idem, *Form and Function: Some Principles as First Enunciated*, Berkeley, California University Press, 1944.

(64) Robert B. Shaffer, "Emerson and His Circle: Advocates of Functionalism," *Journal of the Society of Architectural Historians*, Vol. 7, Nos. 3/4, Jul.-Dec. 1948, pp. 17–20.

(65) W. R. Taylor, "Review: Form and Function," *The New England Quarterly*, Vol. 22, No. 2, Jun. 1949, pp. 264–266.

(66) 前注42参照。

エピローグ

現在とは一つの虚空《ヴォイド》である。そして一般人の頭に生き永らえている歴史が生きた価値をもたない歴史であるがために、アメリカの著述家はその虚空のなかを漂っている。だが、それだけが唯一可能な歴史なのだろうか。もし別の歴史を切に求めるならば、われわれがそれを発見すること、われわれがそれを創作することすら、ありえないことではないのではないか。

有用な歴史を発見すること、創作することはわれわれにも必ずできる。それはわれわれの生死にかかわる《ヴァイタル》批評が常に行っていることなのだ。


ヴァン・ウィック・ブルックス「有用な歴史の創出について」、一九一八年[1]

オルトロスの檻

一九四七年に出版された選集『フォーム・アンド・ファンクション』[2]をまって、アメリカ国内には「機能主義建築思想の始祖」ホレーシオ・グリーノウに対する認知はいよいよ広まっていく。

その後間もなく、グリーノウの名とその理論はジェイムズ・マーストン・フィッチの『アメリカン・ビルディング』[3]（一九四八）やルイス・マンフォードの『現代アメリカ建築の源流』[4]（一九五二）、ウェイン・アンドリューズの

『アーキテクチャー・アンビション・アメリカンズ』[5]（一九五五）といった、第二次世界大戦後十年以内に刊行された数多くのアメリカ建築思想史通史のなかで取り上げられるようになる。『フォーム・アンド・ファンクション』の解説で語られるように、「美は機能の裏付けである」[6]と定義した「美の探求」のほか、グリーノウが一八四〇年代から五〇年代初頭までに起草した建築理論は、「今日でも進歩的な同時代人の言葉のように読める」[7]ものとして注目され、再評価の時流に乗ったのである。

『フォーム・アンド・ファンクション』の直後に出版された近代建築史書として、フィッチとマンフォードの二著作がともにグリーノウの理論に対する史的位置づけを論じたというのは時宜に適ったことである。

フィッチの著作は第二次大戦後に編まれたアメリカ建築思想史の通史として好評を博し、数度の版を重ねた定本となる。マンフォードの『源流』は一九世紀中葉から一世紀ほどの論考を拾遺したアンソロジーだったが、巻頭論文となる「後方一瞥」[8]には、マンフォード自身のアメリカ建築史観が簡潔かつ的確にまとめられている。この両者がアメリカ建築史上のグリーノウの位置づけを最重要視したことは、フィッチが彼の理論をアメリカに興った造形理論の最先端と定め一章を設けたことにも、マンフォードがグリーノウの論を収録論考中の先頭に置いたことにも明確に示されている。

この相補的な取り組みによって、グリーノウは単に「機能主義理論の源流」とみなされたばかりでなく、「アメリカ的」建築思想の源流、ひいては近代建築思想そのものの始祖にさえ位置づけられることが可能となった。一九五〇年代末のエドワード・ロバート・デ・ザーコの『機能主義理論の系譜』[9]（一九五七）では、それまでアメリカ国内の機能主義理論の展開のなかに位置づけられるだけだったグリーノウの理論は、国際的に展開したとされる機能主義理論の開始点に位置づけられた。このデ・ザーコ研究からほどなくして、マンフォードもまた、グリーノウの存在を引き合いに出しながら、「近代建築はアメリカの過去のなかの長い前景から立ち現れたのである」[10]とまで豪語することができるようになった。

近代建築思想大国アメリカと、その体現者である理論家グリーノウ。アメリカ建築論壇を席巻したこの国家的イメージ形成の発端にもまた、ラスキンの姿がはっきりと見えている。

アメリカの建築思想史を論ずる上で当時の建築史家にとってラスキンの存在が無視できないものとなっていたのは、『アメリカン・ビルディング』のなかでフィッチが語る通り、まず、ヘンリー＝ラッセル・ヒッチコックの受容史研究(11)によって、「彼〔ラスキン〕の著作がこの国でイギリス以上に早く、大きな認知を得ていた」ことが気づかれていたためによる。このためフィッチもマンフォードも、機能主義建築理論の始祖としてのグリーノウの建築理論と、「アメリカの文化、特に芸術と建築に対するインパクトが計り知れなかった(12)」ラスキンとの、アメリカ建築史上の功績を比較考察した。

ただし、フィッチとマンフォードによるグリーノウの扱いにはこの点で大きな共通点があったものの、それらのあいだには同時に、一つの差異も顕著だった。というのも、彼らはともにラスキンとの比較言及のなかでグリーノウの理論を語りながら、その結論を真逆にしていたのである。

アメリカ建築史の汚点?

一方のフィッチは『アメリカン・ビルディング』のなかで「ロマン主義的保守主義者《ロマンティック・トーリー》ジョン・ラスキン」と「アメリカ的民主主義者《ヤンキー・デモクラット》ホレーシオ・グリーノウ」を対置させ、極めて否定的な態度からアメリカにおけるラスキンの影響を語った(13)。アメリカの建築・美術界に対するラスキンの影響の大きさこそフィッチも認めるところだったが、こうした受容の道程において、「モリスの芸術産業ムーブメント、エルバート・ハバードとロイクロフターズ、世紀末の細工革・焼き木材サークルたち、上流階級のノイローゼやフラストレーションが生んだ百あまりの脇道や袋小路」にいたる系譜は、決して肯定的には描かれない。フィッチによれば、「こうして蓄積されたラスキンの著作の影響は客観的にみて悲惨なものだった」のであり、アメリカ建築史の汚点だった。

たしかに、フィッチによるラスキンの建築論批判には、「社会そのものの研究者」として建築を考察した業績を評価した点もあることはあった。しかしフィッチの判断では、結局ラスキンは「イギリス政治のなかで保守主義者《トーリー》であったばかりでなく、原則的に貴族主義者」だった。ラスキンは「初めから恥じらいもなく、ヴィクトリア朝の資本主義によってマナーやモラルや美の基準が失墜しかけていた、イングランドの貴族や土地持ちや名家のためのスポークスマン」だった。「イギリス文化全体を転覆させつつあった、ときの蒙昧主義の歯車の一つの歯でしかなかった」。フィッチの論は周到なレトリックによってラスキン賛美を装ってはいたが、そこにはラスキンが「アンチ民主主義、アンチ工業、アンチ科学」の体現者であることを示す底意が明らかだった。

このように理解されたラスキンの「影響」の歴史とは、フィッチにとって、「彼〔＝ラスキン〕が行った美学と科学技術の分離が客観的にみて保守的な作戦行動だった」ことの証左である。さらにフィッチは、ラスキンが思い描いたとされる「ゴシック時代の生活は、彼の手近にある中世の一次資料を参照するだけでもわかるくらいに歴史学的に不正確」であるとも指摘しており、論が進むにつれ、その辛辣なラスキン批判には取りつく島がなくなる。

フィッチからすれば、ラスキンの貴族趣味と「グリーノウとは、〔……〕ここが違った。彼〔グリーノウ〕はアメリカ工業主義の心臓部より、その工業主義が、国家統制をめぐって奴隷制寡頭政治に挑みかからんとしていた、まさにその瞬間に生まれたのである」。ラスキンとグリーノウの類似とは、「彼らの両者ともが美学的基準を他から孤立したものとして議論することの不可能性を認識していた」程度にとどまるものであり、フィッチにとってグリーノウは、「〔一九〕世紀中葉のアメリカ民主主義の、最も先進的な部分の大志を声にした」点で正しく「アメリカ的」建築観の代弁者であり、「急成長するアメリカ工業のなかに、科学と科学技術の進歩と次第に反していくのではない、それらに従う、新たな美的基準のための素地を見つけた」人物として、ラスキンの建築理論の後進性を際立たせた。

グリーノウの建築理論とラスキンのそれとをさまで対照的に論じたフィッチの心情は、次の悔恨の一言に尽きている。――「彼〔グリーノウ〕の論考がラスキンの論考と同じくらい広まっていたならば、アメリカのデザインは、グリーノウとルイス・サリヴァンのあいだに横たわる、複雑なフラストレーションの数十年を避けることができたのではないか」。

ラスキンとグリーノウのこの対置は『アメリカン・ビルディング』の歴史記述の焦点をなし、それは当時の読者にもアピールした。『アーキテクチュラル・フォーラム』による『フォーム・アンド・ファンクション』の書評は、このフィッチの近刊を発売前に参照しながら、グリーノウの著作は「ラスキンの保守主義《トーリー》と、グリーノウの何物にも制約されない、力強い民主主義的思考との比較(14)」のなかで読まれるべきだと語った。

ゴシシスト史家の反逆

他方、マンフォードがラスキンとグリーノウを比較する態度はフィッチと好対照である。たしかに「後方一瞥」のマンフォードは「建築は社会的芸術であるという理解」をみせた最初期の建築理論家に両者を位置づけ、「彼らがともに、コミュニティの集合的習慣や集団的目的がいかに様式《フォーム》の決定因となるかを意識していた」と語っており、この点のみをみる限りではフィッチの主張と軌を一にしていた。

しかしマンフォードはフィッチとは逆に、「この考え方がラスキンとグリーノウを繋げる」（傍点著者）ものであることに徹底して肯定的な立場をとった。マンフォード自身が思いみた建築の二つの本質を語るために、彼にとっては、両者の理論を互いに相補的なものとみなすことに便宜があった。それはあるいは、ゴシシスト史家マンフォードによる、クラシシスト史家の覇権に対する反逆であったのか。
『アメリカ現代建築の源流』と同時期に発表された「建築の機能と表現」[15]（一九五一）には、マンフォードによる公告戦略をよりつぶさに辿ることができる。

この「機能と表現」は一面において、二つの大戦に挟まれた時期の建築界に対する反省を動機として書かれたものだった。マンフォードがそこで示そうとしたのは、「厳密な機能主義の仮面を被った前世代のものの多くは、宗教的なとは言わずとも、実はある種の心理的呪物崇拝である」ということ、そして、「機械のもつ厳格な秩序に対し、ほとんど取りつかれたように夢中になるわれわれの現象は、それ自体が弱さのしるし」なのだということである。

そこでマンフォードは、グリーノウの理論に機能美、ラスキンの理論に象徴美をあてはめ、それらの両立によって建築のなかに達せられる、「主観と生活の質から生まれる明確に人間的な価値」を論じた。この点では「グリーノウの教義は有益なものだが不完全」なものであって、その遺漏を補うものとしてマンフォードが提示したのが、『建築の七燈』に提示されるジョン・ラスキンの建築観」だった。この意味では、「彼（グリーノウ）の美学原理は機能主義の観念的基礎を築いたものであり、トルストイの『芸術とは何か』、ラスキンの『ゴシックの本質』とともに一九世紀最高の美学批判書の一つ」に列せられるのである。

ただしマンフォード自身は、グリーノウの建築理論を補填すべき「ラスキンの建築理論」に対して、それを手放しで是とすることには大きな留保の姿勢をみせている。というのも、「建物は独創的な彫刻・絵画作品によって構造が高められ飾りたてられたときに建築となる」というラスキンの建築の定義は「紛れもなく誤ったもの」なのであり、それを「グリーノウの機能主義概念と調和させることは不可能」（傍点著者）なものだということにマンフォードは自覚的だったのである。

しかしこの点も、「ラスキンによる言及の基本的な真実が、すでに完成してしまっている建物に応用される狭義の絵画彫刻ではなく、建物それ自体が複数の壁面を有する絵画であり、建築構法による彫刻なのだと広義に捉えれば」解決するものだった。――「建築家が十分な手段をもち、構造全体と自由に遊び、平面と立面を造形的統一へと作りあげ、特別な意味を強調し、特別な価値を高めるときにのみ、建築は建設と工学から浮かび上がる」――かくしてマンフォードはこの自説のなかで、半ば強引なかたちで、「ラスキンとグリーノウ、象徴美と機能美が融和する」（傍点著者）ことを示した。

マンフォードはその他の点に関しても、ラスキンとグリーノウの理論の補完性・相似性にこだわった。特に、その論内で「よくある誤解とは逆に、ラスキンはヴィクトリア朝の機能主義と功利主義の勝利にきわめて健全な敬意を抱いていた」（傍点著者）のだとさえ書いているのは、ラスキンの建築理論をさらにグリーノウの機能主義理論と接近させようとする恣意の表れである。続けてマンフォードは、グリーノウのクリッパー船賛美と対応させ、ラスキンが「彼の時代を称賛する主な理由に、規格化とプレファブリケーションの初期の勝利である、イギリスの戦列艦を挙げた」ことにさえ言及している。当時の通説と比較しこれが言い過ぎであったことは、単行本収録に際しこの箇所を削除したマンフォード自身がよくわかっていたはずだった[16]。

「ゴールデン・リープ」という神話

フィッチが一見肯定的な語り口からラスキンをこき下ろしたのに対し、マンフォードは逆に、ラスキンに対する一般的・否定的な解釈を導入とし、それを肯定へと一転させた。

フィッチとマンフォードがみせるこの対照的な態度は、戦後のグリーノウ再評価の気運が同時に、不自然なまでのラスキン嫌悪・ラスキン賛美と結びついていたことの証左である。本書はこのような極端な愛憎が歴史的にいかに形成されたかということを、アメリカにおけるラスキン受容の始まりから語りおこしてきた。それは同時に、アメリカ近代建築史が、ラスキンにまつわりいかに表象されてきたか、という問題を問いなおす試みでもあった。
この問題に関して、ここでは、フィッチとマンフォードの史論にともに見いだされる、アメリカの建築思想史を通史として記述するさいの、典型的構想に触れておかなければならない。

第二次大戦後にグリーノウの再評価に関係した論客は、なぜ彼の理論が一九世紀の読者を獲得できなかったのかを問うた。

一九四八年、『フォーム・アンド・ファンクション』の書評は、グリーノウ以降の世代には彼の鋭敏な理論を支持する者がいなかった、あるいは、その早世によって主張の権威が認められ難かったと推測し(17)、フィッチも同様に、「彼をよく知っていたのは同世代の小さなグループの人間だけであり、その早すぎる死によって彼の影響は完全に見えなくなってしまった(18)」のだと論じた。

一方マンフォードは、グリーノウの理論の当時における認知度の低さを指摘しながら、「それでもなお、グリーノウの思想が水面下で動き続けていたということはありうる(19)」と、グリーノウの理論が何らかのかたちで後世に影響を与えたはずだと推測した。しかし当時のマンフォードは、せいぜい次のような言及をするにとどまった。

> グリーノウの頭脳はエマーソンなどの同時代人に大きな影響を与えた。このことを考えれば、アメリカの生活の表層の下で、彼は、その後のジェイムズ・ジャクソン・ジャーヴェスやモンゴメリー・スカイラーといった批評家に影響を与えながら、たとえ彼らが参照源に無自覚であり、あるいは謝意を表するのを怠っていたとしても、静かな貢献を果たしていたはずなのだ。

それはマンフォードの友人ヴァルター・クルト・ベーレントが先立つ『モダン・ビルディング』[20]（一九三六）のなかで行ったのと同じ、「時代精神《ツァイトガイスト》」の作用を前提とした歴史記述だった。しかしマンフォードが右に指摘する「参照源」すなわちグリーノウの論考群に関して、二〇世紀中葉当時の論客たちはおしなべて、それらはただ「図書館の棚にしずかに眠っていた[21]」のだとみなしていた。

そうみなさざるを得なかった一因には、史料調査上の限界がまず指摘できる。この点の研究は第一に、建築論壇界隈のグリーノウ受容を示す史料が一八六〇年代半ばをもって途絶するという、初歩的な困難によって阻まれるのである。このため、建築理論家としてのグリーノウの存在が一九三〇年代に気づかれて以降、彼からの建築思想の系譜を辿る試みはさまざまに意欲され試みられながらも、具体的な論証でそれを示しえた論考は現れるべくもなかった。

こうしてグリーノウの存在にアメリカ建築理論史上の孤立した位置が与えられたことは、アメリカ建築史の構想そのものとも比較して考察されるべきだろう。というのも、この「忘れられた建築理論家」グリーノウの存在への気づきは、アメリカ近代建築史の記述の始まりを一九世紀中葉にまで遡らせると同時に、その副産物として、グリーノウの理論とサリヴァンの実践を隔てる、四〇年あまりのアメリカ建築論壇を軽視する風潮も生んだからである。

フィッチの『アメリカン・ビルディング』は、その空白期の歴史展開をジョセフ・パクストンのクリスタル・パレス（一八五一完成）、ジョン・ローブリングのブルックリン橋（一八八三完成）、ギュスターヴ・エッフェルのエッフェル塔（一八八九完成）という、エンジニアの三作例に代表させた。フィッチによれば、理論、素材、技術という「三因子が高水準で結びついた構造物が現れ、根本的に新しい基準が作りだされるのは、社会的変化という累積する圧力下でのこと」だが、その社会変化のさなか、当時の建築家たちはそれに全くかかわらなかった。つまり、「人類学者から用語を拝借するならば、そこには前への飛躍《リープ》があった」のである。そう語るフィッチは、工学分野に進展のあったこの時期を「ゴールデン・リープ」と名付け、同じ時期の建築論壇の展開自体を歴史記述から丸ごと「飛ばし《リープし》」たのだった。ここでフィッチがとった論法は以下である。

これらの〔エンジニアの〕作品が受けている広い称賛は、当時の建築家や建築、建築批評がどれだけ現実から乖離していたかということの証左である。〔……〕彼ら〔エンジニア〕は同時代の建築理論のことを完全に、信じられないほどに全く知らなかった。しかしわれわれは、その世間知らずにこそ感謝しなければならない。彼らの設計は高い規律と正確な選択力の証拠を自身の内に有している。ジョン・ラスキンやジェイムズ・ジャクソン・ジャーヴェスなどの職業批評家による仰々しく大げさな散文とこうした基準を比較すれば、前者は悲劇的なまでに無力で無知なものである。

エンジニアと建築家の論理同士が没交渉で断絶を起こしていたこの「ゴールデン・リープ」期とは、フィッチによれば、グリーノウが建築理論を起草した一九世紀中葉と、リチャードソンが建築家として名声を博し始めた一八七〇年代半ばまでの四半世紀からさらに、サリヴァンがシカゴ万国博覧会でゴールデン・ドアウェイを設計し「形態は機能に従う」と書いた、一八九〇年代半ばまでの時代の飛躍のことである。その飛躍の最中に活動した建築家を「偉大なるヴィクトリアンたち」と呼び一章を設けたのは、この著者による最大の皮肉である。一八六〇年以降の三〇年は、その章内に明言されている通り、「アメリカ建築がかつて沈んだ最低点」なのである。フィッチにはその、「アメリカ建築の主流から建築家がさらに引き離されていくこととなる」時代のアメリカ建築を取り上げる道理などはなかった。

また、フィッチがこうして「ゴールデン・リープ」期と呼んだ時期は、それを「特に建築、工学、ランドスケープ・デザインや絵画分野で文学の『黄金期《ゴールデン・デイ》』にも相当する、アメリカ文化の成長期[22]」(『ブラウン・ディケーズ』一九三一)であるとみなしたマンフォードによってすら、実質的には全く等閑視されている。

『アメリカ現代建築の源流』の編集方針はマンフォードのこの矛盾を如実に物語る。彼がその書内に「源流」として組み込んだ論考は、ダウニング、グリーノウ、ソローら一八五〇年前後の論客やその後のジャーヴェスまでを含み、南北戦争終結までのものに限られる。一方、その編集がみせる大きな偏りによって、その後アメリカの建築論壇の展開が改めて辿られるのは、おおよそリチャードソンの死に重なる一八八〇年代半ばからである。さらに言えば、その開始点は実質的には、スカイラーの批評活動が活発化した一八九〇年代前半にまで下る。

その空白期は実に三十余年。マンフォードは自身が可能性を見いだした「ブラウン・ディケーズ」の建築論壇の展開に、彼自身が生きる現在に連なる歴史的連続性を見いだすことができなかったのである。マンフォードは語る。この空白期の建築界では、いかに「折衷主義を超えようとした人間であっても、死者に敬虔な服従を捧げることを避けるのは難しかった[23]」。

歴史様式に縛られたプロメテウスの夢。胡蝶の夢は繰り返される。


その夢とうつつの交錯のなか、常に彼らの視界に映っていた者こそジョン・ラスキンその人だった。しかしその姿は煙のごとく、彼らが、あるいはわれわれすら、その実体をたしかに視ていたかどうかは覚束ない。

一九世紀西洋とは、近代アメリカとは、何だったのか。その解答にいたるあがきの一端を、われわれは後日談として、アメリカにおけるラスキン受容史の成熟に辿ることができる。

その発端は一九三〇年代。それこそが、キャリアを通じてアメリカ建築に対するラスキンの功績を否定し続けた、ヘンリー゠ラッセル・ヒッチコックによる『アメリカの建築書[24]』(一九三八―三九)だった。この調査によってまず、一九世紀半ばにラスキンの著作、特に『建築の七燈』が海賊版としてイギリスを上回る異常な早さで版を重ねていた事実が示された。それ以前にイギリスで研究された「五〇年代におけるラスキンの位置」[25]（R・H・ウィレンスキー、一九三三）がアメリカでも同時に発表され、その後はむしろアメリカでよく参照されていた事実にも、ここでは触れておかなければならない。

こうした発見が、その後タルボット・ハムリンの「アメリカのグリーク・リバイバルとその批評家」[26]（一九四二）からフィッチの『アメリカン・ビルディング』（一九四八）による先の参照を経て、ヴィンセント・スカリーの『シングル・スタイルとスティック・スタイル』[27]（一九五五）、さらにジェイムズ・アーリーの『ロマンティシズムとアメリカ建築』[28]（一九六五）まで繰り返し言及されていることは、アメリカ人建築史家たちが自国における建築史上のラスキンの位置に関心を持ち続けていたことの表れである。

こうしたラスキン受容に関する関心の高まりのなかで、一九六〇年代末に立て続けに発表されたロジャー・スタインの『ジョン・ラスキンとアメリカの美学思想』[29]（一九六七）およびヒッチコックの「ラスキンとアメリカ建築、あるいは遅れすぎた再建」[30]（一九六八）は、史料収集の網羅性の点でも、採用された方法の点でも、世界的にみて前後比肩するもののない成果を達成した。

今となっては、さまざまな形をとって表れる、ラスキンに対するこの執着こそ、アメリカ建築論壇の展開を表裏ともに貫いた、一つの軸であったということがはっきりとしている。

そうして、その膨大な史料の山に囲まれながら、なおもヒッチコックはこう語るのである。

ラスキンの文筆はその人気とは裏腹、一九世紀後半もその後もアメリカの建築思想には影響を与えなかった。[31]

アメリカ建築の国家的アイデンティティに懸けるこの叫びを遠くに聞きながら、本書の企画は一つの円環を閉じる。

(1) Van Wyck Brooks, "On Creating a Usable Past," *The Dial*, Vol. 64, No. 764, 11 Apr. 1918, p. 339.

(2) Horatio Greenough, *Form and Function: Remarks on Art*, Harold A. Small, ed., Berkeley, University of California Press, 1947.

(3) James Marston Fitch, *American Building: The Forces That Shape It*, Boston, Houghton Mifflin Co., 1948.

(4) Lewis Mumford, *Roots of Contemporary American Architecture: A Series of Thirty-Seven Essays dating from the Mid-nineteenth Century to the Present*, New York, Dover Publications, 1972; first published in 1952 by Reinhold (New York); second edition published in 1959 by Grove Press (New York). 以下引用は Dover Publications 版より。

(5) Wayne Andrews, *Architecture, Ambition and Americans: A History of American Architecture, from the Beginning to the Present, Telling the Story of the Outstanding Buildings, the Men Who Designed Them and the People for Whom They were Built*, New York, Harper, 1955.

(6) Horatio Greenough, "Criticism in Search of Beauty," *Form and Function*, p. 97.

(7) Erle Loran, "Introduction," *ibid.*, p. xiii.

(8) Lewis Mumford, "A Backward Glance," *Roots*, pp. 1–30.

(9) Edward Robert De Zurko, *Origins of Functionalist Theory*, New York, Columbia University Press, 1957.

(10) Mumford, "Preface to the Second Edition," *Roots*, p. viii.

(11) Henry-Russell Hitchrock, *American Architectural Books: A List of Books, Portfolios and Pamphlets Published in America before 1895 on Architecture and Related Subjects*, Middletown, Conn., 1938–39; second edition, 1939–40; third edition, Minneaplis, University of Minnesota Press, 1946.

（12） Fitch, *op. cit.*, p. 70.

（13） "John Ruskin, Romantic Tory," *ibid.*, pp. 70–74; "Horatio Greenough, Yankee Democrat," *ibid.*, pp. 74–81.

（14） M. S., "Books: Form and Function," *Architectural Forum*, Vol. 88, No. 2–3, 1948, pp. 126, 130.

（15） Lewis Mumford, "Function and Expression in Architecture," *Architectural Record*, Vol. 110, No. 5, Nov. 1951, pp. 106–112. 同記事は加筆修正ののち idem, "Symbol and Function in Architecture," *Art and Technics*, New York, Columbia University Press, 1952 に収録された。なお、以下 *Art and Technics* からの引用は新版（二〇〇〇）に対応（pp. 111–135）。

（16） Ibid., p. 119.

（17） M. S., op. cit., p. 126.

（18） Fitch, *op. cit.*, p. 74.

（19） Mumford, "A Backward Glance," p. 8.

（20） Walter Curt Behrendt, *Modern Building: Its Nature, Problems, and Forms*, New York, Harcourt, Brace and Company, 1937.

（21） Mumford, "Symbol and Function," p. 116.

（22） Idem, "Preface," *The Brown Decades: A Study of the Arts in America 1865–1895*, New York, Harcourt, Brace and Company, 1931, p. vii.

（23） Idem, "A Backward Glance," p. 7.

（24） 前注11参照。

（25） Reginald Howard Wilenski, "Ruskin's Position in the 'Fifties," *John Ruskin: An Introduction to Further Study of his Life and Work*, London, Faber & Faber and New York, Frederick A. Stokes Company, 1933, pp. 369–383.

（26） Talbot Faulkner Hamlin, "The Greek Revival in America and Some of Its Critics," *The Art Bulletin*, Vol. 24, No. 3, Sep. 1942, pp. 244–258. アメリカのラスキン受容については p. 250 n. 30 参照。

（27） Vincent Joseph Scully, Jr., *The Shingle Style*, New Haven, Yale University Press, 1955; revised edition as *The Shingle*

Style and the Stick Style: Architectural Theory and Design from Richardson to the Origins of Wright, New Haven, Yale University Press, 1971. アメリカのラスキン受容については後者, *The Shingle Style and the Stick Style*, p. l n. 74 参照。

(28) James Early, *Romanticism and American Architecture*, New York, A. S. Barnes and Co., and London, Thomas Yoseloff, 1965. アメリカのラスキン受容については p. 109 n. 27 参照。

(29) Roger B. Stein, *John Ruskin and Aesthetic Thought in America, 1840–1900*, Cambridge, Mass., Harvard University Press, 1967.

(30) Henry-Russell Hitchcock, "Ruskin and American Architecture, or Regeneration Long Delayed," *Concerning Architecture: Essays on Architectural Writers and Writing Presented to Nikolaus Pevsner*, J. Summerson, ed., London, Allen Lane, 1968, pp. 166–208.

(31) Ibid., p. 166.

あとがき

世界と失恋した男――存命時から現在まで根強いファン層の広がりがありながらも、歴史的には「世界中でもっとも嫌われた」と言ってもいい建築理論家ジョン・ラスキン。その一七〇年にわたる愛憎劇を、恋人あるいは元恋人の心理に立って追体験してみたい。

そのような下世話な衝動が霹靂のように訪れたのは、東京大学建築学科卒業間際の二〇〇八年三月のことだった。無論、このときにはまだ受容史史料の収集など始めてはいなかった。しかし、何かしらの兆しを現代にも感じとったのだろう。研究対象としての「嫌われたラスキン」を思いついたとき、そこには最初から手ごたえがあった。修士論文では日本の建築論壇におけるラスキン受容を扱ったが、このとき調査した史料には、まさしく、ラスキンに対する口をきわめた罵詈雑言の数々が踊っていた。私の心は躍った。

しかし、このごく私的な理由から始められたラスキン受容史研究が、その後十年も続くこととなり、さらには一冊の書籍として世に問われることになろうとは思ってもみなかった。本書が形をなすまでにはさまざまな経緯があった。その成立は決して本人の意欲や熱意のみで押しきれたはずもなく、むしろ、要所〳〵の幸運が決定的な要因となっている。

加藤耕一先生を主幹とし、二〇一二年度から始められた「近代建築理論研究会」は、近代建築史研究の最新成果をつぶさにフォローするよい機会だった。既往の近代建築史を漠然と不審がっていただけの私に、解決すべき問題が具体的に思い浮かび始めたのはこの研究会を通じてのことである。この研究会の成果は、最新の近代建築史通史の翻訳書、『近代建築理論全史 1673-1968』（H・F・マルグレイヴ著、加藤耕一監訳、丸善出版、二〇一六）として日の目をみた。この間には日本学術振興会特別研究員（DC1、二〇一二—一四年度）として、「近代建築概念形成期における世界観的前提の諸相とその相関・系譜に関する研究」なる大風呂敷をひろげて、研究に没頭することもできた。

さらなる僥倖は、東京大学東洋文化研究所の羽田正先生を日本サイドの代表とする、日本学術振興会の研究基盤形成事業、「新しい世界史」（Global History Collaborative、以下GHC）へのジュニア・メンバーとしての参加である。このプログラムは東京大学（日）、プリンストン大学（米）、社会科学高等研究院（仏）、ベルリン・フンボルト大学とベルリン自由大学（独）という四か国の大学の提携で行われ、二〇一五年九月に行われた第一回サマースクールからの参加となった。

このサマースクールは東京大学の本郷キャンパスを舞台とした、まる一週間の「過酷な」強化合宿である。各国から参集した提携校の博士課程学生が、寝食を共にしながら、事前に作成・配布したぶ厚い資料をもとに、「新しい世界史」の可能性を日がな一日議論する。たがいにディシプリンも文化的背景も異なる歴史家同士で交わした議論は、それまで学海の狭い領域しか見えていなかった私にとって、蒙のひらかれる非常にスリリングなものだった。おり、この第一回サマースクールの主題は「グローバル・ヒストリーにおけるスケールの問題」（The Question of Scale in Global History）。私はこれに“The Reception History of John Ruskin: Towards a Global History of Modern Architectural Thought”と題する論考で応答し、近代建築思想のグローバル・ヒストリー研究がとりうる方法論を提案した。時間のスケール、空間のスケール、論題のスケールという三つのサブトピックについて深めた思索は本書に直接反映されている。

かくして本書の調査と執筆には、GHCと共有する問題系をふまえつつ、さらに具体的に、次代の世界史をどう構築すればよいかという問題が強く意識されることとなった。GHCのグローバル・ヒストリー方法論への取り組みは『グローバル・ヒストリーの可能性』（羽田正編、山川出版社、二〇一七）などにまとめられているが、このプログラムが目指す「新しい世界史」研究像にコンセンサスがもたらされるには、さらなる議論が必要である。ただいずれにせよ、これからの世界史学者の研究態度として、自らの方法論や、置かれた社会環境への自覚・反省が求められることは確実だろう。そうして、具体的研究対象を扱った歴史研究成果を世に問うていくことも、ディシプリンの壁をこえた、より普遍性の高い方法論の構築のために学問的意義をもってくるはずである。同様の関心をもつさまざまな歴史学者のために、本書が理論的な示唆を与えられるとすれば幸せこの上ない。

本書のための史料収集の大部分は、GHCによる海外派遣事業によって、米プリンストン大学への留学期間中、二〇一五年十月から翌三月までの半年間に行われたものである。この経験は、近代建築史研究の方法が、情報技術の活用を前提とした新たなフェーズに入ったことを感じる最良の機会だった。このとき受入研究者となってくださったビアトリス・コロミーナ先生には、感謝の言葉とともに、ホームステイ先や図書館に籠りきり、ろくに顔もお見せしなかった非礼を詫びたい。またこの留学中で忘れられないのが、コロンビア大学のバリー・バーグドール先生との面会である。その三〇分に満たない短い時間のなか、受容史的問題や近代建築史の構想をめぐって交わした議論こそ、本書のもととなった博士論文、「北米建築論壇におけるジョン・ラスキン受容に関する研究」（二〇一七年三月）のグランド・デザインには欠かせなかった。

そうして、伊藤毅研究室で過ごした年月が博士論文に与えた影響こそ計り知れない。都市を単位とする情報ネットワークの歴史、というこの論文の根幹をなすアイデアは、伊藤研究室で行ってきた都市史・領域史研究を通じて、思い返せばすでに十年前から萌芽していたのである。初めて実測フィールドワークに参加したフリースラントの手ごたえが、ここには深く刻み込まれている。忌憚なく語らいあえた、同僚との時間もかけがえがない。

こうした経緯に後押しされ、この博士論文は審査通過ののち、東京大学大学院工学系研究科長賞を受賞する幸運にも見舞われた。審査には主査として伊藤先生、副査として田中純先生、藤井恵介先生、加藤道夫先生、加藤耕一先生があたってくださった。ここに改めてお礼申し上げる次第である。

さらにこの論文は、第八回東京大学南原繁記念出版賞を受賞したことで、すぐさま出版の機会を得ることができた。審査員のおひとりである中井祐先生からは、本作に対して身に余るお褒めの言葉をいただいた（『UP』第五四五号、二〇一八年三月）。自分でも忘れかけていた本作の「構え」が本来いかなるものであったのかを、この講評は見事に掘り起こしていた。改稿にもしぜん気合が入るというものである。そうして、この蘇った情熱をふたたび表現する場を与えてくださった審査員の方々には感謝の言葉もない。

なお、アメリカの論壇史を日本語で発表する、という本書のいささか奇妙な体裁に関して、ここで一つのエクスキューズをしておきたい。「アメリカの歴史はアメリカに還元せよ」という理屈でいけば、本書は英語で発表した方がよい。そうでなくとも、近代建築史の見なおしをうそぶく本書の企画からすれば、世界中の読者を見込める英語で書くことがやはり最善の選択であっただろう。

それでも本書を日本語で発表した理由の一つはまさしく、わずかな例外を除き、本書で用いた史料がすべて英語で書かれていることによる。それをそのまま英語で引用するのは無難な策だが、それではどうも、原典理解の深度として納得できる質に達していないような気がしたのである。

原理的なところでいえば、「史料とは異なる言語で捉え、表現する」という行為に意識的に取り組むことが、本書を成立させているさまざまな気づきのためには必要だった。異言語同士の意味のずれと重なりを観察・調整することで、原著者が伝えたかったことを、より鋭く捉え（再）表現《リ・プレゼント》できるのが、うまくいったときの翻訳の、かけがえのない利点である。また英語は、いまや国際語の位置を占め、したがって歴史史料としては異言語で再提示される可能性が最も少ない。それをあえて翻訳に曝す実験を、これからの世界史のために一度はやっておきたいと考えた。英語で書かれた史料だけが無傷の原文で引用されている、「国際語」英語で書かれた世界史――それでは何だか変な気がしたのである。結局いつかは原文の英語に戻されようと、「いちど異なる言語体系を通過したことがある」という留学経験が、史料のために大事な場合がある。

このような経緯から、本文中の引用の翻訳は、すでに邦訳が存在する場合でもすべて著者による。決して既往訳に対する不満や異議申し立てからそうなったのではないことをご理解いただきたい。

当然ながら、訳語の選択は著者の恣意をまぬがれえない。そこには建築史学の慣例や常識からはずれる場合もあり、あるいは全くの誤訳である場合もあるだろう。こうした点に関する叱責は甘受しなければならない。著者としては、原文の趣旨を歪曲することのないよう、引用箇所の文脈を逐次ふまえて最善の訳に努めたと言うほかない。

以上の理屈からいけば本書にも原文と翻訳文の併記が必要となるはずだが、博士論文では注にすべて掲げた原文も、ここでは割愛されている。一般書籍のためには、それらはあまりに膨大なのである。もっとも、本書の一次史料はそのほとんどすべてが公刊資料であり、かつ外部からアクセス可能な各種電子アーカイブに保存された、入手の比較的簡単なものばかりである。史料のトレーサビリティや本体の歴史記述に対する検証・反証可能性は書誌情報のみで十分担保されると考えた。

故・鈴木博之先生が私のラスキン研究に与えた影響については「受賞のことば」（同前『UP』）ですでに触れた。しかしこの話には余談がある。二〇一四年某月のこと、四谷に向けて歩くわれわれのなかの一人が、何の理由か、ふと鞄から『建築は兵士ではない』（鹿島出版会、一九八〇）を取り出し手渡してきた。先生を懐かしむようにその表紙をひらいたとき、そこで目に飛び込んできたものに言葉を失った。それこそが、当時不採用の憂き目に遭い続けていた小論「ラテン語の七燈」に、何としてでも日の目を浴びさせなければならないという、私の使命感を貫く原動力となった。南原賞応募論文では付録とし、「受賞のことば」でも触れたこの小論は、本書には収録されていない。ただしこれも、いずれ一般的なかたちで世に問う機会があろうかと思う。

東京大学出版会の担当編集者、神部政文氏には一方ならぬお世話になった。優柔不断な著者の迷いの道に、たえず燈をかざしてくださり、親身に相談にのってくださった案内役である。タイトルの設定から何から、とりとめもなく浮かんでくるアイデアを受けとめてくださったのは神部氏の激励によるところが大きい。大幅な改稿と図版の増補はタフな作業だったが、それを楽しく乗り切れたのは神部氏の激励によるところが大きい。髙取万里子氏は、この厄介な書物の校閲を快く引き受けてくださった。プリンストン大学のマシュー・マレーン氏には、土壇場での図版収集の労をとっていただいた。そして山田和寛氏の装丁は言葉どおりの画竜点睛である。ここに記してお礼申し上げる。

最後に、プリンストン大学留学時のホストファミリーであるジョージ・イケダ、ニーナ・イケダご夫妻および、ご夫妻との間を取り持ってくださった鈴木雄二氏、秋川リサ氏に特別な感謝を捧げたい。本書の成立に繋がる一連の自由な研究活動は、これらの人々のご助力によってこそ可能となった。

そうして本書は、ラスキン生誕二〇〇年という、やはり奇跡的なタイミングで産声をあげることとなった。ここまでくるとほとんど冗談である。

本書の著者はたしかに私である。しかしその私は、無私のまま本書を書きあげたのだと言っては過言だろうか。現代にただよう霊の、おぼろげな声に耳をかたむけ続けること、聞き役に徹することこそが本書の成立の要であり、そのなかで「私」の果たした役割は実はほとんどない。右の来歴のなかからも、こうした弁は納得されるかもしれない。

相次ぐ僥倖のなかに、本書の誕生をすすめ言祝ぐ、何者かのすがたを感じとるのである。

二〇一九年二月八日

江本　弘

江本　弘（えもと・ひろし）
1984年生まれ．2008年東京大学工学部建築学科卒業．2010年東京大学大学院工学系研究科修士課程修了（建築学専攻）．2017年同大学院研究科博士課程修了．博士（工学）．一級建築士．現在，日本学術振興会特別研究員，スイス連邦工科大学チューリヒ校 gta 客員研究員．専門は近代建築史．

歴史の建設
アメリカ近代建築論壇とラスキン受容

2019年3月15日　初　版

［検印廃止］

著　者　江本《えもと》　弘《ひろし》

発行所　一般財団法人　東京大学出版会
代表者　吉見俊哉
153-0041 東京都目黒区駒場 4-5-29
http://www.utp.or.jp/
電話 03-6407-1069　Fax 03-6407-1991
振替 00160-6-59964

印刷所　株式会社精興社
製本所　牧製本印刷株式会社

ISBN 978-4-13-066858-3　Printed in Japan

事項索引

さ 行

た 行

な 行

は 行

ま 行

や 行

ら　行

人名索引

あ 行

アーリー，ジェイムズ（Early, James）　149, 394
アイドリッツ，レオポルド（Eidlitz, Leopold: 1823-1908）　50-54, 57, 58, 62-65, 79, 84, 103, 153-158, 160, 199, 265
アイドリッツ，サイラス（Eidlitz, Cyrus Lazelle Warner: 1853-1921）　249
アップジョン，リチャード（Upjohn, Richard: 1802-1878）　16, 83, 86
アドラー，ダンクマール（Adler, Dankmar: 1844-1900）　296
アンダーソン，ジョン（Anderson, John）　168
アンドリューズ，ウェイン（Andrews, Wayne: 1913-1987）　384
アンドリューズ，エリシャ・ベンジャミン（Andrews, Elisha Benjamin: 1844-1917）　168
イーストレイク，チャールズ・ロック（Eastlake, Charles Locke: 1836-1906）　107, 130, 134, 137, 140-142, 147, 192, 193, 206, 324
ヴァーグナー，オットー（Wagner, Otto: 1841-1918）　86, 304
ヴァーグナー，リヒャルト（Wagner, Richard: 1813-1883）　227
ヴァン・ド・ヴェルド，アンリ（Van de Velde, Henry: 1863-1957）　362
ヴァン・ブラント，ヘンリー（Van Brunt, Henry: 1832-1903）　51, 54-63, 65, 75, 76, 84, 92-94, 96-102, 105, 113-115, 118, 119, 123, 125, 128, 129, 134, 139, 152, 155, 156, 160, 176, 181, 185, 187, 190-194, 202, 204-208, 221, 231, 265, 309
ヴァン・モンス，ジャン＝バプティスト（Van Mons, Jean-Baptiste: 1765-1842）　31
ヴァン・レンセリア，マリアナ・グリスウォルド（Van Rensselaer, Mariana Griswold: 1851-1934）　205, 217, 286, 315
ウィールライト，フィリップ（Wheelwright, Philip: 1901-1970）　353
ヴィオレ＝ル＝デュク，ウジェーヌ・エマニュエル（Viollet-le-Duc, Eugène Emmanuel: 1814-1879）　9, 65, 66, 76, 77, 86, 88-103, 105, 106, 110, 119, 120, 125-134, 136, 137, 139, 140, 143-146, 152-156, 163, 164, 172, 181, 189-191, 193, 194, 206, 207, 209, 210, 244, 245, 251, 266, 289, 297, 303, 304, 307, 309, 311, 312, 318, 319, 324, 325, 328, 329, 335, 345, 362
ウィタカー，チャールズ・ハリス（Whitaker, Charles Harris: 1872-1938）　322, 323
ウィットリッジ，ワーシントン（Whittredge, Worthington: 1820-1910）　55, 75
ウィトルウィウス（Marcus Vitruvius Pollio: c80-70BC-after 15BC）　244
ウィラード，アシュトン（Willard, Ashton Rollins: 1858-1918）　229, 240, 246
ウィリアムズ＝エリス，アマベル（Williams-Ellis, Amabel: 1894-1984）　350
ウィルソン，ウッドロウ（Wilson, Woodrow: 1856-1924）　124, 162, 176, 343
ウィレンスキー，レジナルド・ハワード（Wilenski, Reginald Howard: 1887-1975）　353, 394
ウェア，ウィリアム・ロバート（Ware, William Robert: 1832-1915）　55, 84-87, 202, 221, 231, 316
ヴェブレン，ソースティン（Veblen, Thorstein Bunde: 1857-1929）　225, 279

ウェルズ，ジョセフ・モリル（Wells, Joseph Morrill: 1853-1890）　344, 346
ヴェロン，ウジェーヌ（Eugène Véron: 1825-1889）　191
ウォーカー，チャールズ・ハワード（Walker, Charles Howard: 1857-1936）　293, 294, 298
ウォーカー，フランシス・アマサ（Walker, Francis Amasa: 1840-1897）　148, 167, 168
ウォード，サミュエル・グレイ（Ward, Samuel Gray: 1817-1907）　365, 374
ヴォークス，カルヴァート（Vaux, Calvert: 1824-1895）　51
ヴォーン，ヘンリー（Vaughan, Henry: 1845-1917）　273
ウォルター，トーマス（Walter, Thomas Ustick: 1804-1887）　16, 17, 83, 147
ウォルドスタイン，チャールズ（Waldstein, Charles: 1856-1927）　280, 334
ウンゲヴィッター，ゲオルク（Ungewitter, Georg Gottlob: 1820-1864）　86
エグバート，ドナルド（Egbert, Donald Drew: 1902-1973）　325
エジェル，ジョージ・ハロルド（Edgell, George Harold: 1887-1954）　209, 236, 303, 306, 322
エッフェル，ギュスターヴ（Eiffel, Alexandre Gustave: 1832-1923）　391
エマーソン，ウィリアム（Emerson, William: 1801-1868）　28
エマーソン，ウィリアム・ラルフ（Emerson, William Ralph: 1833-1917）　151, 221
エマーソン，ピーター・ヘンリー（Emerson, Peter Henry: 1856-1936）　370
エマーソン，ラルフ・ワルド（Emerson, Ralph Waldo: 1803-1882）　19, 31-34, 36, 38-43, 47, 51, 56, 58, 67, 69-72, 76, 270, 296, 297, 300, 301, 358-360, 364-368, 374, 375, 390
オーウェン，ウィリアム（Owen, William Charles: 1854-1929）　220
オースティン，ヘンリー（Austin, Henry: 1804-1891）　229
オルタ，ヴィクトル（Horta, Victor: 1861-1947）　292
オルムステッド，フレデリック・ロー（Olmsted, Frederick Law: 1822-1903）　51, 94, 158, 265, 272

か 行

カー，ロバート（Kerr, Robert: 1823-1904）　183
カーステンセン，ゲオルク（Carstensen, Georg: 1812-1857）　42, 43, 45
カーター，アッシャー（Carter, Asher: 1805-1877）　45
ガードナー，アルバート・テン・アイク（Gardner, Albert Ten Eyck: 1914-1967）　373
ガーベット，レイシー（Garbett, Edward Lacy: 1824-1900）　38, 368, 380
カーライル，トマス（Carlyle, Thomas: 1795-1881）　67, 72, 78, 258, 270, 352
カーン，アルバート（Kahn, Albert: 1869-1942）　138, 353
カウフマン，アンゲリカ（Kaufmann, Maria Anna Angelika: 1741-1807）　376
ガットハイム，フレデリック（Gutheim, Frederick Albert: 1908-1993）　322, 323
ガデ，ジュリアン（Guadet, Julien-Azaïs: 1834-1908）　256, 316, 320
ガンブリル，チャールズ・デクスター（Gambrill, Charles Dexter: 1832-1880）　54, 75
ギーディオン，ジークフリート（Giedion, Sigfried: 1888-1968）　1, 7, 10, 371
ギゼンズ，アルフレッド・モートン（Githens, Alfred Morton: 1876-1973）　231, 234
ギブソン，ルイス・ヘンリー（Gibson, Louis Henry: 1854-1907）　294
ギマール，エクトール（Guimard, Hector: 1867-1942）　291, 292, 336
キュビエ，ジョルジュ（Cuvier, Georges: 1769-1832）　296
ギルデマイスター，カール（Gildemeister, Karl: 1820-1869）　42, 43
ギルバート，キャス（Gilbert, Cass: 1859-1934）　355

キンボール，シドニー・フィスク（Kimball, Sidney Fiske: 1888-1955）　209, 264, 302-304, 306, 307, 309-312, 322, 323, 325, 343-347
キンボール，フランシス・ハッチ（Kimball, Francis Hatch: 1845-1919）　249, 250
クック，クラランス（Cook, Clarence Chatham: 1828-1900）　26-28, 35, 45, 46, 51, 56, 68, 95-97, 138
グッドヒュー，バートラム（Goodhue, Bertram Grosvenor: 1869-1924）　219, 220, 227, 249, 250, 253
クラーク，ウィリアム（Clarke, William: 1852-1901）　219, 267
グラデン，ワシントン（Gladden, Washington: 1836-1918）　281
クラム，ラルフ・アダムス（Cram, Ralph Adams: 1863-1942）　162, 210, 219-221, 227, 228, 239, 241-243, 246, 249, 253, 268, 270-272, 286, 287
クリーヴランド，ヘンリー・ウィリアム（Cleveland, Henry William: 1827-1919）　62
グリーノウ，ヘンリー（Greenough, Henry: 1807-1883）　44, 73
グリーノウ，ホレーシオ（Greenough, Horatio: 1805-1852）　35-42, 52, 55, 103, 357-376, 383-393
グリーノウ，リチャード（Greenough, Richard Saltonstall: 1819-1904）　37
グリフィス，ジョン（Griffiths, John Willis: 1809-1882）　25
クレ，ポール・フィリップ（Cret, Paul Philippe: 1876-1945）　254, 256-258
グレイ，エイサ（Gray, Asa: 1810-1888）　28, 245, 374
クレイン，ウォルター（Crane, Walter: 1845-1915）　292, 293
クレッグ，サミュエル（Clegg, Samuel: 1781-1861）　370
クローリー，ハーバート（Croly, Herbert David: 1869-1930）　291, 292, 343, 349
グロピウス，ヴァルター（Gropius, Walter Adolph Georg: 1883-1969）　10, 367
クロフォード，トーマス（Crawford, Thomas: 1814-1857）　35
ケンダル，ジェイムズ（James Kendall）　111, 122
コード，リチャード（Coad, Richard: 1825-1900）　183
コープ，ウォルター（Cope, Walter: 1860-1902）　209
コッブ，ヘンリー・アイヴズ（Cobb, Henry Ives: 1859-1931）　233
ゴドフロワ，マクシミリアン（Godefroy, Maximilian: 1765-c1838）　271
コリング，ジェイムズ（Colling, James Kellaway: 1816-1905）　143, 281
コリングウッド，ウィリアム（Collingwood, William Gershom: 1854-1932）　281
コルカット，トーマス（Collcutt, Thomas Edward: 1840-1924）　174

さ 行

サリヴァン，ルイス（Sullivan, Louis Henry: 1856-1924）　87, 218, 224, 249, 252, 257, 267, 295-306, 312, 319, 338, 345, 346, 361-363, 366, 367, 373, 387, 391, 392
ジェニー，ウィリアム・ル・バロン（Jenney, William le Baron: 1832-1907）　87
ジェファーソン，トーマス（Jefferson, Thomas: 1743-1826）　17, 236, 310-312, 376
ジャーヴェス，ジェイムズ・ジャクソン（Jarves, James Jackson: 1818-1888）　359, 390, 392, 393
シャファー，ロバート・B.（Shaffer, Robert B.）　374, 375
シャルパンティエ，アレクサンドル＝ルイ＝マリー（Charpentier, Alexandre-Louis-Marie: 1856-1909）　291, 292
シュヴァルツマン，ハーマン（Schwarzmann, Herman J.: 1846-1891）　148
シュナーゼ，カール（Schnaase, Karl: 1798-1875）　288

ショウ，リチャード・ノーマン（Shaw, Richard Norman: 1831-1912） 174, 183, 184, 195
ジョンソン，ジョン・バトラー（Johnson, John Butler: 1850-1902） 113
ジョンソン，フィリップ（Johnson, Philip: 1906-2005） 7, 12, 113, 328
シルスビー，ジョゼフ・ライマン（Silsbee, Joseph Lyman: 1848-1913） 74, 221
スカイラー，モンゴメリー（Schuyler, Montgomery: 1843-1914） 52, 58, 109, 113, 153, 154, 157, 158, 160, 161, 163, 175, 194-199, 201, 203-205, 213, 229, 231, 232, 234, 237, 238, 240, 244-247, 249, 251-253, 264, 265, 286, 296, 297, 308, 315, 338, 390, 393
スカリー，ヴィンセント（Scully, Vincent Joseph, Jr.: 1920-2017） 174, 394
スコット，ジェフリー（Scott, Geoffrey: 1884-1929） 306
スコット，ジョージ・ギルバート（Scott, George Gilbert: 1811-1878） 326, 327, 331
スタージス，ジョン・ハバード（Sturgis, John Hubbard: 1834-1888） 143, 202
スタージス，ラッセル（Sturgis, Russell: 1836-1909） 27, 42, 51, 54, 58, 65, 80, 83, 102-105, 109-111, 120, 128, 132-140, 142, 145-147, 152, 153, 171, 193, 198, 205, 223, 231, 244, 247, 248, 258-266, 284, 285, 290-293, 298, 315, 331, 375
スタイン，ガートルード（Stein, Gertrude: 1874-1946） 377
スタイン，レオ（Stein, Leo: 1872-1947） 78, 349, 350
スタイン，ロジャー（Stein, Roger Breed: 1932-2010） 5, 394
スチュワードソン，ジョン（Stewardson, John: 1858-1896） 208-210, 234, 241-243
スティーグリッツ，アルフレッド（Stieglitz, Alfred: 1864-1946） 370
スティーブンソン，ジョン・ジェイムズ（Stevenson, John James: 1831-1908） 184
スティルマン，ウィリアム（Stillman, William James: 1828-1901） 21, 26, 37, 38, 51, 55, 56, 71, 75, 76, 95, 103, 121, 138, 224, 281, 359
ストラットン，シドニー（Stratton, Sydney Vanuxem: 1845-1921） 87, 117
ストリート，ジョージ・エドマンド（Street, George Edmund: 1824-1881） 206
ストリックランド，ウィリアム（Strickland, William: 1788-1854） 83
スネル，ジョージ（Snell, George: 1820-1893） 54
スミス，ウォルター（Walter Smith, 1836-1886） 147, 173
スミス，シドニー（Smith, Sidney） 217
セザンヌ，ポール（Cézanne, Paul: 1839-1906） 344, 346-348
ゼンパー，ゴットフリート（Semper, Gottfried: 1803-1879） 142, 172, 283, 304, 333, 362
ソーントン，ウィリアム（Thornton, William: 1759-1828） 17
ソロー，ヘンリー・デイヴィッド（Thoreau, Henry David: 1817-1862） 358, 365, 393

た 行

ターナー，ジョゼフ・マロード・ウィリアム（Turner, Joseph Mallord William: 1775-1851） 71, 191, 271
ダウ，アーサー・ウェズリー（Dow, Arthur Wesley: 1857-1922） 221
ダヴィッド，ジャック＝ルイ（David, Jacques-Louis: 1748-1825） 376
ダウニング，アンドリュー・ジャクソン（Downing, Andrew Jackson: 1815-1852） 28-35, 43, 51, 58, 69, 70, 83, 95, 96, 371, 373, 393
ダウンズ，ウィリアム・ハウ（Downes, William Howe: 1854-1941） 348
タッカーマン，ヘンリー・テオドール（Tuckerman, Henry Theodore: 1813-1871） 36, 55, 75
タルバート，ブルース（Talbert, Bruce James: 1838-1881） 130, 143, 146

デ・ザーコ，エドワード・ロバート（De Zurko, Edward Robert） 384
デイヴィス，アレクサンダー・ジャクソン（Davis, Alexander Jackson: 1803-1892） 29, 83, 229, 230, 245
デヒオ，ゲオルク（Dehio, Georg Gottfried Julius: 1850-1932） 288
デュシャン，マルセル（Duchamp, Marcel: 1887-1968） 347
デュシャン＝ヴィヨン，レイモン（Duchamp-Villon, Raymond: 1876-1918） 347
デュランド，アッシャー（Durand, Asher Brown: 1796-1886） 21
ド・ラ・シズランヌ，ロベール（De la Sizeranne, Robert: 1866-1932） 281
ドイル，アルバート・アーネスト（Doyle, Albert Ernest: 1877-1928） 242
トランバウアー，ホレイス（Trumbauer Horace: 1868-1938） 242
トリッグス，オスカー・ローウェル（Triggs, Oscar Lovell: 1865-1930） 222, 281
トルストイ，レフ（Tolstoi, Lew Nikolajewitsch Graf: 1828-1910） 388

な 行

ナポレオン（Napoléon Bonaparte: 1769-1821） 91, 376
ニコルソン，ピーター（Nicholson, Peter: 1765-1844） 127
ニューホール，ナンシー（ナンシー・ワイン・パーカー）（Newhall, Nancy [Nancy Wynne Parker]: 1908-1974） 367, 369
ニューホール，ボーモント（Newhall, Beaumont: 1908-1993） 352, 353, 367, 369, 370, 371
ノートン，チャールズ・エリオット（Norton, Charles Eliot: 1827-1908） 19, 22, 39, 56, 72, 161, 162, 220-222, 281, 360, 371

は 行

バー，アルフレッド（ジュニア） （Barr, Alfred Hamilton, Jr.: 1902-1981） 369
パーキンス，チャールズ・キャラハン（Perkins, Charles Callahan: 1823-1886） 141-143, 192, 193
バージェス，ウィリアム（Burges, WIlliam: 1827-1881） 232
ハート，ウィリアム（Hart, William: 1823-1894） 55, 75
ハート，ジョゼフ・コールマン（Hart, Joseph Coleman） 41
バーニー，ジョン・スチュワート（Barney, John Stewart: 1867-1924） 254, 256, 257, 275
バーン＝ジョーンズ，エドワード（Burne-Jones, Edward: 1833-1898） 162, 222, 342
ハウ，サミュエル（Howe, Samuel） 249
バウアー，アウグストゥス（Bauer, Augustus: 1827-1894） 45, 73, 242
パウンド，エズラ（Pound, Ezra Weston Loomis: 1885-1972） 342
パクストン，ジョセフ（Paxton, Joseph: 1803-1865） 43, 45, 303, 391
バックナル，ベンジャミン（Bucknall, Benjamin: 1833-1895） 100, 101
パッチ，ウォルター（Pach, Walter: 1883-1958） 305, 323, 343, 344, 346-348, 377
パットン，ノーマンド・スミス（Patton, Normand Smith: 1852-1915） 224, 270
バナム，レイナー（Banham, Rayner: 1922-1988） 1
ハバード，エルバート（Hubbard, Elbert Green: 1856-1915） 78, 143, 220, 222, 280, 386
バブコック，チャールズ（Babcock, Charles: 1829-1913） 86
ハマートン，フィリップ・ギルバート（Hammerton, Philip Gilbert: 1834-1894） 191, 192
ハムリン，アルフレッド（Hamlin, Alfred Dwight Foster: 1855-1926） 182, 200, 209, 240, 242, 249, 251, 252, 254-256, 286, 308, 310, 314-322, 325, 344, 347

ハムリン，タルボット（Hamlin, Talbot Faulkner: 1889-1956）　264, 312, 371, 372, 374, 394
パラーディオ，アンドレア（Palladio, Andrea: 1508-1580）　312
ハリス，トーマス（Harris, Thomas: 1829/30-1900）　150, 151
ハリス，フランク（Harris, Frank: 1856-1931）　350
パリントン，ヴァーノン・ルイス（Parrington, Vernon Louis: 1871-1929）　359
バルトルディ，フレデリック（Bartholdi, Frédéric Auguste: 1834-1904）　125, 126
バローズ，ジョン（Burroughs, John: 1837-1921）　296
パワーズ，ハイラム（Powers, Hiram: 1805-1873）　35
ハント，ウィリアム・ホルマン（Hunt, William Holman: 1827-1910）　149
ハント，リチャード・モリス（Hunt, Richard Morris: 1827-1895）　54, 55, 57, 58, 62, 65, 82, 84, 85, 87, 89, 91, 117, 125, 150, 182, 189, 190, 208, 231, 255
ピーターセン，フレッド（Petersen, Fred A.: 1808-1885）　84
ピーツ，エルバート（Peets, Elbert: 1886-1968）　244
ピーボディ，フランシス（Peabody, Francis）　151
ピーボディ，ロバート（Peabody, Robert Swain: 1845-1917）　89
ピカソ，パブロ（Picasso, Pablo: 1881-1973）　347, 348
ヒッチコック，ヘンリー＝ラッセル（Hitchcock, Henry-Russell: 1903-1987）　5, 6, 12, 204, 264, 304, 322-331, 339, 340, 348, 369, 385, 394
ピュージン，オーガスタス（Pugin, Augustus Welby Northmore: 1812-1852）　57, 127, 129, 136, 155, 156, 185, 193, 206, 251, 317, 325, 331, 365, 373
ビロウズ，ヘンリー・ウィットニー（Bellows, Henry Whitney: 1814-1882）　46-49, 74, 79
ファーガソン，ジェイムズ（Fergusson, James: 1808-1886）　246, 321
ファーネス，フランク（Furness, Frank Hayling: 1839-1912）　55, 87, 201, 330
ファラー，トーマス・チャールズ（Farrer, Thomas Charles: 1838-1891）　27
ファルケ，ヤーコプ・フォン（Falke, Jacob von: 1825-1897）　191-193
フィッチ，ジェイムズ・マーストン（Fitch, James Marston: 1909-2000）　264, 364, 376, 383-387, 389-394
フェノロサ，アーネスト（Fenollosa, Ernest Francisco: 1853-1908）　221, 268
フッド，レイモンド（Hood, Raymond Mathewson: 1881-1934）　323
プライス，ブルース（Price, Bruce: 1845-1903）　151, 174
プライヤー，エドワード（Prior, Edward Schroeder: 1852-1932）　288, 289
ブラウン，ジェラルド・ボールドウィン（Brown, Gerard Baldwin: 1849-1932）　54, 287-290
ブラウン，ヘンリー・カーク（Brown, Henry Kirke: 1814-1886）　37
ブラグドン，クロード（Bragdon, Claude Fayette: 1866-1946）　295-302, 304, 307
ブリス，ウィリアム・ドワイト・ポーター（Bliss, William Dwight Porter: 1856-1926）　219, 280
ブルックス，ヴァン・ウィック（Brooks, Van Wyck: 1886-1963）　357-361, 363, 364, 366, 383
ブロワー，アルフレッド・ジャンセン（Bloor, Alfred Jansen: 1828-1917）　186-190, 194, 195, 212
ブレーメル，フレドリカ（Bremer, Fredrika: 1801-1865）　69, 70
ヘイト，チャールズ・クーリッジ（Haight, Charles Coolidge: 1841-1917）　197, 198, 232, 234, 240, 246, 247, 249, 274, 286
ペヴスナー，ニコラウス（Pevsner, Nikolaus: 1902-1983）　1, 10
ヘーゲマン，ヴェルナー（Hegemann, Werner: 1881-1936）　244
ベーレンス，ペーター（Behrens, Peter: 1868-1940）　323

ベーレント，ヴァルター・クルト（Behrendt, Walter Curt: 1884-1945）　357, 361-364, 369, 391
ベラミー，エドワード（Bellamy, Edward: 1850-1898）　217
ペリー，ブリス（Perry, Bliss: 1860-1954）　280
ベルラーヘ，ヘンドリク（Berlage, Hendrik Petrus: 1856-1934）　323
ペレ，オーギュスト（Perret, Auguste: 1874-1954）　323
ベレンソン，バーナード（Berenson, Bernard: 1865-1959）　220
ホイッスラー，ジェイムズ・マクニール（Whistler, James Abbott McNeill: 1834-1903）　161
ホイットマン，ウォルト（Whitman, Walter "Walt": 1819-1892）　221, 296, 336, 358, 366
ポー，エドガー・アラン（Poe, Edgar Allan: 1809-1849）　135
ポーター，アーサー・キングスリー（Porter, Arthur Kingsley: 1883-1933）　291, 315, 321, 322, 331
ボガーダス，ジェイムズ（Bogardus, James: 1800-1874）　24, 43
ポスト，ジョージ・ブラウン（Post, George Browne: 1837-1913）　54, 75, 197-199, 249
ポッター，ウィリアム・アップルトン（Potter, William Appleton: 1842-1909）　203, 230, 231, 241
ポッター，エドワード（Potter, Edward Tuckerman: 1831-1904）　77-79, 230
ボドリー，ジョージ・フレデリック（Bodley, George Frederick: 1827-1907）　183
ホブソン，ジョン・アトキンソン（Hobson, John Atkinson: 1858-1940）　54, 91, 151, 182, 203, 222, 281, 324, 362
ボラー，アルフレッド・パンコースト（Boller, Alfred Pancoast: 1840-1912）　105, 107, 108, 110, 112, 113, 121, 164
ホワイトハウス，ジョン・ハワード（Whitehouse, John Howard: 1873-1955）　350
ボンド，リチャード（Bond, Richard: 1798-1861）　229

ま 行

マクレー，ドナルド（MacRae, Donald）　364-366
マシーセン，フランシス・オットー（Matthiessen, Francis Otto: 1902-1950）　365-367
マシューズ，チャールズ・トンプソン（Matthews, Charles Thompson: 1863-1934）　308
マシューズ，ブランダー（Matthews, James Brander: 1852-1929）　216
マッキム，チャールズ（McKim, Charles Follen: 1847-1909）　89, 117, 151, 157, 236, 311, 316, 344
マティス，アンリ（Matisse, Henri: 1869-1954）　347, 356
マンフォード，ルイス（Mumford, Lewis: 1895-1990）　264, 322, 323, 325, 344, 357, 358, 361, 364, 366, 369, 370, 384, 385, 387-390, 391, 393
ミュラー，マックス（Müller, Friedrich Max: 1823-1900）　72
ミリツィア，フランチェスコ（Milizia, Francesco: 1725-1798）　309
ミレー，ジョン・エヴァレット（Millais, John Evarett: 1829-1896）　149
ミレット，ルイス・J.（Millet, Louis J.: 1853-1923）　299
ムーア，チャールズ・ハーバート（Moore, Charles Herbert: 1840-1930）　27, 55, 75, 132, 133, 244, 286, 288, 289, 291, 315
メイソン，ウィリアム（Mason, William: 1808-1883）　164, 165
メルヴィル，ハーマン（Melville, Herman: 1819-1891）　358
モールド，ジェイコブ・リー（Mould, Jacob Wrey: 1825-1886）　62, 79
モネ，クロード（Monet, Oscar-Claude: 1840-1926）　346
モホリ＝ナジ，ラースロー（Moholy-Nagy, László: 1895-1946）　369
モリス，ウィリアム（Morris, William: 1834-1896）　2, 3, 10, 11, 40, 54, 82, 125, 150, 162, 182, 218-

228, 231, 249, 251, 263, 268, 279, 292, 293, 362, 386
モリソン，ヒュー（Morrison, Hugh: 1893–1970）　304
モリター，デイヴィッド（Molitor, David Albert: 1866–1939）　113, 115

や　行

ユゴー，ヴィクトル（Hugo, Victor-Marie: 1802–1885）　188, 206

ら　行

ライト，フランク・ロイド（Wright, Frank Lloyd: 1867–1959）　9, 162, 221, 222, 224–228, 258–265, 268, 297, 323, 353, 362, 367, 373
ラウドン，ジョン（Loudon, John Claudius）　14–18
ラトローブ，ベンジャミン（Latrobe, Benjamin Henry: 1764–1820）　17, 83, 307, 311
ラファージ，ジョン（LaFarge, John: 1835–1910）　55, 75, 162, 285, 352
ラブルースト，アンリ（Labrouste, Henri: 1801–1875）　283, 303, 327
ラブルースト，レオン（Labrouste, Léon: 1846–1907）　283
ラム，フレデリック（Lamb, Frederick Stymetz: 1862–1928）　249
リー，ヴァーノン（Lee, Vernon: 1856–1935）　334
リー，フランシス・ワッツ（Lee, Francis Watts: 1867–1945）　219, 220
リート，オットー（Rieth, Otto: 1858–1911）　302
リサビー，ウィリアム（Lethaby, William Richard: 1857–1931）　349
リチャードソン，ヘンリー・ホブソン（Richardson, Henry Hobson: 1838–1886）　54, 91, 92, 151, 157, 182, 200, 201–206, 208–210, 222, 251, 255, 324, 330, 362, 392, 393
リッカー，ネイサン・クリフォード（Ricker, Nathan Clifford: 1843–1924）　85, 86, 116, 223
リテル，エムレン・トレンチャード（Littell, Emlen Trenchard: 1838–1891）　92
リンカーン，エイブラハム（Lincoln, Abraham: 1809–1865）　138
リンドリー，ジョン（Lindley, John: 1799–1865）　28
ル・コルビュジエ（Le Corbusier: 1887–1965）　367, 374
ルカエ，リヒャルト（Lucae, Richard: 1829–1877）　85
ルックス，ヨーゼフ・アウグスト（Lux, Joseph August: 1871–1947）　367
ルドン，オディロン（Redon, Odilon: 1840–1916）　348
ルノワール，オーギュスト（Renoir, Pierre-Auguste: 1841–1919）　347
ルプリク＝ロベール，ヴィクトル（Ruprich-Robert, Victor-Marie-Charles: 1820–1887）　292, 336
レーテンバッヒャー，ルドルフ（Redtenbacher, Rudolf: 1840–1885）　85
レタン，ウジェーヌ（Létang, Eugène: 1842–1892）　86, 87
レナック，サロモン（Reinach, Salomon: 1858–1932）　329
レノルズ，ジョシュア（Reynolds, Joshua: 1723–92）　148
レプトン，ハンフリー（Repton, Humphry: 1752–1818）　29
レン，クリストファー（Wren, Christopher: 1632–1723）　127, 376
レンウィック，ジェイムズ（ジュニア）（Renwick, James, Jr.: 1818–1895）　83, 229
ロウ，コーリン（Rowe, Colin: 1920–1999）　331
ローウェル，ジェイムズ・ラッセル（Lowell, James Russell: 1819–1891）　70, 222, 359
ローブリング，ジョン・オーガスタス（Roebling, John Augustus: 1806–1869）　24, 391
ローラン，アール（Loran, Erle: 1905–1999）　374

ロセッティ，ダンテ・ゲイブリエル（Rossetti, Dante Gabriel: 1828-1882） 162, 281, 342
ロダン，フランソワ＝オーギュスト＝ルネ（Rodin, François-Auguste-René: 1840-1917） 278, 287, 289, 290, 335
ロッチ，アーサー（Rotch, Arthur: 1850-1894） 128, 129
ロングフェロー，ウィリアム（Longfellow, William Pitt Preble: 1836-1913） 284

わ 行

ワイト，ピーター・ボネット（Wight, Peter Bonnett: 1838-1925） 27, 44, 45, 51, 54, 65, 73, 80, 83, 92, 94, 96, 112, 131-134, 148, 151, 188, 203, 207-209, 219, 230, 236, 265, 311, 316, 344, 350, 375
ワイルド，オスカー（Wilde, Oscar Fingal O'Flahertie Wills: 1854-1900） 169, 220
ワデル，ジョン・アレクサンダー・ロー（Waddell, John Alexander Low: 1854-1938） 113

参考文献

本論の対象年代に書かれた，本書で語られるアメリカのラスキン受容に直接かかわる資料群を「一次史料」，人物の評伝，建築物やイベント，事象のモノグラフ研究等，主にその後に書かれた，参考として副次的に用いられた資料を「二次史料」とする．
一次史料の末尾には匿名記事を編年順に掲載し，著者多数の論集等も，書名による検索の便宜のためここに含める．二次史料の末尾も同様だが，配列はアルファベット順としている．

【一次史料】

Adler, Dankmar. "The Influence of Steel Construction and Plate-Glass upon Style," *AA&BN*, Vol. 54, No. 1088, 31 Oct. 1896, pp. 37-39; *The Proceedings of the Thirtieth Annual Convention of American Institute of Architects*, 1896, pp. 58-64.

Anderson, John. "Machines and Tools for Working Metals, Wood, and Stone," *Reports on the Philadelphia International Exhibition of 1876*, Vol. 1, London, George E. Eyre and William Spottiswoode, 1877, pp. 213-236.

Andrews, Elisha Benjamin. *History of The United States*, 2 vols., New York, Charles Scribner's Sons, 1894.

Andrews, Wayne. *Architecture, Ambition and Americans: A History of American Architecture, from the Beginning to the Present, Telling the Story of the Outstanding Buildings, the Men Who Designed Them and the People for Whom They were Built*, New York, Harper, 1955.

Banham, Reyner. *Theory and Design in the First Machine Age*, London, Architectural Press and New York, Praeger, 1960.

Barney, John Stewart. "The Ecole des Beaux Arts, Its Influence on Our Architecture," *The Architectural Record*, Vol. 22, No. 5, Nov. 1907, pp. 333-342.

———. "Our National Style of Architecture Will Be Established on Truth Not Tradition," *The Architectural Record*, Vol. 24, No. 5, Nov. 1908, pp. 381-386.

Beale, S. "John Ruskin," *AA&BN*, Vol. 67, No. 1259, 10 Feb. 1900, pp. 45-46.

Behrendt, Walter Curt. *Modern Building: Its Nature, Problems, and Forms*, New York, Harcourt, Brace and Company, 1937.

Bellamy, Edward. *Looking Backward, 2000-1887*, Boston and New York, Houghton, Mifflin and Company, 1888.

Bellows, Henry Whitney. Letter to William Silsby, 6 Jan. 1852, in James Duban, "From Emerson to Edwards: Henry Whitney Bellows and an 'Ideal' Metaphysics of Sovereignty," *The Harvard Theological Review*, Vol. 81, No. 4, Oct. 1988, p. 390.

———. Letter to Eliza Bellows, 28 Jan. 1852, in James Duban, "From Emerson to Edwards," p. 391.

———. *The Moral Significance of the Crystal Palace: A Sermon, Preached First to His Own Congregation, and Repeated in the Church of the Messiah, on Sunday Evening, October 30, 1853*, New York, G. P. Putnam & Co., 1853.

———. *The Suspense of Faith: An Address to the Alumni of the Divinity School at Harvard University*, New York, C. S. Francis & Co., 1859.

Benton, Joel. "Emerson's Optimism," *The Outlook*, Vol. 68, No. 7, 15 Jun. 1901, pp. 407–410.

Bliss, William Dwight Porter. *What is Christian Socialism?*, Boston, The Society of Christian Socialist, 1890.

Bloor, Alfred Jansen. *Architectural and Other Art Societies of Europe: Some Account of Their Origin, Processes of Formation and Methods of Administration, with Suggestions as to Some of the Conditions Necessary for the Maximum Success of a National American Architectural-Art Society, with Its Local Dependencies*, [New York,] The Committee on Library and Publications, 1869.

———. "Annual Address by A. J. Bloor, F. A. I. A.," *AA&BN*, Vol. 2, 24 Mar. 1877, Supplement, pp. i–xv.

———. "American Domestic Architecture I," *The Art Journal*, New Series Vol. 5, 1879, pp. 57–62.

Boller, Alfred Pancoast. "Engineering Architecture," *Journal of the Franklin Institute of the State of Pennsylvania, for the Promotion of the Mechanic Arts*, Vol. 42, No. 5, May 1869, pp. 319–322.

———. *Practical Treatise on the Construction of Iron Highway Bridges for the Use of Town Committees*, New York, John Wiley & Sons, 1876.

Bragdon, Claude Fayette. "L'Art Nouveau and American Architecture," *The Architectural Review*, Vol. 10, No. 10, Oct. 1903, pp. 141–142.

———. *The Beautiful Necessity: Seven Essays on Theosophy and Architecture*, Rochester, NY, The Manas Press, 1910.

———. *Architecture and Democracy*, New York, Alfred A. Knopf, 1918.

———. "Foreward," in Louis Henry Sullivan, *The Autobiography of an Idea*, New York, Press of The American Institute of Architects, 1924, pp. 5–8.

———. *More Lives Than One*, New York, Cosmio, 2006; first published in 1938 from Alfred A. Knopf (New York).

Brooks, Phillips. "Henry Hobson Richardson," *The Harvard Monthly*, Vol. 3, No. 1, Oct. 1886, pp. 1–7.

Brooks, Van Wyck. *America's Coming-of-Age*, New York, B. W. Huebsch, 1915.

———. "On Creating a Usable Past," *The Dial*, Vol. 64, No. 764, 11 Apr. 1918, pp. 337–341.

———. *The Flowering of New England 1815–1865*, New York, E. P. Dutton & Co., 1936.

———. *The Van Wyck Brooks Lewis Mumford Letters: The Record of a Literary Friendship, 1921–1963*, Robert E. Spiller, ed., New York, E. P. Dutton & Co., 1970.

Brown, Gerald Baldwin. "English Gothic Architecture," *The North American Review*, Vol. 180, No. 5, 1 May 1905, pp. 704–719.

Brownell, William Crary. "John Ruskin," *Scribner's Magazine*, Vol. 27, No. 4, Apr. 1900, pp. 502–506.

Burroughs, John. "Art and Life Once More," *The Dial*, Vol. 15, No. 178, 16 Nov. 1893, pp. 288–289.

Butler, Gilbert. "The A B C of Art," *The School Journal*, Vol. 23, No. 6, Dec. 1874, pp. 183–185.

Carlyle, Thomas. Letter Ralph Waldo to Emerson, 2 Apr. 1872, *The Correspondence of Emerson*

and Carlyle, Joseph Slater, ed., New York and London, Columbia University Press, 1964, pp. 587–588.

Charpentier, Alexandre-Louis-Marie. "An Interview on 'L'Art Nouveau' with Alexandre Charpentier," interviewed by Gabriel Mourey, *The Architectural Record*, Vol. 12, No. 2, Jun. 1902, pp. 123–125.

Clarke, William. "William Morris," *The New England Magazine*, New Series Vol. 3, No. 6, Feb. 1891, pp. 740–749.

———. *William Clarke: A Collection of His Writings with a Biographical Sketch*, Herbert Burrows and John A. Hobson, eds., London, Swan Sonnenschein & Co., 1908.

Colling, James Kellaway. *Art Foliage, for Sculpture and Decoration: With an Analysis of Geometric Form, and Studies from Nature, of Buds, Leaves, Flowers, and Fruits*, Boston, James R. Osgood & Co., 1873.

Collingwood, William Gershom. *The Art Teaching of John Ruskin*, New York, G. P. Putnam's Sons and London, Percival and Co., 1891.

———. *The Life and Work of John Ruskin*, 2 vols., London, Methuen & Co. and Boston, Houghton, Mifflin and Co., 1893.

Cook, Clarence Chatham. "The Modern Architecture of New-York," *The New-York Quarterly: Devoted to Science, Philosophy, Literature, and the Interests of our United Country*, Vol. 4, Apr. 1855, pp. 105–123.

———. "A Corner Stone," *The Galaxy*, Vol. 5, No. 2, Feb. 1868, pp. 144–153.

Cram, Ralph Adams. Diary Entry 1881–1886 in Douglass Shand-Tucci, *Boston Bohemia 1881–1900*, Amherst, University of Massachusetts Press, 1995, p. 32.

———. "Concerning the Restoration of Idealism, and the Raising to Honour Once More of the Imagination," *The Knight Errant*, Vol. 1, No. 1, Apr. 1892, pp. 10–15.

———. *The Decadent: Being the Gospel of Inaction: Wherein are set forth in Romance Form certain Reflections Touching the Curious Characteristics of These Ultimate Years, and the Divers Causes Thereof*, [Boston,] private print, 1893.

———. "The Work of Cope & Stewardson," *The Architectural Record*, Vol. 16, No. 5, Nov. 1904, pp. 407–438.

———. "Ecclesiastical Architecture paper IV: England," *The Brickbuilder*, Vol. 14, No. 6, Jun. 1905, pp. 112–117.

———. "Ecclesiastical Architecture paper V: The United States," *The Brickbuilder*, Vol. 14, No. 7, Jul. 1905, pp. 134–139.

———. *Impressions of Japanese Architecture and the Allied Arts*, New York, The Baker & Taylor Company, 1905.

———. "On the Restoration of Idealism," *The Gothic Quest*, New York, The Baker and Taylor Company, 1907, pp. 17–30.

———. "The Development of Ecclesiastical Architecture in America," *The Gothic Quest*, pp. 139–164.

———. "The Case against the École des Beaux Arts," *The Gothic Quest*, pp. 297–319.

———. "Princeton Architecture," *The American Architect*, Vol. 96, No. 1752, 21 Jul. 1909, pp. 21–30.

———. "Recent University Architecture in The United States," *The Architect & Contract Re-*

porter, 24 May 1912, pp. 333-336.
———. "Recent Collegiate Architecture," *The Brickbuilder*, Vol. 23, No. 11, Sep. 1914, pp. 259-268.
———. "Some Architectural and Spiritual Aspects of the Chapel," *The Princeton Alumni Weekly*, Vol. 28, No. 32, 25 May 1928, pp. 987-989, 1028.
———. *My Life in Architecture*, Boston, Little Brown, and Company, 1936.
Crawford, Francis Marion. "False Taste in Art," *The North American Review*, Vol. 135, 1 Jul. 1882, pp. 89-98.
Cret, Paul Philippe. "The Ecole des Beaux Arts: What Its Architectural Teaching Means," *The Architectural Record*, Vol. 23, No. 5, May 1908, pp. 367-371.
———. "Truth and Tradition," *The Architectural Record*, Vol. 25, No. 2, Feb. 1909, pp. 107-109.
Croly, Herbert David. "The New World and the New Art," *The Architectural Record*, Vol. 12, No. 2, Jun. 1902, pp. 136-153.
———. *The Promise of American Life*, New York, The Macmillan Company, 1909.
Crombie, Charles. "Correspondence: The Decline of Architecture," *The Hound & Horn*, Vol. 1, No. 2, Dec. 1927, pp. 140-143.
Cuvier, Georges. *Recherches sur les ossemens fossils de quadrupeds: où l'on rétablit les caractères de plusieurs espèces d'animaux que les révolutions du globe paroissent avoir détruites*, Paris, Chez Deterville, 1812.
Dehio, Georg and Bezold, Gustav von. *Die kirchliche Baukunst des Abendlandes: Historisch und systematisch Dargestellt*, Vol. 2, Stuttgart, Arnold Bergsträsser Verlagsbuchhandlung, 1901.
Dexter, Franklin. "Modern Painters," *The North American Review*, Vol. 66, No. 1, 1 Jan 1848, pp. 110-145.
De Zurko, Edward Robert. "Greenough's Theory of Beauty in Architecture," *The Rice Institute Pamphlet*, Vol. 39, No. 3, 1952, pp. 96-121.
———. *Origins of Functionalist Theory*, New York, Columbia University Press, 1957.
Downes, William Howe. "John Ruskin and Walter Pach: Defenders of the Faith," *The American Magazine of Art*, Vol. 20, No. 8, Aug. 1929, pp. 455-459.
Downing, Andrew Jackson. *A Treatise on the Theory and Practice of Landscape Gardening, Adapted to North America: With a View to the Improvement of Country Residences*, New York and London, Wiley and Putnam, 1841.
———. *Cottage Residences, Or, a Series of Designs for Rural Cottages and Cottage villas, and Their Gardens and Grounds. Adapted to North America*, New York and London, Wiley and Putnam, 1842.
———. *The Fruits and Fruit Trees of America: Or, the Culture, Propagation, and Management, in the Garden and Orchard, of Fruit Trees Generally*, New York and London, Wiley and Putnam, 1845.
———. *A Treatise on the Theory and Practice of Landscape Gardening, Adapted to North America; With a view to the Improvement of Country Residences*, 4th ed., enl., rev., New York, George P. Putnam and London, Longman, Brown, Green & Longmans, 1849.
———. *The Architecture of Country Houses: Including Designs for Cottages, Farm-Houses, and Villas, with Remarks on Interiors, Furniture, and the Best Modes of Warming and Ventilating*, New York, D. Appleton & Company, 1850.

——. *Andrew Jackson Downing: Essential Texts*, Robert Twombly, ed., New York and London, W. W. Norton & Company, 2012.
Durand, Asher Brown. "Letter on Landscape Painting: Letter II," *The Crayon*, Vol. 1, No. 3, 17 Jan. 1855, pp. 34-35.
Early, James. *Romanticism and American Architecture*, New York, A. S. Barnes and Co. and London, Thomas Yoseloff, 1965.
Eastlake, Charles Locke. "The Fashion of Furniture," *The Cornhill Magazine*, Vol. 9, No. 51, Mar. 1864, pp. 337-349.
——. *Hints on Household Taste in Furniture, Upholstery, and Other Details*, London, Longmans, Green and Co., 1868.
——. *Hints on Household Taste in Furniture, Upholstery, and Other Details*, Charles Callahan Perkins, ed., with notes, Boston, J. R. Osgood and Company, 1872.
——. *A History of the Gothic Revival: An Attempt to Show How the Taste for Medieval Architecture Which Lingered in England during the Two Last Centuries has since been Encouraged and Developed*, London, Longmans, Green, and Co. and New York, Scribner, Welford & Co., 1872.
——. "The Present State of Industrial Art," *VNEEM*, Vol. 17, No. 103, 1 Jul 1877, pp. 29-36.
Edgell, George Harold. *American Architecture of To-Day*, New York and London, Charles Scribner's Sons, 1928.
Egbert, Donald Drew. "Review: Modern Architecture," *The Art Bulletin*, Vol. 12, No. 1, Mar. 1930, pp. 98-99.
Eidlitz, Leopold. "On Style," *The Crayon*, Vol. 5, No. 5, May 1858, pp. 139-142.
——. "Cast Iron and Architecture," *The Crayon*, Vol. 6, No. 1, Jan. 1859, pp. 20-24.
——. *The Nature and Function of Art, More Especially of Architecture*, New York, A. C. Armstrong & Son, 1881.
——. "Competitions—The Vicissitudes of Architecture," *The Architectural Record*, Vol. 4, No. 2, Oct.-Dec. 1894, pp. 147-156.
Emerson, Ralph Waldo. *"Nature,"* Boston, James Munroe and Company, 1836, pp. 9-14.
——. "Beauty," *Nature*, pp. 19-31.
——. "The Problem," *The Dial*, Vol. 1, No. 1, Jul. 1840, pp. 122-123.
——. ["Journal Entry in 1849,"] in *The Journals and Miscellaneous Notebooks of Ralph Waldo Emerson: Volume XI 1848-1851*, A. W. Plumstead, William H. Gilman and Ruth H. Bennett, eds., Cambridge, Mass., The Belknap Press of Harvard University Press, 1975, p. 179.
——. Letter to Horatio Greenough, 7 Jan. 1852, in *The Letters of Ralph Waldo Emerson*, Vol. 4 (1848-1855), Ralph L. Rusk, ed., New York, Columbia University Press, 1939-1995, p. 272 and Nathalia Wright, "Ralph Waldo Emerson and Horatio Greenough," *Harvard Library Bulletin*, Vol. 12, No. 1, 1858, p. 100.
——. *English Traits*, Boston, Philips, Sampson, and Company, 1856.
——. "Transactions of the Cosmopolitan Art Association, for the Year Ending January 28th, 1857," *Cosmopolitan Art Journal*, Vol. 1, No. 3, Mar. 1857, pp. 94-100.
——. "Country Life," *Complete Works of Ralph Waldo Emerson*, Vol. 12, Boston, Houghton Mifflin, 1903-1904, pp. 133-167; first lectured in 1858.
——. "Fate," *The Conduct of Life*, Boston, Ticknor and Fields, 1860, pp. 1-42.

———. "Horatio Greenough," *The New Path*, Vol. 2, No. 8, Aug. 1865, p. 136.

———. ["Journal Entry in 18 Oct. 1871,"] in *The Journals and Miscellaneous Notebooks of Ralph Waldo Emerson: Volume XVI 1866–1882*, A. W. Plumstead, William H. Gilman, and Ruth H. Bennett, eds., Cambridge, Mass., The Belknap Press of Harvard University Press, 1975, p. 247.

———. "Immortality," *Letters and Social Aims*, Boston, J. R. Osgood, 1876, pp. 287–314; based on a lecture in 1861.

Falke, Jacob von. *Art in the House: Historical, Critical, and Aesthetical Studies on the Decoration and Furnishing of the Dwelling*, Charles C. Perkins, tr., Boston, L. Prang and Company, 1879; originally published as *Die Kunst im Hause: Geschichtliche und kritisch-ästhetische Studien über die Decoration und Ausstaltung der Wohnung* from Gerold (Wien) in 1871.

Ferris, George Titus. *Gems of the Centennial Exhibition: Consisting of Illustrated Descriptions of Objects of an Artistic Character, in the Exhibits of the United States, Great Britain, France, Spain, Italy, Germany, Belgium, Norway, Sweden, Denmark, Hungary, Russia, Japan, China, Egypt, Turkey, India, etc., etc., at the Philadelphia International Exhibition of 1876*, New York, D. Appleton & Company, 1877.

Fitch, James Marston. *American Building: The Forces That Shape It*, Boston, Houghton Mifflin Co., 1948.

———. *James Marston Fitch: Selected Writings on Architecture, Preservation, and the Built Environment*, Martica Sawin, ed., New York and London, W. W. Norton, 2007.

Furness, Frank Heyling. "A Few Personal Reminiscence of His Old Teacher by One of His Old Pupils" in *Frank Furness: The Complete Works*, George E. Thomas, Michael J. Lewis and Jeffrey A. Cohen, eds., New York, Princeton Architectural Press, 1996, pp. 351–356.

Gardner, Albert Ten Eyck. *Yankee Stonecutters: The First American School of Sculpture, 1800–1850*, New York, Metropolitan Museum of Art by Columbia University Press, 1945.

Garrigan, Kristine Ottesen. *Ruskin on Architecture: His Thought and Influence*, [Madison,] University of Wisconsin Press, [1973].

Gibson, Louis Henry. "True Architecture," *AA&BN*, Vol. 89, No. 1579, 31 Mar. 1906, pp. 111–122.

Giedion, Sigfried. *Space, Time and Architecture*, Cambridge, Mass., Harvard University Press, 1941.

Githens, Alfred Morton. "The Group Plan V: Universities, Colleges and Schools," *The Brickbuilder*, Vol. 16, No. 12, Dec. 1907, pp. 219–225.

Gladden, Washington. *Witnesses of The Light: Being the William Belden Noble Lectures for 1903*, Boston and New York, Houghton, Mifflin and Company, 1903.

Glueck, Grace. "High Priest of a Boundless Era," *The New York Times*, 29 Sep. 2000, p. E-29.

Goodhue, Bertram Grosvenor. "The Written Work of Ralph Adams Cram," *The Chap-Book*, Vol. 4, No. 10, 1 Apr. 1896, pp. 455–466.

———. "The Romanticist Point of View," *The Craftsman*, Vol. 8, No. 3, Jun. 1905, pp. 332–333.

Gorman, Herbert Sherman. "John Ruskin Lived and Died A Disappointed Man: In a Sympathetic Biography Miss Williams-Ellis Brings Out the Tragedy of His Career," *The New York Times*, 14 Apr. 1929, p. 5.

Greenough, Henry. *Ernest Carroll: Or, Artist-Life in Italy*, Boston, Ticker and Fields, 1858.

Greenough, Horatio. "Remarks on American Art," *The United States Magazine, and Democratic Review*, Vol. 13, No. 61, Jul. 1843, pp. 45–48.

———. "American Architecture," *The United States Magazine, and Democratic Review*, Vol. 13, No. 62, Aug. 1843, pp. 206–210.
———. "Etchings with a Chisel," *The United States Magazine, and Democratic Review*, Vol. 18, No. 92, Feb. 1846, pp. 118–125.
———. *The Travel, Observations and Experience of a Yankee Stonecutter*, New York, G. P. Putnam, 1852; pseudonym "Horace Bender." Facsimile reproduction with an introduction by Nathalia Wright in 1958 by Scholars' Facsimiles & Reprints (Gainesville, FL).
———. "American Architecture," *The Southern Literary Messenger: Devoted to Every Department of Literature, and the Fine Arts*, Vol. 19, No. 8, Aug. 1853, pp. 513–517.
———. *A Memorial of Horatio Greenough: Consisting of a Memoir, Selections from His Writings and Tributes to His Genius*, Henry Theodore Tuckerman, ed., New York, G. P. Putnam & Co., 1853.
———. ["Greenough on Sculpture,"] *The Crayon*, Vol. 1, No. 6, 7 Feb. 1855, p. 89.
———. "Dress," *The Crayon*, Vol. 1, No. 12, 21 Mar. 1855, pp. 177–179.
———. "A Sketch," *The Crayon*, Vol. 1, No. 16, 18 Apr. 1855, pp. 243–244.
———. "Remarks on American Art," *The Crayon*, Vol. 2, No. 12, 19 Sep. 1855, pp. 178–179.
———. "American Architecture," *The Crayon*, Vol. 2, No. 15, 10 Oct. 1855, pp. 224–226.
———. *Letters of Horatio Greenough to His Brother, Henry Greenough*, Frances Boott Greenough, ed., Boston, Ticknor, 1887.
———. *Form and Function: Some Principles as First Enunciated*, Berkeley, California University Press, 1944.
———. *Form and Function: Remarks on Art*, Harold A. Small, ed., Berkeley, University of California Press, 1947.
Griswold, Hattie Tyng. *Home Life of Great Authors*, Chicago, A. C. McClurg and Company, 1889.
———. *Personal Sketches of Recent Authors*, Chicago, A. C. McClurg and Company, 1899.
Guimard, Hector. "An Architect's Opinion of 'L'Art Nouveau,'" *The Architectural Record*, Vol. 12, No. 2, Jun. 1902, pp. 126–133.
Gutheim, Frederick Albert. "From Rameses to Rockefeller," *The American Magazine of Art*, Vol. 27, No. 12, Dec. 1934, pp. 695–696.
Hamerton, Philip Gilbert. *The Life of J. M. W. Turner*, R. A., London, Seeley, Jackson, & Halliday, 1879.
Hamlin, Alfred Dwight Foster. "The Battle of Styles," *The Architectural Record*, Vol. 1, No. 3, Jan.-Mar. 1892, pp. 265–275.
———. *A Text-Book of the History of Architecture*, New York, Longmans, Green, and Co., 1896.
———. "Recent American College Architecture," *The Outlook*, Vol. 74, No. 14, Aug. 1903, pp. 791–799.
———. "Style in Architecture," *The Craftsman*, Vol. 8, No. 3, Jun. 1905, pp. 325–331.
———. "The Influence of the Ecole des Beaux-Arts on Our Architectural Education," *The Architectural Record*, Vol. 23, No. 4, Apr. 1908, pp. 241–247.
———. "Roman Architecture and Its Critics," *The Architectural Record*, Vol. 37, Nos. 5–6, May-Jun. 1915, pp. 425–436, 494–515.
———. "Gothic Architecture and Its Critics," *The Architectural Record*, Vol. 39, Nos. 4–5, Apr.–

May 1916, pp. 339-354, 419-435; Vol. 40, No. 2, Aug. 1916, pp. 97-113.
———. "Renaissance Architecture and Its Critics," *The Architectural Record*, Vol. 42, No. 2, Aug.-Sep. 1917, pp. 115-125, 266-272; Vol. 46, No. 1, Jul. 1919, pp. 57-76; Vol. 47, No. 5, May 1920, pp. 408-423.

Hamlin, Talbot Faulkner. *The Enjoyment of Architecture*, New York, Charles Scribner's Sons, 1921.

———. *The American Spirit in Architecture*, New Haven, Yale University Press, 1926.

———. "The Greek Revival in America and Some of Its Critics," *The Art Bulletin*, Vol. 24, No. 3, Sep. 1942, pp. 244-258.

Harris, Frank. "John Ruskin," *The American Mercury*, Vol. 2, No. 5, May 1924, pp. 10-16.

Hart, Joseph Coleman. "Unity in Architecture," *The Crayon*, Vol. 6, No. 3, Mar. 1859, pp. 84-88.

Hegemann, Werner and Peets, Elbert. *The American Vitruvius: An Architects' Handbook of Civic Art*, New York, The Architectural Book Publishing, Co., 1922.

Herrick, Robert. "The University of Chicago," *Scribner's Magazine*, Vol. 18, No. 4, Oct. 1895, pp. 399-417.

Hillis, Newell Dwight. *Great Men as Prophet of New Era*, New York, Chicago, London and Edinburgh, Fleming H. Revell Company, 1922.

Hitchcock, Henry-Russell. "The Decline of Architecture," *The Hound & Horn*, Vol. 1, No. 1, Sep. 1927, pp. 28-34.

———. "Correspondence: The Decline of Architecture," *The Hound & Horn*, Vol. 1, No. 3, Mar. 1928, pp. 244-245.

———. *Frank Lloyd Wright*, Paris, Cahiers d'art, c1928.

———. *Modern Architecture: Romanticism and Reintegration*, New York, Payson & Clarke, 1929; New York, Da Capo Press, 1993.

——— and Johnson, Phillip. *The International Style: Architecture Since 1922*, New York, W. W. Norton & Company, 1932; New York and London, W. W. Norton & Company, 1995.

———. *The Architecture of H. H. Richardson and His Times*, New York, Museum of Modern Art, 1936; paperback edition from The MIT Press (Cambridge, Mass. and London) in 1975 (third printing).

———. *American Architectural Books: A List of Books, Portfolios and Pamphlets Published in America before 1895 on Architecture and Related Subjects*, Middletown, 1938-39.; second edition, 1939-40; third edition, Minneaplis, University of Minnesota Press, 1946.

———. *Architecture: Nineteenth and Twentieth Centuries*, 4th edition, New Haven and London, Yale University Press, 1977; first published in 1958 from Penguin Books (Baltimore).

———. "Ruskin and American Architecture, or Regeneration Long Delayed," *Concerning Architecture: Essays on Architectural Writers and Writing Presented to Nikolaus Pevsner*, J. Summerson, ed., London, Allen Lane, 1968, pp. 166-208.

Hobson, John Atkinson. *John Ruskin: Social Reformer*, Boston, Dana Estes & Company, 1898.

Hopkins, Vivian Constance. *Spires of Form: A Study of Emerson's Aesthetic Theory*, Cambridge, Mass., Harvard University Press, 1951.

Howe, Samuel. "The Architectural Awakening," *The Craftsman*, Vol. 8, No. 3, Jun. 1905, pp. 333-335

Hubbard, Elbert. *Little Journeys to the Home of Good Men and Great*, New York and London, G.

P. Putnam's Sons, 1895.
———. *Little Journeys to the Homes of English Authors: William Morris*, East Aurora, NY, Roycrofters, 1900.
Hunt, Richard Morris. "Paper on the Architectural Exhibit of the Centennial Exhibition," *AA&BN*, Vol. 2, Supplement, 24 Feb. 1877, pp. i-iv.
Israels, Charles Henry. "American Architecture: A Foreign Art with a Future," *AA&BN*, Vol. 87, No. 1529, 15 Apr. 1905, pp. 119-121.
Jenkins, Charles E. "The University of Chicago," *The Architectural Record*, Vol. 4, No. 2, Oct.-Dec. 1894, pp. 229-246.
Johnson, John Butler, Bryan, Charles Walter, and Turneaure, Frederick Eugene. *The Theory and Practice of Modern Framed Structures*, New York, John Wiley & Sons, 1893.
Kendall, James. "Rational Building," *The American Builder and Art Journal*, Vol. 4, Nos. 3-5, Mar.-May 1871, pp. 345-346, 368-369, 393-394.
———. "Modern Style in Building," *The American Builder and Art Journal*, Vol. 4, No. 6, 1 Jun. 1871, pp. 417-418.
———. "On Architectural Ornament," *The American Builder and Art Journal*, Vol. 4, No. 8, 1 Aug. 1871, p. 23.
Kerr, Robert. "Architectural Prospects: The Queen Anne Style," *The Architect: A Journal of Art, Civil Engineering, and Building*, Vol. 11, Jan. 1874, pp. 1-2.
———. "The Problem of National American Architecture," *The Architectural Record*, Vol. 3, No. 2, Oct.-Dec. 1893, pp. 121-132.
Kimball, Sidney Fiske and Edgell, George Harold. *A History of Architecture*, New York and London, Harper & Brothers Publishers, 1918.
Kimball, Sidney Fiske. "What is Modern Architecture?," *The Nation*, Vol. 119, Jul. 1924, pp. 128-129.
———. "Sticks and Stones," *New York Herald Tribune*, 26 Oct. 1924, p. 3.
———. "Louis Sullivan: An Old Master," *The Architectural Record*, Vol. 57, No. 4, Apr. 1925, pp. 289-304.
———. Letter to Walter Pach, 8 May 1925, in *American Artists, Authors, and Collectors: The Walter Pach Letters 1906-1958*, Bennard B. Perlman, ed., State University of New York Press, 2002, pp. 185-186.
———. "Alte und neue Baukunst in Amerika: Der Sieg des jungen Klassizismus über den Funktionalismus der neunziger Jahre," *Wasmuths Monatshefte*, Vol. 9, 1925, pp. 225-239.
———. *American Architecture*, Indianapolis and New York, The Bobbs-Merrill Company, 1928.
Kowenhoven, John Atlee. *Made in America: The Arts in Modern Civilization*, Garden City, NY, Doubleday & Company, 1949.
Labrouste, Léon. "Style" *AA&BN*, Vol. 44, Nos. 957-958, 960-963, 28 Apr., 5, 19, 26 May, 2, 9 Jun. 1894, pp. 39-40, 47, 71-72, 83-85, 95-97, 107-108.
Ladd, Henry Andrews. *The Victorian Morality of Art: An Analysis of Ruskin's Esthetic*, New York, Ray Lang and Richard R. Smith, 1932.
LaFarge, John. "Ruskin, Art and Truth," *International Monthly*, Vol. 2, 1 Jul. 1900, pp. 510-535.
Lamb, Frederick Stymetz. "Modern Use of the Gothic: The Possibility of New Architectural Style," *The Craftsman*, Vol. 8, No. 2, May 1905, pp. 156-170.

Laudon, John. A Summary View of the Progress of Architecture in Britain during the Year 1838; with some Notices relative to Its Advancement in Foreign Countries.", *The Architectural Magazine*, Vol. 5, Dec. 1838, pp. 529–533.

———. "Progress of Civil Engineering: A Summary View of the Progress of Architecture in Britain during the Year 1838; with some Notices relative to Its Advancement in Foreign Countries. By J. C. Loudon, F. L. S. &c.," *Journal of the Franklin Institute of the State of Pennsylvania and Mechanics' Register*, Vol. 24, Jul. 1839, pp. 60–61.

Lee, Francis Watts. *William Morris: Poet, Artist, Socialist: A Selection from His Writings Together with a Sketch of the Man*, New York, Humboldt Publishing Company, 1891.

———. "Some Thoughts upon Beauty in Typography Suggested by the Work of Mr. William Morris at the Kelmscott Press," *The Knight Errant*, Vol. 1, No. 2, Jul. 1892, pp. 53–63.

Lee, Vernon. "A Postscript on Ruskin," *The North American Review*, Vol. 177, No. 564, Nov. 1903, pp. 678–690.

Lethaby, William Richard. "Ruskin: Defeat and Victory," *Form in Civilization: Collected Papers on Art & Labor*, London, Oxford University Press, 1922, pp. 183–187; second edition, Lewis Mumford, fwd., London, New York and Toronto, Oxford University Press, 1957, pp. 146–149; first published in *Arts and Crafts Quartely*, Apr. 1919.

Lewis, E. A. "Art and Artists of America," *Graham's American Monthly Magazine of Literature, Art, and Fashion*, Vol. 44, No. 4, Apr. 1854, pp. 425–428.

Longfellow, William Pitt Preble. "John Ruskin," *The Architectural Review*, Vol. 7, No. 4, Apr. 1900, pp. 42–43.

Loran, Erle. "Introduction," in Horatio Greenough, *Form and Function: Remarks on Art*, Harold A. Small, ed., Berkeley, University of California Press, 1947, pp. ix–xviii.

Lovett, Robert Morss. "The Tragedy of John Ruskin," *The New Republic*, Vol. 58, No. 746, 20 May 1929, pp. 143–145.

Lux, Joseph August. *Ingenieur-Ästhetik*, München, G. Lammers, 1910.

MacRae, Donald. "Emerson and the Arts," *The Art Bulletin*, Vol. 20, No. 1, Mar. 1938, pp. 78–95.

Mathews, Charles Thompson Mathews. *The Story of Architecture: An Outline of the Styles in All Countries*, New York, D. Appleton and Company, 1896.

Matthews, Brander, "The Lament of The Ivory Paper-Cutter," *The Knight Errant*, Vol. 1, No. 1, Apr. 1892, pp. 17–19.

Matthiessen, Francis Otto. *American Renaissance: Art and Expression in the Age of Emerson and Whitman*, London, New York [etc.], Oxford University Press, 1941.

McCabe, James Dabney. *The Illustrated History of the Centennial Exhibition, Held in Commemoration of the One Hundredth Anniversary of American Independence*, Philadelphia, The National Publishing Company, 1876.

Metzger, Charles Reid. *Emerson and Greenough: Transcendental Pioneers of an American Esthetic*, Berkeley, University of California Press, 1954.

Millet, Louis J. "The National Farmers' Bank of Owatonna, Minn.: Louis H. Sullivan, Architect," *The Architectural Record*, Vol. 24, No. 4, Oct. 1908, pp. 249–254.

Moholy-Nagy, Laszlo. *Moholy-Nagy: An Anthology*, Richard Kostelanetz, ed., New York, Da Capo Press, 1991.

Moore, Charles. *The Life and Times of Charles Follen McKim*, Boston and New York, Hough-

ton Mifflin Company, 1929.

Moore, Charles Herbert. *Development & Character of Gothic Architecture*, London and New York, Macmillan and Co., 1890.

Morris, William. *The Earthly Paradise*, Boston, Roberts, 1868.

——. *Love is Enough: Or, the Freeing of Pharamond, a Morality*, Boston, Roberts Brothers, 1873

——. *The Æneids of Virgil: Done into English Verse by William Morris*, Boston, Roberts Brothers, 1876.

——. *The Decorative Arts: Their Relation to Modern Life and Progress: An Address Delivered before the Trades' Guild of Learning*, Boston, Roberts Brothers and London, Ellis and White, 1878.

——. "The 'Restoration' of St. Mark's," *AA&BN*, Vol. 6, No. 205, 29 Nov. 1879, p. 174.

——. "Hints on House Decoration," *AA&BN*, Vol. 9, Nos. 263-265, 8, 15, 22 Jan. 1881, pp. 16-18, 28-30, 41-43.

Morrison, Hugh. *Louis Sullivan: Prophet of Modern Architecture*, New York, The Museum of Modern Art and W. W. Norton & Company, 1935; revised edition in 1998 by W. W. Norton & Company (New York and London).

Müller, Friedrich Max. *Auld Lang Syne*, New York, Charles Scribner's Sons, 1898.

Mumford, Lewis. *Sticks and Stones: A Study of American Architecture and Civilization*, New York, Boni and Liveright, 1924.

——. *Vom Blockhaus zum Wolkenkratzer: Eine Studie über amerikanische Architektur und Zivilisation*, M. Mauthner, tr., Berlin, Bruno Cassier, 1926.

——. *Golden Day: A Study in American Experience and Culture*, New York, Horace Liveright, 1926.

——. "Modern Architecture," *The New Republic*, Vol. 62, No. 798, 19 Mar. 1930, pp. 131-132.

——. *The Brown Decades: A Study of the Arts in America 1865-1895*, New York, Harcourt, Brace and Company, 1931.

——. "Function and Expression in Architecture," *Architectural Record*, Vol. 110, No. 5, Nov. 1951, pp. 106-112.

——. "Symbol and Function in Architecture," *Art and Technics*, New York, Columbia University Press, 2000, pp. 111-135; first published in 1952.

——. "A Backward Glance," *Roots of Contemporary American Architecture: A Series of Thirty-Seven Essays dating from the Mid-nineteenth Century to the Present*, New York, Dover Publications, 1972, pp. 1-30; first published in 1952 by Reinhold (New York); second edition published in 1959 by Grove Press (New York).

——. *Sketches from Life: The Autobiography of Lewis Mumford: The Early Years*, New York, Dial Press, 1982.

——. *Mumford on Modern Art in the 1930s*, Robert Wojtowicz, ed., Berkeley, University of California Press, 2007.

Muntz, Eugène. "The École des Beaux-Arts," *The Architectural Record*, The Beaux-Arts Number, Jan. 1901, pp. 1-33.

Newhall, Beaumont. "New Books on Art: The Victorian Morality of Art," *The American Magazine of Art*, Vol. 26, No. 6, Jun. 1933, p. 310.

———. *Photography 1839–1937*, New York, The Museum of Modern Art, 1937.
———. "Bibliography of Bauhaus Publications," *Bauhaus 1919–1928*, Herbert Bayer, Walter Gropius, and Ise Gropius, eds., New York, The Museum of Modern Art, 1938, pp. 222–223.
——— and Wynne, Nancy, "Horatio Greenough: Herald of Functionalism," *Magazine of Art*, Vol. 32, No. 1, Jan. 1939, pp. 12–15.
———. *The History of Photography*, New York, The Museum of Modern Art, 1964.
———. *Focus: Memoirs of a Life in Photography*, Boston, Tronto, and London, Bulfinch Press, 1993.
Norton, Charles Eliot, "Introduction," *The Seven Lamps of Architecture*, Brantwood edition, New York, C. E. Merrill & Co., 1890, pp. v–x.
Olmsted, Frederick Law. *Frederick Law Olmsted: Essential Texts*, Robert Twombly, ed., New York, W. W. Norton, 2010.
———. *The Papers of Frederick Law Olmsted*, 9 vols. with 2 suppl. vols., Charles Capen McLaughlin, and Charles E. Beveridge, eds., 9 vols. with 2 suppl. vols., Baltimore, Johns Hopkins University Press, 1977–2015.
Pach, Walter. "The Point of View of the 'Moderns,'" *The Century Magazine*, Vol. 87, No. 6, Apr. 1914, pp. 851–864.
———. Letter to Lewis Mumford, 12 Dec. 1924, in *American Artists, Authors, and Collectors: The Walter Pach Letters, 1906–1958*, Bennard B. Perlman, ed., Albany, State University of New York Press, p. 207.
———. *Ananias or the False Artist*, New York and London, Harper & Brothers Publishers, 1928.
Parrington, Vernon Louis. *Main Currents in American Thought: An Interpretation of American Literature from the Beginnings to 1920*, 3 vols., New York, Harcourt Brace Jovanovich, 1927.
Patton, Normand Smith. "Architectural Design," *IA&NR*, Vol. 17, No. 2, Mar. 1891, p. 19.
Payne, William Morton. "Three Books about Ruskin," *The Dial*, Vol. 29, 16 Oct. 1900, pp. 264–265.
Peabody, Robert Swain. "A Tribune," *The Brickbuilder*, Vol. 19, No. 2, Feb. 1910, pp. 55–57.
———. "A Great Imaginative Interpreter of Renaissance Traditions," *The Architectural Record*, Vol. 35, No. 5, May 1914, pp. 463–465.
Perkins, Charles Callahan, "Editor's Preface," in Charles Locke Eastlake, *Hints on Household Taste in Furniture, Upholstery, and Other Details*, Boston, J. R. Osgood and Company, 1872, pp. v–xxi.
———. "Editor's Preface" in Jacob von Falke, *Art in the House: Historical, Critical, and Aesthetical Studies on the Decoration and Furnishing of the Dwelling*, Boston, L. Prang and Company, 1879, pp. iii–xxi.
Pevsner, Nikolaus. *Pioneers of the Modern Movement from William Morris to Walter Gropius*, London, Faber & Faber, 1936.
———. *Some Architectural Writers of the Nineteenth Century*, Oxford, Clarendon Press, 1972.
Pile, John F. *A History of Interior Design*, 2nd edition, London, Laurence King Publishing, 2005.
Planat, Paul Amédée. *Encyclopédie de l'Architecture et de la Construction*, 6 vols., Paris, Librairie de la Construction Moderne, [1888-1892].
Poe, Edgar Allan. "Philosophy of Furniture," *The Works of Edgar Allan Poe*, New York, W. J.

Widdleton, 1863, pp. 299–305.
Porter, Arthur Kingsley. *Medieval Architecture: Its Origins and Development*, 2 vols., New York, Baker and Taylor Company, 1909.
———. *The Architectural Record*, Vol. 43, Nos. 2–3, Feb.–Mar. 1918, pp. 115–130, 213–230.
———. "The Case Against Roman Architecture," *The Architectural Record*, Vol. 43, No. 1, Jan. 1918, pp. 23–36.
———. *Beyond Architecture*, Boston, Marshall Jones Company, 1918.
Pound, Ezra. "H. S. Mauberly," *The Dial*, Vol. 69, Sep. 1920, pp. 283–287.
Price, Bruce. "The Suburban House," *Scribner's Magazine*, Vol. 8, No. 1, Jul. 1890, pp. 3–19.
Prior, Edward Schröder, *A History of Gothic Art in England*, London, G. Bell and Sons, 1900.
Pugin, Augustus Welby Northmore. *Contrasts: Or, A Parallel between the Noble Edifices of the Middle Ages, and Corresponding Buildings of the Present Day; Shewing the Present Decay of Taste*, London, 1836.
———. *The True Principles of Pointed Architecture*, London, John Weale, 1841.
Redtenbacher, Rudolf. *Die Architektonik der Modernen Baukunst*, Berlin, Ernst & Korn, 1883.
Richardson, Henry Hobson. *A Description of Trinity Church*, [Boston, 1877?]
Ricker, Nathan Clifford. "Possibilities for American Architecture," *IA&BN*, Vol. 6, No. 5, Nov. 1885, pp. 62–63.
———. "The Education of the Architect," *IA&NR*, Vol. 9, No. 8, Jun. 1887, pp. 75–77.
Ritchie, Anne Isabella Thackeray. *Records of Tennyson, Ruskin, Browning*, New York, Harper & Bros. and London, Macmillan, 1892.
Rodin, Auguste. "The Gothic in the Cathedrals and Churches of France," *The North American Review*, Vol. 180, No. 2, 1 Feb. 1905, pp. 219–229.
———. *Les Cathédrales de France*, Paris, Librairie Armand Colin, 1914.
———. "The Gothic in France," *The North American Review*, Vol. 207, 1 Jan. 1918, pp. 111–121.
Roe, Frederick William. *The Social Philosophy of Carlyle and Ruskin*, New York, Harcourt Brace and Company, 1921.
Rotch, Arthur. "Review: Learning to Draw," *The American Art Review*, Vol. 2, No. 4, Feb. 1881, p. 159.
Rowe, Colin. "Henry-Russell Hitchcock," *As I Was Saying: Recollections and Miscellaneous Essays*, Vol. 1, Alexander Caragonne, ed., Cambridge, Mass. and London, The MIT Press, 1996, pp. 11–23.
Ruskin, John. "The Poetry of Architecture; Or the Architecture of the Nations of Europe Considered in Its Association with Natural Scenery and National Character," *The Architectural Magazine*, Vol. 4, Nov.–Dec. 1837, pp. 505–508, 555–560; Vol. 5, Jan.–Dec. 1838, pp. 7–14,56–63, 97–105, 145–154, 193–198, 241–250, 289–300, 337–344, 385–392, 433–442, 481–494, 533–554; pseudonym "Kata Phusin."
———. *Modern Painters: Their Superiority in the Art of Landscape Painting to All the Ancient Masters, Proved by Examples of the True, the Beautiful, and the Intellectual from the Works of Modern Artists, Especially from Those of J. M. W. Turner*, London, Smith, Elder and Co., 1843; pseudonym "A Graduate of Oxford."
———. *Modern Painters*, New York, Wiley and Putnam, 1847; pseudonym "A Graduate of Oxford."

———. *The Seven Lamps of Architecture*, London, Smith, Elder and Co., 1849.
———. *The Seven Lamps of Architecture*, New York, Wiley, 1849.
———. *The Stones of Venice*, 3 vols., London, Smith, Elder and Co., 1851-53.
———. *The Stones of Venice: The Foundations*, New York, John Wiley, 1851.
———. *Lectures on Architecture and Painting, Delivered at Edinburgh, in November, 1853*, New York, J. Wiley, 1854.
———. *The Opening of the Crystal Palace: Considered in Some of Its Relations to the Prospects of Art*, London, Smith, Elder and Co., 1854.
———. "Sketchings," *The Crayon*, Vol. 1, No. 18, 2 May 1855, p. 283.
———, Turner, Joseph Mallord William, and Lupton, Thomas Goff. *The Harbours of England*, London, E. Gambart and Co., 1856.
———. *The Political Economy of Art: Being the Substance (with Additions) of Two Lectures delivered at Manchester, July 10th and 13th, 1857*, London, Smith, Elder, 1857.
———. *The Political Economy of Art: Being the Substance (with Additions) of Two Lectures delivered at Manchester, July 10th and 13th, 1857*, New York, Wiley & Halsted, 1858.
———. *The Two Paths: Being Lectures on Art, and Its Application to Decoration and Manufacture, Delivered in 1858-9*, London, Smith, Elder and Co., 1859.
———. *The Two Paths: Being Lectures on Art, and Its Application to Decoration and Manufacture, Delivered in 1858-9*, New York, J. Wiley, 1859.
———. *The Stones of Venice*, 3 vols., New York, John Wiley, 1860.
———. *"Unto this last": Four Essays on the First Principles of Political Economy*, London, Smith, Elder, 1862.
———. *Fors Clavigera: Letters to the Workmen and Labourers of Great Britain*, 8 vols., Sunnyside, Orpington, Kent, G. Allen, 1871-1884.
———. *The Seven Lamps of Architecture*, New Edition, Sunnyside, Orpington, Kent, George Allen, 1880.
———. Letter to Charles Eliot Norton, 8 May 1873, *The Correspondence of John Ruskin and Charles Eliot Norton*, John Lewis Bradley and Ian Ousby, eds., Cambridge and New York, Cambridge University Press, 1987, p. 291.
———. *The True and Beautiful in Nature, Art, Morals and Religion: Selected from the Works of John Ruskin*, Louisa Caroline Thuthill, ed., New York, Wiley & Halsted, c1858; New York, John Wiley, 1890.
———. *Fors Clavigera: Letters to the Workmen and Labourers of Great Britain*, 8 vols., Sunnyside, Orpington, Kent, George Allen, 1871-1884.
———. *Art Culture: A Hand-Book of Art Technicalities and Criticisms, Selected from the Works of John Ruskin, and Arranged and Supplemented by Rev. W. H. Platt, for the Use of Schools and Colleges*, New York, Wiley, 1873.
———. *Pearls for Young Ladies: From the Later Works of John Ruskin, LL. D.*, Louisa C. Tuthill, ed., New York, J. Wiley & Sons, 1878.
———. *Letters and Advice to Young Girls and Young Ladies: On Dress, Education, Marriage, Their Sphere, Influence, Women's Work, Women's Rights, &c., &c.*, New York, John Wiley & Sons, 1879; New York, J. Wiley & Sons, 1888.
———. *The Communism of John Ruskin: Or, "Unto This Last"; Two Lectures from "The*

Crown of Wild Olive"; and Selections from "Fors Clavigera," William Dwight Porter Bliss, ed., New York, The Humboldt Publishing Co., 1891.
———. *Works*, 22 vols., Charles Eliot Norton, intr., New York, Charles E. Merrill, 1891–1896. 通称「ブラントウッド・エディション」.
———. *The Nature of Gothic: A Chapter of the Stones of Venice*, London, George Allen, printed by William Morris at the Kelmscott Press, Hammersmith, 1892.
———. *Selections from the Writings of John Ruskin: Second Series, 1860–1888*, London, George Allen, 1893.
———. *The Complete Works*, 26 vols., New York, Bryan, Taylor & Company, 1894.
———. *Letters Addressed to a College Friend During the Years 1840–1845*, New York, Macmillan & Co. and London, George Allen, 1894.
———. *John Ruskin: The Two Boyhoods, The Slave Ship, The Mountain Gloom, The Mountain Glory, Venice, St. Mark's, Art and Morals, The Mystery of Life, Peace*, Bliss Perry, ed., New York, Doubleday & McClure Co., 1898.
———. *The Bible References of John Ruskin*, Mary Gibbs and Ellen Gibbs, eds., New York, Henry Frowde and London, George Allen, 1898.
———. *Ruskin: Rossetti: Preraphaelitism*, William Michael Rossetti, ed., New York, Dodd, Mead and Company and London, George Allen, 1899.
———. *The Seven Lamps of Architecture; Architecture and Painting*, Russell Sturgis, intr., New York, D. Appleton and Company, 1901.
———. *The Works of John Ruskin*, Edwards Tyas Cook and Alexander Wedderburn, eds., 39 vols., London, George Allen and New York, Green, 1903–1912. 通称「ライブラリ・エディション」.
———. *Comments of John Ruskin on the Divina Commedia*, George P. Huntington, ed., Charles Eliot Norton, intr., Boston and New York, Houghton, Mifflin and Company, 1903.
———. *Letters of John Ruskin to Charles Eliot Norton*, Boston and New York, Houghton, Mifflin and Company, 1904.
———. *Ruskin's Views of Social Justice*, James Fuchs, ed., New York, Vanguard Press, 1926.
Samson, George Whitefield. *Elements of Art Criticism: Comprising a Treatise on the Principles of Man's Nature as Addressed by Art, together with a Historic Survey of the Methods of Art Execution in the Departments of Drawing, Sculpture, Architecture, Painting, Landscape Gardening, and the Decorative Arts*, Philadelphia, J. B. Lippincott & Co., 1867.
Sandhurst, Phillip T. *The Great Centennial Exhibition Critically Described and Illustrated*, Philadelphia and Chicago, P. W. Ziegler & Co., c1876.
Sargent, Walter. "Ruskin as a Critic of Art," *The American Magazine of Art*, Vol. 10, No. 10, Aug. 1919, pp. 387–393.
Schuyler, Montgomery. "Temple Emanu-El," *The World*, 12 Sep. 1868, p. 7.
———. "Concerning Queen Anne," *AA&BN*, Vol. 1, 16 Dec. 1876, pp. 404–405.
———. "The New Church in Boston," *The World*, 11 Feb. 1877, p. 4.
———. "The Bridge as a Monument," *Harper's Weekly*, Vol. 27, No. 1379, 26 May 1883, p. 326.
———. "Recent Building in New York," *Harper's New Monthly Magazine*, Vol. 67, No. 400, Sep. 1883, pp. 557–578.
———. *American Architecture: Studies*, New York, Harper & Brothers, 1892.

———. "Modern Architecture," *The Architectural Record*, Vol. 4, No. 1, Jul.–Sep. 1894, pp. 1–13.
———. "Part III: Henry Ives Cobb," *The Architectural Record*, Great American Architects Series, No. 2, Feb. 1896, pp. 73–110.
———. "The Works of Charles Coolidge Haight," *The Architectural Record*, Great American Architects Series, No. 6, Jul. 1899, pp. 1–83.
———. "'Monuental' Engineering," *The Architectural Record*, Vol. 11, No. 2, Oct. 1901, pp. 615–640.
———. "The Architecture of West Point," *The Architectural Record*, Vol. 14, No. 6, Dec. 1903, pp. 463–492.
———. "The Work of Barney & Chapman," *The Architectural Record*, Vol. 16, No. 3, Sep. 1904, pp. 209–296.
———. "New York Bridges," *The Architectural Record*, Vol. 18, No. 4, Oct. 1905, pp. 243–262.
———. "Notes & Comments: Is Gothic Dead?; Gothic Revivals," *The Architectural Record*, Vol. 19, No. 1, Jan. 1906, pp. 66–67.
———. "The Work of Leopold Eidlitz II: Commercial and Public," *The Architectural Record*, Vol. 24, No. 4, Oct. 1908, pp. 277–292.
———. "The Field of Art: Russell Sturgis," *Scribner's Magazine*, Vol. 45, No. 5, May 1909, pp. 635–636.
———. "Russell Sturgis's Architecture," *The Architectural Record*, Vol. 25, No. 6, Jun. 1909, pp. 405–410.
———. "The Work of William Appleton Potter," *The Architectural Record*, Vol. 26, No. 3, Sep. 1909, pp. 176–196.
———. "Architecture of American Colleges II: Yale," *The Architectural Record*, Vol. 26, No. 6, Dec. 1909, pp. 393–416.
———. "Architecture of American Colleges III: Princeton," *The Architectural Record*, Vol. 27, No. 2, Feb. 1910, pp. 130–160.
———. "Architecture of American Colleges IV: New York City Colleges," *The Architectural Record*, Vol. 27, No. 6, Jun. 1910, pp. 443–470.
———. "Architecture of American Colleges VII: Brown, Bowdoin, Trinity and Wesleyan," *The Architectural Record*, Vol. 29, No. 1, Jan. 1911, pp. 145–166.
———. "The Work of Cram, Goodhue & Ferguson," *The Architectural Record*, Vol. 29, No. 1, Jan. 1911, pp. 1–112.
———. *American Architecture and Other Writings*, 2 vols., William H. Jordy and Ralph Coe, eds., Cambridge, Mass., The Belknap Press of Harvard University Press, 1961.
Scott, Geoffrey. *The Architecture of Humanism: A Study in the History of Taste*, London, Constable & Co. Boston and New York, Houghton Mifflin Company, 1914.
Scott, George Gilbert. "The Architecture of Future," *Remarks on Secular & Domestic Architecture, Present & Future*, London, John Murray, 1857, pp. 258–274.
Scully, Vincent Joseph, Jr. *The Shingle Style*, New Haven, Yale University Press, 1955; revised edition as *The Shingle Style and the Stick Style: Architectural Theory and Design from Downing to the Origins of Wright*, New Haven, Yale University Press, 1971.
Semper, Gottfried. *Die Vier Elemente der Baukunst*, Braunschweig, Friedlich Vieweg und Sohn, 1851.

——. *On the Study of Polychromy and Its Revival*, London, 1851.
——. *Wissenschaft, Industrie und Kunst: Vorschläge zur Anregung nationalen Kunstgefühles, bei dem Schlusse der Londoner Industrie-Ausstellung*, Braunschweig, Friedlich Vieweg und Sohn, 1852.
Shaffer, Robert B. "Emerson and His Circle: Advocates of Functionalism," *Journal of the Society of Architectural Historians*, Vol. 7, Nos. 3/4, Jul.-Dec. 1948, pp. 17-20.
La Sizeranne, Robert de. *Ruskin et la Religion de la Beauté*, Paris, Librarie Hachette et Cie., 1897.
——. *Ruskin and the Religion of Beauty*, the Countess of Galloway, tr., London, George Allen, 1899; New York, James Pott & Co., [1899].
Smith, Sidney. "Skilled and Unskilled Labor," *The Building Budget*, Vol. 4, Jan. 1888, pp. 6-7.
Smith, Walter. *The Masterpieces of the Centennial International Exhibition Illustrated Volume II: Industrial Art*, Philadelphia, Gebbie & Barrie, 1875.
Stein, Leo. "The Defeat of John Ruskin," *The New Republic*, Vol. 18, No. 223, 8 Feb. 1919, pp. 51-53.
——. "On Reading Poetry and Seeing Pictures," *Appreciation: Painting, Poetry, and Prose*, New York, Random House, 1947, pp. 65-108.
Stevenson, John James. "The Recent Reaction of Taste in English Architecture," reported in "Re-Renaissance," *The Architect: A Journal of Art, Civil Engineering, and Building*, Vol. 12, 4 Jul. 1874, p. 1.
Stewardson, John. "Architecture in America: A Forecast," *Lippincotts' Monthly Magazine*, Vol. 57, Jan. 1896, pp. 132-137; *AA&BN*, Vol. 51, No. 1049, 1 Feb. 1896, pp. 51-52.
Stein, Roger Breed. *John Ruskin and Aesthetic Thought in America*, 1840-1900, Cambridge, Mass., Harvard University Press, 1967.
Stillman, William James. "Nature and Use of Beauty," *The Crayon*, Vol. 3, Nos. 1-2, Jan.-Feb. 1856, pp. 1-4, 33-36.
——. "Ruskin and His Writings," *The Nation*, Vol. 7, No. 178, 6 Nov. 1868, p. 437.
——. "John Ruskin," *The Century Illustrated Monthly Magazine*, Vol. 35, No. 3, Jan. 1888, pp. 357-366.
——. *The Autobiography of a Journalist*, 2 vols., Boston, Houghton, Mifflin and Company and Cambridge, Mass., Riverside Press, 1901.
Sturgis, Russell. "Our Furniture: What It Is, and What It Should Be," *The New Path*, Vol. 2, Nos. 4-5, Apr.-May 1865, pp. 55-62, 65-72.
——. "Viollet-le-Duc's French Mediaeval Architecture," *The Nation*, Vol. 9, Nos. 215, 217, 12, 26 Aug. 1869, pp. 134-135, 173-174.
——. "Modern Architecture," *The North American Review*, Vol. 112, Nos. 1-2, Mar.-Apr. 1871, pp. 160-177, 370-391.
——. "Modern Architecture," *The American Builder and Art Journal*, Vol. 4, Nos. 5-6, May-Jul. 1871, pp. 398-399, 419-421.
——. "Decorative Design," *The Architect*, Vol. 6, 10 Aug. 1871, p. 90.
——. "Decorative Design," *The Technologist: Especially Devoted to Engineering, Manufacturing and Building*, Vol. 2, No. 10, Oct. 1871, p. 254.
——. "Talbert's Gothic Form; Colling's Art Foliage; Examples of Modern Architecture," *The*

North American Review, Vol. 118, No. 1, 1 Jan. 1874, pp. 204–212; presumably contributed by Sturgis.
———. "Decorative Fine-Art Work at Philadelphia," *AA&BN*, Vol. 1, 2 Dec. 1876, pp. 389–390; Vol. 2, 18 Jan. 1877, pp. 12–13; presumably contributed by Sturgis.
———. "Architecture Without Decorative Arts," reported in "Architectural Associations," *The Engineering and Building Record*, Vol. 19, No. 2, 8 Dec. 1888, p. 26.
———. "Greenough," *Johnson's Universal Cyclopaedia*, New Edition, Vol. 4, New York, A. J. Johnson Company, 1895, pp. 27–28.
———. *European Architecture: A Historical Study*, New York, The Macmillan Company and London, Macmillan & Co., 1896.
———. "The Art of William Morris," *The Architectural Record*, Vol. 7, No. 4, Apr.–Jun. 1898, pp. 441–461.
———. "The Field of Art: Art Criticism and Ruskin's Writings on Art," *Scribner's Magazine*, Vol. 27, No. 4, Apr. 1900, pp. 509–512.
———. "Ruskin on Architecture" in John Ruskin, *The Seven Lamps of Architecture; Architecture and Painting*, New York, D. Appleton and Company, 1901, pp. iii–xvi.
———. "English Decoration and Walter Crane," *The Architectural Record*, Vol. 12, No. 7, Dec. 1902, pp. 685–691.
———. *Ruskin on Architecture: A Critical and Biographical Sketch*, New York, D. Appleton and Company, 1906.
———. "The Larkin Building in Buffalo," *The Architectural Record*, Vol. 23, No. 4, Apr. 1908, pp. 311–321.
Sullivan, Louis Henry. "Tall Office Building Artistically Considered," *Lippincott's Monthly Magazine*, Vol. 57, Mar. 1896, pp. 402–409.
———. "Sub-Contracting: Shall the National Association Recommend That It be Encouraged?," *IA&NR*, Vol. 15, No. 2, 15 Feb. 1890, pp. 18–19; *Official Report: Fourth Annual Convention of the National Association of Builders of the United States of America*, Boston, Alfred Mudge & Son, 1890, pp. 85–88.
———. "Reply to Mr. Frederick Stymetz Lamb on 'Modern Use of the Gothic': The Possibility of New Architectural Style," *The Craftsman*, Vol. 8, No. 3, Jun. 1905, pp. 336–338.
———. "The Architectural Discussion: Form and Function Artistically Considered," *The Craftsman*, Vol. 8, No. 4, Jul. 1905, pp. 453–458.
———. *The Autobiography of an Idea*, New York, Press of The American Institute of Architects, 1924.
———. *Louis Sullivan: The Public Papers*, Robert Twombly, ed., Chicago and London, The University of Chicago Press, 1988.
Talbert, Bruce James. *Gothic Forms Applied to Furniture, Metal Work, and Decoration for Domestic Purpose*, Boston, James R. Osgood & Co., 1873.
Tallmadge, Thomas Eddy. *The Story of Architecture in America*, New York, W. W. Norton & Company, 1936.
Taylor, W. R. "Review: Form and Function," *The New England Quarterly*, Vol. 22, No. 2, Jun. 1949, pp. 264–266.
Triggs, Oscar Lovell. *Chapters in the History of the Arts and Crafts Movement*, Chicago, The

Bohemia Guild of the Industrial Art League, 1902.
Ungewitter, Georg Gottlob. *Lehrbuch der gotischen Konstruktionen*, Leipzig, T.O. Weigel, 1859-1864.
Van Brunt, Henry. "Cast Iron in Decorative Architecture," *The Crayon*, Vol. 6, No. 1, Jan. 1859, pp. 15-20.
———. "Greek Lines," *The Atlantic Monthly*, Vol. 7, Jun. 1861, pp. 654-667; Vol. 8, Jul. 1861, pp. 76-88.
———. "About Spires," *The Atlantic Monthly*, Vol. 5, Jan. 1860, pp. 75-88.
———. "Architectural Reform," *The Nation*, Vol. 2, Nos. 40-41, 5, 12 Apr. 1866, pp. 438-439, 469-470.
———. "Introduction by the Translator," in Eugène Emmanuel Viollet-le-Duc, *Discourses on Architecture*, Boston, James R. Osgood and Company, 1875, pp. iii-xviii.
———. "American Institute of Architects: Boston Chapter," *AA&BN*, Vol. 2, 17 Feb. 1877, pp. 53-54.
———. "Growth of Conscience in the Decorative Arts," *The Atlantic Monthly*, Vol. 42, No. 250, Aug. 1878, pp. 204-215.
———. "The Latest Literature of Art," *The Atlantic Monthly*, Vol. 44, No. 262, Aug. 1879, pp. 160-170.
———. "Eidlitz's Nature of Art," *The Nation*, Vol. 33, No. 861, 29 Dec. 1881, pp. 515-516.
———. "On the Present Condition and Prospects of Architecture," *The Atlantic Monthly*, Vol. 57, Mar. 1886, pp. 374-384.
———. "Henry Hobson Richardson, Architect," *The Atlantic Monthly*, Vol. 58, No. 349, Nov. 1886, pp. 685-693.
———. "The Historic Styles and Modern Architecture," *The Architectural Review*, Vol. 1, No. 7, 1 Aug. 1892, pp. 59-61; Vol. 2, No. 1, 2 Jan. 1893, pp. 1-4.
———. *Greek Lines and Other Architectural Essays*, Boston and New York, Houghton, Mifflin and Company, 1893.
———. ["A Letter on the Aesthetics of Bridge Construction,"] in John Alexander Low Waddel, *De Pontibus: A Pocket-Book for Bridge Engineers*, New York, John Wiley & Sons, 1898, pp. 40-45.
———. "Richard Morris Hunt," *Journal of Proceedings of the American Institute of Architects*, Vol. 29, 1895, pp. 71-84.
———. *Architecture and Society: Selected Essays of Henry Van Brunt*, William A. Coles, ed., Cambridge, Mass., Belknap Press of Harvard University Press, 1969.
Van Rensselaer, Mariana Griswold [Mrs. Schuyler]. *Henry Hobson Richardson and His Works*, New York, Dover Publishing, 1969; first published in 1888 from Houghton, Mifflin and Company (Boston and New York).
———. *Six Portraits: Della Robbia, Correggio, Blake, Corot, George Fuller, Winslow Homer*, Boston and New York, Houghton, Mifflin and Company, 1889.
———. *English Cathedrals: Canterbury, Peterborough, Durham, Salisbury, Lichfield, Lincoln, Ely, Wells, Winchester, Gloucester, York, London*, New York, The Century Co., 1892.
———. *Accents as well as Broad Effects: Writings on Architecture, Landscape, and the Environment*, David Gebhard, ed., Berkeley, Los Angeles and London, University of California

Press,1996.
Veblen, Thorstein. *The Theory of the Leisure Class: An Economic Study of Institutions*, New York, The Macmillan Company, 1899.
Véron, Eugène. *Æsthetics*, W. H. Armstrong, tr., London, Chapman and Hall and Philadelphia, J. B. Lippincott & Co, 1879; originally published as *L'Esthétique* by C. Reinwald et Cie (Paris) in 1878.
Viollet-le-Duc, Eugène Emmanuel. *Dictionnaire raisonné de l'architecture française du XIe au XVIe siècle*, 10 vols., Paris, Bance, 1854-1868.
——. *Dictionnaire raisonné du mobilier français de l'époque carlovingienne à la Renaissance*, première partie, Paris, Bance, 1858.
——. "Sketchings: The Artist," *The Crayon*, Vol. 6, No. 7, 1 Jul. 1859, pp. 218-219.
——. *An Essay on the Military Architecture of the Middle Ages*, A. Macdermott, tr., Oxford and London, J. H. and J. Parker, 1860.
——. *Entretiens sur l'architecture*, tome premier, Paris, A. Morel et Cie, 1863.
——. *Entretiens sur l'architecture*, Ridgewood, NJ, Gregg Press, 1865.
——. *How to Build a House: An Architectural Novelette*, Benjamin Bucknall, tr., London, Sampson Low, Marston, Low, and Searle, 1874.
——. *The Story of a House*, George M. Towle, tr., Boston, J.R. Osgood and Company, 1874.
——. *Discourses on Architecture*, Henry Van Brunt, tr., Boston, James R. Osgood and Company, 1875.
——. *On Restoration, and a Notice of His Works in connection with the Historical Monuments of France*, Charles Wethered, tr., London, Sampson Low, Marston Low, and Searle, 1875.
——. *Annals of a Fortress*, Benjamin Bucknall, tr., Boston, J. R. Osgood and Company, 1876.
——. *The Habitations of Man in All Ages*, Benjamin Bucknall, tr., Boston, J.R. Osgood and Company, 1876.
——. "Letter from M. Viollet-le-Duc," *AA&BN*, Vol. 1, 14 Apr. 1876, p. 127.
——. *Lectures on Architecture*, Benjamin Bucknall, tr. London, Sampson Low, Marston, Searle and Rivington, 1877.
——. *Mont Blanc: A Treatise on Its Geodisical and Geological Constitution; Its Transformations; And the Ancient and Recent State of its Glaciers*, Benjamin Bucknall, tr., London, S. Low, Marston, Searle & Rivington, 1877.
——. *Histoire d'un dessinateur: comment on apprend à dessiner*, Paris, J. Hetzel & Cie, 1879.
——. *Learning to Draw; Or, the Story of a Young Designer*, Virginia Champlin, tr., New York, G. P. Putnam's Sons, 1881.
——. "Construction - I," *AA&BN*, Vol. 35, No. 838, 16 Jan. 1892, pp. 39-41.
——. *Rational Building: Being a Translation of the Articles "Construction" in the* Dictionnaire raisonné de l'architecture française *of M. Eugène-Emmanuel* [sic] *Viollet-le-Duc*, George Martin Huss, tr., New York, London, Macmillan and Co., 1895.
Waddel, John Alexander Low. *De Pontibus: A Pocket-Book for Bridge Engineers*, New York, John Wiley & Sons, 1898.
Wagner, Otto. *Moderne Architektur, seinen Schuülern ein führer auf diesem Kunstgebiete*, Wien, Schroll, 1898.
Waldstein, Charles. "The Work of John Ruskin: Its Influence upon Modern Thought and Life,"

Harper's New Monthly Magazine, Vol. 78, No. 465, Feb. 1889, pp. 382–418.
———. *The Work of John Ruskin: Its Influence upon Modern Thought and Life*, New York, Harper and Brothers, 1893.
———. "John Ruskin," *The North American Review*, Vol. 170, No. 4, 1 Apr. 1900, pp. 553–561.
Walker, Charles Howard. "L'Art Nouveau," *The Architectural Review*, Vol. 11, No. 1, Jan. 1904, pp. 13–20.
Walker, Francis A. *The World's Fair. Philadelphia. 1876: A Critical Account*, New York, Chicago, and New Orleans, A. S. Barnes & Co., 1878.
Ware, William Robert. "Architectural Instruction," *The Builder*, Vol. 24, No. 1220, 23 Jun. 1866, pp. 463–465.
———. "On the Condition of Architecture and of Architectural Education in the United States," *Papers Read at the Royal Institute of British Architects, Session 1866–67*, London, 1867, pp. 81–90.
Weir, John Ferguson. "The Architect and His Art," *Princeton Review*, Jan.–Jun. 1882, pp. 72–84.
Wheelwright, Philip. "Ruskin Psychoanalyzed," *The New Republic*, Vol. 78, No. 1007, 21 Mar. 1934, p. 164.
Wight, Peter Bonnett. "The History of Art and Aesthetics from the Earliest Times to the Fall of the Roman Empire by Viollet-le-Duc," *The Manufacturer and Builder*, Vol. 2, No. 11, 1 Nov. 1870, pp. 323–326.
———. "Architecture in Its Practical Relation to the Needs of the Present Day," *The American Builder and Art Journal*, Vol. 4, No. 4, Apr. 1871, pp. 372–73.
———. "The Condition of Architecture in the Western States I," *AA&BN*, Vo. 7, No. 220, 13 Mar. 1880, pp. 107–109.
———. "The Development of New Phases of the Fine Arts in America," *IA&NR*, Vol. 4, Nos. 4–5, Nov.–Dec. 1884, pp. 51–53, 63–64.
———. "H. H. Richardson," *IA&NR*, Vol. 7, No. 7, May 1886, pp. 59–61.
———. "Henry Van Brunt: Architect, Writer and Philosopher," *IA&NR*, Vol. 23, Nos. 3–6, Apr.–Jul. 1894, pp. 29–30, 41–42, 49–50, 60–61.
———. "Reminiscences of Russell Sturgis," *The Architectural Record*, Vol. 26, No. 2, Aug. 1909, pp. 123–131.
———. "Studies of Design Without Ornament," *The Architectural Record*, Vol. 29. No. 2, Feb. 1911, pp. 167–177.
———. "A Portrait Gallery of Chicago Architects. IV. Asher Carter, F. A. I. A.," *The Western Architect*, Vol. 34, Jan. 1925, pp. 10–13.
Wilde, Oscar. "Impressions of America," *Impressions of America*, Stuart Mason, ed., Sunderland, Keystone Press, 1906, pp. 21–36.
———. Morris, William and Owen, William C. *The Soul of Man under Socialism, The Socialist Ideal—Art, and The Coming Solidarity*, New York, The Humboldt Publishing Co., 1891.
Wilenski, Reginald Howard. "Ruskin's Position in the 'Fifties," *John Ruskin: An Introduction to Further Study of his Life and Work*, London, Faber & Faber New York, Frederick A. Stokes Company, 1933.
Willard, Ashton R. "The Development of College Architecture in America," *The New England Magazine*, New Series, Vol. 16, No. 5, Jul. 1897, pp. 513–534.

Wilson, Joseph M. *The Masterpieces of the Centennial International Exhibition Illustrated Volume III: History, Mechanics, Science*, Philadelphia, Gebbie & Barrie, 1875.
———. *Example of Household Taste*, New York, R. Worthington, 1880.
Wister, Sarah B. "Peter, Rio, and Burckhardt," *The North American Review*, Vol. 121, No. 248, Jul. 1875, pp. 155-190.
Whitaker, Charles Harris. *The Story of Architecture: From Rameses to Rockefeller*, New York, Halcyon House, 1934.
Whittredge, Worthington. *The Autobiography of Worthington Whittredge, 1820-1910*, John I. H. Baur, ed., Brooklyn, Brooklyn Museum Press, 1942.
Williams-Ellis, Amabel. *The Exquisite Tragedy: An Intimate Life of John Ruskin*, Garden City, NY, Doubleday, Doran and Company, 1929.
Wilson, Woodrow. "Self-Government in France," 4 Sep. 1879, in *The Papers of Woodrow Wilson*, Vol. 1, Arthur S. Link, et al., ed., Princeton, NJ, Princeton University Press, 1966, pp. 515-539.
———. "Mr. Gladstone, A Character Sketch," Apr. 1880, in *The Papers of Woodrow Wilson*, Vol. 1, pp. 624-642.
———. Letter to Ellen Louise Axson, 14 Feb. 1884, in *The Papers of Woodrow Wilson*, Vol. 3, pp. 23-24.
———. ["Confidential Journal," 28 Dec. 1889,] in *The Papers of Woodrow Wilson*, Vol. 6, pp. 463-464.
———. "Democracy," [5 Dec. 1891], in *The Papers of Woodrow Wilson*, Vol. 7, pp. 345-369.
———. ["Notes for Brooklyn Institute Lectures,"] 15 Nov. 1893, in *ibid.*, Vol. 8, pp. 407-414.
———. ["Note for Brooklyn Institute Lectures,"] 2 Jul. 1894, in *The Papers of Woodrow Wilson*, Vol. 8, pp. 597-608.
———. ["Note for a Public Lecture,"] 18 Dec. 1894, in *ibid.*, Vol. 9, pp. 102-106.
———. "Liberty and Government," 20 Dec. 1894, in *ibid.*, pp. 106-119.
Wright, Frank Lloyd. "Architect, Architecture, and the Client," unpublished speech delivered in 1896, *Frank Lloyd Wright: Collected Writings*, Bruce Brooks Pfeiffer, ed., Vol. 1, New York, Rizzoli, 1992, pp. 27-38.
———. "The Arts and Crafts of the Machine," *Brush and Pencil*, Vol. 8, No. 2, 1 May 1901, pp. 77-90.
———. "The Sovereignty of the Individual," *Writings and Buildings*, selected by Edgar Kaufmann and Ben Raeburn, New York, Horizon, 1960, pp. 84-106; first published in 1910 in *Ausgeführte Bauten und Entwürfe von Frank Lloyd Wright*, Berlin, Ernst Wasmuth AG, 1910.
———. "Reply to Mr. Sturgis's Criticism," [1908,] in Jack Quinan and Frank Lloyd Wright, "Frank Lloyd Wright's Reply to Russel Sturgis," *Journal of the Society of Architectural Historian*, Vol. 41, No. 3, Oct. 1982, pp. 240-242.
———. *An Autobiography*, San Francisco, Pomegranate, 2005; first published in 1943 by Duell, Sloan and Pearce (New York).
———. "Roots," *Writings and Buildings*, pp. 17-36; first published in idem, *A Testament*, by Horizon Press (New York) in 1957.
鈴木博之『建築の世紀末』晶文社，1977 年.

匿名記事・論集等

"Short Reviews and Notices of Books," *The Methodist Quarterly Review*, Fourth Series Vol. 1, Oct. 1849, pp. 670–671

"Book Notices: The Seven Lamps of Architecture," *The Eclectic Magazine of Foreign Literature, Science, and Art*, Vol. 17, No. 3, Jul. 1849, p. 431.

"Holden's Review," *Holden's Dollar Magazine*, Vol. 4, No. 2, Aug. 1849, pp. 499–500.

"Literary Notices: The Seven Lamps of Architecture," *The Knickerbocker*, Vol. 34, No. 2, Aug. 1849, p. 161.

"The Fine Arts: Art and Religion," *The Literary World*, Vol. 5, No. 137, 15 Sep. 1849, p. 231.

"Notice of New Books: The Seven Lamps of Architecture," *Bulletin of the American Art-Union*, Vol. 2, No. 6, Sep. 1849, pp. 11–21.

"Ruskin's Seven Lamps of Architecture," *Massachusetts Quarterly Review*, No. 8, Sep. 1849, pp. 514–520.

"Short Reviews and Notices of Books," *The Methodist Quarterly Review*, Fourth Series, Vol. 1, Oct. 1849, pp. 670–671.

N. H., "Communications: Architecture of Country Houses," *Home Journal*, Vol. 35, No. 237, 24 Aug. 1850, p. 2.

"Architecture: The Seven Lamps of Architecture," *The New Englander*, Vol. 8, No. 31, Aug. 1850, pp. 418–434.

"Architects and Architecture," *The Christian Examiner*, Fourth Series, Vol. 14 (Vol. 49), No. 2, Sep. 1850, pp. 278–286.

"Short Reviews and Notices of Books," *The Methodist Quarterly Review*, Fourth Series, Vol. 2, Oct. 1850, p. 662.

"The Seven Lamps of Architecture," *The North American Review*, Vol. 72, No. 2, 1 Apr. 1851, pp. 294–316.

"Correspondence of the Bulletin," *Bulletin of the American Art-Union*, No. 9, 1 Dec. 1851, p. 148.

"Classical and Miscellaneous: European," *The Methodist Review*, Vol. 4, Jul. 1852, p. 493.

"New York Crystal Palace for the Exhibition of Industrial Products," *Scientific American*, Vol. 8, No. 6, 23 Oct. 1852, pp. 41–42.

"Greenough, the Sculptor," *Putnam's Monthly Magazine of American Literature, Science, and Art*, Vol. 1, No. 3, Mar. 1853, pp. 317–321.

w., "One Suggestion to College Architecture," *The Yale Literary Magazine*, Vol. 18, No. 6, May 1853, pp. 240–244.

"The New York Crystal Palace," *Scientific American*, Vol. 8 No. 39, 11 Jun. 1853, p. 310.

"The Crystal Palace," *Scientific American*, Vol. 8, No. 47, 6 Aug. 1853, pp. 370–371.

"Our Crystal Palace," *Putnam's Monthly Magazine of American Literature, Science, and Art*, Vol. 2, No. 8, Aug. 1853, pp. 1–9.

"List of New Books: John Wiley," *American Publishers Circular and Literary Gazette*, Vol. 1, No. 1, 1 Sep. 1853, p. 10.

"Notices of Recent Publications," *The Christian Examiner and Religious Miscellany*, Vol. 55, Sep. 1853, p. 306.

"Review of New Books," *Graham's Magazine*, Vol. 43, No. 5, Nov. 1853, pp. 446–447.

"Literary Notes," *Sharpe's London Magazine of Entertainment and Instruction for General*

Reading, Vol. 3, 1853, p. 386.
"French," *Putnam's Monthly Magazine of American Literature, Science, and Art*, Vol. 3, No. 14, Feb. 1854, pp. 226-229.
"American Art: The Need and Nature of Its History," *The Illustrated Magazine of Art*, Apr. 1854, pp. 262-263.
"Natural Theology of Art," *The North American Review*, Vol. 79, No. 1, 1 Jul. 1854, pp. 1-30.
"Ruskinism," *The Civil Engineer and Architect's Journal*, Vol. 17, 1854, p. 74.
"Construction," *Encyclopædia Britannica, or Dictionary of Arts, Sciences, and General Literature*, eighth edition, Vol. 7, Edinburgh, Adam and Charles Black, 1854, p. 324.
"Reviews," *The Art-Journal*, 1854, Vol. 6, p. 60.
"Literary Notices: North-American Review for the July Quarter," *The Knickerbocker or, New-York Monthly Magazine*, Vol. 44, No. 2, Sep. 1854, pp. 293-297.
The World of Science, Art, and Industry, Illustrated from Examples in the New-York Exhibition, 1853-54, B. Silliman, Jr., and C. R. Goodrich, eds., New York, G. P. Putnam and Company, 1854.
"The Beautiful in Nature," *The Circular*, Vol. 4, No. 18, Apr. 1855, p. 72.
"On Boats," *The Crayon*, Vol. 3, No. 11, Nov. 1856, pp. 332-335.
"Tempera and Encaustic in Antiquity and the Middle Ages," *The Crayon*, Vol. 6, No. 6, 1 Jun. 1859, pp. 180-182.
"Military Architecture of Middle Ages," *The Albion, A Journal of News, Politics and Literature*, Vol. 39, No. 38, 21 Sep. 1861, pp. 448-449.
"Association for the Advancement of Truth in Art," *The New Paths*, Vol. 1, No. 1, May 1863, pp. 11-12.
"The Limits of Mediaeval Guidance," *The New Path*, Vol. 1, No. 12, Apr. 1864, pp. 158-160.
"Books Received," *The Builder*, Vol. 23, No. 1163, 20 May 1865, p. 360.
"'The Builder' versus 'The New Path,'" *The New Path*, Vol. 2, No. 7, Jul. 1865, pp. 117-120.
"A Worse than Worthless Text-Book," *The Nation*, Vol. 4, No. 95, Apr. 1867, pp. 332-333.
"American Elasticity," *The Architectural Review and American Builder's Journal*, Vol. 2, Jul. 1869, pp. 6-7.
"Art in Engineering," *VNEEM*, Vol. 2, No. 15, 1 Mar. 1870, pp. 235-237.
"Editor's Drawer," *Harper's New Monthly Magazine*, Vol. 43, No. 256, Sep. 1871, pp. 638-639.
"Architecture for Engineers," *The American Builder and Art Journal*, Vol. 6, No. 2, Mar. 1872, p. 164.
"Architecture for Engineers," *VNEEM*, Vol. 6, No. 39, 1 Mar. 1872, pp. 241-245.
"The Gothic Revival in England," *Scribner's Monthly*, Vol. 3, No. 5, Mar. 1872, pp. 627-629.
"Furniture—Bad and Good," *The All Year Round: A Weekly Journal conducted by Charles Dickens with which is Incorporated "Household Words,"* New Series, Vol. 8, No. 182, 25 May 1872, pp. 42-44.
"Extracts from Eastlake's Revival of the Gothic," *The American Builder and Art Journal*, Vol. 6, No. 5, May 1872, pp. 208-209.
"Furniture—Bad and Good," *The American Builder and Art Journal*, Vol. 7, No. 3, Sep. 1872, pp. 56-57.
"Furniture—Bad and Good," *The Chicago Tribune*, 16 Jun. 1872, p. 5.

Great Industries of the United States: Being an Historical Summary of the Origin, Growth, and Perfection of the Chief Industrial Arts of This Country, Hartford, J. B. Burr & Hyde, Chicago and Cincinnati, J. B. Burr, Hyde & Co., 1872.
"Locomotion—Past and Present," *Harper's New Monthly Magazine*, Vol. 46, No. 272, Jan. 1873, pp. 161–173.
"The Queen Anne School," *The Architect*, Vol. 9, 24 May 1873, p. 271.
Examples of Modern Architecture, Ecclesiastical and Domestic: Sixty-Four Views of Churches and Chapels, Schools, Colleges, Mansions, Town Halls, Railway Stations, etc., Boston, James R. Osgood & Co., 1873.
"The Style of Queen Anne," *The British Architect*, Vol. 1, 23 Jan. 1874, pp. 56–57.
"The Style of Queen Anne," *The American Builder: A Journal of Industrial Art*, Vol. 10, Apr. 1874, p. 84.
"On the Recent Reaction of Taste in English Architecture," *VNEEM*, Vol. 11, No. 69, 1 Sep. 1874, pp. 231–234.
"Plate No. XLV.—Old House at Newport, R. I.," *The New-York Sketch-Book of Architecture*, Vol. 1, No. 12, Dec. 1874, pp. 1–2.
"Discourses on Architecture," *The Nation*, Vol. 21, No. 545, Dec. 1875, pp. 376–377.
"Stucco," *VNEEM*, Vol. 15, No. 94, 1 Oct. 1876, pp. 368–374.
"Viollet-le-Duc's 'Discourses on Architecture,'" *Scribner's Monthly*, Vol. 11, No. 4, Feb. 1876, pp. 587–588.
["Book Review on Discourses on Architecture,"] *The Atlantic Monthly*, Vol. 37, No. 221, Mar. 1876, pp. 383–384.
"Viollet-le-Duc's Discourses," *AA&BN*, Vol. 1, 8 Apr. 1876, pp. 115–117.
E. S., "The International Exhibition II: British Paintings," *The Nation*, Vol. 22, 1 Jun. 1876, pp. 347–348.
"Centennial Architecture I," *AA&BN*, Vol. 1, 3 Jun. 1876, pp. 178–179.
E. S., "The International Exhibition IV: British Paintings—The Realists—III," *The Nation*, Vol. 22, 15 Jun. 1876, p. 379.
"The Architectural Exhibition at the Centennial I," *AA&BN*, Vol. 1, 24 Jun. 1876, pp. 202–203.
"The Fine Arts at the Centennial I–IV," *AA&BN*, Vol. 1, 1 Jul. 1876, pp. 213–214; 8 Jul. 1876, p. 221; 15 Jul., p. 229; 22 Jul. 1876, p. 236.
"American Art," *Scribner's Monthly*, Vol. 13, No. 1, Nov. 1876, pp. 126–127.
"Correspondence," *AA&BN*, Vol. 1, 23 Dec. 1876, pp. 413–414.
S. N. C., "Paintings at the Centennial Exhibition: The English Pictures," *The Art Journal*, Vol. 2, 1876, pp. 218–220.
"M. Viollet-le-Duc on Modern Architecture," *AA&BN*, Vol. 2, 7 Apr. 1877, pp. 108–109.
"Science and Mechanics: Our Manufactures at Paris," *Potter's American Monthly*, Vol. 9, No. 68, Aug. 1877, p. 158.
"M. Auguste Bartholdi," *AA&BN*, Vol. 2, No. 88, 1 Sep. 1877, pp. 278–279.
"The Architectural Works of Viollet-le-Duc," in Félix Narjoux, *Notes and Sketches of an Architect Taken during a Journey in the Northwest of Europe*, John Peto, tr., Boston, James R. Osgood and Company, 1877 [, p. 0].
"The Destruction of Wren's London Churches," *AA&BN*, Vol. 3, No. 125, 18 May 1878, p. 169.

"Archaeology and American Architecture," *AA&BN*, Vol. 4 No. 145, 5 Oct. 1878, pp. 114-115.
R. B., "Queen Anne," *AA&BN*, Vol. 5, No. 183, 28 Jun. 1879, p. 206.
"The Death of M. Viollet-le-Duc," *AA&BN*, Vol. 6, No. 196, 27 Sep. 1879, p. 97.
"M. Viollet-le-Duc," *AA&BN*, Vol. 6, No. 198, 11 Oct. 1879, p. 114.
"M. Viollet-le-Duc," *AA&BN*, Vol. 6, No. 199, 18 Oct. 1879, p. 127.
"A Question of Restoration," *AA&BN*, Vol. 6, No. 202, 8 Nov. 1879, p. 145.
"Exhibitions and Sales," *The American Art Review: A Journal Devoted to the Practice, Theory, History, and Archaeology of Art*, 1880, p. 45.
"Viollet-le-Duc once said that the locomotive was as great a piece of pure architecture in its way as a cathedral," *AA&BN*, Vol. 13, No. 385, 12 May 1883, p. 227.
"The Late William Mason," *Railroad Gazette*, 1 Jun. 1883, pp. 341-342.
"Solidity and Breadth in Architecture," *VNEEM*, Vol. 29, No. 179, 1 Nov. 1883, pp. 430-432.
A Treatise on Machine-Tools, etc. as Made by Wm. Sellers & Co., 6th edition, Philadelphia, J. B. Lippincott & Co., 1884.
"William Morris at Work," *AA&BN*, Vol. 17, No. 495, 20 Jun. 1885, pp. 296-297.
"Mr. John Ruskin Insane: Misfortunes of the Famous English Art Critic," *Daily Evening Bulletin*, 26 Aug. 1887 [, p. 4].
"Books and Papers," *AA&BN*, Vol. 22, No. 612, 17 Sep. 1887, pp. 138-139.
"A Phase of Ruskin's Character," *IA&NR*, Vol. 11, No. 7, Jun. 1888, pp. 74-75.
"Architectural Education in the United States I: The Massachusetts Institute of Technology," *AA&BN*, Vol. 24, No. 658, 4 Aug. 1888, pp. 47-49.
"Architectural Education in the United States II: The University of Illinois," *AA&BN*, Vol. 24, No. 662, 1 Sep. 1888, pp. 95-97.
"Architectural Education in the United States III: Cornell University," *AA&BN*, Vol. 24, No. 667, 6 Oct. 1888, pp. 155-157.
"Architectural Education in the United States IV: Columbia College, New York," *AA&BN*, Vol. 24, No. 675, 1 Dec. 1888, pp. 251-252.
"The Latest Rumor concerning Mr. Ruskin's Health," *AA&BN*, Vol. 27, No. 735, 25 Jan. 1890, p. 49.
"American Architecture," *The Architectural Record*, Vol. 2, No. 2, Jul.-Sep. 1892, pp. 105-107.
"Charles E. Merrill & Co.'s Authorized (Brantwood) Edition of Ruskin's Works," *The Critic*, Vol. 18, No. 548, 27 Aug. 1892, p. 102.
"John Ruskin: The Man Who Has Been Offered the Poet-Laureateship of England," *The Milwaukee Journal*, 18 May 1893.
"The Locomotive Engine," *Express Gazette*, Vol. 19, No. 1, Jan. 1894, p. 277.
"Ruskin on Locomotives," *The American Engineer*, Vol. 68, No. 9, Sep. 1894, p. 430.
"Notes of the Week," *Railway World*, Vol. 20, No. 37, 15 Sep. 1894, p. 736.
"Notes and Clippings: Ruskin on Locomotives," *AA&BN*, Vol. 46, No. 981, 13 Oct. 1894, p. 16.
"Ruskin on the Locomotive," *Scientific American*, Vol. 71, No. 16, 20 Oct. 1894, p. 246.
"Ruskin on the Locomotive," *Locomotive Engineer's Monthly Journal*, Vol. 28, No. 12, Dec. 1894, p. 1084.
"Crank Shafts," *The Sibley Journal of Engineering*, Vol. 9, No. 8, May. 1895, p. 356.
"Chronicle and Comment," *The Bookman*, Vol. 5, No. 1, Mar. 1897, pp. 3-4.
"Notes," *The Literary Digest*, Vol. 15, No. 5, 29 May 1897, p. 132.

"Criticism," *Souvenir Edition of the St. Ignace Enterprise*, Jul. 1897 [, p. 28].
"Ruskin's Most Useful Books," *AA&BN*, Vol. 67, No. 1256, 20 Jan. 1900, p. 18.
"Death of John Ruskin," *AA&BN*, Vol. 67, No. 1257, 27 Jan. 1900, p. 25.
"John Ruskin," *The Dial*, Vol. 28, No. 327, 1 Feb. 1900, pp. 73–75.
["Obituary of John Ruskin,"] *The Architectural Review*, Vol. 7, No. 2, Feb. 1900, pp. 20–21.
"Ruskin," *Current Literature*, Vol. 27, No. 3, Mar. 1900, p. 193.
"The Artist and the Man," *The Dial*, Vol. 28, No. 331, 1 Apr. 1900, pp. 239–241
"Books and Authors," *The Living Age*, Vol. 7, No. 2911, 21 Apr. 1900, p. 199.
"The Architecture of the Mind," *The Dial*, Vol. 29, No. 343, 1 Oct. 1900, pp. 218–219.
"Books and Bookman," *Herper's Weekly*, Vol. 47, No. 2422, 23 May 1903, p. 880.
"The College Beautiful," *The Nation*, Vol. 77, No. 1988, Aug. 1903, pp. 108–109.
American Architect. ["Dear Mr. Brownie,"] *The Architectural Record*, Vol. 25, No. 4, Apr. 1909, p. 304.
"The Famous Ford Automobiles," *Crittenden Record-Press*, 30 May 1912, p. 2.
"What Prevents the Woolworth Building from Caving In?," *The News Scimitar*, 22 Jul. 1919, p. 13.
"Notes on New Books," *The Dial*, Vol. 67, 4 Oct. 1919, p. 318.
Ruskin the Prophet, and Other Centenary Studies, John Howard Whitehouse, ed., London, G. Allen & Unwin and New York, E. P. Dutton, 1920.
"Ruskin's Career Viewed as a Tragedy," *Current Opinion*, Vol. 70, No. 6, Jun. 1921, pp. 817–819.
"New Revelation of John Ruskin: The Tragic Life of a Modern Prophet," *Current Opinion*, Vol. 77, No. 1, Jul. 1924, pp. 37–39.
"Truth Must Win!," *Evening Star*, 13 Nov. 1931, p. D-3.
M. S., "Books: Form and Function," *Architectural Forum*, Vol. 88, No. 2–3, 1948, pp. 126, 130.

【二次史料】

Adams, Ann Jensen. "The Birth of a Style: Henry Hobson Richardson and the Competition Drawings for Trinity Church, Boston," *The Art Bulletin*, Vol. 62, No. 3, Sep. 1980, pp. 409–433.
Alex, William. *Calvert Vaux, Architect & Planner*, New York, Ink, Inc., 1994.
Alexis, Karin May Elizabeth. "Russell Sturgis: A Search for the Modern Aesthetic—Going beyond Ruskin," *Athanor*, Vol. 3, 1983, pp. 31–39.
———. "Russell Sturgis: Critic and Architect," Ph. D. diss., University of Virginia, 1986.
Atwood, Sara. "Black Devil and Gentle Cloud: Ruskin and Emerson at Odds," *Nineteenth-Century Prose*, Vol. 40, No. 2, Fall 2013, pp. 129–162.
Bacon, Mardges. *Le Corbusier in America: Travels in the Land of the Timid*, Cambridge, Mass., and London, The MIT Press, 2001.
Baker, Paul R. *Richard Morris Hunt*, Cambridge, Mass., and London, The MIT Press, 1980.
Bender, Thomas. *New York Intellect: A History of Intellectual Life in New York City, from 1750 to the Beginnings of Our Own Time*, New York, A. A. Knopf, 1987.
Beveridge, Charles Eliot. "Frederick Law Olmsted: The Formative Years 1822–1865," Ph. D. diss., University of Wisconsin, 1966.
Blanchard, Mary Warner. *Oscar Wilde's America: Counterculture in the Gilded Age*, New Haven and London, Yale University Press, 1998.

Blaugrund, Annette. "The Tenth Street Studio Building: A Roster, 1857–1895," *The American Art Journal*, Vol. 14, No. 2, Spring 1982, pp. 64–71.

Block, Jean F. *The Uses of Gothic: Planning and Building the Campus of The University of Chicago, 1892–1932*, Chicago, University of Chicago Library, 1983.

Boller, Paul F., Jr. *American Transcendentalism, 1830–1860: An Intellectual Inquiry*, New York, G. P. Putnam, 1974.

Brandt, Beverly K. *The Craftsman and the Critic: Defining Usefulness and Beauty in Arts and Crafts-Era Boston*, Amherst, University of Massachusetts Press, 2009.

Breisch, Kenneth A. *Henry Hobson Richardson and the Small Public Library in America: A Study in Typology*, Cambridge, Mass. and London, The MIT Press, 1997.

Brooks, Michael W. "Ruskin's Influence in America," *John Ruskin and Victorian Architecture*, New Brunswick, New Jersey, Rutgers University Press, 1987, pp. 276–298.

Brown, Theodore M. "Greenough, Paine, Emerson, and the Organic Aesthetic," *The Journal of Aesthetics and Art Criticism*, Vol. 14, No. 3, Mar. 1956, pp. 304–317.

Brubacher, John Seiler and Rudy, Willis. *Higher Education in Transition: A History of American Colleges and Universities*, Fourth Edition, New Brunswick and London, Transaction Publishers, 2008.

Brundage, William Fitzhugh. *A Socialist Utopia in the New South: The Ruskin Colonies in Tennessee and Georgia*, Urbana, University of Illinois Press, 1996.

Burnham, Alan. "The New York Architecture of Richard Morris Hunt," *Journal of the Society of Architectural Historians*, Vol. 11, No. 2, May 1952, pp. 9–14.

Burrows, Edwin G. *The Finest Building in America: The New York Crystal Palace, 1853–1858*, New York, Oxford University Press, 2018.

Carlhian, Jean Paul and Ellis, Margot M. *Americans in Paris: Foundations of America's Architectural Gilded Age: Architecture Students at the École des Beaux-Arts 1846–1946*, New York, Paris, London and Milan, Rizzoli, 2014.

Chewning, John Andrew. "William Robert Ware at MIT and Columbia," *JAE*, Vol. 33, No. 2, Nov. 1979, pp. 25–29.

———. "William Robert Ware and the Beginnings of Architectural Education in the United States, 1861–1881," Ph. D. diss., Department of Architecture, Massachusetts Institute of Technology, 1886.

Coles, William A. "Introduction," *Architecture and Society: Selected Essays of Henry Van Brunt*, Cambridge, Mass., Belknap Press of Harvard University Press, 1969, pp. 1–74.

Collins, Peter. *Changing Ideals in Modern Architecture*, London, Faber and Faber, 1965.

Costigan, Lucy. *Glenveagh Mystery: The Life, Work and Disappearance of Arthur Kingsley Porter*, Dublin and Portland, Merrion, 2013.

Curran, Kathleen. "The German Rundbogenstil and Reflections on the American Round-Arched Style," *Journal of the Society of Architectural Historians*, Vol. 47, No. 4, Dec. 1988, pp. 351–373.

———. *The Romanesque Revival: Religion, Politics, and Transnational Exchange*, University Park, Pennsylvania State University Press, 2003.

Dickason, David Howard. *The Daring Young Men: The Story of the American Pre-Raphaelites*, Bloomington, Indiana University Press, 1953.

Dowling, Linda. *Charles Eliot Norton: The Art of Reform in Nineteenth-Century America*, Dur-

ham, N. H., University of New Hampshire and Hanover, University Press of New England, 2007.

Duban, James. "From Emerson to Edwards: Henry Whitney Bellows and an 'Ideal' Metaphysics of Sovereignty," *The Harvard Theological Review*, Vol. 81, No. 4, Oct. 1988, pp. 389–411.

Dyson, Stephen L. *The Last Amateur: The Life of William J. Stillman*, Albany, NY, Excelsior Editions, 2014.

Eaton, Leonard K. *American Architecture Comes of Age: European Reaction to H. H. Richardson and Louis Sullivan*, Cambridge, Mass., and London, The MIT Press, 1972.

Eggener, Keith L. *American Architectural History: A Contemporary Reader*, New York, Routledge, 2004, pp. 1–22.

Erdmann, Biruta. "Leopold Eidlitz's Architectural Theories and American Transcendentalism," Ph. D. diss., University of Wisconsin, 1977.

Erten, Erdem. "Questioning Horatio Greenough's Thoughts on Architecture," master's thesis for Science in Architecture studies, Massachusetts Institute of Technology, Jun. 1998.

Fanning, Patricia J. *Artful Lives: The Francis Watts Lee Family and Their Times*, Amherst, University of Massachusetts Press, 2016.

Floyd, Margaret Henderson. *Architecture after Richardson: Regionalism before Modernism: Longfellow, Alden, and Harlow in Boston and Pittsburgh*, Chicago, University of Chicago Press in association with the Pittsburgh History & Landmarks Foundation, 1994.

Forty, Adrian. *Words and Buildings: A Vocabulary of Modern Architecture*, New York, Thames & Hudson, 2000.

Gamble, Cynthia. *John Ruskin, Henry James and the Shropshire Lads*, London, New European Publications, 2008.

Gayle, Margot and Gayle, Carol. *Cast Iron Architecture in America: The Significance of James Bogardus*, New York and London, W. W. Norton & Company, 1998.

Georgi, Karen L. *Critical Shift: Rereading Jarves, Cook, Stillman, and the Narratives of Nineteenth-Century American Art*, University Park, Pennsylvania, The Pennsylvania State University Press, 2013.

Githens, Alfred Morton. "Charles Coolidge Haight," *The Architectural Record*, Vol. 41, No. 4, Apr. 1917, pp. 367–369.

Gougeon, Len. *Virtue's Hero: Emerson, Antislavery, and Reform*, Athens, University of Georgia Press, 1990.

Gourney, Isabelle and Leconte, Marie-Laure Crosnier, "American Architecture Students in Belle Epoque Paris: Scholastic Strategies and Achievements at the Ecole des Beaux-Arts," *The Journal of the Gilded Age and Progressive Era*, Vol. 12, No. 2, Apr. 2013, pp. 154–198.

Griggs, Francis E. "Alfred Pancoast Boller," *Journal of Professional Issues in Engineering Education and Practice*, Jul. 2012, Vol. 138, No. 3, pp. 181–192.

Gross, Linda P. and Snyder, Theresa R. *Images of America: Philadelphia's 1876 Centennial Exhibition*, Charleston, South Carolina, Arcadia Publishing, 2005.

Grossman, Elizabeth Greenwell. "Paul Philippe Cret: Rationalism and Imagery in American Architecture," Ph. D. diss., Brown University, 1980.

——. "H. H. Richardson: Lessons from Paris," *Journal of the Society of Architectural Historians*, Vol. 67, No. 3, Sep. 2008, pp. 388–411.

Hackett, Sophie. "Beaumont Newhall and a Machine, le commissaire et la machine," *Études photographiques*, No. 23, 1 May 2009, [Online]. http://etudesphotographiques.revues.org/2656

Harries, Susie. *Nikolaus Pevsner: The Life*, London, Chatto & Windus, 2011.

Hasbrouck, Wilbert R. *The Chicago Architectural Club: Prelude to the Modern*, New York, Monacelli Press, 2005.

Hearn, Millard Fillmore. "Viollet-le-Duc: A Visionary among the Gargoyles," in Eugène Emmanuel Viollet-le-Duc, *The Architectural Theory of Viollet-le-Duc: Readings and Commentary*, Cambridge, Mass., MIT Press, 1990, pp. 1-22.

Hennessey, William John. "The Architectural Works of Henry Van Brunt," Ph. D. diss., Columbia University, 1979.

Hirayama, Hina. *"With Éclat": The Boston Athenaeum and the Origin of the Museum of Fine Arts, Boston*, Boston, The Boston Athenaeum, 2013.

Holliday, Kathryn E. "Leopold Eidlitz and the Architecture of Nineteenth Century America," Ph. D. diss., University of Texas at Austin, 2003.

———. *Leopold Eidlitz: Architecture and Idealism in the Gilded Age*, New York and London, W. W. Norton & Company, 2008.

Howard, Hugh, *Dr. Kimball and Mr. Jefferson: Rediscovering the Founding Fathers of American Architecture*, New York, Bloomsbury, 2006.

Hudnut, Joseph. *The Three Lamps of Modern Architecture*, Ann Arbor, University of Michigan Press, 1952.

Jacobs, Kenneth Franklin. "Leopold Eidlitz: Becoming an American Architect," Ph. D. diss., University of Pennsylvania, 2005.

Kalfus, Melvin. *Frederick Law Olmsted: The Passion of a Public Artist*, New York, New York University Press, 1990.

Kantor, Sybil Gordon. *Alfred H. Barr, Jr. and the Intellectual Origins of the Museum of Modern Art*, Cambridge, Mass. and London, The MIT Press, 2002.

Kaufman, Peter Samuel. "American Architectural Writing, Beaux Arts Style: The Lives and Works of Alfred Dwight Foster Hamlin and Talbot Faulkner Hamlin," Ph. D. diss., Cornell University, 1986.

Kidney, Walter C. *Architecture of Choice: Eclecticism in America, 1880-1930*, New York, G. Braziller, 1974.

Knoblock, Glenn A. *The American Clipper Ship, 1845-1920: A Comprehensive History, with a Listing of Builders and Their Ships*, Jefferson, North Carolina, McFarland & Company, 2014.

LaFarge, John. "Henry James's Letters to the LaFarges," *New England Quarterly*, Vol. 22, No. 1, 1 Jan. 1949, pp. 173-192.

Lang, Michael H. *Designing Utopia: John Ruskin's Urban Vision for Britain and America*, Montréal, Black Rose Press, 1999.

Laing, Alan K. *Nathan Clifford Ricker, 1843-1924: Pioneer in American Architectural Education*, Urbana, 1973.

Lambourne, Lionel. *Utopian Craftsmen: The Arts and Crafts Movement from the Cotswolds to Chicago*, London, Astragal Books, 1980.

Landau, Sarah Bradford. *P. B. Wight: Architect, Contractor, and Critic, 1838-1925*, Chicago, The Art Institute of Chicago, 1981.

Lewis, Michael J. *Frank Furness: Architecture and the Violent Mind*, New York and London, W. W. Norton & Company, 2001.

——. *The Gothic Revival*, New York, Thames & Hudson, 2002.

Loth, Calder and Sadler, Julius Trousdale, Jr. *The Only Proper Style: Gothic Architecture in America*, Boston, New York Graphic Society, 1975.

Lunday, Elizabeth. *Modern Art Invasion: Picasso, Duchamp, and the 1913 Armory Show That Scandalized America*, Guilford, Conn., Lyons Press, 2013.

Lynes, Russell. *The Tastemakers: The Shaping of American Popular Taste*, New York, Dover Publications, 1980.

Mackey III, Eugene and Wuennenberg, Paul J. *Collegiate Gothic: An Architectural Overview*, Mackey Mitchell Associates, 2001.

Major, Judith K. *To Live in the New World: A. J. Downing and American Landscape Gardening*, Cambridge, Mass. The MIT Press, 1997.

Mallgrave, Harry Francis. *Modern Architectural Theory: A Historical Survey, 1673–1968*, Cambridge and New York, Cambridge University Press, 2005.

Martin, Justin. *Genius of Place: The Life of Frederick Law Olmsted*, Cambridge, Mass., Da Capo Press, 2011.

Martin, W. R. "'The Eye of Mr. Ruskin' James's Views on Venetian Artists," *The Henry James Review*, Vol. 5, No. 2, Winter 1984, pp. 107–116.

Mather, Frank Jewett. *Charles Herbert Moore, Landscape Painter*, Princeton, Princeton University Press, 1957.

Maynard, W. Barksdale. *Princeton: America's Campus*, University Park, Philadelphia, Pennsylvania State University Press, 2012.

McCarthy, Laurette E. *Walter Pach (1883–1958) : The Armory Show and the Untold Story of Modern Art in America*, University Park, Philadelphia, Pennsylvania State University Press, 2011.

Meister, Maureen, *Architecture and the Arts and Crafts Movement in Boston: Harvard's H. Langford Warren*, Hanover, University Press of New England, 2003.

Menocal, Narciso G. *Architecture as Nature: The Transcendentalist Idea of Louis Sullivan*, Madison, The University of Wisconsin Press, 1981.

Metzger, Charles Reid. *Emerson and Greenough: Transcendental Pioneers of an American Esthetic*, Berkeley, University of California Press, 1954.

Middleton, Robin and Watkin, David. "Prophets of the Nineteenth Century," *Neoclassical and 19th Century Architecture*, New York, Electa/Rizzoli, 1987, pp. 359–380.

Miller, Donald L. *Lewis Mumford: A Life*, New York, Grove Press, 1989.

Morris, Charles R. *The Dawn of Innovation: The First American Industrial Revolution*, New York, Public Affairs, 2012.

Nichols, Arlene Katz, "Clarence Cook and *The House Beautiful*," master's thesis, Fashion Institute of Technology, 1990.

O'Gorman, James F. *The Architecture of Frank Furness*, Philadelphia, Philadelphia Museum of Art, 1973.

——. *H. H. Richardson: Architectural Forms for an American Society*, Chicago and London, The University of Chicago Press,1987.

——. *Three American Architects: Richardson, Sullivan, and Wright, 1865–1915*, Chicago, The University of Chicago Press, 1991.

——. *Living Architecture: A Biography of H. H. Richardson*, New York, Simon & Schuster, 1997.

Oliver, Richard. *Bertram Grosvenor Goodhue*, New York, Architectural History Foundation and Cambridge, Mass., MIT Press, 1983.

Olsson, Karl A. "Fredrika Bremer and Ralph Waldo Emerson," *Swedish-American Historical Quarterly*, Vol. 2, No. 2, Autumn 1951, pp. 39–52.

Patton, Glenn. "American Collegiate Gothic: A Phase of University Architectural Development," *The Journal of Higher Education*, Vol. 38, No. 1, Jan. 1967, pp. 1–8.

Pearson, Marjorie A. "The Writings of Russell Sturgis and Peter B. Wight: The Victorian Architect as Critic and Historian," Ph. D. diss., City University of New York, 1999.

Quinan, Jack. *Frank Lloyd Wright's Larkin Building: Myth and Fact*, Cambridge, Mass., The MIT Press, 1987.

Reiff, Daniel D. "Viollet-le-Duc and American 19th Century Architecture," *Journal of Architectural Education*, Vol. 42, No. 1, Autumn 1988, pp. 32–47.

Richardson, Robert D. *Emerson: The Mind on Fire*, Berkeley, University of California Press, 1995.

Roper, Laura Wood. *FLO: A Biography of Frederick Law Olmsted*, Baltimore, Johns Hopkins University Press, 1973.

Samson, M. David. "'Unser Newyorker Mitarbeiter': Lewis Mumford, Walter Curt Behrendt, and the Modern Movement," *Journal of the Society of Architectural Historians*, Vol. 55, No. 2, Jun. 1996, pp. 126–139.

Schuyler, David. *Apostle of Taste: Andrew Jackson Downing 1815–1852*, Baltimore and London, The Johns Hopkins University Press, 1996.

Shaffer, Robert B. "Ruskin, Norton, and Memorial Hall," *Harvard Library Bulletin*, Vol. 3, No. 2, Spring 1949, pp. 213–231.

Shand-Tucci, Douglass. *Ralph Adams Cram, American Medievalist*, [Boston,] Boston Public Library, 1975.

——. *Boston Bohemia 1881–1900*, Amherst, University of Massachusetts Press, 1995.

——. *An Architect's Four Quests: Medieval, Modernist, American, Ecumenical*, Amherst, University of Massachusetts Press, 2005.

Shi, David E. *Facing Facts: Realism in American Thought and Culture, 1850–1920*, New York, Oxford University Press, 1995.

Smith, Mary Ann. *Gustav Stickley: The Craftsman*, New York, Dover Publications, 1983.

Stanton, Phoebe B. *The Gothic Revival & American Church Architecture: An Episode in Taste 1840–1856*, Baltimore and London, The Johns Hopkins University Press, 1968.

Stebbins, Theodore E. *The Last Ruskinians: Charles Eliot Norton, Charles Herbert Moore, and Their Circle*, Cambridge, Mass., Harvard University Art Museums, 2007.

Stephanic, Barbara Jean. "Clarence Cook's Role as Art Critic, Advocate for Professionalism, Educator, and Arbiter of Taste in America," Ph. D. diss., University of Maryland at College Park, 1997.

Thiesen, William H. *Industralizing American Shipbuilding: The Transformation of Ship Design*

and Construction, 1820–1920, Gainesville, FL, University Press of Florida, 2006.
Townsend, Francis G. "The American Estimate of Ruskin, 1847–1860," *Philological Quarterly*, Vol. 32, 1953, pp. 69–82.
Turner, James. *The Liberal Education of Charles Eliot Norton*, Baltimore and London, The Johns Hopkins University Press, 1999.
Turner, Paul Venable. *Campus: An American Planning Tradition*, Cambridge, Mass., The MIT Press, 1984.
Thomas, John L. "The Uses of Catastrophism: Lewis Mumford, Vernon L. Parrington, Van Wyck Brooks, and the End of American Regionalism," *American Quarterly*, Vol. 42, No. 2, Jun. 1990, pp. 223–251.
Thorn, William John. "Montgomery Schuyler: The Newspaper Architectural Articles of a Protomodern Critic (1868–1907)," Ph. D. diss., University of Minnesota, 1976.
Tomlan, Michael Andrew. "Popular and Professional American Architectural Literature in the Late Nineteenth Century," Ph. D. diss., Cornell University, 1983.
Uechi, Naomi Tanabe. *Evolving Transcendentalism in Literature and Architecture: Frank Furness, Louis Sullivan and Frank Lloyd Wright*, Newcastle upon Tyne, Cambridge Scholars Publishing, 2013.
Webster, James Carson. *Erastus D. Palmer*, Newark, University of Delaware Press, 1983.
Weingarden, Lauren S., "Louis H. Sullivan's Metaphysics of Architecture (1885–1901) : Sources and Correspondences with Symbolic Art Theories," Ph. D. diss., University of Chicago, 1981.
——. *Louis H. Sullivan and a 19th-Century Poetics of Naturalized Architecture*, Farnham, England and Burlington, Vermont, Ashgate, 2009.
Weiler, Peter. "William Clarke: The Making and Unmaking of a Fabian Socialist," *Journal of British Studies*, Vol. 14, No. 1, Nov. 1974, pp. 77–108.
Weiss, Jo Ann W. "Clarence Cook, His Critical Writings," Ph. D. diss., Johns Hopkins University, 1976.
Wihl, Gary. "Neither a Palace nor of Crystal," *Architectura*, Vol. 13, No. 2, 1983, pp. 187–202.
Winter, Robert W. "Fergusson and Garbett in American Architectural Theory," *Journal of the Society of Architectural Historians*, Vol. 17, No. 4, Winter 1958, pp. 25–30.
Williamson, Roxanne Kuter. *American Architects and the Mechanics of Fame*, Austin, University of Texas Press, 1990.
Woods, Mary N. "Henry Van Brunt: The Modern Styles, Historic Architecture," *American Public Architecture: European Roots and Native Expressions*, Craig Zabel and Susan Scott Munshower, eds., University Park, Pennsylvania, Pennsylvania State University Press, 1989, pp. 82–113.
——. *From Craft to Profession: The Practice of Architecture in Nineteenth-Century America*, Berkeley, and London, University of California Press, 1999.
Wojtowicz, Robert. *Lewis Mumford and American Modernism: Eutopian Theories for Architecture and Urban Planning*, New York, Cambridge University Press, 1996.
Wright, Nathalia. "Introduction," *The Travels, Observations, and Experience of a Yankee Stonecutter*, Gainesville, FL, Scholars' Facsimiles & Reprints,1958, pp. v–xiv.
——. "Ralph Waldo Emerson and Horatio Greenough," *Harvard Library Bulletin*, Vol. 12, No. 1, 1858, pp. 91–116.

———. *Horatio Greenough: The First American Sculptor*, Philadelphia, University of Pennsylvania Press, 1963.
———. ed. *Letters of Horatio Greenough: American Sculptor,* Madison, University of Wisconsin Press, 1972.
Wylle, Romy. *Bertram Goodhue: His Life and Residential Architecture*, New York, W. W. Norton, 2007.
Yokote, Yoshihiro. "Study on Ralph Adams Cram's Tsuda College Campus Project," *Transactions of AIJ: Journal of Architecture, Planning and Environmental Engineering*, Vol. 77, No. 671, Jan. 2012, pp. 143–148.
———. "Study on Ralph Adams Cram's View of Japanese Architecture and the Reception in American Arts and Crafts Movement," *Transactions of AIJ: Journal of Architecture, Planning and Environmental Engineering*, Vol. 78, No. 687, May 2013, pp. 1197–1205.
Zaitzevsky, Cynthia. *The Architecture of William Ralph Emerson, 1833–1917: Exhibition Presented by the Fogg Art Museum in collab. with the Carpenter Center for the Visual Arts, Harvard University, 30 May–20 June 1969*, Cambridge, Mass., Harvard University, 1969.

匿名記事・論集等

120 Years of American Education: A Statistical Portrait, U.S. Dept. of Education, Office of Educational Research and Improvement, Thomas D. Snyder, ed., Washington, D.C., National Center for Education Statistics, 1993.
Apostles of Beauty: Arts and Crafts from Britain to Chicago, Judith A. Barter, ed., Chicago, Art Institute of Chicago (publication) and New Haven, Yale University Press (distribution), c2009.
The Architectural Historian in America: A Symposium in Celebration of the Fiftieth Anniversary of the Founding of the Society of Architectural Historians, Elisabeth Blair MacDougall, ed., Washington, National Gallery of Art (publisher) and Hanover, The University Press of New England (distributer).
Architecture in America: A Battle of Styles, William A. Coles and Henry Hope Reed, Jr., eds., New York, Appleto Century Crofts, 1961.
Architecture School: Three Centuries of Educating Architects in North America, Joan Ockman, ed., Cambridge, Mass. and London, The MIT Press, 2012.
The Arts and Crafts Movement in America, 1876–1916, Robert Judson Clark, ed., Princeton University Press, 1972.
"The Belfast Architectural Association," *The Irish Builder*, Vol. 17, No. 369, 1 May 1875, pp. 126.
Bertram Grosvenor Goodhue: Architect and Master of Many Arts, Charles Harris Whitaker, ed., New York, Da Capo Press, 1976; first published from Press of the American Institute of Architects (New York) in 1925.
"Charles Callahan Perkins," *Proceedings of the American Academy of Arts and Sciences*, Vol. 22, 1887, pp. 534–539.
The Contemporary Reviews of John Ruskin's The Seven Lamps of Architecture, London, Pallas Athene, 2009.
Frank Furness: The Complete Works, George E. Thomas, Michael J. Lewis, and Jeffrey A. Cohen, eds., New York, Princeton Architectural Press, 1996, pp. 26–27.

Frederick Law Olmsted: Landscape Architect 1822–1903, Frederick Law Olmsted, Jr. and Theodora Kimball, eds., New York and London, G. P. Putnam's Sons, 1922.

H.H. Richardson: The Architect, His Peers, and Their Era, Maureen Meister, ed., Cambridge, Mass. and London, MIT Press, 1999.

The History of History in American Schools of Architecture 1865–1975, Gwendolyn Wright and Janet Parks, eds., New York, Temple Hoyne Buell Center for the Study of American Architecture and Princeton Architectural Press, 1990.

"Paul Philippe Cret," *Journal of the American Institute of Architects*, Vol. 4, No. 12, Dec. 1945, pp. 281–288.

Paul Philippe Cret, Architect and Teacher, Theophilus Ballou White, ed., Philadelphia, Art Alliance Press, 1973.

In Pursuit of Beauty: Americans and the Aesthetic Movement, New York, The Metropolitan Museum of Art, 1986.

Inspiring Reform: Boston's Arts and Crafts Movement, Marilee Boyd Meyer, consulting curator, Wellesley, Mass., Davis Museum and Cultural Center, Wellesley College (publication) and New York, Harry N. Abrams (distribution), 1997.

International Arts and Crafts, Karen Livingstone and Linda Parry, eds., London, V&A Publications, 2005.

"James Callahan Perkins," *Proceedings of the American Academy of Arts and Sciences*, Vol. 22, 1887, pp. 534–539.

The Making of an Architect, 1881–1981: Columbia University in the City of New York, Richard Oliver, ed., New York, Rizzoli, 1981.

The New Path: Ruskin and the American Pre-Raphaelites, Linda S. Gerber and William H. Gerdts, co-curators, Brooklyn, Brooklyn Museum (publication) and Schocken Books (distribution), 1985.

"Obituary Notice: Israels, Charles Henry," *American Art Annual*, Vol. 10, 1913, p. 78.

Prophet with Honor: The Career of Andrew Jackson Downing, 1815–1852, George B. Tatum and Elisabeth Blair MacDougall, eds., Philadelphia, Athenaeum of Philadelphia, 1989.

A Ruskin Bibliography, Stephen Wildman, ed., The Ruskin Library, 2010.

The Shaping of Art and Architecture in Nineteenth-Century America, New York, The Metropolitan Museum of Art, 1972.

図版出典一覧

緒論1　ラスキン没後百年にあたり『ニューヨーク・タイムズ』で紹介されたラスキン像／Grace Glueck, "High Priest of a Boundless Era," *The New York Times*, 29 Sep. 2000.

緒論2　葉巻「ジョン・ラスキン」の新聞広告（1931年）／"Truth Must Win!" *Evening Star*, 13 Nov. 1931.

＊

図1-1　J. ラウドン「建築の進歩」(『フランクリン協会雑誌』1839年)／*Journal of the Franklin Institute of the State of Pennsylvania and Mechanics' Register*, Vol. 24, Jul. 1839.

図1-2　ジラード・カレッジ（T. ウォルター，フィラデルフィア，1833-48年）／Library of Congress World Digital Library.

図1-3　トリニティ教会（R. アップジョン，NYC，1839-46年）／J. Clarence Davies Street Views Scrapbook / Museum of the City of New York.

図1-4　ペンシルバニア銀行（H. ラトローブ，フィラデルフィア，1798-1801年）／John S. Phillips Collection, Pennsylvania Academy of the Fine Arts.

図1-5　ヴァージニア大学（T. ジェファーソン，ヴァージニア州シャーロッツヴィル，1817-26年）／ユニフォトプレス.

図1-6　C. E. ノートン（1891-96年）／Special Collections, Fine Arts Library, Harvard College Library.

図1-7　W. スティルマン（1857年）／William Stillman, *The Autobiography of a Journalist,* 2 vols., Houghton, Mifflin and Company and Riverside Press, 1901.

図1-8　アメリカ版『建築の七燈』（1849年）／著者蔵.

図1-9　《フライング・クラウド》の進水（1851年）／*Gleason's Pictorial Drawing-Room Companion*, Vol. 1, No. 1, 1851.

図1-10　A. J. ダウニング（1852年頃）／ユニフォトプレス.

図1-11　ダウニング邸（ニューヨーク州ニューバーグ，建設年不詳）／*The Horticulturist,* Vol. 8, 1853.

図1-12　1853年の書籍広告／*American Publishers Circular and Literary Gazette*, Vol. 1, No. 1, 1853.

図1-13　H. グリーノウ（1852年）／Horatio Greenough, *Letters of Horatio Greenough to His Brother, Henry Greenough*, Frances Boott Greenough, ed., Boston, Ticknor, 1887.

図1-14　R. W. エマーソン（1856年）／National Portrait Gallery, Smithsonian Institution.

図1-15　第3回コスモポリタン・アート・アソシエーション大会（於ノーマン・ホール，オハイオ州サンダスキー，1857年）／*Cosmopolitan Art Journal,* Vol. 1, No. 4, Mar. 1857.

図1-16　ニューヨークのクリスタル・パレス（G. カーステンセン & K. ギルデマイスター，NYC，1853年）Capewell & Kimmel / Museum of the City of New York.

図1-17　デュアンストリートの工場（J. ボガーダス，1849年）／Museum of the City of New York.

図 1-18 H. W. ビロウズ（1859 年頃）／The British Museum [1944,0708.15].

図 1-19 ニューヨークのクリスタル・パレス骨格／*The World of Science, Art, and Industry, Illustrated from Examples in the New-York Exhibition 1853–1854*, New York, G. P. Putnam and Company, 1854.

図 1-20 サン・ミケーレ・イン・フォロ教会（ルッカ，12-14 世紀，『建築の七燈』図版Ⅳより）／東京大学工 1 号館図書室 B（建築学）蔵.

図 1-21 R. M. ハント（1849 年）／National Portrait Gallery, Smithsonian Institution.

図 1-22 ニューヨーク大学（A. J. デイヴィス，NYC，1833 年）／Henry Hoff / Museum of the City of New York.

図 1-23 十番街のスタジオ（W. M. ハント，NYC，1857 年）／Berenice Abbott / Museum of the City of New York.

図 1-24 ニューヨークのクリスタル・パレス案（L. アイドリッツ，1852 年）／Avery Architectural & Fine Arts Library, Columbia University.

*

図 2-1 オール・ソウルズ・ユニタリアン教会（J. W. モールド，NYC，1853 年）／George F. Arata / Museum of the City of New York.

図 2-2 ノット・メモリアル・ホール（E. T. ポッター，ニューヨーク州スクネクタディ，1858-79 年）／New York Heritage Digital Collection [zwu007170].

図 2-3 ナショナル・アカデミー・オブ・デザイン（P. B. ワイト，NYC，1863-65 年）／Museum of the City of New York.

図 2-4 ファーナム・ホール（R. スタージス，コネティカット州ニューヘブン，1869-70 年）／Manuscripts & Archives, Yale University Library.

図 2-5 アメリカ人ボザール入学生数の推移／著者作成.

図 2-6 フリーアカデミー（J. レンウィック Jr.，NYC，1847-49 年）／Museum of the City of New York.

図 2-7 W. R. ウェア（1871 年）／MIT Historical Collection.

図 2-8 F. ファーネス（1862 年頃）／http://frankfurness.org/

図 2-9 L. サリヴァン（1876 年）／Ryerson and Burnham Archives [1931.1; AIC C33882].

図 2-10 ボザール学生の製図風景（1889 年）／*The Architectural Record*, Vol. 3, No. 4, Apr. 1894.

図 2-11 E. E. ヴィオレ＝ル＝デュク（1861 年）／© AFP / Roger-Viollet / Harlingue.

図 2-12 H. H. リチャードソン（1860 年頃）／Archives of American Art, Smithsonian Institution.

図 2-13 C. クック（1864 年）／Clarence Cook, *Poems*, New York, Gillis Press, 1902.

図 2-14 ヴィオレ＝ル＝デュク『建築講話』（米 1875 年）口絵／Eugène Emmanuel Viollet-le-Duc, *Discourses on Architecture*, Henry Van Brunt, tr., Boston, James R. Osgood and Company, 1875.

図 2-15 ヴィオレ＝ル＝デュク翻訳書の広告（1877 年）／Félix Narjoux, *Notes and Sketches of an Architect Taken during a Journey in the Northwest of Europe*, John Peto, tr., Boston, James R. Osgood and Company, 1877.

図 2-16 オースティン・ビルディング（R. スタージス，NYC，1876 年）／Museum of the City of New York.

図 2-17 J. ラスキン（1858 年頃）／John Ruskin, *The True and Beautiful in Nature, Art, Morals and Religion*, Louisa Caroline Thuthill, ed., New York, Wiley & Halsted, c1858.

図 2-18 パトナム旋回橋（A. P. ボラー，NYC，

1880-81年)／*The Architectural Record*, Vol. 18, No. 4, Oct. 1905.

図2-19 P. B. ワイト(1872年)／Sarah Bradford Landau, *P. B. Wight: Architect, Contractor, and Critic, 1838-1925*, Chicago, The Art Institute of Chicago, 1981.

図2-20 『現代的フレーム構造の理論と実践』(1893年)図版／John Butler Johnson, et al., *The Theory and Practice of Modern Framed Structures*, New York, John Wiley & Sons, 1893.

＊

図3-1 「世界を照らす自由」像／ユニフォトプレス.

図3-2 コックス・アンド・サン社の室内調度／George Titus Ferris, *Gems of the Centennial Exhibition*, New York, Appleton, 1877.

図3-3 B. タルバート『住宅の家具，金工，装飾のためのゴシック様式』(英1867年，米1873年)図版／Bruce James Talbert, *Gothic Forms Applied to Furniture, Metal Work, and Decoration for Domestic Purpose*, Boston, James R. Osgood & Co., 1873.

図3-4 『フランス中世家具事典』第1巻(仏1858年)掲載の木製家具／Eugène Emmanuel Viollet-le-Duc, *Dictionnaire raisonné du mobilier français de l'époque carlovingienne à la Renaissance. Première partie*, Paris, Bance, 1858.

図3-5 C. C. パーキンス(1875年頃)／Boston Athenaeum [AA 5.4 Per. c. (no. 1)].

図3-6 ボストン美術館(スタージス&ブリガム，ボストン，1870-76年)／*American Architect & Building News*, Vol. 8, No. 258, 3 Jan. 1880.

図3-7 オルガン(メイソン・アンド・ハムリン社)／Walter Smith, *The Masterpieces of the Centennial International Exhibition Illustrated, Vol. II: Industrial Art*, Philadelphia, Gebbie & Barrie, 1876.

図3-8 メモリアル・ホール(H. シュヴァルツマン，フィラデルフィア，1874-76年)／Parkway Central Library [C030356].

図3-9 クイーン・アンのキャビネット(クーパー・アンド・ホルト社)／George Titus Ferris, *Gems of the Centennial Exhibition*, New York, Appleton, 1877.

図3-10 イギリス本部(T. ハリス，フィラデルフィア，1876年)／著者蔵.

図3-11 ジャマイカプレインの住宅(W. R. エマーソン，ボストン，1880年頃)／Talbot Faulkner Hamlin, *The American Spirit of Architecture*, New Haven, Yale University Press, 1926.

図3-12 ジョージ・バークリー邸(ロードアイランド州ニューポート，1728年)／*The New-York Sketch-Book of Architecture*, Vol. 1, No. 12, Dec. 1874.

図3-13 L. アイドリッツ(1883年)／*The Architectural Record*, Vol. 5, No. 4, Apr. 1896.

図3-14 M. スカイラー(1892年)／*Los Angeles Herald*, Vol. 39, No. 12, 23 Oct. 1892.

図3-15 エマニュ＝エル寺院(L. アイドリッツ，NYC，1868年)／*Harper's Weelky*, Vol. 12, No. , 14 Nov. 1868.

図3-16 トリニティ教会(H. H. リチャードソン，ボストン，1872-77年)／著者蔵.

図3-17 ニューヨーク州会議事堂(L. アイドリッツ，H. H. リチャードソン，ニューヨーク州オルバニー，1883-89年)／著者蔵.

図3-18 博覧会場のコーリス・エンジン／Benson J. Lossing, *History of American Industries and Arts*, Philadelphia, Porter and Coates, 1878.

図 3-19　ボールドウィン・ロコモティブ・ワークス社の旅客機関車／Joseph M. Wilson, *The Masterpieces of Centennial Exposition Illustrated, Vol III: History, Mechanics, Science*, Philadelphia, Gebbie & Barrie, 1876.

図 3-20　ウィリアム・セラーズ社の工作機械／*A Treatise on Machine-Tools, etc. as Made by Wm. Sellers & Co.*, 6th edition, Philadelphia, J. B. Lippincott & Co., 1884.

＊

図 4-1　ニュージーランド・チャンバーズ（R. N. ショウ，ロンドン，1871-73 年）／*The Building News*, Vol. 25, 5 Nov. 1873.

図 4-2　チャリング・クロスの銀行（R. コード，ロンドン，1874 年）／*The Building News*, Vol. 26, 27 Feb. 1874.

図 4-3　トリビューン・ビルディング（R. M. ハント，NYC，1875 年）／Print Collection, The New York Public Library.

図 4-4　ポンペイのサルスティウス邸／Jacob von Falke, *Art in the House: Historical, Critical, and Aesthetical Studies on the Decoration and Furnishing of the Dwelling*, tr. By Charles C. Perkins, Boston, L. Prang and Company, 1879.

図 4-5　クラッグサイド（R. N. ショウ，英ノーサンバーランド州ロスベリー，1870-75 年）／Royal Academy of Arts [08/275].

図 4-6　旧コロンビア大学図書館（C. C. ヘイト，NYC，1884 年）と旧ハミルトン・ホール（同，1880 年）／*Harper's Magazine*, Vol. 67, Sep. 1883.

図 4-7　ポスト・ビルディング（G. B. ポスト，NYC，1880-81 年）／*Harper's Magazine*, Vol. 67, Sep. 1883.

図 4-8　トリニティ教会（H. H. リチャードソン，ボストン，1872-77 年）内観パース／*The Architectural Sketch Book*, Vol. 1, No. 2, Aug. 1873.

図 4-9　ペンシルバニア美術アカデミー（ファーネス＆ヒューイット，フィラデルフィア，1871-76 年）／Pennsylvania Academy of Fine Arts [1876.6.27].

図 4-10　ハーヴァード大学メモリアル・ホール（H. V. ブラント &W. R. ウェア，マサチューセッツ州ケンブリッジ，1870-77 年）／ユニフォトプレス.

図 4-11　イェール大学オズボーン・ホール（B. プライス，コネティカット州ニューヘーブン，1887-88 年）／著者蔵.

図 4-12　プリンストン大学アレクサンダー・ホール（W. A. ポッター，ニュージャージー州プリンストン，1892-94 年）／著者蔵.

図 4-13　H. V. ブラント（撮影年不詳）／Henry Van Brunt, *Architecture and Society: Selected Essays of Henry Van Brunt*, William A. Coles, ed., Cambridge, Mass., Belknap Press of Harvard University Press, 1969.

図 4-14　ペンシルバニア大学法学部（コープ＆スチュワードソン，フィラデルフィア，1898-1901 年）／*The Architectural Record*, Vol. 16, No. 5, Nov. 1904.

＊

図 5-1　ラルフ・アダムス・クラム（1890 年頃）／Library of Congress [LC-USZ62-121769].

図 5-2　『ナイト・エラント』創刊号表紙（1892 年）／*Knight Errant*, Vol. 1, No. 1, Apr. 1892.

図 5-3　W. モリス／Francis Watts Lee, *William Morris: Poet, Artist, Socialist: A Selection from His Writings Together with a Sketch of the Man*, New York, Humboldt Publishing Company, 1891.

図 5-4　F. L. ライト（1895 年）／*Architectural*

Design, Vol. 30, No. 1, Jan. 1960, p. 7.

図 5-5　J. ラスキン／*The Century Illustrated Monthly Magazine,* Vol. 35, No. 3, Jan. 1888.

図 5-6　陸軍士官学校（クラム，グッドヒュー&ファーガソン，ニューヨーク州ウエストポイント，1903-10 年）／*Harper's Weekly,* Vol. 47, No. 2441, 3 Oct. 1903.

図 5-7　イェール大学図書館（現ドワイト・ホール，コネティカット州ニューヘーブン，H. オースティン，1842-45 年）／*The Architectural Record,* Vol. 26, No. 6, Dec. 1909.

図 5-8　アラムナイ・ホール（コネティカット州ニューヘーブン，A. J. デイヴィス，1851-53 年）／Harris Brisbane Dick Fund, 1924 / The Metropolitan Museum of Art.

図 5-9　チャンセラー・グリーン（ニュージャージー州プリンストン，W. A. ポッター，1871-73 年）／Department of Rare Books and Special Collections, Princeton University Library.

図 5-10　シカゴ万国博覧会（1893 年）／ユニフォトプレス.

図 5-11　トリニティ・カレッジ計画案（W. バージェス，コネティカット州ハートフォード，1873 年）／ユニフォトプレス.

図 5-12　シカゴ大学計画案（H. I. コッブ，シカゴ，1891 年）／*The Architectural Record,* Oct.-Dec. 1894, p. 230.

図 5-13　C.C. ヘイト（撮影年不詳）／*The Architectural Record,* Vol. 41, No. 4, Apr. 1917.

図 5-14　コロンビア大学旧キャンパス（1894 年）／Wallach Division Picture Collection, The New York Public Library.

図 5-15　コロンビア大学新キャンパス（マッキム，ミード&ホワイト，NYC，1893-1900 年）／McKim, Mead and White Architectural Record Collection, New-York Historical Society.

図 5-16　鉄道駅とブレア・ホール（コープ&スチュワードソン，ニュージャージー州プリンストン，1897 年）／Department of Rare Books and Special Collections, Princeton University Library.

図 5-17　プリンストン大学整備拡張計画（R. A. クラム監修，1907-29 年）／*The American Architect,* Vol. 46, No. 1752, 21 Jul. 1909.

図 5-18　プリンストン大学礼拝堂（R. A. クラム，1924-28 年）／Department of Rare Books and Special Collections, Princeton University Library.

図 5-19　トリニティ・ビルディング（F. H. キンボール，NYC，1904-7 年）／ユニフォトプレス.

図 5-20　プルーデンシャル・ビルディング（ニューヨーク州バッファロー，アドラー&サリヴァン，1896 年）／著者蔵.

図 5-21　レノックス図書館（R. M. ハント，NYC，1871-77 年）／ユニフォトプレス.

図 5-22　P. P. クレ（1914 年）／*Paul Philippe Cret, Architect and Teacher,* Theophilus Ballou White, ed., Philadelphia, Art Alliance Press, 1973.

図 5-23　ラーキン・ビルディング（F. L. ライト，ニューヨーク州バッファロー，1904-6 年）／*The Architectural Record,* Vol. 23, No. 4, Apr. 1908.

図 5-24　「無装飾の設計スタディ」（1911 年）掲載の保管倉庫（ホラバード&ローチ，シカゴ，建設年未詳）／*The Architectural Record,* Vol. 29, No. 2, Feb., 1911.

図 5-25　R. スタージス（撮影年未詳）／Manuscripts and Archives, Yale University Library.

図 5-26　J. ラスキン（1901 年）／John Ruskin, *The Seven Lamps of Architecture; Architecture and Painting,* New York, D. Appleton and Company, 1901.

*

図 6-1　ブラントウッド・エディションの広告

(1892年)／*The Critic*, Vol. 17, No. 515, 2 Jan. 1892.

図6-2 「ラスキンの癲狂」(右図)／*Daily evening bulletin*, August 26, 1887. ラスキンの病状を伝える新聞記事（左図）*The Milwaukee Journal*, 18 May 1893.

図6-3 総合神学校（C.C.ヘイト，NYC, 1887年)／*The Architectural Record, Great American Architeccts Series* No. 6, Jul. 1899.

図6-4 A. ロダン『フランスの大聖堂』(1914年) 図版／Auguste Rodin, *Les Cathédrales de France*, Paris, Librairie Armand Colin, 1914.

図6-5 A. K. ポーター（1920年頃)／Lucy Costigan, *Glenveagh Mystery: The Life, Work and Disappearance of Arthur Kingsley Porter*, Dublin and Portland, Merrion, 2013.

図6-6 J. ラスキン（1843年)／*The Craftsman*, Vol. 16, No. 1, Apr. 1909, p. 33.

図6-7 C. H. ウォーカー「アール・ヌーヴォー」(1904年)／*The Architectural Review*, Vol. 11, No. 1, Jan. 1904.

図6-8 防護巡洋艦《ジャン・バール》／*The Architectural Record*, Vol. 4, No. 1, Jul. -Sep. 1894.

図6-9 「ゴールデン・ドアウェイ」(L. H. サリヴァン，シカゴ，1893年)／ユニフォトプレス.

図6-10 ナショナル・ファーマーズ・バンク（L. H. サリヴァン，ミネソタ州オワトナ，1908年)／著者蔵.

図6-11 オットー・リートの幻視／Craude Fayette Bragdon, *Architecture and Democracy*, New York, Alfred A. Knopf, 1918.

図6-12 F. キンボール（1915年頃)／Hugh Howard, *Dr. Kimball and Mr. Jefferson: Rediscovering the Founding Fathers of American Architecture*, New York, Bloomsbury, 2006.

図6-13 ウェインライト・ビルディング（アドラー&サリヴァン，ミズーリ州セントルイス，1891年）*The Architectural Record*, Vol. 57, No. 4, Apr.

図6-14 ペンシルバニア・ターミナル駅（マッキム，ミード&ホワイト，NYC, 1904-10年)／ユニフォトプレス.

図6-15 「建築科学」の広告（1813年）とグリーク・リバイバル／Talbot Faulkner Hamlin, *The American Spirit of Architecture*, New Haven, Yale University Press, 1926.

図6-16 A. ハムリン（1895年)／Avery Architectural & Fine Arts Library, Columbia University

図6-17 マーチャンツ・ナショナル・バンク（L. H. サリヴァン，アイオワ州グリネル，1914年)／*The Architectural Record*, Vol. 39, No. 51, May 1916.

図6-18 コロセウム（J. ガデ画)／*The Architectural Record*, Vol. 37, No. 5, May 1915.

図6-19 H＝R. ヒッチコック（1930年頃)／Archives of American Art, Smithsonian Institution [9990].

図6-20 L. マンフォード（1926年頃)／Lewis Mumford's Private Photo Collection, Monmouth University.

図6-21 RCAビルディング（R. フッド，NYC, 1931-33年)／Charles Harris Whitaker, *The Story of Architecture: From Rameses to Rockefeller*, New York, Halcyon House, 1934.

図6-22 H＝R. ヒッチコック『モダン・アーキテクチャー』(1928年) 図版／Henry-Russell Hitchcock, *Modern Architecture: Romanticism and Reintegration*, New York, Payson & Clarke, 1929.

図6-23 ペンシルバニア美術アカデミー（ファーネス&ヒューイット，フィラデルフィア，1871-76年)／著者蔵.

＊

図7-1 《階段を降りる無礼者（地下鉄のラッ

シュ・アワー)》(1913年) *The Evening Sun*, 20 Mar. 1913.

図7-2 W. パッチ (1909年頃)/Archives of American Art, Smithsonian Institution [4093].

図7-3 ヴィラード・ハウス(マッキム, ミード&ホワイト, NYC, 1882-84年)/Sidney Fiske Kimball, *American Architecture*, Indianapolis and New York, The Bobbs-Merrill Company, 1928.

図7-4 ボストン公共図書館(マッキム, ミード&ホワイト, ボストン, 1895年)/著者蔵.

図7-5 アーモリー・ショウ展示室I(「キュビストの部屋」)/*New York Tribune*, 17 Feb. 1913, p. 7

図7-6 L. スタイン (1915-16年)/Archives of American Art, Smithsonian Institution [6381].

図7-7 「失意に生き, 失意に死んだ男ジョン・ラスキン」(『ニューヨーク・タイムズ』1929年4月14日)/*New York Times*, 14 Apr. 1929.

図7-8 B. ニューホール (1943-44年頃)/National Portrait Gallery, Smithsonian Institution [NPG.98.101].

図7-9 フォードT型の新聞広告 (1912年)/*Crittenden Record-Press*, 30 May 1912.

図7-10 フォード社ハイランドパーク工場(A. カーン, ミシガン州ハイランドパーク, 1913年)/著者蔵.

図7-11 ウールワース・ビルディング (C. ギルバート, NYC, 1910-13年)/ユニフォトプレス.

図7-12 葉巻「ジョン・ラスキン」の広告(1919年)/*The News Scimitar*, 22 Jul. 1919, p. 13.

図7-13 V. W. ブルックス『ニューイングランドの開花』(1936年)/著者蔵.

図7-14 V. W. ブルックス (1936年)/*New York Times*, 23 Aug. 1936.

図7-15 マーシャル・フィールド商会 (H. H. リチャードソン, シカゴ, 1885-87年)/Walter Curt Behrendt, *Modern Building: Its Nature, Problems, and Forms*, New York, Harcourt, Brace and Company, 1937.

図7-16 ヨット《アメリカ》/*Magazine of Art*, Vol. 32, No. 1, Jan. 1939.

図7-17 《ミルクの張られた皿に飛び込むミルク滴》/Beaumont Newhall, *Photography 1839-1937*, New York, The Museum of Modern Art, 1937.

図7-18 T. ハムリン (撮影年不詳)/Avery Architectural & Fine Arts Library, Columbia University.

図7-19 『フォーム・アンド・ファンクション』(1947年)/著者蔵.

図7-20 J. M. フィッチ (1947年)/James Marston Fitch, *James Marston Fitch: Selected Writings on Architecture, Preservation, and the Built Environment*, Martica Sawin, ed., New York and London, W. W. Norton, 2007.

図7-21 J. L. ダヴィッド《球戯場の誓い》(1791年)/カルナヴァレ博物館蔵.

初出

緒論、エピローグ――江本弘「〈学界展望〉建築史学におけるラスキン受容史」『建築史学』第七一号、二〇一八年九月、一〇七―一三三頁。

第一章2～5節、第二章1～3節――江本弘「ラスキンとヴィオレ＝ル＝デュク――十九世紀アメリカにおける機能主義理論の系譜」『日本建築学会計画系論文集』第八二巻第七三一号、二〇一七年一月、二四三―二四九頁。

第五章2節――江本弘「近代アメリカにおけるイギリスの出自とフランスの手法――カレジエイト・ゴシックの成立に関する史的研究（その1）」『日本建築学会計画系論文集』第八二巻第七三二号、二〇一七年二月、五三九―五四五頁。

第一章3節、終章3～4節――江本弘「建築理論家としてのホレーシオ・グリーノウの発見と評価――二十世紀近代建築史論の成立に関する研究（その1）」『日本建築学会計画系論文集』第八二巻第七三五号、二〇一七年五月、一二七七―一二八三頁。

第五章4節、第六章3～5節、終章4節、エピローグ――江本弘「アメリカ近代建築史論における古典主義史観の成立――二十世紀近代建築史論の成立に関する研究（その2）」『日本建築学会計画系論文集』第八三巻第七五二号、二〇一八年十月、二〇三五―二〇四一頁。